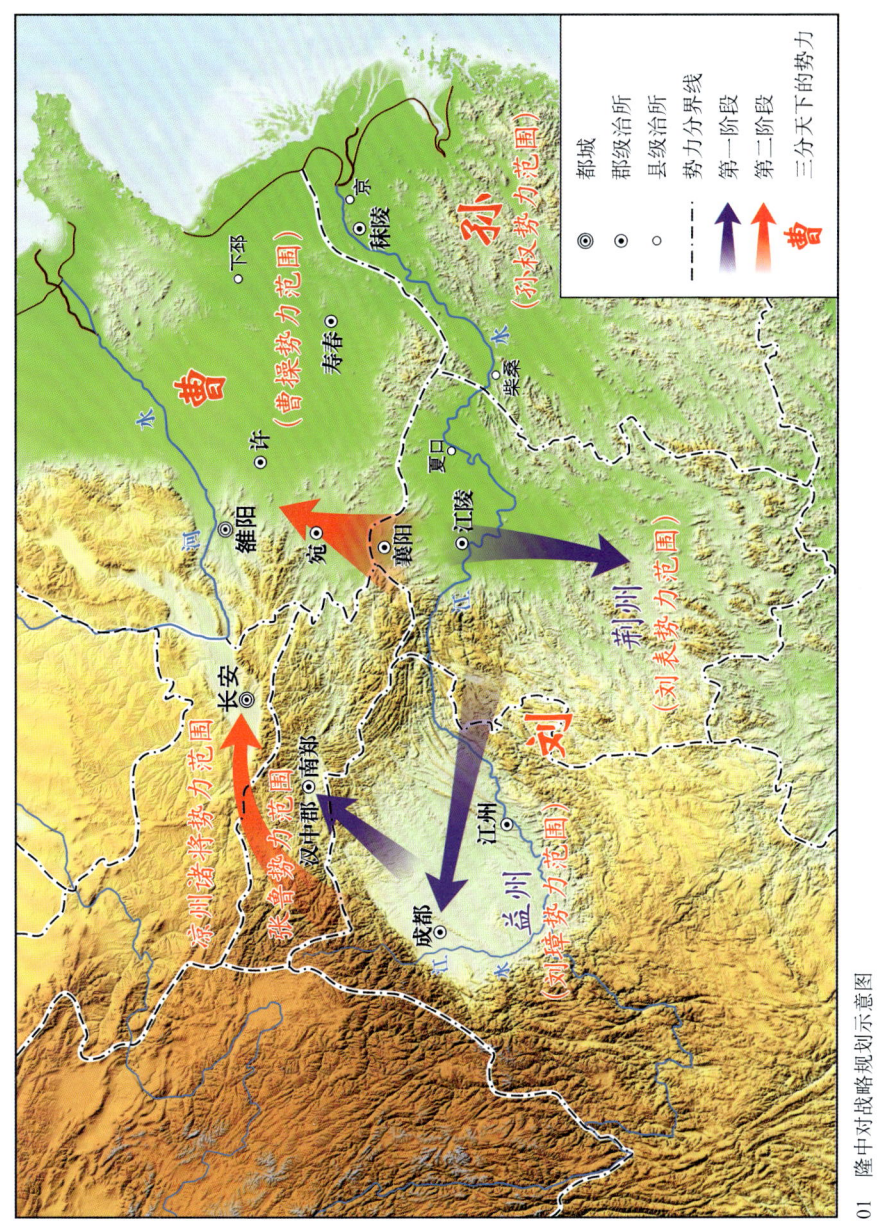

01 隆中对战略规划示意图

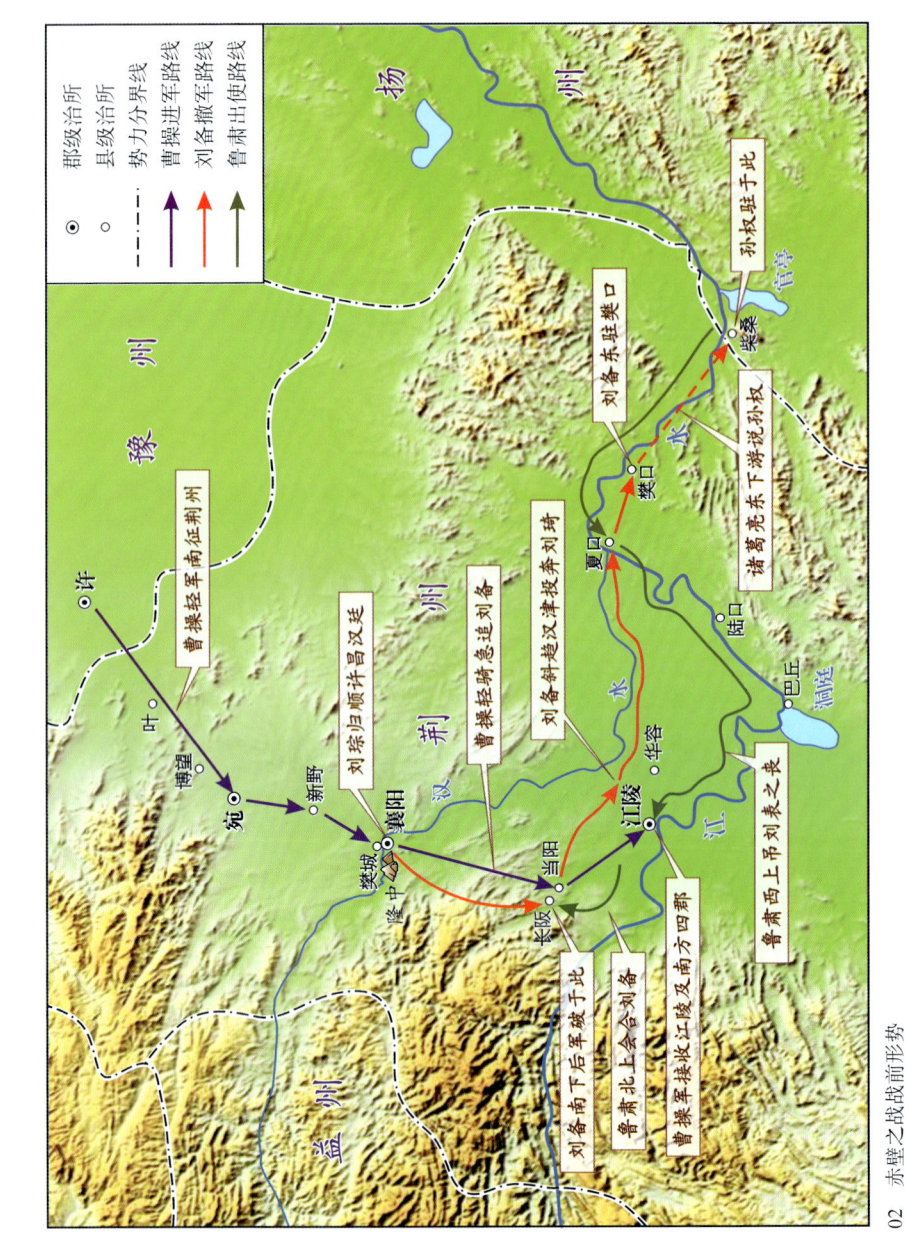

02 赤壁之战战前形势

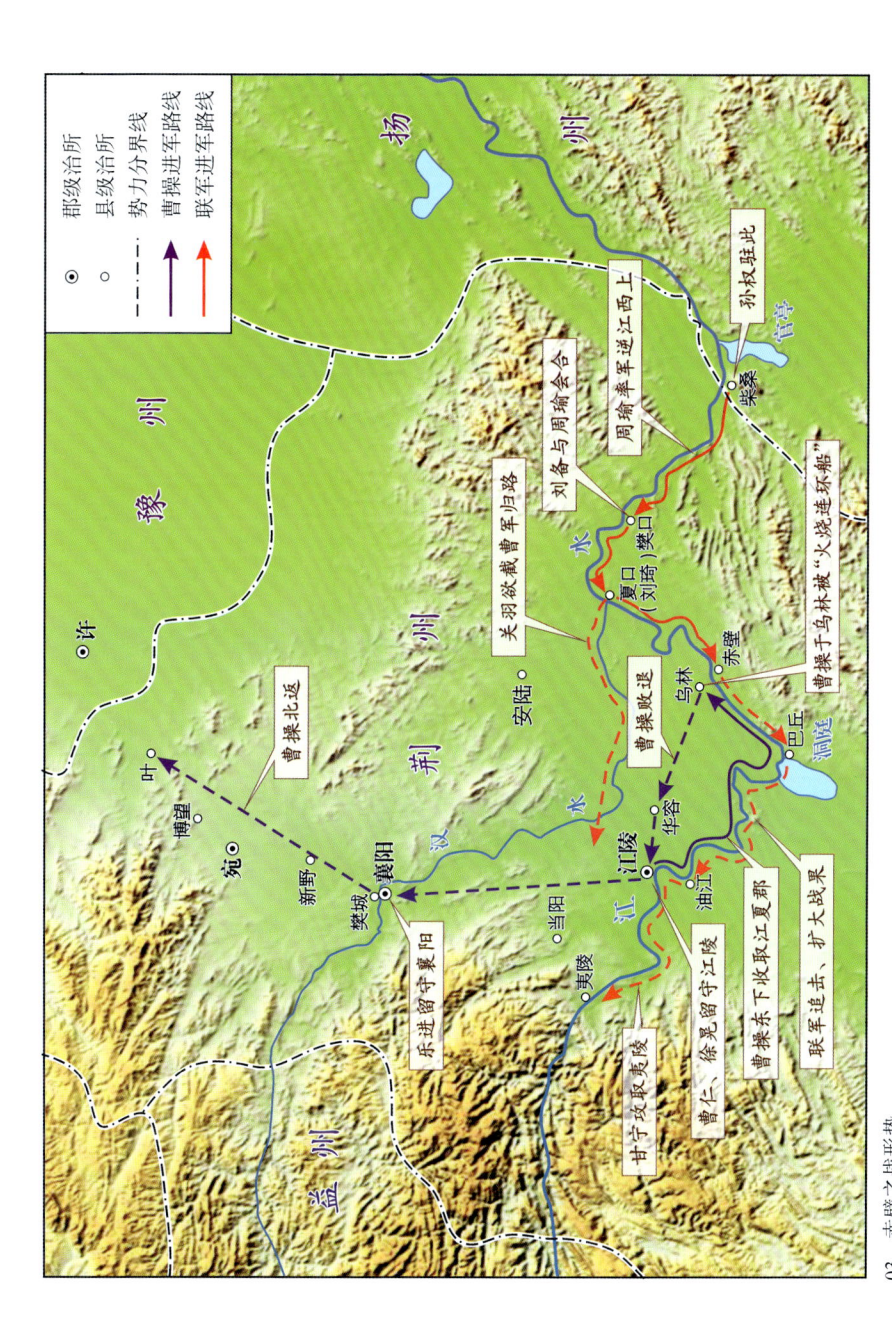

03 赤壁之战形势

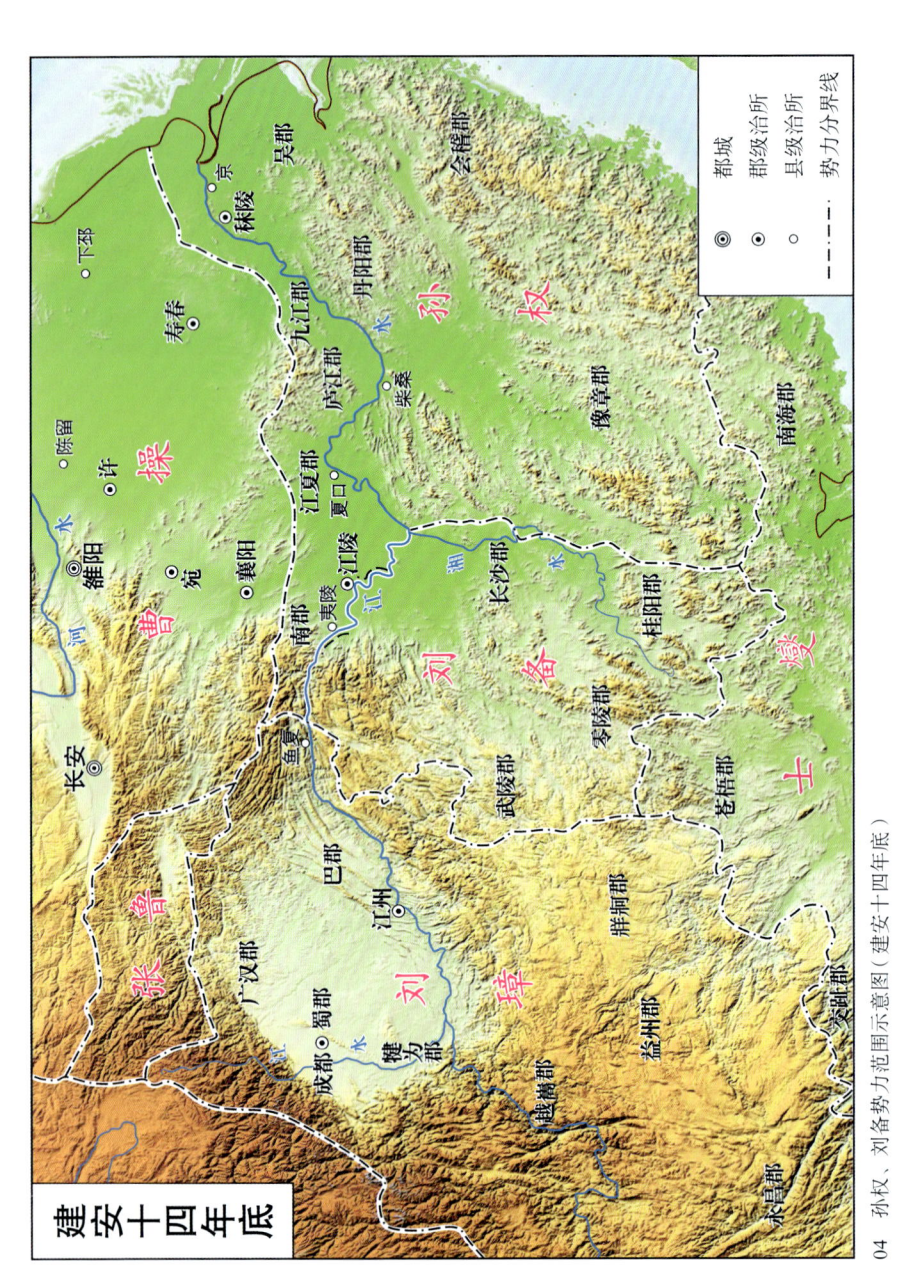

04 孙权、刘备势力范围示意图（建安十四年底）

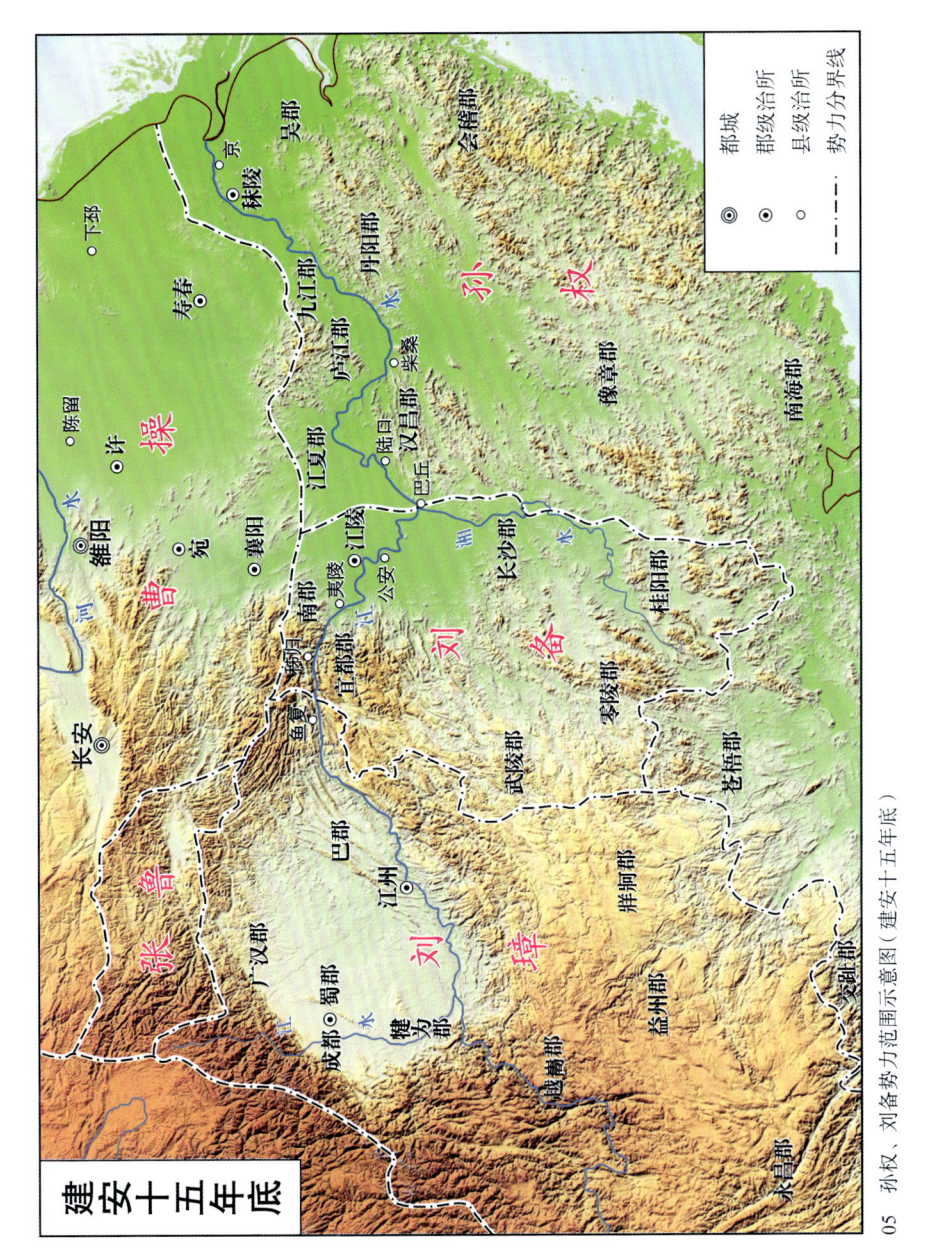

05 孙权、刘备势力范围示意图（建安十五年底）

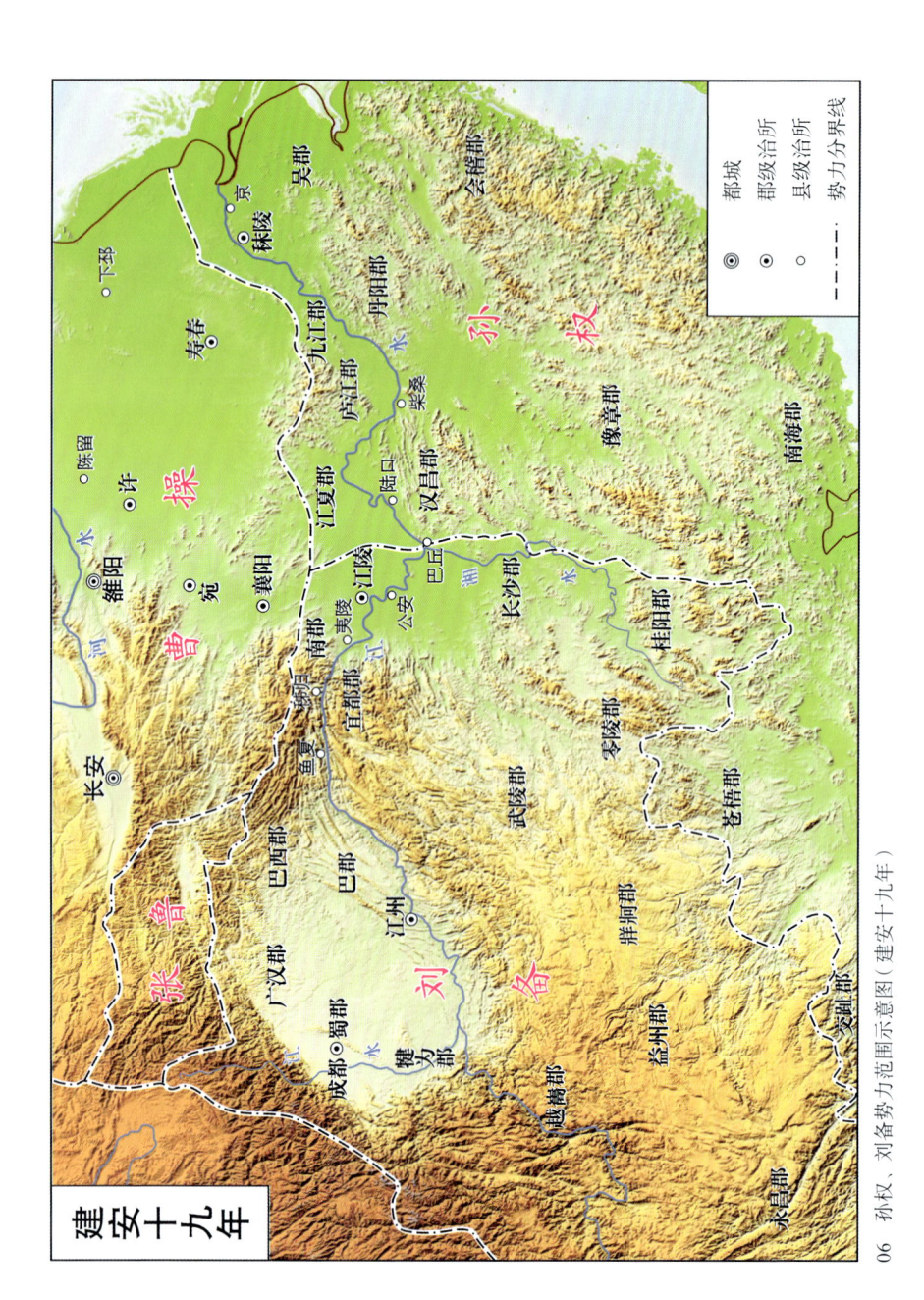

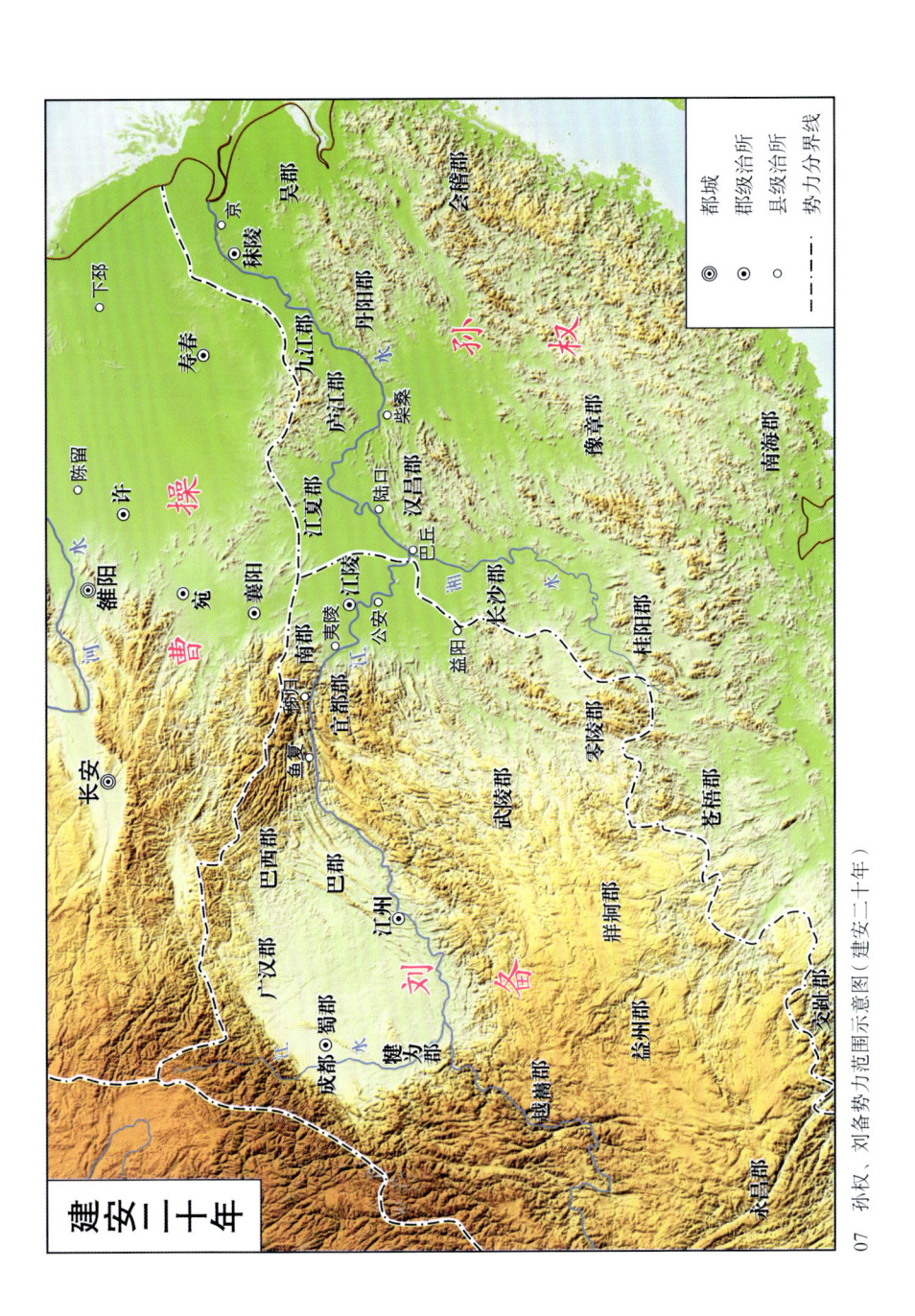

07 孙权、刘备势力范围示意图（建安二十年）

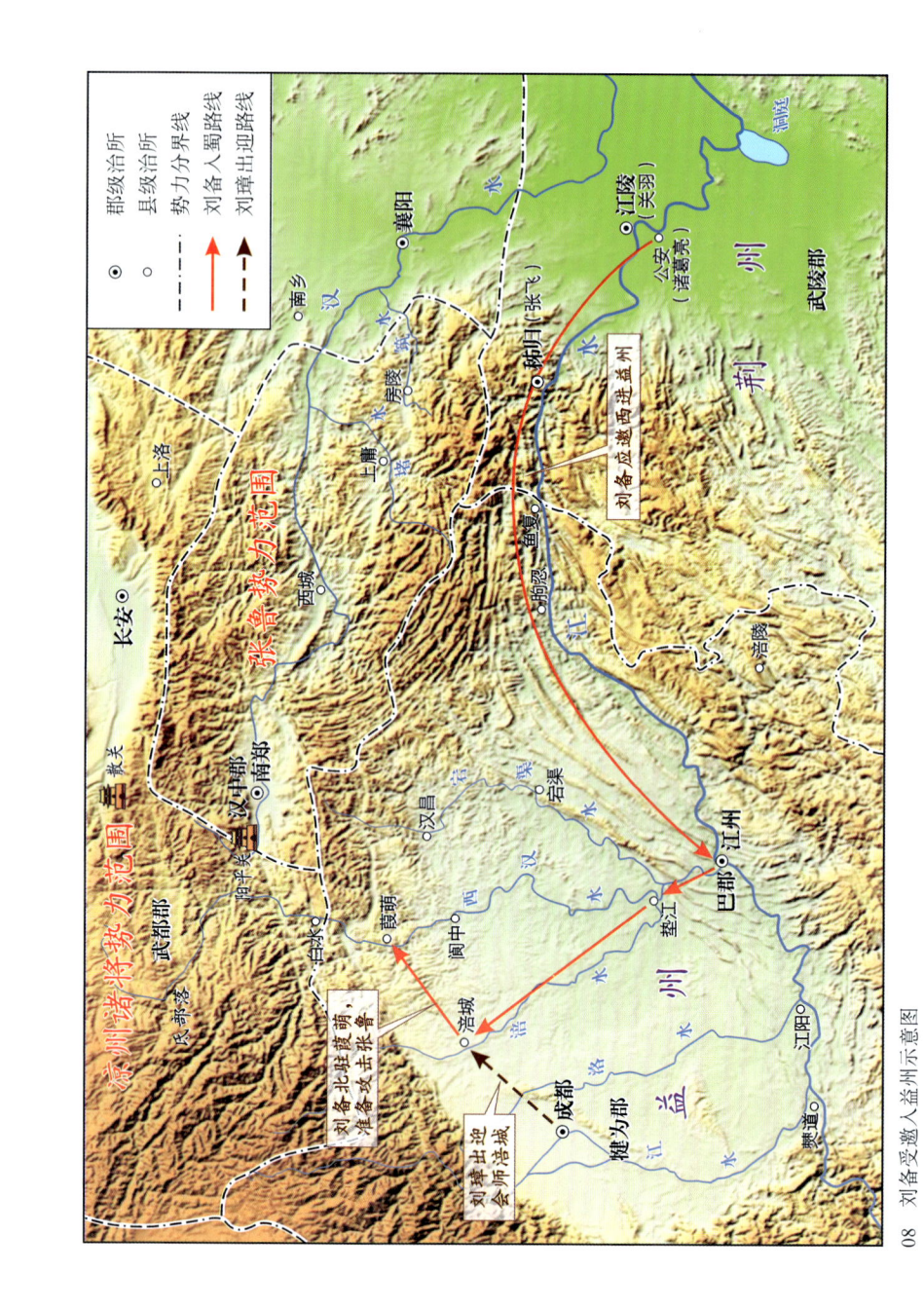

08 刘备受邀入益州示意图

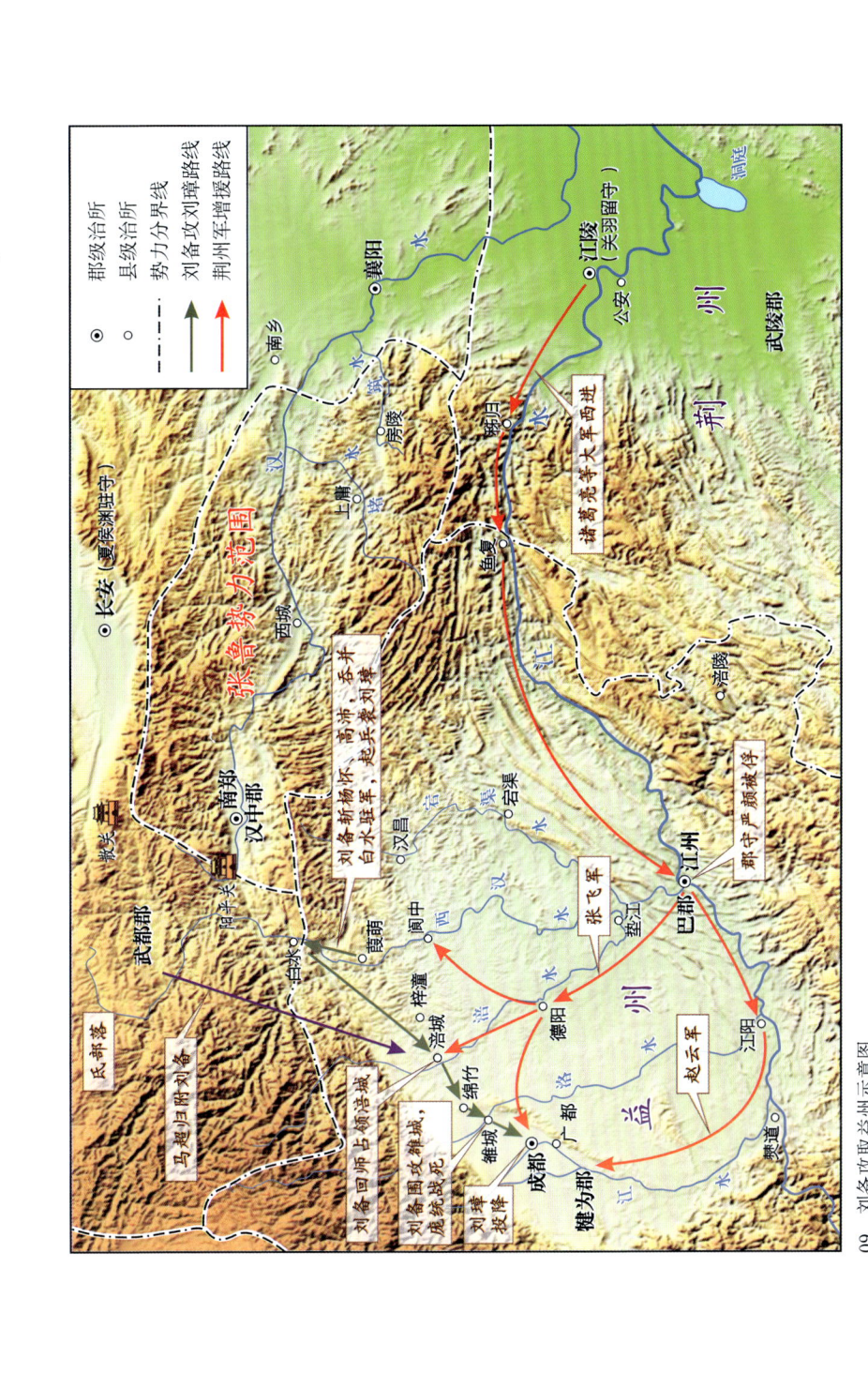

09 刘备攻取益州示意图

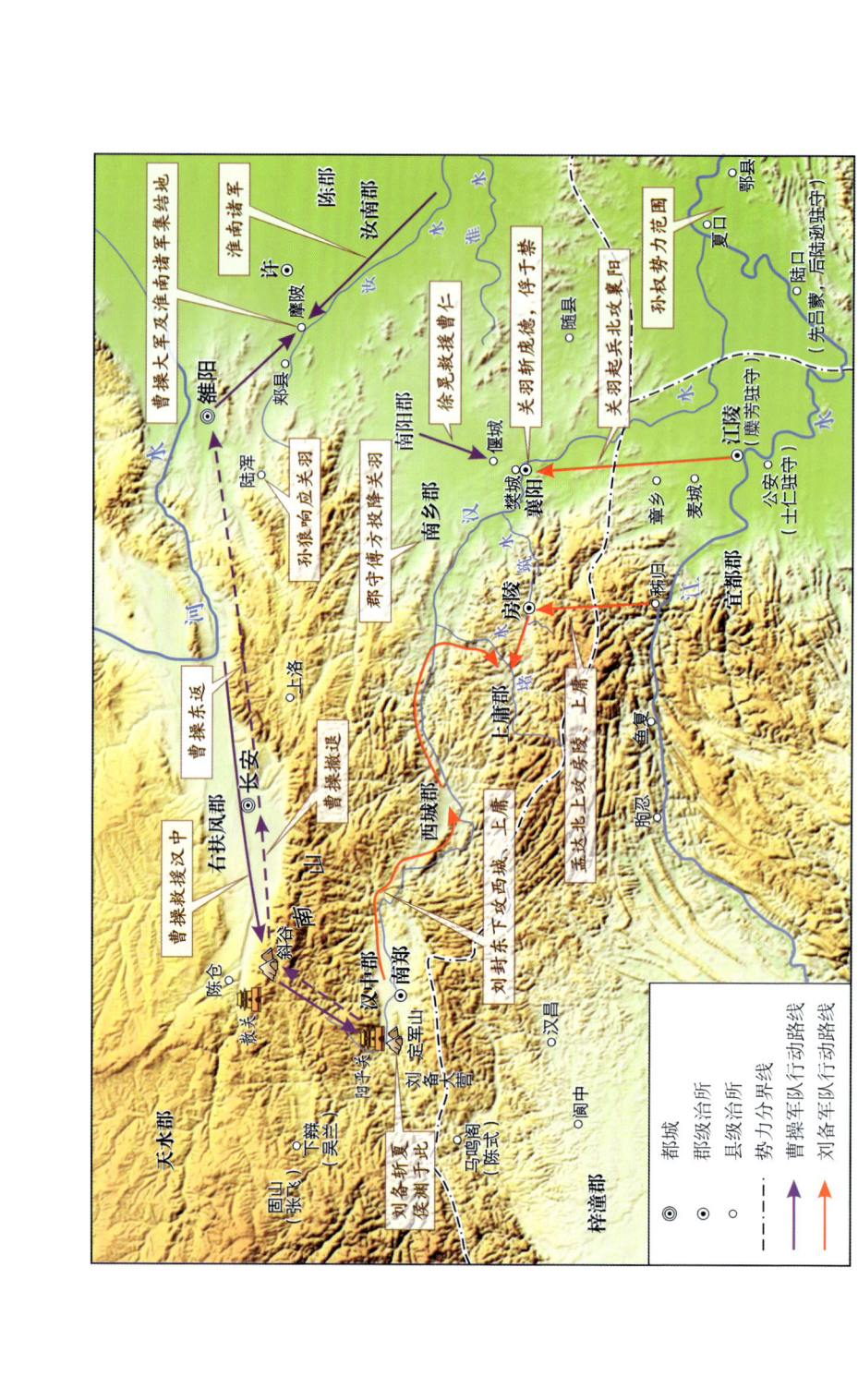

10 汉中之战与襄阳之战示意图

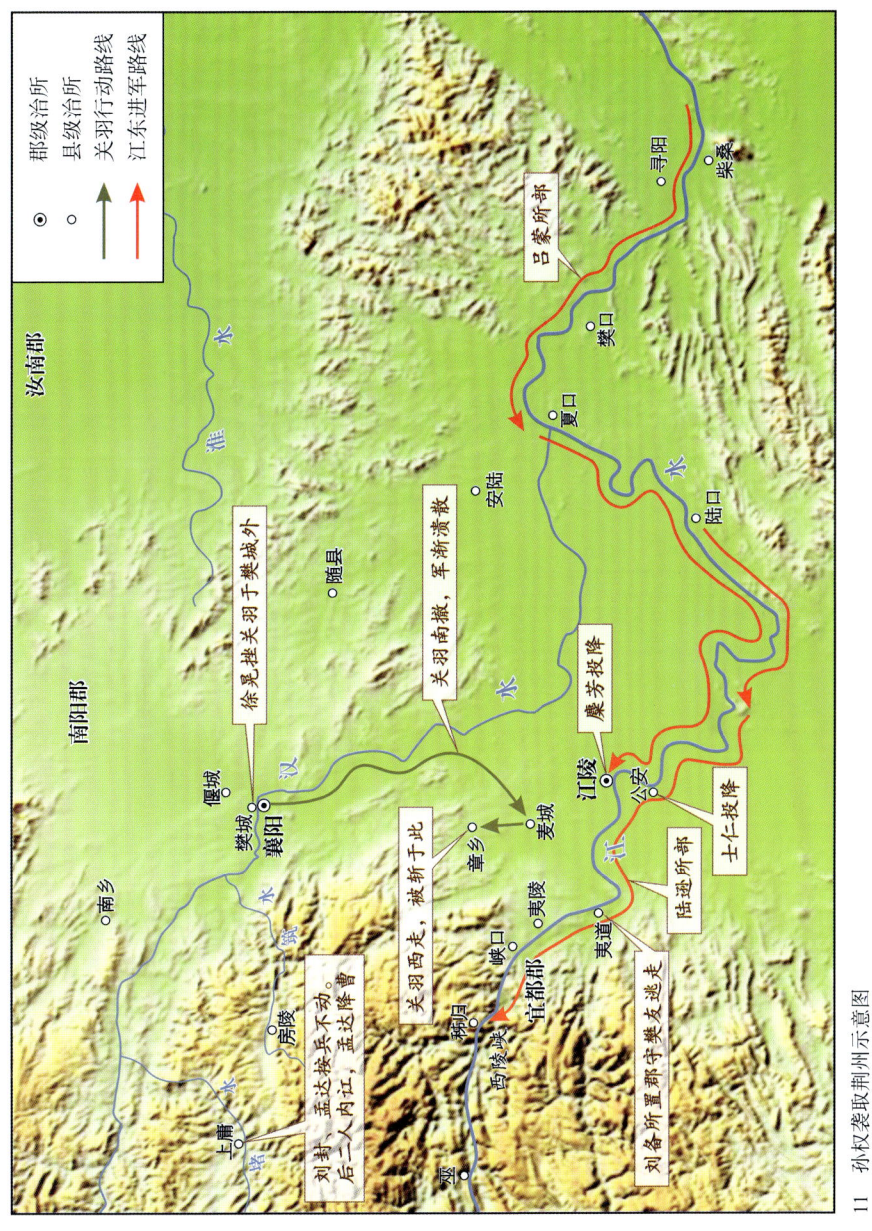

11 孙权袭取荆州示意图

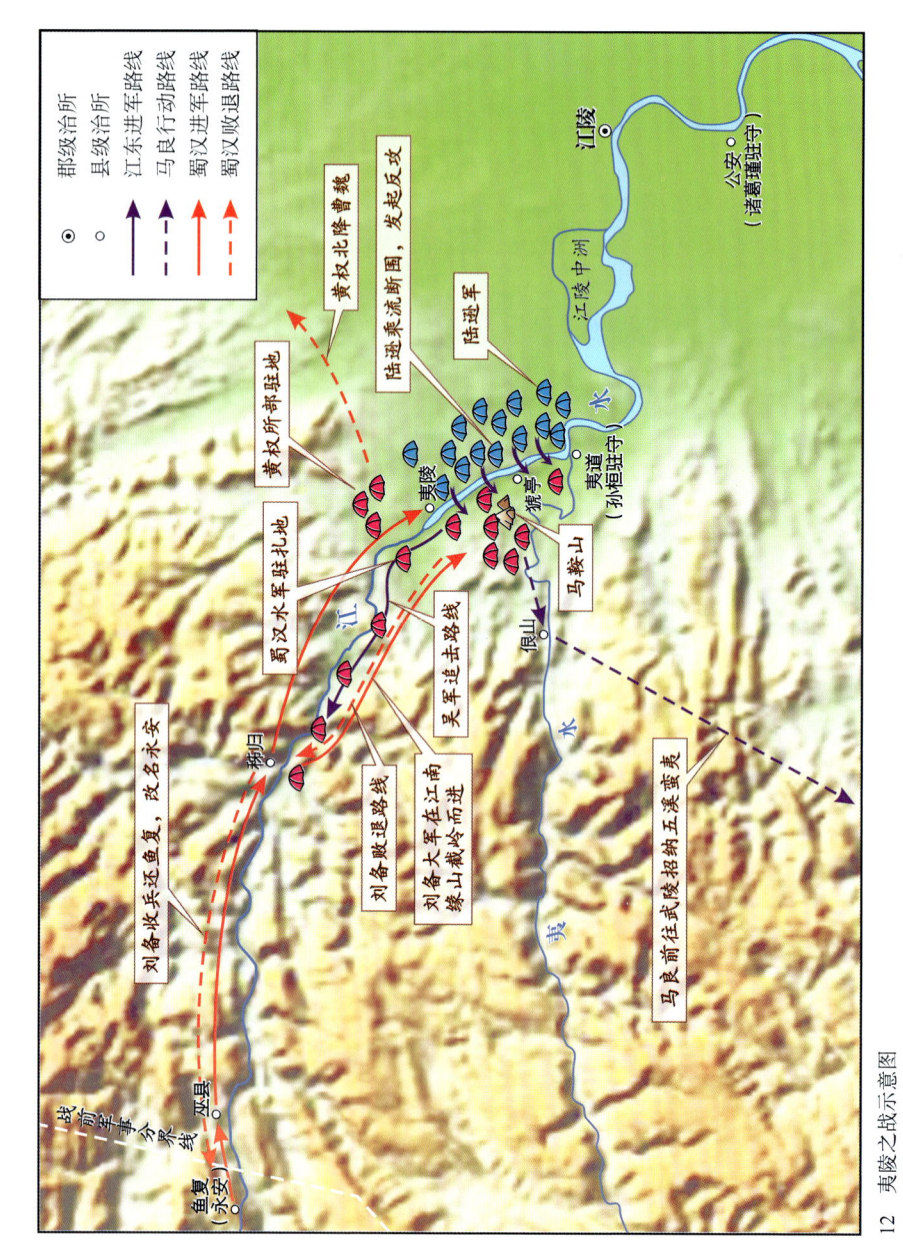

12 夷陵之战示意图

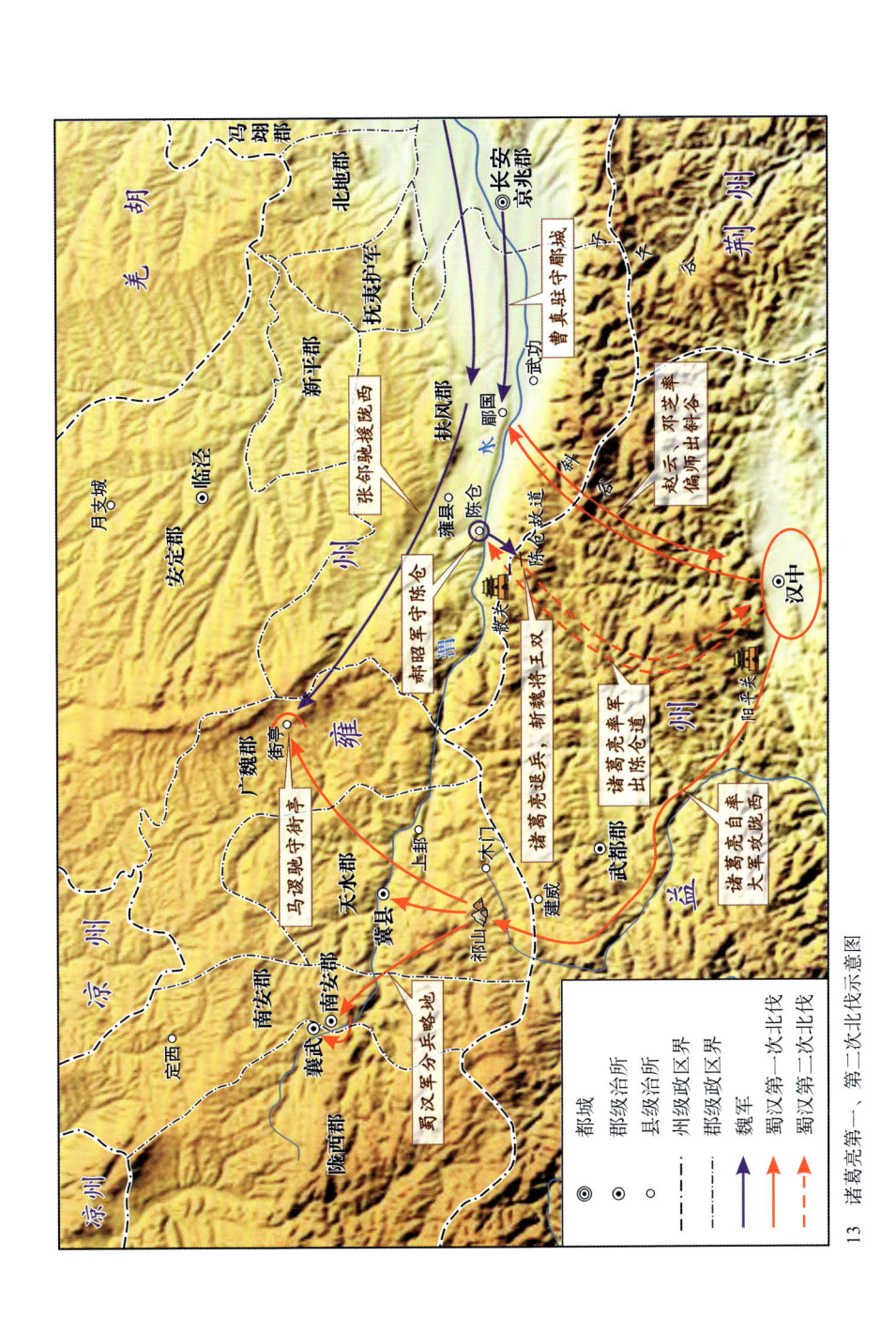

13 诸葛亮第一、第二次北伐示意图

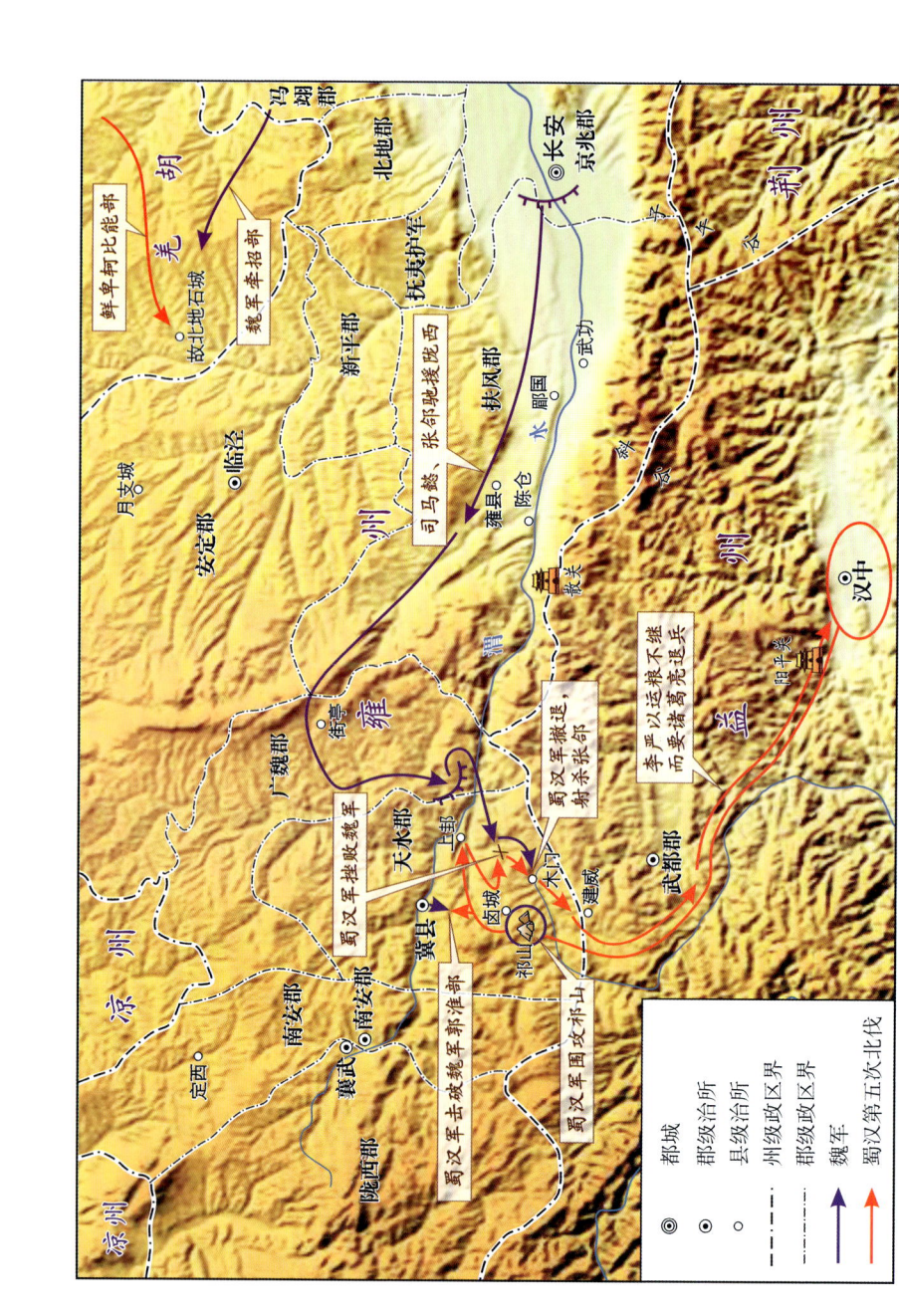

14 诸葛亮第五次北伐示意图

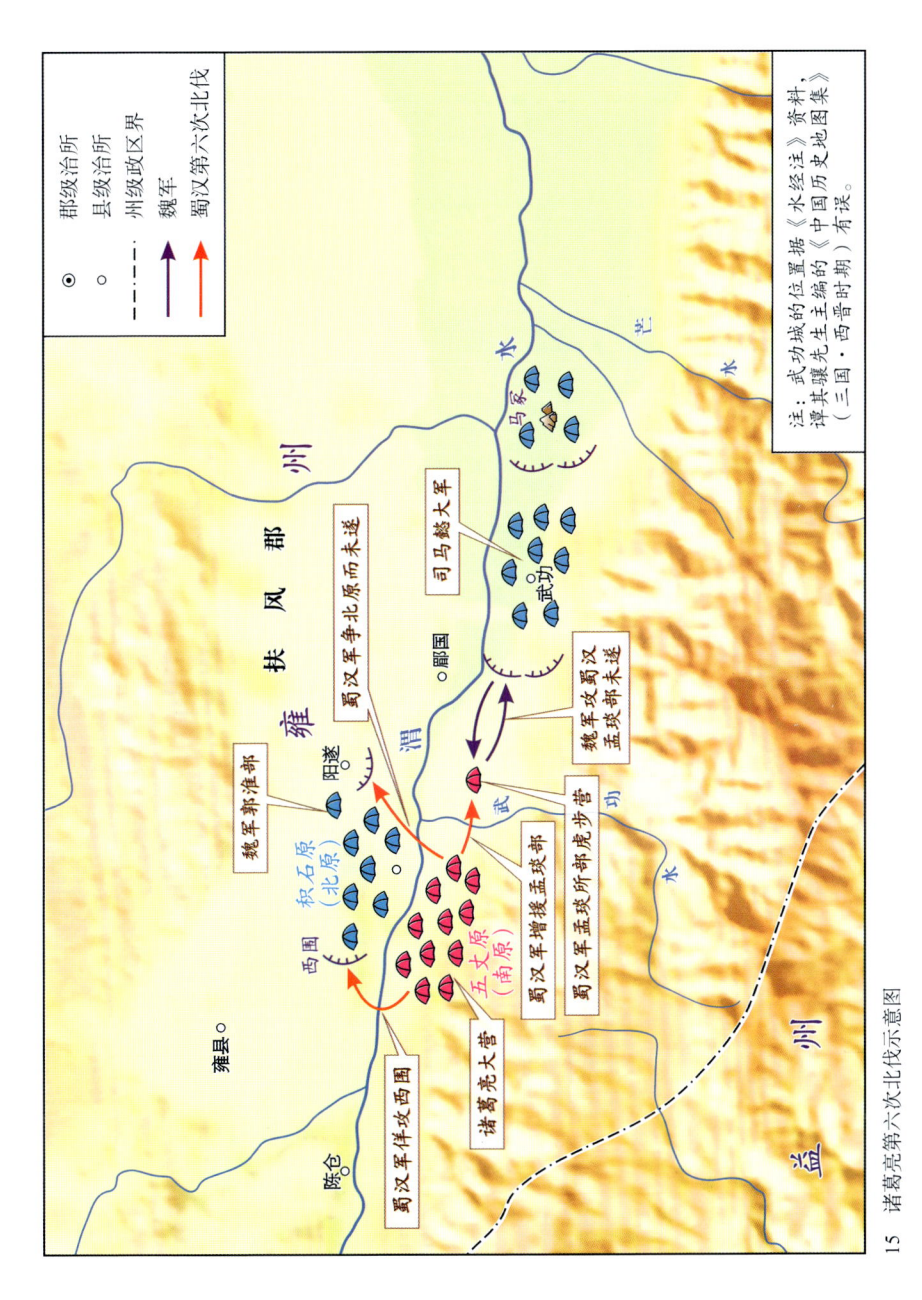

15 诸葛亮第六次北伐示意图

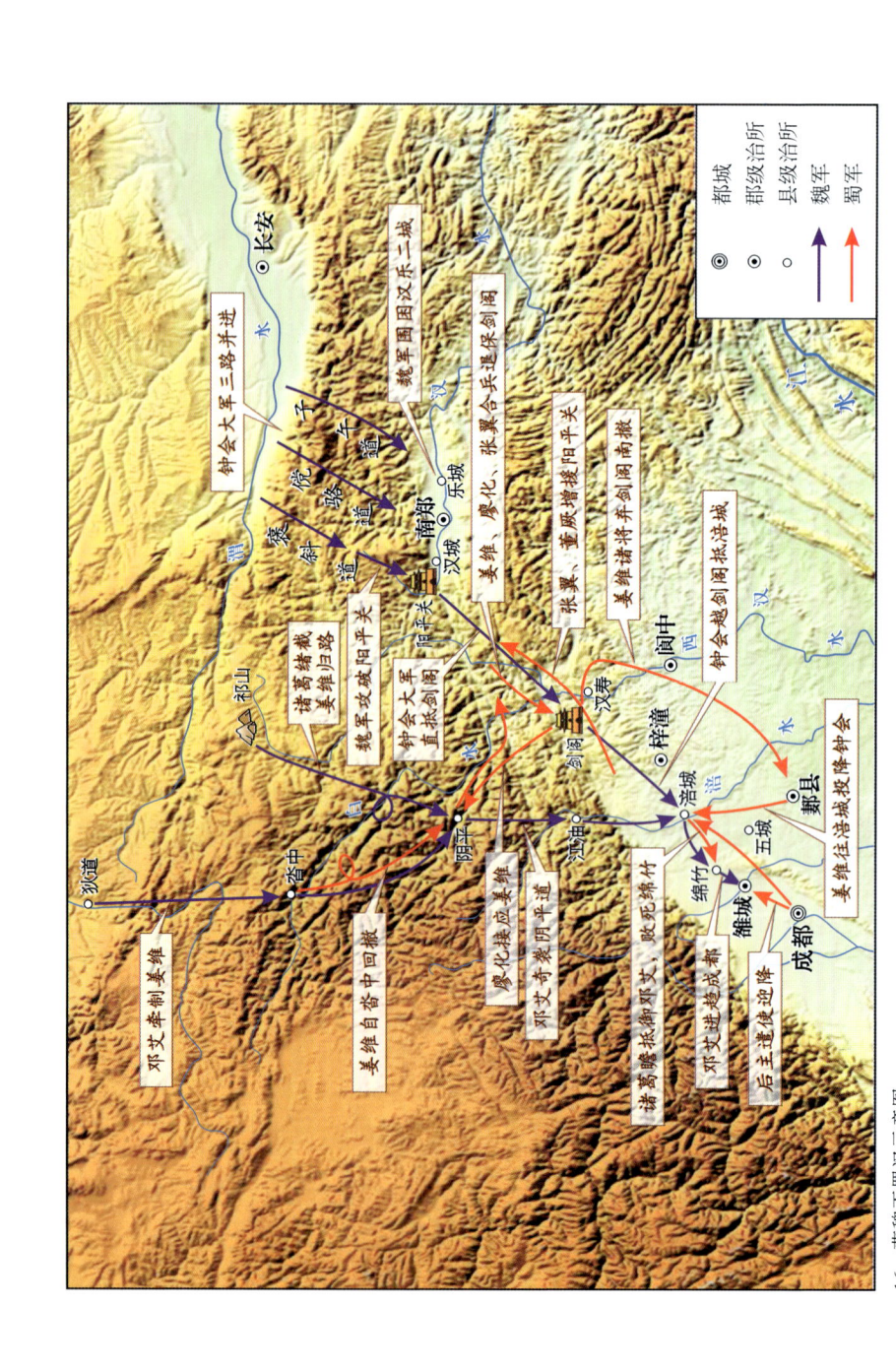

16 曹魏灭蜀汉示意图

大汉帝国在巴蜀

蜀汉天命的振扬与沉坠　修订本

饶胜文　著

目 录

楔 子　1

第一章　早期的刘备　5

第二章　《隆中对》的得失　27

第三章　第一次荆州风云　49

第四章　联盟的新阶段　87

第五章　刘备取益州　97

第六章　借荆州的是与非　131

第七章　刘备称汉中王　141

第八章　第二次荆州风云　163

第九章　刘备称帝　193

第十章　夷陵之战　209

| 第十一章 | 永安托孤 | 233 |

第十二章　蜀汉的内外危机　247

第十三章　诸葛亮主政　259

第十四章　联盟的政治问题　269

第十五章　诸葛亮北伐（政治）　291

第十六章　诸葛亮北伐（军事）　315

第十七章　蜀政的衰落　361

第十八章　蜀汉的灭亡　383

余　论　410

壬辰初版后记　428

己亥繁体版后记　430

壬寅修订本后记　433

楔　子

　　章武元年(221年)四月,刘备在成都称帝;七月,率军伐吴。次年闰六月,刘备军败,退驻鱼复,改名永安。两百年前,公孙述将这个地方改名白帝,以宣示自己已得天命,却终究未能走出偏居一隅的霸业。从这里,西望益州,那是"高祖因之以成帝业"的地方。刘备自己在那里建立起了一个政权,这个政权也叫汉;东望荆州,那是他与孙权联手破敌又几度争夺的地方。他称帝后的第一个重大举措便是走过白帝城,去争夺荆州,铩羽而归后就一直困在那里。于是,这个地方似乎成了两种事业的分界点:一种是走向更加光大的帝业,一种是走向偏居一隅的霸业。刘备把这个地方改名永安之时,他的政权正处于风雨飘摇之中。他困在这里,直到死去。

　　蜀汉政权中的另一个重要人物是诸葛亮。诸葛亮自建兴五年(227年)春北屯汉中,着手北伐;几度出师之后,建兴十二年(234年),他在最后一次北伐中死于关中,那是他期望百姓"箪食壶浆以迎王师"的地方。但是,其功未竟,其身先死。他葬在汉中,那是大汉帝国基业的起点,也是他长年经营的北伐基地。从他的死地与葬地中,我们可以勾勒出一个生死以之地努力于北伐事业的艰难身影。

　　刘备和诸葛亮,在这个政权建立后的大部分时间里,其活动都不在蜀地,其死也都不在蜀地。他们分别死在了巴蜀通往外部的两个不同的方向。

　　蜀汉政权中这两个最重要人物的死似乎也具有了象征意味。一个象征着这个政权的局限，一个则象征着局限中的努力。从这两个象征的联系中，我们基本上可以剖析出蜀汉政治的核心问题。

刘备死后18年，供职于他政权中的一个叫杨戏的人，在《季汉辅臣赞》中总结了他的一生：

> 初自燕、代则仁声洽著，行自齐、鲁则英风播流，寄业荆、郢则臣主归心，顾援吴、越则贤愚赖风，奋威巴、蜀则万里肃震，厉师庸、汉则元寇敛迹，故能承高祖之始兆，复皇汉之宗祀也。然而奸凶怼险，天征未加，犹孟津之翔师，复须战于鸣条也。

一百多年后，另一位巴蜀才俊常璩这样评价他：

> 于时先主名微人鲜，而能龙兴凤举，伯豫君徐，假翼荆楚，翻飞梁益之地，克胤汉祚，而吴、魏与之鼎峙。非英才命世，孰克如之！然必以曹氏替汉，宜扶信顺，以明至公；还乎名号，为义士所非。①

一千多年后，王夫之干脆说：

> 以先主绍汉而系之正统者，为汉惜也；存高帝诛暴秦、光武讨逆莽之功德，君临已久，而不忍其亡也。若先主，则恶足以当此哉！②

杨戏和常璩都用了那个时代流行的政治词汇高度评价刘备前期的作为，最后则都委婉地使用了转折词。杨戏因为供职于本朝，所以只是暗示刘备未能亲自领导诛暴讨逆复兴汉室的事业；常璩则批评刘备将汉献帝封拜的左将

---

① 《华阳国志》卷六《刘先主志》。
② 《读通鉴论》卷十《三国·三》。

军、宜城亭侯的名号还给汉帝，自称汉中王，不是一个"欲信大义于天下"的人所应该做的；自立称帝，亦非"至公"。在王夫之看来，后世那些仍把蜀汉看作正统的人，只不过是出于对两汉功德的怀念；刘备的所作所为，根本不配代表汉室，更不配代表那个时代三个政权中的正朔所在。

从杨戏到王夫之的这些评论，足以提出一个历史性的问题：在汉末风起云涌的大舞台上，刘备何以能从纷争的群雄中脱颖而出？又何以最终未能复兴汉室，而只成就了割据巴蜀的偏霸之业？

第一章

早期的刘备

刘备，一个出生在那个时代中国版图东北角的人，一生奋斗，屡经挫折，千里辗转，最后终于在中国版图的西南角上占得一块地盘，建立政权，这个政权声称代表汉室。当他遗恨死去时，这个疲弊的政权正处在危急存亡的困境之中。

刘备一生的奋斗，可分成几个阶段。这几个阶段跟地域联系在一起。我们先将他生平的几个段落梳理清晰。

刘备死于章武三年（223年），"时年六十三"，则刘备应生于汉桓帝延熹四年（161年）。常璩在其《华阳国志·刘先主志》中将早期的刘备概括为"于时先主名微人鲜"，而将他的事业概括为三个阶段："伯豫君徐，假翼荆楚，翻飞梁益。"

刘备曾与公孙瓒一同师事卢植。关东州郡起兵讨董卓时，刘备投靠公孙瓒。公孙瓒与袁绍相争，派刘备与田楷徇青州。刘备以功被委任为平原相。田楷据青州是在初平二年（191年），平原时属青州。刘备涉足青州，时为初平二年，年为三十一岁。曹操攻徐州陶谦，陶谦向田楷求援，刘备与田楷率军救之。陶谦给刘备补充丹阳兵四千，表刘备为豫州刺史，刘备遂去田楷而依陶谦。陶谦病卒，托徐州于刘备。时为兴平元年（194年）。其后，刘备与吕布在徐州一带相攻，至建安元年（196年）兵败，往依曹操。曹操表刘备为左将军、豫州牧。建安三年（198年），曹操帮刘备擒杀吕布。次年，刘备袭杀曹操所置徐州刺史车胄而复夺徐州。建安五年（200年），曹操击破刘备。刘备遂经青州而投袁绍。这就是常璩所概括的"伯豫君徐"。为表述方便，我将这十年称为刘备的青徐时期。

官渡之战前,刘备曾率偏军袭扰汝、颍一带,军败后"说绍南连刘表",引兵脱离了袁绍。建安六年(201年),刘备投奔刘表,从此涉足荆州。刘表增补刘备兵力,使屯新野,屏护荆州北境。其间,经历刘表病故、赤壁之战,荆州政局大变。赤壁之战后,刘备取得荆州数郡。建安十六年(211年),刘备应刘璋之邀,率军入益州。这就是常璩所概括的"假翼荆楚"。为表述方便,我将这十年称为刘备的荆州时期。

刘备于建安十六年入益州,不久与刘璋反目,至建安十九年(214年)占据益州。次年,与孙权在荆州问题上发生矛盾,双方剑拔弩张,后以湘水为界,平分孙刘所占荆州六郡。建安二十三年(218年),刘备北争汉中;次年五月,定汉中;七月,刘备称汉中王。同年冬天,孙权袭杀关羽,夺占荆州。蜀汉章武元年(221年)四月,刘备在成都称帝。七月,兴兵伐吴;次年六月,军败,退驻永安。章武三年(223年)四月,刘备在永安去世。这就是常璩所概括的"翻飞梁益"。为表述方便,我将这大约十三年称为刘备的益州时期。

这是刘备一生事业的几个阶段。在青徐,他崭露头角,获得英雄之名;在荆州,他与孙权结盟挫败曹操,遏制了曹操一统天下的势头;在益州,他取得巴蜀、汉中,建立政权。

循着汉代版图的这几个区域,循着他事业的几个阶段,我们可以依稀看到,在汉末风起云涌的大舞台上,在纷争的群雄中,他是怎样崛起,又是怎样陷入困境的。

刘备的英雄之名

东汉的统治，因外戚和宦官的轮番专权而受到削弱，因黄巾大起义的冲击而走向衰落。黄巾起义虽未直接导致东汉的灭亡，但留下了严重的后遗症：权力下移州牧，武人趁势崛起。

直接导致东汉统治秩序崩溃的是董卓之乱。汉灵帝死后，大将军何进为诛宦官而"召四方猛将及诸豪杰，使并引兵向京城"。"驻兵河东以观时变"的董卓得机而动，引兵入雒阳[1]，擅行废立，劫持汉献帝西迁长安。关东群雄起兵讨董卓，却各怀私计。汉献帝先是受制于董卓，后又受制于李傕、郭汜等凉州诸军阀。广阔的关东地区遂出现权力真空。关东群雄讨董不成，食尽兵散，各谋割据。汉末政治遂进入一个复杂的演变阶段。

在这个复杂的舞台上，刘备崭露头角是在青徐时期。考察这个时期的刘备，一个最引人注目的事实是：刘备涉足青徐这个舞台，便迅速崛起，成就英雄之名。

---

[1] 东汉以洛阳为京师，汉在五德次序中属火德，火忌水，故改洛为雒；曹丕代汉后，又正式改雒为洛。《魏书·文帝纪》裴松之注引《魏略》载："诏以汉火行也，火忌水，故'洛'去'水'而加'隹'。魏于行次为土，土，水之牡也，水得土而乃流，土得水而柔，故除'隹'加'水'，变'雒'为'洛'。"裴松之将《魏略》所载诏书补注于曹丕在繁阳称帝后初幸洛阳之下，可见曹魏定都洛阳后，才正式下诏改名。中华书局版《后汉书》均书作"洛阳"，中华书局版《两汉纪》之《后汉纪》亦书作"洛阳"，均违体例。中华书局版《三国志》均书作"洛阳"。中华书局版《东观汉记校注》书作"雒阳"。中华书局版《资治通鉴》在曹操迁献帝于许之前，均书作"雒阳"；迁许之后，或书作"雒阳"，或书"洛阳"，可能是史料来源差异之故，也可能是校刊之误。故本书凡曹丕代汉前的洛阳，均书作"雒阳"；曹丕代汉后，书作"洛阳"。

刘备究竟是不是英雄，是个什么样的英雄，当我们考察完他的一生行迹，每个人都会有自己的认识和评价。但是，一个比较确定的事实是：在当时，有那么多的人认为他是英雄。

刘备初入青州做平原相时，孔融向他求援，"以君有仁义之名，能救人之急"，对他寄予很高的期许；在徐州，陶谦托以安州，曰"非刘备不能安此州也"；他投奔曹操，曹操表为豫州牧、左将军，并言"今天下英雄，唯使君与操耳"；他离开徐州投奔袁绍，袁绍亲出邺城郊迎二百里。

一个人是不是英雄，只是一个自身材质的问题；但如果有那么多的人认为他是英雄，这就成了一种政治资本。因此，对于读史者来说，值得追问的问题是：原本"名微人鲜"的刘备，如何成就英雄之名？

许多年以后，当刘备说服自己和追随者相信他就是天命垂青的那个人时，他想到了他家东南角上的那棵桑树。那棵桑树高达五丈多，像帝王的车盖。过往的行人都说他家肯定要出贵人。儿时的刘备与刘氏宗族中的诸小儿在那棵树下嬉戏时，曾说过一句让他叔父惊骇的话："吾必当乘此羽葆盖车。"就像当年看见秦始皇的车驾威仪，刘邦说"大丈夫当如此也"，项羽说"彼可取而代也"，少年刘备的话暗示他早有帝王之志。考虑到他儿时玩伴的宗中诸小儿中，并没有人追随他直到他真的乘上羽葆盖车，这件事应该是出自刘备本人的叙述。

不过，三十岁之前的刘备看来并未领悟到这棵像帝王车盖的桑树与他日后将要称帝代表汉室这一事业之间的关系。《蜀书·先主传》中说他是汉景帝之子中山靖王刘胜之后，这一点，诸葛亮在隆中对策及游说孙权时都曾提到，蜀汉的群臣在劝进书中也曾提到；但是，连司马光都说刘备"族属疏远，不能纪其世数名位"①。刘备父亲早逝，他与母亲以贩履织席为生。他十五岁开始读书，可他"不甚乐读书，喜狗马、音乐、美衣服"，喜欢交结豪侠。他结识过几个贩马的中山富商，后来起兵，获得过他们的资助。黄巾起义时，刘备也

---

① 《资治通鉴》卷六十九，魏纪一，文帝黄初二年。

参与到平黄巾的行列中。只是力量很小，功劳不大，所以影响也不大。

那么，为什么刘备一登上青徐这个舞台，便迅速脱颖而出，成就英雄之名呢？

青徐是个特殊的舞台。这是一个由孔融、郑玄、陶谦及陈登等徐州大族所主导的舞台。刘备的师承渊源，帮助他步上这个舞台，并在这个舞台上表演得如鱼得水。

《蜀书·先主传》载，刘备"年十五，母使行学，与同宗刘德然、辽西公孙瓒俱事故九江太守同郡卢植"。这是一个注定要成就大业的人的标准履历。写下这份履历的人显然不会不想到孔子。一如孔子"十有五而志于学"，刘备十五岁开始读书，师事者又是名著海内的大儒卢植。

卢植是东汉大儒马融的弟子，"能通古今学，好研精而不守章句"。其人"性刚毅有大节，常怀济世志，不好辞赋"。卢植系出名门，又具经邦济世的文武才略。灵帝熹平年间，九江南蛮反叛，朝廷以卢植"才兼文武"，先后拜九江太守、庐江太守。卢植在任内，"深达政宜，务存清静，弘大体而已"。在他治理下，"蛮寇宾服"。最足显示卢植文武才干的是他主持平黄巾起义。中平元年（184年），黄巾起义爆发，四府举卢植，拜中郎将，发天下诸郡兵征之。卢植"连战破贼帅张角，斩获万余人"，围张角于广宗。成功在望，却因不肯贿赂宦官，遭谗言而被免职。后来皇甫嵩代卢植，讨平黄巾，沿用的仍是卢植的方略。董卓入京，欲行废立，卢植独持异议。董卓欲诛卢植，议郎彭伯谏曰："卢尚书海内大儒，人之望也。今先害之，天下震怖。"董卓乃止，仅免其官。卢植后来逃离雒阳，隐于上谷。袁绍领冀州牧时，"请为军师"。初平三年（192年），卢植始卒。建安年间，曹操北征乌桓，途经涿郡，曾告当地守令："故北中郎将卢植，名著海内，学为儒宗，士之楷模，国之桢干也。"[1]命当地官员修护其坟墓，优礼其后人。

刘备师从卢植的具体情况，史未详言。卢植从马融门下学成之后，一度在故里"阖门教授"。建宁（168年至171年）中，卢植被征为博士，从此入

---

[1]《后汉书》卷六十四《吴延史卢赵列传》。

仕；刘备"年十五，母使行学"，约在熹平四年（175年）。这年，卢植被拜九江太守，后"以疾去官"。去官期间，卢植曾作《尚书章句》《三礼解诂》。卢植授徒应该是在去官的这段时间里。《蜀书·先主传》中说刘备师事卢植时也提到"故九江太守"，可作参证。不久，"会南蛮反叛"，朝廷又拜卢植为庐江太守；"岁余，复征拜议郎"；后又"转为侍中，迁尚书"①。卢植重新被起用的具体时间不详，但他后来的这一系列官职迁移，都在光和元年（178年）之前。可知卢植去官后授徒的时间其实并不长。刘备与公孙瓒俱事卢植，《后汉书》中具体说到公孙瓒受学的地点，"从涿郡卢植学于缑氏山中"②。缑氏在今河南偃师东南，东汉时属司隶校尉部，属于京畿。那么，刘备是否也从涿郡远赴缑氏受学于卢植？抑或只是一次拜访请教？我们不得而知。无论是哪种情形，可以肯定的是，刘备在卢植门下受学的时间并不长。

不管怎样，强调自己曾有一段师事海内大儒卢植的履历，对自己肯定是有益的。而且，这段履历里，演绎出他跟两个人的关系，对刘备的事业提供了具体的帮助。一个是公孙瓒，一个是郑玄。

刘备与公孙瓒一同师事卢植，二人相友善，刘备以兄事公孙瓒。因着公孙瓒的关系，刘备涉足青州。初平二年（191年），公孙瓒派刘备随田楷徇青州。刘备因功被委任为平原相。

在青州，他得遇当世大儒孔融。刘备在青州做平原相，孔融在青州做北海相。孔融名重天下。灵帝末，孔融曾忤逆外戚大将军何进，何进的属官打算私遣剑客追杀孔融。有人提醒何进说："孔文举有重名，将军若造怨此人，则四方之士引领而去矣。不如因而礼之，可以示广于天下。"③从这事可以看出孔融的声誉和影响力。

黄巾军波及青州，围孔融于都昌。危急之中，孔融派太史慈去向刘备求救。太史慈对刘备说："以君有仁义之名，能救人之急，故北海区区，延颈恃

---

① 《后汉书》卷六十四《吴延史卢赵列传》。
② 《后汉书》卷七十三《刘虞公孙瓒陶谦列传》。
③ 《后汉书》卷七十《郑孔荀列传》。

仰，使慈冒白刃，突重围，从万死之中自托于君，惟君所以存之。"①刘备听说孔融来向自己求援，敛容答道："孔北海知世间有刘备邪！"即遣精兵三千以救之。《后汉书》中对此事的记述大同小异。②从刘备的反应中可以看出，在孔融眼里有那样的评价，连刘备自己都感到惊讶。我们无从得知，此前，孔融究竟通过什么样的途径了解刘备，从而对他形成"有仁义之名，能救人之急"的印象；但是经历此事，刘备以出兵救了孔融而表现出他确实"能救人之急"。孔融对刘备的这种评价，日后在徐州那个舞台上，肯定会影响到其他人对刘备的认识。

在青州，还有另一位当世大儒郑玄。孔融为北海相时，郑玄隐居在故乡北海国高密县。郑玄与卢植一同师事关中马融。郑玄学成后东归，马融曾对其他的门人说："郑生今去，吾道东矣。"郑玄东归，适值党锢事起，遂隐居故乡高密。郑玄在关东地区的影响很大。建安五年（200年），郑玄去世时，参加他葬礼的人，"自郡守以下尝受业者，缞绖赴会千余人"。曹操的重要谋士崔琰便出自郑玄门下。孔融对郑玄也非常敬重。史载，孔融"深敬于玄，屣履造门"。孔融还让高密县为郑玄特设一乡，名为"郑公乡"，闾门号为"通德门"。

黄巾军波及青州时，郑玄避难徐州，徐州牧陶谦接以师友之礼。③一直到建安元年（196年），郑玄才从徐州返回高密。

陶谦托刘备领徐州时，孔融曾对他加以鼓励，从此事看，兴平年间，孔融应该也在徐州度过一段时间。建安元年（196年），孔融才被曹操征至许昌。

当时的徐州，"百姓殷盛，谷实差丰，流民多归之"④。避难徐州的周边州郡的士人中，有后来成为曹魏名臣的陈群及其父亲陈纪。陈纪为颍川人，其父陈寔，其弟陈谌，《后汉书》有传。陈寔于中平四年（187年）去世时，"海内赴者三万余人"；陈纪"亦以至德称"，"后进之士皆推慕其风"；陈谌"与纪齐

---

① 《吴书·刘繇太史慈士燮传》。
② 《后汉书》卷七十《郑孔荀列传》载：备惊呼："孔北海乃复知天下有刘备邪？"
③ 《后汉书》卷三十五《张曹郑列传》。
④ 《资治通鉴》卷六十，汉纪五十二，献帝初平四年。

德同行"；陈登所称"闺门雍穆，有德有行，吾敬陈元方兄弟"，指的便是陈纪和陈谌兄弟。《后汉书》载："父子并著高名，时号三君。"[1] 孔融对陈氏父子亦甚推崇。《魏书·陈群传》载，孔融"年在纪、群之间，先与纪友，后与群交，更为纪拜，由是显名"。豫州动荡时，陈群随陈纪避难徐州，一直到建安三年（198年）曹操击破吕布，才被曹操辟为司空西曹掾属。

徐州的安定被打破时，刘备登上了这个舞台。陶谦部将袭杀曹操父亲曹嵩，曹操志报杀父之仇，引兵来攻。陶谦不敌，告急于田楷，田楷与刘备引兵救之。陶谦给刘备增补丹阳兵四千，刘备遂去田楷而归陶谦。陶谦表刘备为豫州刺史，屯小沛。时为兴平元年（194年）二月。

就这样，在陶谦死前的一段时间里，刘备与孔融、郑玄、陈纪、陈群等关东硕儒名士一道，成了徐州牧陶谦的座上宾。

在这个硕儒名士的群落里，孔融是穿梭其间的关键人物。《后汉书》载，孔融"性宽容少忌，好士，喜诱益后进"，"闻人之善，若出诸己；言有可采，必演而成之；面告其短，而退称所长；荐达贤士，多所奖进；知而未言，以为己过。故海内英俊皆信服之"。[2] 以孔融之喜欢"荐达贤士"，对于他心目中"有仁义之名，能救人之急"的刘备，其奖掖自当不遗余力。陶谦托领徐州，刘备推辞时，孔融鼓励他说："今日之事，百姓与能，天与不取，悔不可追。"[3] 在孔融看来，徐州人推举刘备，属于"百姓与能"，这与他稍早前对刘备"有仁义之名，能救人之急"的评价，一脉相承。

虽然史书中关于这个时期刘备的活动记载甚略，但我们还是能从有限的史料中勾勒一二。《华阳国志》载有诸葛亮的一段话："先帝亦言：'吾周旋陈元方、郑康成间，每见启告治乱之道备矣，曾不语赦也。'"[4] 陈元方即陈纪，郑康成即郑玄。这则史料显示，当时流寓在徐州的这帮硕儒名士有着比较紧密的联系，所以，在徐州那段时间里，刘备得以经常与陈纪、郑玄等人一起探

---

[1]《后汉书》卷六十二《荀韩钟陈列传》。
[2]《后汉书》卷七十《郑孔荀列传》。
[3]《蜀书·先主传》。
[4]《华阳国志》卷七《刘后主志》。

讨治乱兴衰之道，郑玄与卢植同出马融门下，刘备与卢植的师承关系肯定会在这个圈子里被提起。这样，刘备便算是郑玄师侄辈的弟子；刘备所言"每见启告"也显示刘备对郑玄执弟子礼。

刘备被陶谦表领豫州刺史后，即辟陈纪之子陈群为别驾；后来一直追随刘备入蜀的刘琰，与孔融同为鲁国人，则被刘备辟为从事。同样追随刘备入蜀的孙乾，与郑玄同为北海人。刘备领徐州时，辟孙乾为从事。《蜀书·孙乾传》注引《郑玄传》里的材料显示，孙乾被辟，是出于郑玄的举荐。孔融本人后来也被刘备表领青州刺史。

刘备从一个依附于人的带兵的部属，登上徐州这个舞台，便厕身于陶谦座上的这样一个硕儒名士组成的群体间，他们经常在一起探讨治乱兴衰之道。这自然会影响陶谦、徐州的士人以及流寓在徐州的其他州郡的士人对刘备的印象。

徐州的兵患，因为兖州的陈宫迎吕布反曹操而暂时缓解。不久，陶谦病死。陶谦临死前对徐州别驾东海麋竺、麋芳说："非刘备不能安此州也。"[①]陶谦做此安排，固然会考虑刘备的才德，更重要的是要考虑徐州的士民是否接受刘备。从后来的情形看，徐州的士民对刘备是接受的。

麋竺、麋芳受命率州人去迎请刘备，从此一直追随刘备。麋竺、麋芳为徐州东海郡的巨商。在吕布袭据下邳后，刘备转军海西（今江苏滨海县）。麋竺、麋芳倾其资产帮助刘备度过困境。后来，曹操表麋竺领嬴郡太守，其弟麋芳为彭城相，但兄弟二人"皆去官，随先主周旋"，一直追随刘备入蜀。

出身徐州士家大族的陈登也力劝刘备接受徐州。陈登出身下邳陈氏，"历世著名"。陈登的叔祖陈球"少涉儒学，善律令"，灵帝年间，官拜司空、太尉；其父陈珪曾任沛相、济北相；陈登本人"学通今古，处身循礼，非法不行，性兼文武，有雄姿异略"[②]。陈登对刘备非常敬重。陈登曾对陈矫论天下人物曰："夫闺门雍穆，有德有行，吾敬陈元方兄弟；渊清玉絜，有礼有法，吾

[①]《蜀书·先主传》。
[②]《后汉书》卷五十六《张王种陈列传》。

敬华子鱼；清修疾恶，有识有义，吾敬赵元达；博闻强记，奇逸卓荦，吾敬孔文举；雄姿杰出，有王霸之略，吾敬刘玄德。"①举世碌碌，他所敬重的只有那么几个人。他所举的六个人中，有四个——陈纪（字元方）、陈谌（字季方）、孔融（字文举）和刘备（字玄德）——出自当年陶谦座上的那个圈子。可见当年那个圈子给徐州士人留下的印象。

刘备对陈登也倍加推崇。他曾评价陈登说："若元龙文武胆志，当求之于古耳，造次难得比也。"陈登与刘备彼此给予如此高的评价，当来自当年在徐州期间的那段交往。后来，在荆州牧刘表处，刘备与刘表、许汜共论天下人物。许汜说："陈元龙湖海之士，豪气不除。"刘备问许汜："君言豪，宁有事邪？"许汜曰："昔遭乱过下邳，见元龙。元龙无客主之意，不相与语，自上大床卧，使客卧下床。"备曰："君有国士之名。今天下大乱，帝王失所，望君忧国忘家，有救世之意。而君求田问舍，言无可采，是元龙所讳也，何缘当与君语？如小人，欲卧百尺楼上，卧君于地，何但上下床之间邪？"②从刘备为陈登所做的辩护看，"忧国忘家，有救世之意"，当是他们在徐州交往时所表现出的共同志趣。

刘备早年师事卢植，后与孔融、郑玄、陈纪辈交游，肯定会受到他们思想的影响。虽说刘备"不甚乐读书"，但从他临死前给儿子开的书目来看，刘备的视野并不狭窄。他在给儿子刘禅的信中交代，"可读《汉书》《礼记》，闲暇历观诸子及《六韬》《商君书》，益人意智。闻丞相为写《申》《韩》《管子》和《六韬》一通已毕，未送，道亡，可自更求闻达"。所提及的书籍，除了儒家的《礼记》外，还有史书和诸子，特别是兵家和法家的著作。这个书单所体现出的知识结构，主要意在经世致用。③看来，陈登对刘备"雄姿杰出，有王霸之略"的印象，多少也来自刘备所表现出的见识。

陈登在劝刘备接受徐州时说："今汉室陵迟，海内倾覆，立功立事，在于今日。彼州殷富，户口百万，欲屈使君抚临州事。"当刘备举袁术来推辞时，

---

① 《魏书·桓二陈徐卫卢传》。
② 《魏书·吕布臧洪传》。
③ 遗诏中所言"勿以恶小而为之，勿以善小而不为"，取意于《周易·系辞》"小人以小善为无益而弗为也，以小恶为无伤而弗去也"。见《周易正义》卷八《系辞下》。

陈登对他说："公路骄豪，非治乱之主。今欲为使君合步骑十万，上可以匡主济民，成五霸之业，下可以割地守境，书功于竹帛。若使君不见听许，登亦未敢听使君也。"[1] 他是以"治乱之主"期待刘备，期待刘备做出一番"匡主济民"的事业。

像陈登这样的徐州大族对刘备的推崇，自然又会影响徐州和流寓徐州的士民对刘备的印象。譬如陈郡袁涣，当年流寓徐州，陶谦表刘备领豫州刺史时，刘备举袁涣为茂才。袁涣从此终生对刘备保持尊敬。袁涣后曾为吕布所拘留，吕布想让他作书辱骂刘备，袁涣誓死拒之。刘备攻益州期间，袁涣为曹操新建的魏国郎中令。当时有传闻说刘备已死，"群臣皆贺"，袁涣"独不贺"。[2]

刘备接受了徐州，时为兴平元年（194年）十二月。此前，陶谦表刘备领豫州刺史，据万斯同《三国季汉方镇年表》，初平三年（192年）以来，豫州刺史为天子所任命的郭贡。刘备屯小沛（据胡三省注，时人谓沛县为小沛），小沛在豫州东境的边缘，陶谦以刘备屯小沛，意在扼守曹操从兖州沿泗水趋徐州的通道。曹操于初平四年（193年）第一次进攻徐州时，陶谦已从彭城退保郯（今山东省郯城）。刘备于兴平元年二月领豫州刺史，四月，曹操第二次进攻徐州时，刘备与曹操周旋于郯东。刘备领豫州刺史，其活动却主要在徐州。因此，无论从哪个角度看，刘备领豫州只是虚领。

刘备领徐州刺史，意味着他从一个依附于人的部属，在短短四年的时间里，就跻身于关东群雄之列。

有了徐州这个舞台，刘备的影响开始往一个更大的舞台扩散。刘备被推领徐州后，陈登遣使通报了当时身为关东盟主的袁绍。《蜀书·先主传》注引《献帝春秋》载袁绍答书："刘玄德弘雅有信义，今徐州乐戴之，诚副所望也。"对刘备领徐州给予肯定和承认。刘备后来投奔袁绍时，袁绍出邺城二百里迎接，亦可印证刘备当年被徐州人推举一事给袁绍形成的印象。

刘备领徐州后，与袁术相拒。曹操迎汉献帝至许昌后，即表刘备为镇东

---

[1]《蜀书·先主传》。
[2]《魏书·袁张凉国田王邴管传》。

将军，封宜城亭侯。刘备遂正式策名于汉廷。

陈寿在叙述刘备拜将封侯一事时，特别注明，"是岁，建安元年也"。但是，关于这段时间刘备的事迹，陈寿的叙述在时间次序上有错乱。刘备拜将封侯一事列于吕布袭下邳之前。吕布袭下邳在建安元年六月。①《魏书·武帝纪》载，建安元年六月，曹操始迁镇东将军。但是，关于曹操领镇东将军的时间，《武帝纪》中的说法却为《资治通鉴》所不取。《资治通鉴》将曹操领镇东将军的时间列于该年八月汉献帝幸雒阳南宫杨安殿之后。这个时间与《魏书·董昭传》及《后汉书·献帝本纪》中的记载相合。从《董昭传》中提到的表曹操为镇东将军的由来看，《资治通鉴》所列的时间次序更合理。该年八月辛亥日（公元196年9月28日），曹操领司隶校尉，录尚书事。《后汉书·献帝本纪》中记述此事时，还特地提到曹操镇东将军的身份。九月己巳日（公元196年10月16日），献帝幸曹操营，始以曹操为大将军，封武平侯。曹操由镇东将军转大将军之后，表刘备为镇东将军才有可能。所以，曹操表刘备为镇东将军，封宜城亭侯，时间应该是在该年九月曹操迎汉献帝迁都许昌之后，当然也是在吕布袭据下邳之后。

如果这两件事的时间次序颠倒的话，就很难理解曹操何以会表荐刘备这位昔日的对手拜将封侯。

此前，刘备曾帮助陶谦对抗曹操，又收容过曹操在兖州的对手吕布；现在，吕布夺占了刘备的徐州，曹刘关系因此发生变化，刘备在曹操眼里遂有了利用价值，用以对付他在东方的两个敌人——袁术和吕布。初平四年（193年），曹操与袁术争夺豫州，即已成为宿敌；现在，吕布夺刘备的徐州，刘备遂跟曹操的这两位敌人都成了对手。在这种变化了的时势下，曹操才会表刘备这位昔日的对手为镇东将军，封宜城亭侯。刘备却因此正式策名于汉廷，他的人生事业又上了一个位阶。

吕布夺占徐州后，刘备一度转军海西（今江苏滨海县），处境艰困，遂向吕布求和。吕布也因不满袁术并未履行资助军粮的许诺，接受了刘备的求和，

---

① 《魏书·吕布传》注引《英雄记》。

以刘备为豫州刺史，屯小沛。不久，吕布又忌惮刘备兵力恢复，出兵攻刘备。刘备败走，投奔曹操。"曹公厚遇之，以为豫州牧。"曹操增其兵力，以图吕布。建安三年（198年），曹操亲自东征，擒杀吕布。刘备随曹操还许昌，曹操又表刘备为左将军。

初平年间以来的左将军一职，一直体现着针对性的政治意图。初平四年（193年），李傕挟天子于关中，欲结袁术为援，以袁术为左将军；建安二年（197年），曹操已挟天子于许昌，欲笼络吕布，未许其期待的徐州牧，却以吕布为左将军，明显是针对袁术；现在，吕布已除，袁术未灭，曹操以刘备为左将军，仍有针对袁术的意图。因着这层意图，日后曹操派刘备去徐州拦截袁术也就很好理解。

刘备称汉中王时，在上汉帝表中提到的头衔是"左将军、领司隶校尉、豫荆益三州牧、宜城亭侯"，其中只有左将军、豫州牧、宜城亭侯获得过正式的王命封拜。

就这样，刘备迈进了汉帝国新的政治中心许昌。在许昌，刘备的英雄之姿在曹操及其重要谋士的心中留下了深刻的印象。如程昱言"观刘备有雄才而甚得众心"[1]，董昭言"备勇而志大"[2]，郭嘉言"今备有英雄名"[3]。虽然裴松之曾指出过一些记载的矛盾之处，但矛盾的不是对刘备的评价，而是对刘备杀与不杀的态度。杀不杀刘备之所以会成为问题，恰好是因为他的英雄之姿。

至于曹操，他对刘备"礼之愈重，出则同舆，坐则同席"[4]。二人把酒言欢之际，曹操以英雄相推许，留下一段青梅煮酒论英雄的故事，在小说中被演绎得脍炙人口。

《蜀书·先主传》中记下了这个故事。

> 是时，曹公从容谓先主曰："今天下英雄，惟使君与操耳。本初之

---

[1]《魏书·武帝纪》。
[2]《魏书·程郭董刘蒋刘传》。
[3]《魏书·程郭董刘蒋刘传》注引王沈《魏书》。
[4]《蜀书·先主传》。

徒，不足数也。"先主方食，失匕箸。

曹操何以如此推许刘备呢？截至此时，刘备并没有显赫的战功，但是，曹操、刘备与袁绍三人至少有一件事是可以比较的。他们三人都曾被推领州牧。董卓之乱后的关东诸州，有的州牧是由天子授命的，如陶谦之为徐州牧，刘表之为荆州牧；有的则是以武力夺取，如袁术之据扬州，公孙瓒之据幽州，吕布之据徐州。而袁、曹、刘三人则都被推领州牧。袁绍在初平二年（191年）以韩馥让州而被推领为冀州牧；曹操在初平三年（192年）被东郡陈宫等推领为兖州刺史；刘备则在兴平元年（194年）由陶谦遗命而被州人推举为徐州刺史。

但三人被推领州牧的具体情况又有所不同。袁绍领冀州，毕竟使用了胁迫的手段；曹操被推领兖州刺史两年后，因杀陈留名士边让，致使"兖州士大夫皆恐怖"，从而引发陈宫等人谋迎吕布据兖州而叛曹操，兖州一度仅有三城为曹操所守。这跟刘备被徐州的士民推服相比，究是美中不足。

而且，三人的凭资也完全不同。袁绍主要凭借袁氏四世三公门生故吏遍天下的门第资望，曹操的出身虽不及袁绍，但其父曹嵩也曾官拜太尉；刘备则是从底层起家，完全无凭无恃。袁术就曾在给吕布的信中傲慢地写道，"术生年以来，不闻天下有刘备"[①]。刘备却赢得了徐州士民的推服。这些不可能不影响曹操对刘备的认识。

刘备跟曹操的合作，令他策名于汉廷，也令他的英雄之名，经由许昌这个政治中心而获得全局性的影响。

[①]《后汉书》卷七十五《刘焉袁术吕布列传》。

衣带诏的疑点

刘备与曹操的合作并没有维持多久。袁术称帝，兵势日蹙。建安四年（199年），袁术欲从徐州北走而依袁绍，曹操遣刘备率军赴徐州拦截。刘备到下邳后，袭杀曹操所署徐州刺史车胄，举兵反曹。

刘备此次据徐州而反曹，中间夹杂着衣带诏之事。汉献帝究竟有没有授予董承、刘备等人以衣带诏，历来争议很多。这件事关系到日后刘备给自己政治定位的问题，因此有必要加以厘清。

《蜀书·先主传》这样记述此事：

> 先主未出时，献帝舅车骑将军董承辞受帝衣带中密诏，当诛曹公。

《资治通鉴》则是这样叙述的：

> 初，车骑将军董承称受帝衣带中密诏，与刘备谋诛曹操。①

《蜀书》中用了一个"辞"字，《资治通鉴》中用了一个"称"字。"辞"和"称"都表示声称的意思，意谓董承自己声称得到过汉献帝的衣带中密诏。至

---

① 《资治通鉴》卷六十三，汉纪五十五，献帝建安四年。

于汉献帝是不是真的授予过董承衣带诏，二书态度谨慎，不作论断。

范晔在《后汉书·孝献帝纪》中则这么叙述此事：

> 五年春正月，车骑将军董承、偏将军王服、越骑校尉种辑受密诏诛曹操，事泄。壬午，曹操杀董承等，夷三族。

根据范晔的叙述，则汉献帝明确地授予过董承等人密诏。那么，汉献帝究竟有没有授董承、刘备等人衣带诏呢？

建安五年（200年）正月，"董承谋泄"，"曹操杀承及王服、种辑，皆夷三族"。[①]这在当时应是一件震动一时的政治事件。因为此事涉及一个大的政治密谋，所以，不管当时公布的情况是怎样的，它都会给人留下想象的空间。人们会揣测，只要汉献帝还在曹操的控制之中，这事就不可能从汉献帝那里得到证实。董承已因谋泄而被杀，那么，不管他是声称还是真的得到过衣带诏，这事已不可能从董承那里得到证实。对于那些情愿相信有衣带诏的人来说，当然不会相信曹操在当时公布的说法。人们会揣测，即使真有衣带诏，也有可能被曹操销毁。他不可能公布一个对自己不利的政治文件。所以，这事也不可能指望从曹操的说法中去证实。

我认为，汉献帝并没有授予董承、刘备等人以衣带诏。在几个当事人中，虽然没法从汉献帝、曹操及董承那儿得到证实，却可以从刘备那里得到证实。

如果汉献帝真的授予董承、刘备等以衣带诏的话，那么，刘备日后讨曹，便属奉辞伐罪，刘备势必会奉为旗帜。曹操征荆州时，刘琮举州投降，以刘表所受汉节为信物，遣使迎曹，曹营诸将都怀疑是诈降。娄圭说："天下扰扰，各贪王命以自重，今以节来，是必至诚。"[②]汉节尚且可以作为王命的信物，如果刘备和董承等人真的获得过汉献帝密诏的话，那么，刘备的讨曹，便等于

[①]《资治通鉴》卷六十三，汉纪五十五，献帝建安五年。
[②]《资治通鉴》卷六十五，汉纪五十七，献帝建安十三年。

是得到过汉献帝的授权，这是真正的"奉辞伐罪"，足可与曹操的"挟天子以令诸侯"相对抗。可是，无论是在荆州联孙抗曹，还是后来谋称汉中王时，刘备都未曾提及有衣带诏的事。最为确凿的证据，便是刘备称汉中王时的两份文书。

建安二十四年（219年），刘备争得汉中后，谋称汉中王。马超、许靖、诸葛亮、法正等一百二十人联名上表汉献帝，依东汉初河西五郡推窦融为元帅的故事，推刘备为汉中王。表文中提到刘备与董承密谋讨曹操的事。可是，表中虽然说刘备"受朝爵秩，念在输力，以殉国难"，却也只是说，"睹其机兆，赫然愤发，与车骑将军董承同谋诛操，将安国家，克宁旧都。会承机事不密，令操游魂得遂长恶，残泯海内"。刘备自己在上汉献帝表中，也只说"臣昔与车骑将军董承图谋讨操，机事不密，承见陷害，臣播越失据，忠义不果"[①]。这两份表文本是要表明，即使没有来自汉帝的封授，刘备行权宜之计而称汉中王也是正当的，以便更好地领导讨曹灭贼的事业。如果汉献帝真的授予过刘备等人以衣带诏，则表文中不可能不提及，以作为"奉辞伐罪"的确凿依据。

至于范晔的叙述，则属典型的春秋笔法，以表达他本人的政治观念。这种笔法，在《后汉书·献帝本纪》中随处可见。譬如曹操进封魏公、魏王，从程序上讲，均有汉献帝明确的策命封拜，而范晔则书为"曹操自立为魏公""曹操自进号魏王"。其他如"曹操自领司隶校尉""曹操自为司空""袁绍自为大将军"，皆此类也。范晔的这种笔法，就像孔子以春秋笔法贬低"礼乐征伐自诸侯出"的政治乱象，范晔意在贬损曹操那样的武人，挟持天子，图谋篡盗。作为文献依据，范晔的叙述没有刘备称汉中王时的那两份文书的价值大。东晋的袁宏著《后汉纪》，比范晔的《后汉书》要早，只字未提衣带诏之事：

　　五年春正月壬午，车骑将军董承、偏将军王服谋杀曹操，发觉，伏

[①]《蜀书·先主传》。

诛。初，承与刘备同谋，未发而备出。①

所谓"董承辞受帝衣带中密诏"，应该是董承自己主谋，而非出自汉献帝的密旨。在许昌，董承可能联络过刘备，刘备看来也参与了其事。在刘备称汉中王时的那两份表文中，刘备则从参与者之一，变成了主要参与者。但即令如此，他也没有说汉献帝曾授予他们衣带中密诏。因此，可以肯定地说，那份传言中的衣带诏根本不存在。

对于刘备来说，重要的是，参与董承密谋诛曹操一事，让他找到了后半生奋斗的政治主题，虽然这一主题变得鲜明而清晰还是日后的事。

在当时，此事只是促成了他与曹操的决裂。刘备投奔曹操，乃属不得已。刘备步上徐州这个舞台并被徐州士民推服，起因于曹操攻徐州。曹操两攻徐州，多所残杀。史载："初，京、雒遭董卓之乱，民流移东出，多依徐土，遇操至，坑杀男女数十万口于泗水，水为不流。操攻郯不能克，乃去，攻取虑、睢陵、夏丘，皆屠之，鸡犬亦尽，墟邑无复行人。"②曹操的双手沾满了徐州士民的血。陶谦及徐州的士民们把安徐州的希望寄托在刘备身上，他在徐州成就了英雄之姿，却在许昌与曹操"出则同舆，坐则同席"，回看仍追随他的徐州士民，刘备情何以堪？董承的密谋促成了他与曹操的决裂，曹操派他去徐州拦截袁术则提供了一个最好不过的契机。

刘备最后一次回到了徐州。他杀车胄而据徐州后，"东海贼昌豨及郡县多叛操为备"③，很快，刘备就聚众数万人。在徐州，他再次验证了自己的影响力。在官渡之战前夕，曹操冒着来自袁绍的巨大压力，抽空东征徐州，击败了刘备。他说："刘备，人杰也，今不击，必为后患。"④他撇开袁绍而先击刘备，也印证了他当初"本初之徒，不足数也"的说法。刘备兵败后经青州投奔袁绍，袁绍亲自出邺城二百里相迎。

---

① 《后汉纪》卷二十九。
② 《资治通鉴》卷六十，汉纪五十二，献帝初平四年。
③ 《资治通鉴》卷六十三，汉纪五十五，献帝建安四年。
④ 《资治通鉴》卷六十三，汉纪五十五，献帝建安五年。

刘备投奔袁绍实在也是权宜之计。无论袁曹之争谁成谁败，托身袁绍羽翼之下，刘备都是没有希望的。所以，当袁曹紧张对峙之时，刘备借故脱离了袁绍集团。他以南连刘表为借口，率领本部兵马，扰略汝南一带。曹操在官渡击败袁绍后，南击刘备。刘备转投荆州。刘表听说刘备来投，亲至郊外迎接，"以上宾礼待之"。时为建安六年秋。

刘备从初平二年（191年）涉足青州，兴平元年（194年）踏入徐州，到建安五年（200年）最后一次离开徐州，经由在袁绍处短暂的栖身之后，来到了荆州，从而结束了他十年的青徐时期。

这十年里，刘备从一个依附于人的部属，成就了英雄之名。他游走于关东的几大诸侯处，都备受敬重。在陶谦处，陶谦以"非刘备不能安此州也"，托以安州；在曹操处，曹操以"今天下英雄，唯使君与操耳"相推许；投袁绍处，袁绍亲出邺城二百里相迎；投刘表处，刘表自出郊迎而待以上宾之礼。这样的身姿，在汉末的群雄中，尚未有第二人。

他又是一个什么样的英雄呢？他曾跟公孙瓒站在一起对抗袁绍，曾跟陶谦站在一起对抗曹操，曾跟曹操站在一起对抗袁术，又曾跟袁绍站在一起对抗曹操。以英雄之姿，游身于如此之多复杂而对立的关系中间，在汉末的群雄中，也未有第二人。

刘备虽然成就了英雄之名，但其生平事业的定位远未清晰。当他来到南方时，人马零落，无用武之地，只有空空的一个英雄之名。他需要找到未来的方向，也需要找到事业的主题。

第二章

《隆中对》的得失

《隆中对》的褒贬

刘备投奔刘表后,刘表待以上宾之礼,增其兵力,使屯新野,屏护荆州北境,一如此前之接纳张绣。其间,"荆州豪杰归先主者日益多,表疑其心,阴御之"①。建安十二年(207年),曹操北征乌桓,刘备建议刘表趁曹操远出之机进袭许昌,刘表不能用。在荆州,刘备度过了他一生中相对平静却最无所作为的几年。《九州春秋》的作者司马彪曾着墨描绘过刘备坐看"日月若驰,老将至矣,而功业不建"的英雄悲怀。他确实还没有看到自己的出路究竟在何方。

在荆州风云将起的前夕,刘备遇上了他一生中最重要的政治助手。这个人躬耕陇亩,读书养气。他读书"独观其大略",静看天下风云;每晨昏从容,常抱膝吟啸。这个人自负雄才,"每自比于管仲、乐毅",但只有他的好朋友崔州平和徐庶相信他确实有治国平天下的才能。

经由徐庶的推荐,刘备三顾茅庐,留下一段风云际会君臣契合的千古佳话,也留下一篇在后世广为人知的对策。②

---

① 《蜀书·先主传》。
② 关于诸葛亮躬耕地的讨论,本人秉持"襄阳说",故将这篇对策仍称为《隆中对》,以方便行文表述。关于《隆中对》得失的讨论,涉及蜀汉整个历史过程的得失,故建议读者在读完后面章节后,再回头重读本章。战略的研讨,既要有综览大势的视野,又要有精细入微的眼力,如此,方有益于战略思维的启迪。论大势而不求精微,必流于空疏;讲精细而无视大势,必拘泥细节。

> 由是先主遂诣亮，凡三往，乃见。因屏人曰："汉室倾颓，奸臣窃命，主上蒙尘。孤不度德量力，欲信大义于天下，而智术短浅，遂用猖蹶，至于今日。然志犹未已，君谓计将安出？"
>
> 亮答曰："自董卓已来，豪杰并起，跨州连郡者不可胜数。曹操比于袁绍，则名微而众寡，然操遂能克绍，以弱为强者，非惟天时，抑亦人谋也。今操已拥百万之众，挟天子而令诸侯，此诚不可与争锋。孙权据有江东，已历三世，国险而民附，贤能为之用，此可以为援而不可图也。荆州北据汉沔，利尽南海，东连吴会，西通巴蜀，此用武之国，而其主不能守，此殆天所以资将军，将军岂有意乎？益州险塞，沃野千里，天府之土，高祖因之以成帝业。刘璋暗弱，张鲁在北，民殷国富而不知存恤，智能之士思得明君。将军既帝室之胄，信义著于四海，总揽英雄，思贤如渴，若跨有荆、益，保其岩阻，西和诸戎，南抚夷越，外结好孙权，内修政理；天下有变，则命一上将将荆州之军以向宛、洛，将军身率益州之众出于秦川，百姓孰敢不箪食壶浆以迎将军者乎？诚如是，则霸业可成，汉室可兴矣。"

《隆中对》堪称后世最广为人知的对策；同时，也是在后世引发讨论最多的对策。不管《隆中对》里的构想是否作为刘备持之以恒的指导方针，后世习惯于拿《隆中对》的内容与蜀汉的历史相比照，掂量其间的得失。在比照中，有两点尤显突出。一是对策中的内容部分地被后来的历史应验；二是对策中所提出的复兴汉室的目标最终未能实现。诸葛亮为这一事业鞠躬尽瘁，最终遗恨渭滨，令人扼腕叹息。

宋代大儒朱熹"尝欲写出萧何韩信初见高祖时一段，邓禹初见光武时一段，武侯初见先主时一段，将这数段语及王朴平边策编为一卷"[①]，让学生研讨历史的兴亡与得失。"武侯初见先主"而有《隆中对》。《隆中对》却是上述诸对策中唯一最终目标没有实现的对策。但其研讨价值却超过其他对策。关于

[①]《朱子语类》卷第一百三十五《历代·二》。

《隆中对》得失的研讨，对于战略思维的启迪大有裨益。

本章仅就这个文本所表达的思想内容的得失，做一检讨；无可回避地，对评价《隆中对》的主要观点的得失，做一评述。①

千古以来，对《隆中对》的评价可谓褒贬不一。褒之者谓之有"惊人的预见性"，贬之者则谓之有"内在的缺陷"。褒奖《隆中对》的人，主要是看到诸葛亮在对策时准确地预言了未来的趋势。虽然诸葛亮是在时隔整整二十年后的《出师表》中才提到"今天下三分"，而在隆中对策时只字未提"三分"之类的字眼，但在对策中，诸葛亮分析了北方的曹操集团，断言"此诚不可与争锋"；分析了江东的孙权集团，指出"此可以为援而不可图也"；剩下的就是刘备集团应该去争取实现的"跨有荆益"。这样，在汉末的政治地图上，三足鼎立的态势似已隐然成形。此后的局势也基本上是朝着这个图景演进。因此，

---

① 《隆中对》的内容，是刘备与诸葛亮在屏退闲人后的一段对话，我们看到的文本是陈寿的叙述。后世的评论都是建立在陈寿这个叙述文本的基础之上的。陈寿的叙述是否有关于这段谈话的记录文本为依据，关系到这个叙述文本是否准确地反映了诸葛亮本人的思想。陈寿早年生活在蜀汉。他在《蜀书·后主传》中说到蜀汉"国不置史，注记无官，是以行事多遗，灾异靡书"。较之于《魏书》和《吴书》，《蜀书》确实比较单薄。列名于杨戏《季汉辅臣赞》中的多位重要人物，《蜀书》中没有立传。陈寿除补注过部分资料外，多处提到"失其行事，故不为传"，可知蜀汉"国不置史"对于蜀汉历史资料的保存确实是有影响的。不过，从《蜀书》中收录了许多蜀汉的诏策表文等文件看，蜀汉基本的档案资料还是有保存的。

陈寿曾受命"定故蜀丞相诸葛亮故事"，编过《诸葛亮集》。他在泰始十年（274年）编成《诸葛亮集》后上表晋武帝时说，"亮毗佐危国，负阻不宾，然犹存录其言"。"然犹存录其言"，说明当时蜀汉还是保存了大量的关于诸葛亮言论、事迹和著述的资料。他编的《诸葛亮集》，在"删除复重"之后，犹有"十万四千一百一十二字"。《隋书》经籍志中录有此书。从裴松之补注的内容看，《诸葛亮集》里并非只收录诸葛亮本人的文章，也记述有相关的背景事件。这些当然都来自陈寿收集的"然犹存录其言"的资料。

诸葛亮在《出师表》中提到，"先帝不以臣卑鄙，猥自枉屈，三顾臣于草庐之中，谘臣以当世之事"。陈寿在上晋武帝表中也说到，"时左将军刘备以亮有殊量，乃三顾亮于草庐之中"。可知三顾茅庐与隆中对策并非蜀汉历史中的秘辛，而是蜀汉开国史上的一个非常重要的事件。作为如此重要的事件，三顾茅庐与隆中对策应该是"然犹存录其言"的资料里没有理由被忽略的内容，也是陈寿收集资料"定故蜀丞相诸葛亮故事"时不可或缺的部分。事实上，陈寿在《蜀书·诸葛亮传》中对此事给了相当充足的篇幅，相比之下，叙述北伐的经过倒是比较简略。

《三国志》叙述魏吴二国的历史，也记载过一些较长篇幅的对话，如《魏书》中荀彧建议曹操迎天子于许昌及论曹操对袁绍"四胜"等内容，《吴书》中周瑜、鲁肃的一些决策性建议及孙权论周鲁吕三人优劣等内容，文字都非常规整、通畅，明显有整理的痕迹。魏吴二国均有史官，且在当朝即修国史。魏有王沈撰《魏书》，吴有韦昭撰《吴书》，均为当时官修史书。陈寿在叙述上述谈话性内容时，应该是以魏吴二国的国史资料为依据。《隆中对》的内容如此详细，文字的规整通畅程度，丝毫不亚于魏吴二国部分。若比照魏吴二国的情况，则《隆中对》内容的叙述应该是有资料依据；这个依据应该是蜀汉时期即已成文的官方资料。也就是说，隆中对策的记录文本应该包含在"然犹存录其言"的资料中。

陈寿在给晋武帝的表文中还说到，"故虽敌国诽谤之言，咸肆其辞而无所革讳"；他在说明编辑的原则时，也只是说"辄删除复重，随类相从"。这表明他所收集的关于诸葛亮的资料，不会因为政治方面的顾虑而有所删改。因此，我认为，我们看到的这个叙述文本，应该反映出诸葛亮本人的思想。

后世以诸葛亮的这段分析称誉他对当时天下大势有着深刻的洞察,对形势的判断符合实际情况,这种称誉尚属允当。

至若有论者见后来三国鼎立,而赞誉诸葛亮未出隆中即已预见天下三分,似乎后来三个政权的鼎立,早在诸葛亮的预见之中,这却是不当的称誉。三国鼎立只是复兴汉室的事业未能完成而留下的一个结果,而不是隆中对策时的目标。这涉及严肃的政治名分问题。即使是在二十年后,诸葛亮在《出师表》中提到"今天下三分",下文说到蜀汉政权的现状时,也是说"益州疲弊",称"益州"而不是称"汉",更不是称"蜀汉"。诸葛亮这样表述是将蜀汉当前的统治区域置于大汉帝国天下十三州的完整框架之中。这意味着,蜀汉的统治虽仅及益州一州,天下尚未一统,但这只是一种临时状态。那么,诸葛亮所说的"今天下三分",只是对当时三种政治势力分据天下这样一种政治现状的描述,而不是指三个政权并立。诸葛亮上《出师表》是在建兴五年(227年),其时,诸葛亮并不面临政治名分上的困扰。蜀汉以"汉贼不两立"之故,对曹魏当然不承认,孙权当时还没有称帝。因此,并不存在三个政权并立的问题。蜀汉面临政治名分上的尴尬,是在孙权称帝之后。孙权称帝,"以并尊二帝来告",并以共订盟约来巩固联盟。孙刘双方为"求掎角之援",都需要这个联盟;但孙权还企望以蜀汉对他帝位的承认来增强其合法性。这才让蜀汉面临政治名分上的困扰,蜀汉内部为此而有过争议。诸葛亮也认为孙权称帝确属"僭逆",但出于"应权通变",对孙权"略其衅情",最后裁示,"权僭之罪,未宜明也"。[①]这意味着,他对孙权称帝实际上不承认,但为了维持联盟而不公开否认。因此,若以后来三国鼎立的既成事实,而回溯到诸葛亮在隆中对策时的形势分析,以此来赞誉诸葛亮的先见之明,可以说是完全曲解了诸葛亮的政治抱负。

如果说褒奖《隆中对》的人主要是看到了刘备集团前半截的历史,那么,批评《隆中对》的人则主要是看到了刘备集团后半截的历史。

刘备在赤壁之战后占得荆州数郡,后又占据益州,基本实现了《隆中对》

[①]《蜀书·诸葛亮传》注引《汉晋春秋》。

里所设想的"跨有荆益"的结构。这一结构不久即因孙权背盟袭荆州而遭到破坏；刘备为挽回这一结构而兴夷陵之役，又招致刘备集团在其发展过程中所遭遇的最大挫折。这次挫折影响了复兴汉室的事业。刘备集团没有维持住"跨有荆益"的结构，一军出宛洛、一军出秦川的下阶段规划也就成了泡影。复兴汉室的事业最终也没有完成。这样，《隆中对》里的主要构想就基本上被破坏了。

在批评《隆中对》的种种论述里，前后半截历史的分水岭是孙权背盟袭荆州。"跨有荆益"这一结构被破坏，正是由于孙权背盟袭荆州；而占领荆州，又在江东的事业规划之中——在早先周瑜和鲁肃帮孙权规划的江东帝业中，占据荆州是其中的一个步骤；在后来吕蒙帮孙权规划的保据江东的霸业中，荆州是保障其安全的上游屏障。批评《隆中对》的人据此推出这样的结论："跨有荆益"与"结好孙权"之间存在着不可调和的矛盾。既然这一矛盾不可调和，那么，当初诸葛亮设想既要"跨有荆益"又要"结好孙权"就不现实。一旦认定"跨有荆益"与"结好孙权"之间的矛盾不可调和，就基本上是以长江上下游之间的对立关系为前提来审视"跨有荆益"的可行性；当"跨有荆益"被置于长江上下游对立的前提下来审视时，连接荆益二州的地理上的困难便会凸显出来。孙权袭占荆州那么轻而易举，刘备再争荆州那么艰难而且最终未遂，似乎也验证了这一点。这样，批评《隆中对》的人，从孙权背盟袭荆州的史实中，提取出了两个结论——孙权必然会背盟；孙权背盟就必然能夺占荆州。两个结论合在一起，对《隆中对》里的构想形成致命的质疑。如果这两个结论成立，就意味着《隆中对》里的构想从提出之时起就是虚幻的。

孙权背盟袭荆州的史实，肯定是反映出了一些问题；但究竟反映出了什么问题，却不应该如此简单地得出结论。讨论像《隆中对》这样的一个总体战略策划的得失，本是一件极其复杂的事情。我们站在千百年后的今天往后回望，诸葛亮却只能站在建安十二年往前眺望；我们看到了后来的历史并拿来检验那个原初的构想，诸葛亮却是要在充满不确定性的未来勾勒出一种清晰的前景与远景。所以，站在千百年后的今天，读史论史，应该对古人所处的境遇怀有充分的同情和理解。历史是一个浑厚的流程，一个构想在执行的过程中，可能会受到各种因素的影响。在拿后来的历史检验原初的构想时，切忌在构想与结果之间简单地画一条直线来建立因果关系。

建安十二年（207年），曹操已经彻底消灭袁氏集团，关陇的凉州诸将与许昌的关系并没有破裂。在此前的袁曹之争中，凉州诸将还选择了支持曹操。放眼北望，整个北方都是曹操的势力范围，所以诸葛亮判断说，"此诚不可与争锋"。孙氏在江东的基业，从兴平元年（194年）孙策渡江开始，至此已有十四年；孙权于建安五年（200年）接手江东，至此也有八年，孙氏在江东的基业已渐稳固，所以诸葛亮判断说，"此可以为援而不可图也"。环顾天下，刘备能够去争取的，只有荆益二州了。

在这种大势背景下，诸葛亮站在荆州这片土地上，给刘备描画未来的发展远景。荆州之为"用武之国"，在于它"北据汉沔"，可拒强敌；"利尽南海"，可以提供雄厚的物力支持；"东连吴会，西通巴蜀"，则是发挥它作为长江中游枢纽而拥有的东西万里通达的战略便利。以荆州的地缘条件为基础，向西，占据"天府之土"的益州，从而实现"跨有荆益"；往东，与"国险而民附"的孙权结盟。这样，经由"跨有荆益"的刘备与占据扬州的孙权结盟，长江一线的三大州——益州、荆州和扬州——连成一片，整个长江一线的地利遂连缀成一种大势。

设想整个长江一线形成一种大势，以对抗北方的强敌，可以说是那个时代南方有眼光的战略家们的一种共见。这种设想得以提出的大背景，是长江流域在中国地理大势中的地位开始上升。但是，在典型的南北对峙出现之前，即能够将整个长江一线的地利纳入一种整体的战略构想之中，却有赖于一种开阔的战略眼光。稍早前，鲁肃对孙权笼统地提到"竟长江所极，据而有之"；赤壁之战后，周瑜曾提出过一个比较具体的设想。他想西取益州，北并张鲁，再回过头来进据襄阳，以蹙曹操，同样也是试图将益、荆、扬三州连缀成一种完整的大势。所不同的是，周瑜是设想江东单独掌控这一大势，诸葛亮则是设想通过联盟来形成这一大势。

在诸葛亮的构想中，要形成这一大势，"跨有荆益"与"结好孙权"缺一不可。唯有如此，才能对抗"此诚不可与争锋"的曹操集团，为自己赢得发展的机会。诸葛亮畅想这一大势远景，是以长江上下游之间的畅通而不是对立为前提。荆州"东连吴会，西通巴蜀"的地缘条件为这一大势的形成提供了地理基础。

他论述荆州的地缘条件足为"用武之国"，是在说荆州应该取而有之，指出"其主不能守"，则是表明荆州可能取而有之；同样地，他论述益州的地理条件实为"天府之土"，是在说益州应该取而有之，指出"刘璋暗弱，张鲁在北，民殷国富而不知存恤，智能之士思得明君"，则是表明益州可能取而有之。

至若与孙权结盟的策略主张，如果考虑到此前荆州与江东长期对立的背景和日后江东方面主动促成孙刘结盟，那么，不能不说，诸葛亮在建安十二年（207年）提出"结好孙权"，恰好显示了他的远见。建安十二年，荆州仍在刘表治下。刘表的荆州与江东可以说是"已历三世"的世仇，孙坚死于刘表部将之手，孙策和孙权为报杀父之仇，已数度进攻荆州。在这种背景下，设想取得荆州之后的刘备与江东结盟，要么是出于不切实际的幻想，要么是出于一个战略家谙熟利害关系的变动可能带来的力量重组而展示出的洞见。一年之后，正是江东方面主动促成了孙刘的结盟，则不能不说是诸葛亮的远见。

"结好孙权"是诸葛亮经营天下的战略中非常重要的组成部分。最初，正是诸葛亮亲自出使江东完成结盟；诸葛亮留守荆州期间，悉心维护联盟；刘备死后，诸葛亮又促成恢复联盟；甚至在孙权称帝后，诸葛亮仍以"略其衅情"而维持联盟。除去中间一段发生孙权背盟袭荆州外，终其一生，诸葛亮都重视并悉心地维护着与孙权的联盟。

现在，我们得回过头来，检讨对《隆中对》构想的质疑。如前所述，批评《隆中对》的人从孙权背盟袭荆州的史实中提取出了两个结论，两个结论合在一起，才对《隆中对》里的构想形成致命的质疑。一是孙权必然会背盟——如果这个结论成立，就意味着，既要"跨有荆益"又要"结好孙权"是不现实的；二是孙权背盟就必然能夺占荆州——如果这个结论成立，就意味着，一旦孙权背盟，想要"跨有荆益"也不可能。

从孙刘各自的最终目标所代表的根本利益来说，孙刘之间的矛盾是不可调和的。刘备的目标是要复兴汉室——不管是谁代表的汉室；孙权的目标——先是在周瑜和鲁肃的推动下，想要兴起江东新的帝业，后是在吕蒙的推动下，想要建立保据江东的霸业。对于刘备集团来说，"跨有荆益"是一个阶段性的目标，"结好孙权"是一个阶段性的策略；对于孙权集团来说，与刘备结盟也是阶段性的策略。

两个根本利益不同的政治集团结盟，是出于双方阶段性利益的需要。孙刘结盟，是因为双方都认识到有一个共同的强敌曹操的威胁。诸葛亮称曹操"此诚不可与争锋"，鲁肃称"曹操不可卒除"，表明双方都认识到曹操这一共同强敌的威胁。联盟的阶段性意义在于，其时孙刘都处于发展过程中，力量尚未定型，所以需要联盟来抗住共同的强敌，为自己赢得发展的机会。也就是说，当双方缔结联盟时，实际上是都认识到，结盟这个阶段性的策略，既服务于各自当前的阶段性利益，也经由阶段性利益的实现而服务于各自的根本利益。

世上没有永不终结的联盟。当联盟的需要消失的时候，所有的联盟都有终结的一天。至于某一方是否会单方面退出联盟，甚至背叛联盟，则取决于它如何在根本利益与阶段性利益的双重框架里认识联盟对自己的意义。孙刘联盟是一种双边联盟，各方如何认识联盟对自己利益的意义，又势必会受到双边关系互动的影响。

从江东方面主动促成结盟这一点来看，联盟是可能的，而不是诸葛亮的一厢情愿。孙刘结盟之后，孙权对联盟的态度一度是积极的。双方在荆州挫败曹操之后，尽管江东方面为此做出了更多的贡献，孙权还是对刘备在荆州占据更多的地盘表示了承认，不久又让渡出更多的利益给刘备（让南郡）。甚至在建安二十年（215年）双方为荆州问题而发生矛盾时，矛盾仍以一种双方都能接受的方式解决了。此事表明，在联盟的需要仍然存在的阶段内，双方的利益矛盾或许难免，但不是不可调和的。不可调和的是根本利益上的矛盾，结盟则是服务于阶段性利益的策略。从孙权日后背盟的史实中得出孙权必然会背盟的结论,是没有区分根本利益与阶段性利益,从而将双方根本利益上矛盾的不可调和,直接替换在阶段性的利益关系中。这样的认识失之于简单,也忽略了矛盾演变的历史过程。

以利益来解释一个集团的决策,大体无可厚非;但更关键的要点却是,如何认识自己的利益才决定着一个人或一个集团怎么做。孙权是否会抛弃联盟,这取决于——与结盟之时相比——他对下述三个相互联系的问题的认识是否发生了变化:江东的根本利益是什么?根本利益下的阶段性利益是什么?联盟对自己利益的意义是什么?因此,关于孙权背盟,实际上应该追问的是,为什么在曹操集团的威胁依然存在的情况下,也就是在联盟的外部需要依然存在的情况下,发生了孙权背盟之事?

孙权背盟,正是由于他对上述三个问题的认识发生了变化。周瑜和鲁肃相继去世后,江东帝业失去了两个主要的推动力量。十年的联盟,并未使江东事业获得进一步的发展,江东帝业依然邈焉难望;而刘备的事业早已不是当年"英雄无用武之地"的狼狈处境可比。吕蒙适时地促使孙权将江东的事业定位调整成保据江东的霸业。这意味着江东根本利益发生了调整。根本利益发生调整,阶段性利益也会发生变化。荆州——孙刘联盟的衔接点,既是孙刘阶段性利益的交汇点,又是双方利益发生矛盾时的冲突点——在江东事业中的地位也随之发生变化。在江东早先的帝业规划中,荆州的地位是被置于一个比较长远的进程中衡量的;但从保据江东计,荆州的地位就变得存亡攸关。而刘备这位盟友的作为并没有让孙权感到安全。对于江东的安全来说,来自长江上游的威胁更甚于来自长江北面的威胁。

在促成江东事业定位发生变化的诸因素中,盟友刘备的作为是一个不容忽视的因素。当孙权把战略要地南郡让给刘备时,他显然不认为刘备会是未来一段时期内江东安全的威胁;当刘备拒绝了孙权联合取益州的提议,自己却以袭击的方式从同为宗室的刘璋手中夺过益州时,孙权便开始索要荆州;当刘备占领汉中后单方面称王时,孙权便开始筹划以武力夺占荆州。[①]刘备的

[①] 孙刘关系变化的具体过程,详见刘备取益州和取汉中两章。

作为让孙权对联盟的意义有了完全不同的认识。当刘备从联盟中极大地受益时，孙权却既未从联盟中进一步受益，也未从联盟中感到安全。[①] 联盟互动的历史，让孙权对刘备从信任变得不信任，进而感到其威胁。概而言之，在外部环境没有什么大的变化的情况下，孙权从积极对待联盟，转变为决心背盟，刘备本人不能辞其咎。

尤值省思的是，孙权背盟夺占荆州之后，甚至在双方发生大型的军事冲突之后，诸葛亮积极推动恢复联盟，孙权虽然被动但还是回到了联盟框架之中。这表明，在荆州的矛盾，其实不是双方根本矛盾的摊牌。孙权已将政治定位调整为保据江东的霸业，荆州已攸关江东的根本利益。而对诸葛亮来说，复兴汉室才是根本利益，荆州的战略价值仍然被置于阶段性下来衡量。只要强大的曹魏仍然存在，联盟的外部需要就仍然存在。蜀汉只须谨守阶段性的分际，在荆州问题上，不以自己阶段性的利益去碰触江东根本性的利益，双方就可以相安无事。日后诸葛亮主政，便是以这样的分寸去处理双方关系，联盟遂得以长期稳定地维持。

回到第二个问题：为什么孙权背盟即能够袭取荆州？这是由于刘备的联盟政策不清晰造成的。在"跨有荆益"之后，如果刘备确实认为已经走过了需要联盟的这个阶段，不再重视联盟，就不应该再指望联盟，从而授孙权以偷袭荆州之机。建安二十年那次危机的解决方式表明，当荆州没有那么容易有把握地攻取、孙权背盟的代价和风险高于他可能的收益时，他就选择了留在联盟的框架内，以谈判的方式解决矛盾，尽管那次孙权其实做了武力准备。那次危机之后，到建安二十四年关羽攻襄阳开启吕蒙袭荆州之机以前，孙刘双方在荆州的态势，可以说是地利平分。孙刘各据三郡，背靠各自的基本势力范围。荆州与下游扬州衔接的战略要地江夏地区在孙权的控制之中，荆州与上游益州衔接的战略要地三峡地区在刘备的控制之中。在正常情况下，谁也没有把握在一场主动挑起的战争中轻易取胜，而曹操依然虎视眈眈于北方。孙权的机会只有偷袭。而刘备，既没有认真地重视从前的盟友，也没有认真

---

① 参见第八章第二节《孙权背盟袭荆州》。

地防范从前的盟友，从而授孙权以偷袭之机。

至于以刘备再争荆州的失败来为"跨有荆益"的地理困难做补注，其实并不充分。以整个魏晋南北朝时期的战争史来看，益州与荆州之间发生大型战争时，上游胜下游者居多。刘备的失败，并非因为他没有出三峡，而是由于他的战略失误。①

孙权背盟并且夺占荆州，应该置于联盟互动的历史过程中去审视。从孙权背盟袭荆州的史实中，不能得出孙权必然会背盟的结论，也不能得出孙权背盟就必然能夺占荆州的结论。如果撇开一个具体的历史过程，只从两个历史现象中就得出必然的结论，那么，政策和策略水平的高低就毫无区别的意义。从这样简单的认识方式中也就得不到有价值的历史启迪。

但孙权背盟袭荆州的史实还是反映出了一些问题。刘备的作为让孙权对联盟意义的认识发生变化。刘备的作为却是在完成"跨有荆益"的过程中表现出来的。"跨有荆益"是一个阶段性目标，"结好孙权"是一个阶段性的策略，为什么对前者的追求与后者的维持之间会产生张力，而且张力渐行渐大，直到破裂呢？

诚然，刘备处理联盟的政策和他在"跨有荆益"的过程中所采取的一些具体策略，并不全然由诸葛亮负责。但若检视刘备决策的思想资源，却还是不能不回溯到这套规划的设计者那里。"跨有荆益"与"结好孙权"为诸葛亮《隆中对》构想里的重要内容，二者并行不悖，在于其阶段性；离开这个阶段性，二者注定冲突。那么，如何把握这个阶段的分界点？"跨有荆益"即足以形成一个结构；但诸葛亮描画的主要是一个军事地理意义上的结构，那么，在什么意义上，它才是一个政治结构？"跨有荆益"又被纳入一个更大的结构之中。通过"跨有荆益"与"结好孙权"，可以将整个长江一线连缀成一种大势，但这主要是一种军事地理大势。那么，在什么意义上，它才是一种政治大势？

《隆中对》里的构想，既涉及时间的阶段性判断，又涉及空间的政治整

---

① 详见第十章《夷陵之战》。

合,要实现一个如此宏大而复杂的构想,需要一个超越于具体政策策略之上的统一的指导思想。但是,在《隆中对》里,这种统一的指导思想是阙如的。这种阙如缘于他政治定位的阙如。

复兴谁的汉室

以刘备三顾草庐所表现出的诚恳，以他向诸葛亮提出问题时所表达出的期待，他希望诸葛亮给他开示的应该是一个总体的规划。其核心是政治定位。但是，《隆中对》里，恰好没有政治定位。

对策中，诸葛亮在替刘备展望他的最终目标时说道，"诚如是，则霸业可成，汉室可兴矣"。这一表述值得推敲。

对于刘备来说，"霸业可成"与"汉室可兴"可以并提而不矛盾的话，指的应该是这样一种情形：刘备辅佐以汉献帝（或汉献帝的子孙）所代表的汉室复兴，刘备本人成就的则是匡辅王室的霸业。如果刘备是像当年刘秀那样复兴汉室的话，那么，刘备成就的就是帝业，而不是霸业。帝业与霸业有着根本的区别。从表述上看，诸葛亮指的似乎是前者；但从他说到益州时提醒刘备"高祖因之以成帝业"等语看，又似乎并不排斥后者。

至于刘备，当他向诸葛亮请教时，还提到"汉室倾颓，奸臣窃命，主上蒙尘"，他所说的"欲信大义于天下"，若指的是想复兴汉室的话，复兴的也应是汉献帝所代表的汉室。可是，我们看到，当刘备向诸葛亮请教"计将安出"时，诸葛亮虽然没像鲁肃对孙权那样断言"汉室不可复兴"，却先明确地告诉了他一件不能做的事情：面对曹操，"此诚不可与争锋"。汉献帝控制在曹操的手中，而曹操又是"此诚不可与争锋"，那么，复兴一个由汉献帝所代表的汉室如何可能？

"霸业可成"与"汉室可兴",也可以是一种递进式的目标。这意味着,刘备先以匡辅汉室为号召,壮大自己的实力。在这个过程中,刘备成就的是霸业;待到条件成熟,再由刘备本人来代表汉室,完成复兴,就像当年的刘秀那样。

但是,这种递进式目标中的最终目标,还是确定要复兴一个刘备本人代表的汉室,所以,递进式的目标其实是一种表里式的目标。这意味着,诸葛亮替刘备设想的最终目标,从一开始便是刘秀式的汉室复兴,所有阶段性的规划和奋斗其实都是为这个目标创造条件;但是,在汉献帝所代表的汉室仍然存在的情况下,这又不是一个可以公开言说的目标,表面上就只能说是以匡辅汉献帝所代表的汉室为目标。这样,表里之间就存在矛盾。刘备真正要去做的不是能公开说的,公开说的不是他想要做的。刘备后面的作为更像是这种情形。他在一些具体政策上表现出的矛盾,其实是这一矛盾的体现。

刘秀当年也面临过类似的矛盾。王夫之说:"光武之得天下,较高帝而尤难矣。建武二年,已定都于雒阳,而天下之乱方兴。"[1] 然则,为什么刘秀取天下会比刘邦还难?为什么刘秀称帝建政后天下之乱方兴?刘秀赴河北开始其中兴之业。其时已有更始帝立为汉帝,更始与刘秀已有君臣名分。当时群雄反王莽,往往奉刘氏为主,更始帝是其中之一。但长安士民杀王莽后,传首于更始帝所都之宛,显示当时的主流大势是承认更始帝为继汉之正朔。更始帝的才德固然不足以复兴汉室,但是,否定更始帝,就等于否定了汉室天命,再次引发"一姓不得再受命"[2] 的疑虑。更始败亡前,起兵者多奉刘氏;刘秀称帝、更始败亡后,各种自立称王,才遍起于四方。这才是刘秀称帝后"天下之乱方兴"的原因。

刘备之于汉献帝,犹如刘秀之于更始帝。刘秀想要脱离更始帝而自立,也没法公开言说,开始只在一个邓禹等人组成的小圈子里谋划,连耿弇想要有所进言时,刘秀都佯装拒绝,[3] 表明他要背离更始帝,也有政治名分上

---

[1]《读通鉴论》卷六《光武·八》。
[2]《后汉书》卷十三《公孙述传》。
[3]《资治通鉴》卷三十九,汉纪三十一,淮阳王更始二年。

的顾虑。更始帝败亡，虽不亡于刘秀，但坐视甚至促成更始帝的败亡，则引发对汉室天命的疑虑。日后，他既要面对公孙述的舆论战，证明汉室天命并未终结，又要以谶语证明天命落到他的头上，历经百战艰辛，才延续高祖之业。汉献帝是从刘秀延续而来的汉家血胤所在，避开了汉献帝，也就无从接续汉室天命。所以，当曹丕导演禅让剧本由汉献帝亲口宣布天命已转移至曹氏之后，刘备只得用一个汉献帝被害死的传闻来为自己出面代表汉室开路。

复兴一个汉献帝所代表的汉室几乎不可能，复兴一个刘备本人所代表的汉室又不能公开言说，于是，《隆中对》里便只好笼统地说"霸业可成，汉室可兴"。毋宁说，在隆中对策时，诸葛亮搁置了究竟是要复兴一个由谁代表的汉室的问题。因此，在某种意义上可以说，诸葛亮表达出来的这套规划里，最高政治目标是模糊的。

最高政治目标的模糊，必然会影响政治路线的模糊。避开了究竟是要复兴一个由谁代表的汉室的问题，也就避开了刘备与许昌汉廷的政治关系；避开了刘备与许昌汉廷的政治关系，那么，一系列的政治关系——譬如，刘备与曹操、与孙权、与原荆益二州集团的政治关系，以及他们与许昌汉廷的政治关系——便都无从明定。这等于是撇开了东汉王朝的政治框架。撇开了东汉王朝的政治框架，那么，对于如何与曹操的"挟天子以令诸侯"相抗衡，如何把握与孙权联盟的政治关系，如何取得荆益二州从而实现"跨有荆益"的阶段性目标，就无从确定一个恰当的政治指导。

于是，我们看到，刘备向诸葛亮提出问题时，他仍立足于东汉王朝既有的政治框架之内，他的表述里，充满了善恶与忠奸的价值评判；而诸葛亮在对策时，无论是分析问题，还是提出主张，都基本上撇开了东汉王朝既有的政治框架，也基本上没有善恶与忠奸的价值评判。这一倾向体现在诸葛亮通篇的谈话里。

诸葛亮在分析天下大势时说："自董卓以来，豪杰并起，跨州连郡者不可胜数。"这种看待天下形势的视角，与秦汉之际的纵横家蒯彻谈秦末形势时的视角如出一辙。蒯彻说："秦之纲绝而维弛，山东大扰，异姓并起，英俊乌集。秦失其鹿，天下共逐之，于是高材疾足者先得焉。"①这是典型的纵横家的视角，只做形势分析，不做价值评判。而事实上，秦末群雄反秦，往往称秦为"暴秦"。因其为"暴秦"，反秦才具备正当性，才会有广泛的号召力。诸葛亮分析汉末形势的话语，如同蔺彻看秦末形势。一年后，诸葛亮出使江东，对孙权分析形势，使用的基本上是同一套语言："海内大乱，将军起兵据有江东，刘豫州亦收众汉南，与曹操并争天下。"孙、刘、曹三人的基本关系，成了"并争天下"。一如"秦失其鹿，天下共逐之"，在诸葛亮的视野里，汉末的形势，也成了"豪杰并起"，"并争天下"。

然则，当时的天下，仍是残存的汉室的天下，是刘备想要复兴的汉室的天下。当诸葛亮出使江东之时，曹操是许昌汉廷——尽管那是一个体现曹操意志的汉廷——刚刚恢复的丞相，孙权是汉廷的疆臣，与许昌的关系并未破裂；身为"王室之胄"的刘备则成了帝国丞相追杀的对象。而诸葛亮看待他们的眼光，既不立足于东汉王朝既有的政治框架，也不对他们做善恶与忠奸的价值评判，所以，他们之间的关系，也就成了"并争天下"。

孙、刘、曹的基本关系成了"并争天下"，曹操也就如同秦末的群雄之一。诸葛亮对曹操能够战胜袁绍，从"名微而众寡"到"以弱为强"，甚至表现出了一定的称许，认为"非惟天时，抑亦人谋也"。面对曹操，诸葛亮断言"此诚不可与争锋"。然而，不可与争锋的是曹操"已拥百万之众"的实力，如何在政治上与曹操的"挟天子以令诸侯"相抗衡呢？

事实上，曹操的权力基础，仍是建立在汉帝国的政治框架之内的。正是在汉帝国的政治框架内，"挟天子以令诸侯"才会有那么大的号召力。诸侯的顺与逆，"奉辞伐罪"时所捧出的最高意志，都是基于汉帝国仍然残存的政治框架。甚至在刘备的提问中，曹操的"挟天子以令诸侯"尚且被表述为"奸臣窃命，主上蒙尘"。这个表述包含着鲜明的善恶与忠奸的价值评判。它对曹操的"挟天子以令诸侯"实际上在做一种政治上的解构。诸葛亮撇开了东汉王朝的政治框架，也撇开善恶与忠奸的价值评判，自然提不出一个足以与曹操的

---

① 《史记》卷九十二《淮阴侯列传》。

"挟天子以令诸侯"相对抗的鲜明政治主张。

缺乏一个与曹操抗衡的鲜明政治主张，那么，与孙权的联盟算是什么意义上的联盟？诸葛亮在分析了江东后建议刘备："外结好孙权。"晋泰始十年（274年），陈寿在编成《诸葛亮集》后上晋武帝表中也是说，"于是外连东吴，内平南越"①。在说到与孙权的联盟时，两处表述均使用了一个"外"字，可知这应是陈寿的原文。但陈寿记述的这句话是存在问题的。在中国古代大一统的天下观念中，本当是"王者无外"，无论要复兴的是谁的汉室，在汉室的天下体系中，与孙权的结盟，怎么可以称之为"外结好孙权"？司马光、刘恕在整理这段历史时，显然意识到了这一问题。《资治通鉴》里录入《隆中对》的内容时，去掉了那个"外"字，只写作"结好孙权"。无论陈寿记述的是否为诸葛亮的原话，联系前面分析的诸葛亮看待天下大势时的视角，不难发现，这不只是文字表述的问题，而反映出当时的诸葛亮对孙刘的政治关系缺乏清晰的定位。他在试图以破曹之后的大好局面打动孙权时，也只是说，"操军破，必北还，如此则荆、吴之势强，鼎足之形成矣"。这个"鼎足之形"，是指战后势必会更加强盛的刘备的荆州、孙权的江东，与受挫后退回北方的曹操，形成鼎足之形。这与他在分析形势时谈到的孙、刘、曹"并争天下"，一脉相承。在诸葛亮的规划里，对孙、刘、曹的政治关系缺乏一个清晰的定位，因而，对于孙刘的联合抗曹，也就未能赋予一个鲜明的政治主题。

为孙刘联合抗曹赋予政治主题的是周瑜。周瑜把曹操定位为"虽托名汉相，其实汉贼也"。既然曹操是"汉贼"，那么，抗曹的举动便成了"为汉家除残去秽"，而不是对许昌汉廷的背叛。这一定位足以与曹操的"挟天子以令诸侯"相对抗。周瑜的定位便是基于善恶与忠奸的价值评判，立足于东汉王朝的政治框架之内。联盟的政治主题并不能取代利益考量，但可以成为认识利益的视角，有利于强化联盟的共同利益，因而有利于联盟关系的巩固。从"为汉家除残去秽"中延伸出来的是讨曹灭贼。在赤壁之战后的一段时间里，这一定位成为孙刘联盟的政治主题。那段时间恰好也是联盟关系比较稳固的时期。

---

① 《蜀书·诸葛亮传》。

"为汉家除残去秽"本是身为"王室之胄"的刘备更方便打出的旗帜，也是更能从中获取政治收益的一面旗帜。可是，这样的旗帜居然是由江东提出来的。这使得江东从一开始便在联盟关系中占据了主动。日后孙刘交恶时，江东方面讥讽刘备"既为宗室，有维城之责，不荷戈执殳为海内率先"①，不为无因。

　　在联盟的第一阶段，联盟关系表现出一种积极的势头，实际上是江东方面采取主动的结果。江东主动介入荆州事务，主动促成孙刘结盟，这才有了孙刘联合抗曹——挫败曹操后，刘备占据江南四郡才成为可能；也是江东方面主动赋予了联盟抗曹以政治主题——从"为汉家除残去秽"中，延伸出更具进取性的"讨曹灭贼"的联盟主题，正是在这一更具进取性的主题之下，孙权才将南郡让给刘备。②

　　问题是，"为汉家除残去秽"原是周瑜为统一江东内部意志而采取的策略，旨在打消张昭辈对与许昌方面政治关系顺逆的顾虑。对于江东来说，这面旗帜只是工具，根据时势变化，随时可以抛弃。

　　孙刘政治关系走向破裂，始于刘备取益州。刘备拒绝了孙权联合取益州的提议，后又应刘璋之邀，率兵入川，帮助刘璋讨张鲁。二人同为"宗室肺腑"，当面是"相见甚欢"，可是刘备转身便袭而取之，完全不像是一个"欲信大义于天下"者的所作所为。刘备取益州的方式，既伤害了他声称的匡辅汉室的政治信用，也伤害了他与孙权联盟间的政治信用。它导致了孙刘关系的质变，也导致巴蜀本土士民对刘备集团的消极态度。这一态度甚至关系到蜀汉的国运。孙刘政治关系破裂，"跨有荆益"的结构才发生断裂。

　　诚然，在取益州的过程中，刘备的决策更多地受到庞统、法正等人的影响，但是，刘备规取益州所暴露的问题，不只是一项项具体策略的得失，而是整体政治水平的低下。在政治水准上，刘备夺刘璋的益州与吕布夺刘备的徐州，相去伯仲之间。面对具体的现实环境，总会面临不同的策略选择，如

---

① 《吴书·吴主传》注引韦昭《吴书》。
② 详见第四章《联盟的新阶段》。

何衡量所采取的策略在政治上的优劣，需要政治指导。刘备规取益州的过程所表现出的政治水平之低下，就是由于没有恰当的政治指导。

三顾茅庐之时，刘备迫切需要的是一个总体的规划。诸葛亮的对策应该是一个完整的大战略构想。大战略构想应该包括政治和军事层面。诸葛亮在分析形势时，对几大力量的分析和判断，均极清醒而透彻。但诸葛亮分析的主要是军事形势，尤其是军事地理形势，而非政治形势。与之相应，诸葛亮提出的是一套军事战略的构想。

作为军事战略构想，无论是"跨有荆益"阶段性目标，还是"结好孙权"的阶段性策略，都不成问题。一个很简单的道理是相反的方向更行不通。纵然"跨有荆益"存在地理上的困难，但不跨荆益而有之，更往何方？既然判断江东不可图，那么不与孙权结好，难道更与孙权为敌？可以说，在当时形势下，诸葛亮提出的这套军事战略构想近乎完美。刘备在"跨有荆益"之后，与"据有江东"的孙权结盟，整个长江一线的地利遂连缀成一种大势，整个南方的力量由此汇集起来，以对抗北方"此诚不可与争锋"的曹操。

但是，作为大战略构想，隆中对策里就缺少了政治指导。诚然，"跨有荆益"存在着一定的地理困难，难以改变的是地理环境，如果人事的努力可使有所改善的话，那就是改变"跨有荆益"这一结构的内外政治环境。如此，实现"跨有荆益"的阶段性目标，才是在取得并建立复兴汉室的基地，而不只是占据两块地盘。

诚然，孙刘的根本利益存在不可调和的矛盾。联盟对于双方来说都只是阶段性的策略。对于刘备集团来说，在这个阶段内，恰当的联盟策略，可使孙权不必相图，以便为自己赢得发展的机会；待到走过了这个阶段，自己实力壮大，可使孙权不敢相图。如此，与孙权的结盟，才是为复兴汉室的事业增加了一个助手，而不是又一个对手。无论是经营荆益二州的政治环境，还是处理与孙权的联盟关系，都需要有清晰的政治指导。

直到刘备称汉中王时，他将自己塑造成刘邦和刘秀事业的继承者，并反映在其政治论述之中，刘备集团的政治定位才算清晰。诸葛亮在隆中对策时提到刘备"帝室之胄",出使江东时也提到刘备"王室之胄",表明诸葛亮其实已有意识地将刘备的宗室身份当作其政治资源。既然如此,那么,无论刘备想要复兴一个谁来代表的汉室,只要他的事业与汉室联系在一起,就不能避开他与刘邦、刘秀的关系,也就不能避开他与许昌汉廷的政治关系。

在那个时代的群雄中,袁绍和袁术兄弟可以撇开东汉王朝的政治框架。他们看当前的局势"与周之末年七国分势无异"[①],相信袁氏当受命,急于建立袁氏的天下。周瑜和鲁肃可以撇开东汉王朝的政治框架,因为他们认定"汉室不可复兴",相信"代刘氏者必兴于东南"的先哲秘论,从而致力于成就江东新的帝业。[②] 至于曹操,当他"挟天子以令诸侯"时,他仍将自己与群雄的博弈置于汉帝国的政治框架内,待到他在这面旗帜下将汉帝国的遗产悄悄转到自己名下后,才意图掀掉汉帝国的外壳。

如果说军事战略的灵魂是政治指导,那么,政治层面的战略,其灵魂是天下为公的道义主张和判明善恶的价值诉求。《隆中对》通篇没有政治关系的分析,也没有价值评判,因而没有政治定位,也就没有政治指导。作为一套大战略构想,没有了政治指导,也就没有了灵魂。

后世评价诸葛亮,每每将其比作伊尹、吕望,二人为儒家观念中宰辅的典范。这种比拟突出了诸葛亮政治家的身份。躬耕山林的诸葛亮却只是"每自比于管仲、乐毅",显示出青年时代的诸葛亮娴熟于春秋战国霸业雄图的历史;出山之初,"奉命于危难之间"而出使江东,其言行则近于纵横家;后来他给后主所写的书目为《申》《韩》《管子》和《六韬》,则显示他精于法家和兵家的思想。凡此种种,可帮我们了解诸葛亮早年所储积的思想资源,亦可帮我们认识《隆中对》里的得与失。作为一个政治家,他还需要经历时代风云的淬炼。

建安十二年,刘备向诸葛亮咨以"当世之事"时,对于自己的事业,并没有获得一个清晰的政治定位。

---

① 《魏书·董二袁刘传》注引《魏书》。另参《后汉书》卷七十五《刘焉袁术吕布列传》,"此与周末七国无异"。
② 《吴书·周瑜鲁肃吕蒙传》。

第三章

第一次荆州风云

在东汉王朝的最后一幕，早先相对安宁的荆州，竟汇集了汉末最猛烈的风云。荆州成了几种势力角逐的地理枢纽，围绕荆州的争夺更成为攸关天下分合的历史枢纽。

在建安政治的最后十几年里，荆州的局势，风云变幻，非常复杂。围绕荆州，发生过两场激烈的大型角逐。第一场大型角逐是孙刘与曹操之间的碰撞。这场角逐以孙刘联合挫败曹操而告一段落，大体定型了曹操集团的发展限度。第二场大型角逐是孙刘两家对荆州的争夺。这场角逐以关羽攻襄阳开启孙权背盟袭荆州之机，以孙权在夷陵之战中挫败刘备而告终，大体定型了孙刘在南方分据吴蜀的局面。

当荆州的风云渐渐散去，三足鼎立的局面最终定型。

第一次荆州风云的高潮是赤壁之战。赤壁之战的影响无疑是深远的，但我们只有弄清楚了究竟是什么力量汇集成了此次荆州的风云，才能够透彻理解：何以此战决定性地改变了历史的走势。

曹操在建安十三年的政治战场

建安十三年，曹操所做的几桩大事在政治上的联系是显而易见的：六月，复置丞相；七月，南征刘表；八月，孔融弃市。但在曹操的这套剧本里，赤壁之战本不在其中。

建安年间，曹操"挟天子以令诸侯"，利用汉室衰而不亡的皇权为自己创造政治资本。"挟天子以令诸侯"的最大收益体现在消灭二袁上。袁术是首位公然僭逆的人，袁绍则是实力最强的对手。到建安十二年，曹操已经彻底消灭袁氏集团，环顾天下，以为其余皆不足为虑。此时，曹操面临政治上的选择。

当初，曹操"挟天子以令诸侯"，名为拥戴汉室；现在，曹操却面临着如何对待汉室的问题。从曹操行事的一个连贯过程来看，建安十三年，曹操做出了自己的选择。他决意要卸下汉室这个包袱，着手造魏。造魏的过程呈现出一定的步骤和节奏。曹操为造魏走了三大步，每一步都循着相似的节奏。第一步复丞相，第二步封魏公，第三步封魏王，最后由他的儿子完成禅让。在他走出每一步的前后，都伴随有大规模的征讨，都伴随有诛杀名臣的重大政治案件。曹操复丞相而征荆州，诛杀孔融；封魏公而征孙权，迫死荀彧；称魏王而征张鲁，冤死崔琰。杀名臣旨在清除政治障碍，借以震慑潜在的反对者；大规模的征讨则旨在建大功以移天下视听，也为权力升格做铺垫。

建安十三年（208年），曹操迈出造魏的第一步，南征荆州是其中的一环。

曹操久欲进取荆州，只因北方未平，是以无暇南征。曹操与袁绍对峙之时，荆州的刘表与袁绍结盟，虽未有大的作为，但刘表收容曹操政敌张济的余部及其族子张绣，利用张绣骚扰曹操。为此，曹操曾三征张绣。官渡之战后，刘备投奔刘表。刘表增其兵力，使屯新野。建安七年（202年），刘表遣刘备北侵至叶，曹操遣夏侯惇、于禁、李典等拒之。刘备设伏兵败夏侯惇于博望。刘表虽不足有为，但前用张绣，后用刘备，使得荆州在一定程度上对曹操构成一个干扰因素。建安三年（198年），长沙太守张羡举长沙、零陵、桂阳三郡以拒刘表，遣使附于曹操。当时曹操正与袁绍相拒，无暇救之。建安五年，张羡病死，刘表趁机略定三郡。至此，刘表所控之地方数千里，带甲十余万，遂不供职贡，郊祀天地。这也等于是在授曹操以"奉辞伐罪"的口实。此次南征荆州，伐"刘表背诞，不供贡职"之罪，日后曹操进爵魏公时被列为十大功之一。①

出兵前，曹操向荀彧询问南征荆州之策。荀彧建议说："今华夏已平，南土知困矣。可显出宛、叶而间行轻进，以掩其不意。"② 从曹操与荀彧的讨论看，曹操对于取荆州，还是本诸一战的思路。荀彧建议"间行轻进"，旨在达成一种奇袭的效果。从是后的进程来看，此策的效果竟然不是体现在军事上，而是在政治上。

这年八月，刘表病死，其子刘琮袭位。曹军南下的消息传到荆州，刘琮的主要僚属都主张降曹。当初，袁曹相争，刘表部属韩嵩、刘先、蒯越都曾劝刘表归顺曹操；此时，曾帮刘表平定荆州八郡的蒯越再次主张降曹。他说："逆顺有大体，强弱有定势。以人臣而拒人主，逆道也；以新造之楚而御中国，必危也；以刘备而敌曹公，不当也。三者皆短，将何以待敌？且将军自料何如刘备？若备不足御曹公，则虽全楚不能以自存也；若足御曹公，则备不为将军下也。"③ 于是，刘琮决定降曹。

蒯越的意见中，除了考虑政治名分的顺逆、彼此力量的强弱外，还有一

---

① 《魏书·武帝纪》。
② 《魏书·荀彧传》。
③ 《资治通鉴》卷六十五，汉纪五十七，献帝建安十三年。

个很重要的考虑是排除刘备的影响。时刘备在樊城,刘琮并未通知他曹军南下的消息。曹军已至宛城,刘备才稍有觉察,派人向刘琮核实,刘琮这才派宋忠向其告知降曹之事。"备乃大惊骇,谓忠曰:'卿诸人作事如此,不早相语,今祸至方告我,不亦太剧乎!'"①从刘备的反应看,他惊骇的重点,不是曹军南下,而是他居然没来得及发挥其影响力,刘琮就已经决策投降。

这年九月,曹操在新野接到刘琮的降书,乃轻军进至襄阳。刘备率众南奔江陵。曹操考虑到江陵储有粮草军械,恐刘备先据之,遂率精骑五千急追,一日一夜行三百余里,终于在当阳长坂追上刘备大众。刘备遂率余众东走,斜趋汉津,转往夏口。曹操进至江陵,荆州遂大抵略定。除江夏郡外,荆州七郡已落入曹操的控制之中。曹操几乎兵不血刃就已略定荆州大部。

于是,曹操着手荆州缮后事务。他以刘琮为青州刺史,封列侯,连同蒯越等封侯者共十五人。荆州将领文聘稍后投降,曹操感其忠义,厚礼待之,使统本兵,任命为江夏太守。这一任命显示,曹操在考虑解决江夏的刘琦和刘备。曹操在褒奖令中称赞刘琮虽然占据"有江汉山川之险"的荆州,但"轻荣重义,薄利厚德",归顺朝廷,是"上耀先君之遗尘,下图不朽之余祚"的明智之举。②日后,曹操公开说的却是:"生子当如孙仲谋,刘景升儿子若豚犬耳!"③

曹操如此优褒刘琮,除安抚荆州外,还意在招徕上游的益州和下游的扬州。此事对上游益州的影响很快就显示出来。《蜀书·刘二牧传》载,刘璋听说曹操下荆州后,即遣河内阴溥致敬于曹操。曹操加刘璋为振威将军,其兄刘瑁为平寇将军。刘璋遂再遣别驾从事张肃送叟兵三百人并杂御物于曹操。曹操拜张肃为广汉太守。刘璋遂又遣张肃之弟益州别驾张松诣曹操。刘璋派遣使者的级别越来越高。然而,张松谒见曹操却未受礼遇,后又赶上赤壁之战,归来后才劝刘璋改而结好刘备。张松诣曹操在赤壁之战以前,可以推知,刘璋首次遣使致敬于曹操,应该是非常及时的。

①《资治通鉴》卷六十五,汉纪五十七,献帝建安十三年。
②《魏书·刘表传》注引《魏武故事》。
③《吴书·吴主传》注引《吴历》。

号称"用武之国"的荆州,被曹操几乎兵不血刃就拿下,上游"天府之土"的益州,更是闻风而致敬,长江一线的三大州中,荆、益二州就这样纳入了曹操的控制之中。在他的功业中,又添下了辉煌的一笔。

曹操尝置酒于汉水之滨。新辟用的丞相掾、原避乱荆州的名士王粲奉觞称贺,盛赞曹操平荆州后,"引其贤俊而置之列位,使海内回心,望风而愿治,文武并用,英雄毕力,此三王之举也"。①王粲的颂扬,代表了新归顺的士人对曹操的肯定。曹操本人也酾酒临江,横槊赋诗,写下"周公吐哺,天下归心"的诗句,志得意满之情溢于言表。在他心中,也一定以为天下旦夕可定。

但是,就在那年隆冬,形势却发生了逆转。他没有等来他期待的江东的归顺,却等来了一场并不在他预期之中的会战。

关于赤壁之战,有一个事实常为读史者所忽视:这场战役是周瑜主动深入荆州境内发起的一场攻势战役;曹操并无在建安十三年冬天即征江东的计划。忽视了这一点,势必不能透彻地理解,何以这场战役的胜负会攸关几大集团的盛衰和天下的分合。

曹操与孙刘发生冲突的时间和方式使得这场冲突的影响具有了决定性的意义。如果这场冲突不是发生在建安十三年冬天,那么,诸葛亮和周瑜所指出的曹操在战略上的一些不利因素——诸如初下荆州人心不稳、北方之人不习水战、不服水土必生疾病、隆冬盛寒马无槁草——都将随着时间的推移而逐步得到克服,日后的冲突纵有利钝,都不至于使曹操在荆州的权力基础发生崩溃。如果曹操与孙刘的战事不是发生在荆州境内而是发生在曹操主动进攻江东之时的话,纵然一战失利,也不至于动摇曹操在荆州的权力基础。只要曹操在荆州站稳脚跟,江东的平定就只是一个时间问题,天下的统一就只是一个时间问题。自古未有不据荆襄而能保据东南者。

建安十三年冬天,曹操并不想要一个与孙权的会战。他在着手以军事手

---

① 《魏书·王粲传》。

段解决刘备的问题，而试图以政治手段解决江东问题。

关于曹操在这年冬天的意图，对读史者误导最大的是《魏书·贾诩传》中的一段记述：

> 建安十三年，太祖破荆州，欲顺江东下。诩谏曰："明公昔破袁氏，今收汉南，威名远著，军势既大；若乘旧楚之饶，以飨吏士，抚安百姓，使安土乐业，则可不劳众而江东稽服矣。"太祖不从，军遂无利。

贾诩建议曹操通过安抚荆州，不战而屈江东。这个建议，曹操其实并没有不从。因为曹操确实是在着力安抚荆州，他也确实想利用其"威名远著，军势既大"，不劳众而让江东稽服。曹操的"欲顺江东下"，只是为了解决刘备的问题——这其实是荆州问题的收尾。所谓"太祖不从，军遂无利"，更像是一个因为有后来的赤壁之败而作的事后之论。假如曹操对江东做政治解决的努力达到了目的，贾诩的这段话还是可以一字不改地写入贾诩传，后面只需要加一句"太祖从之，江东遂平"，同样也能表明贾诩有先见之明。

重要的是，截至此时为止，曹操与江东的政治关系并没有破裂，无从说到一上来便做军事摊牌。而荆州虽已归顺，但尚有江夏郡控制在刘备和刘琦手中。为收荆州全境，曹操也会派兵"顺江东下"。

曹操在下荆州后，征辟原避乱荆州的河东闻喜人裴潜为参丞相军事。曹操问裴潜："卿前与刘备俱在荆州，卿以备才略何如？"裴潜答道："使居中国，能乱人而不能为治也。若乘间守险，足以为一方主。"[1] 曹操并非不了解刘备，他这样问裴潜，是想了解刘备在荆州的影响到底如何。这也表明曹操阵营确曾着意研究如何解决刘备的问题。既然刘备"若乘间守险，足以为一方主"，那么，不给他喘息的机会也就理所当然。所以，曹操在进据江陵后，派兵顺江东下，主要是为解决刘备的问题。《魏书·武帝纪》中也是这么记述的："公自江陵征备。"

---

[1]《魏书·裴潜传》。

曹操的前锋在当阳长坂即击破刘备军众，迫使刘备斜趋汉津，转奔夏口。从距离上看，不等刘备到达夏口，曹操便能进抵江陵；刘备到夏口后，派诸葛亮随鲁肃东下柴桑去见孙权，江东内部经历了一番决策讨论，再集结兵力，派周瑜率军逆江西行而上，至陆口始与曹军相遇。江东屯兵的陆口、曹军主要兵力的集结地乌林、双方发生首次遭遇战的赤壁，大体位置在南郡、长沙郡与江夏郡的交界处。也就是说，经过了这么长时间，曹操甚至连江夏郡都没有进入。从曹操进兵的时间节奏和水陆诸军集结的地点看，曹操派兵顺江东下，即使是为解决刘备的问题，表现得也是足够慎重，更遑论东征孙权。

但显然，在讨论解决刘备的问题时，江东也进入了曹营决策讨论的视野。《魏书·程昱传》载：

> 太祖征荆州，刘备奔吴。论者以为孙权必杀备。昱料之曰："孙权新在位，未为海内所惮。曹公无敌于天下，初举荆州，威震江表，权虽有谋，不能独当也。刘备有英名，关羽、张飞皆万人敌也，权必资之以御我。难解势分，备资以成，又不可得而杀也。"

所谓"刘备奔吴"，应该是刘备在东奔夏口后，又进驻樊口，这种东走的趋势将曹营的注意力引向了江东。但是，在注意到江东时，为什么孙权会不会杀刘备成了曹营讨论的问题？刘备是曹操公开的敌人，也就是许昌方面公开的敌人，孙权与许昌的政治关系并未破裂。曹营讨论孙权会不会杀刘备，显然不是以孙曹的敌对关系为前提。曹营中有人认为孙权必定会杀刘备，显然对孙曹的政治关系——尤其是曹操下荆州后"威名远著，军势既大"这一新形势下的孙曹关系——做了相当乐观的判断。"孙权必杀备"只有可能发生在这种情况下：孙权向曹操输诚归顺。如果曹营里将孙、曹关系的现状看成是一种敌对关系的话，那么，孙权会不会杀刘备，根本不会成为一个问题。

程昱认为孙权不会杀刘备。孙权若不杀刘备，这意味着孙权将公开或不公开地抵制曹操。公开抵制意味着孙、曹在政治上公开决裂；不公开抵制意味着孙权将继续"外托服从之名而内怀犹豫之计"。

在政治上不公开决裂的前提下抵制曹操的意志,这与以往的孙、曹政治关系史倒是具有一种延续性。孙曹原为姻亲。孙策脱离袁术重建与许昌汉廷的政治关系之后,曹操"以弟女配策弟匡,又为子彰取孙贲女"。但在建安三年,曹操礼辟孙权、孙翊,欲以为质,被孙策婉拒。建安五年,孙策死时,曹操曾想因丧伐之。时机是因孙策之丧,缘由却是孙策曾有袭许昌之谋,而实欲攻广陵陈登,但因孙策之死而没有成为一个实际的行动。曹操也因袁绍犹在,所以听从了张纮的谏议,非但没有伐江东,还承认了孙权的地位。他表孙权为讨虏将军,领会稽太守。建安七年,曹操责孙权送任子,孙权同样婉拒之。此时,袁绍本人虽死,袁氏集团尚未消灭,所以曹操仍未对江东采取行动。孙氏兄弟多次抵制了曹操的意志,但都未导致双方政治关系的公开决裂。

放在孙曹既往政治关系史的背景下,程昱判断孙权不会杀刘备,显然是一种可能性。它所显示的政治意涵与曹操给孙权的那封书信之间体现出了一种逻辑联系:既然孙权没有像益州刘璋那样及时遣使致敬,那就有必要对他做一警示。

曹操给孙权的书信见之于虞溥的《江表传》,司马光、刘恕将其收入《资治通鉴》,显然认为其可信。曹操在给孙权的书信中写道:"近者奉辞伐罪,旌麾南指,刘琮束手。今治水军八十万众,方与将军会猎于吴。"

严格地说,这并不是一封战书,因为此时孙权与曹操并未公开决裂;但曹操在书信中毫不掩饰其威慑之意。这封信大抵可以反映出曹操在建安十三年冬对江东的意图。曹操此行南下,荆州不战而屈,益州望风输诚,他期望凭他的实力和威名震慑江东,不战而屈江东。这表明曹操此时考虑的是以政治手段解决江东问题。如果孙权也像刘璋那样对曹操输诚致敬的话,曹操下一步可能就会要求孙权履行其"遣子入质"的人臣之责,将孙权纳入政治控制之中。

除了以这封信对孙权表示威慑外,曹操对江东还采取过其他的政治攻势。他试图笼络分化孙氏家族。《吴书·孙贲传》载:"建安十三年,使者刘隐奉诏拜贲为征虏将军,领郡如故。"虽然《孙贲传》中并没有具体说到是建安十三年的什么时候，但曹操的这一举动应该是曹操在这年对江东整体意图的一部分。孙权此时获得许昌汉廷王命封拜的头衔为讨虏将军，领会稽太守；曹操拜孙贲为征虏将军，领豫章太守，等于是将孙贲提升到了与孙权并列的地位。豫章在扬州诸郡中地居上游，紧邻荆州，赤壁之战前孙权屯兵的柴桑即属豫章。这一安排也包含着下一步的可能性：以更顺从的孙贲取代孙权在江东的地位。

曹操对江东的笼络分化差点奏效。《吴书·朱治传》载："权从兄豫章太守贲，女为曹公子妇，及曹公破荆州，威震南土，贲畏怯，欲遣子入质。"从孙贲欲遣子入侍一事看，在江东集团内部，主张迎曹的并非只有张昭等人，也可见曹操对江东做政治解决的空间还是有的。

曹操打孙贲的主意，是有其渊源的。孙贲与其弟孙辅是孙坚的同产兄孙羌之子。建安五年，孙策刚死，孙权初掌江东时，孙辅就有联曹之意。《吴书·孙辅传》载，孙辅"遣使与曹公相闻，事觉，权幽系之。"来自曹魏背景的《典略》一书则载，"辅恐权不能保守江东，因权出行东冶，乃遣人赍书呼曹公。行人以告，权乃还……乃悉斩辅亲近，分其部曲，徙辅置东"[①]。孙贲、孙辅兄弟二人中，孙辅早就对曹操有亲附之意，所以，曹操对孙氏分化的可能性还是存在的。此时，曹操打孙贲主意，就是想分化孙氏家族，进而分化江东集团。孙贲后被老将朱治劝阻而止。朱治对孙贲"为陈安危"，论以利害，孙贲才放弃了附曹的想法。

从这两件事看，在那年冬天，曹操在寻求以政治手段解决江东问题。政治解决的办法，一是威慑，二是笼络分化。至于政治解决的前景，从曹营里在讨论孙权会不会杀刘备这一点看，曹营对于政治解决的预期基本上是乐观的；有人甚至认为孙权必杀刘备，这可以说是一种最乐观的期待，这不仅意味着孙权的归顺，同时也意味着刘备的问题也将得到彻底的解决。即使是程昱判断孙权不会杀刘备，而认为"权必资之以御我"，他的分析也是以曹操对江东所拥有的政治和军事上的主动权为前提的。

但是，如若通观孙曹政治关系史，应该说，在建安十三年冬，曹操寻

---

① 《吴书·宗室传》注引《典略》。

求政治解决的努力纵然产生效果，也不能期望孙权就真的归顺。曹操所能得到的结果只是避免在那个冬天，在对自身不利的情势下发生军事冲突。孙权可能像益州的刘璋那样对曹操遣使致敬，继续"外托服从之名而内怀犹豫之计"，表面上对曹操挟持的许昌汉廷表示服从，而一旦涉及遣送任子之类实质性的问题，孙权仍有可能会以各种借口拖延、拒绝，一如孙策在建安三年、孙权在建安七年所做的那样，也一如孙权在曹魏黄初三年所做的那样。

不过，就算如此，这个结果对于今后局势的影响也是深远的。只要避免在那个冬天开战，那么，诸葛亮和周瑜所指出的曹操在战略上的一些不利因素，都将随着时间的推移而逐步得到克服，曹操就可能在荆州站稳脚跟，从容经营荆州。只要曹操在荆州站稳脚跟，就无异于控扼住了整个长江之腰。孙权仅凭江东六郡不足以抗衡曹操，也不足以保据江东；刘备也不会有入据益州"乘间守险，足以为一方主"的机会。一举荡平江东可能仍需要充分的准备，但也只是时间的问题。

建安十三年，曹操开启了一个新的政治战场。他为卸下汉室，着手造魏迈出了第一步。南征荆州是这个政治战场的一部分。荆州不战而屈，益州望风输诚，由此衍生出另一个政治战场。他希望以政治手段解决江东问题，不战而屈江东。

当曹操试图以政治手段解决江东问题时，不管他如何评估其效果，恐怕他都不会想到周瑜竟会主动打上门来。以他的实力、威势和新下荆州的震慑效果，曹操还在期待江东会像荆州一样不战而屈，像益州一样望风输诚；孙权纵然与他在政治上公开决裂，亦不过是在他进兵江东时做抵抗。可是，他没想到，周瑜会采取一种攻势战略，率军深入荆州境内，主动寻战。曹操一战失利，刚刚得到的荆州丢失大半，本已输诚的益州发生变故，从此，曹操的势力再也无缘长江以南。

江东：从桓文之业到新的帝业

为什么江东会主动采取一种攻势战略？是什么力量推动江东在建安十三年冬天猛烈地进攻荆州？要搞清楚这个问题，有必要梳理一下江东事业政治定位的变化，以及荆州在江东事业中的地位。因为孙刘关系与蜀汉历史相始终，所以，稍费篇章，对这一问题做一梳理，亦有助于理解孙刘关系变迁的政治背景。

时贤论史，注意到孙吴建国的历史里有一个江东化的过程。孙氏兄弟依靠一批以淮泗人为主体的北来人马开拓江东，建立政权后，逐渐调整为主要依靠江东本土士人，孙氏在江东的霸业才算稳固。①

其实，江东霸业的创建经历了一个大弯曲形的曲折过程。江东化只是这个大弯曲形的后半截。江东事业，从一个意在"东据吴会"的渡江行动，先是被拔升为匡辅汉室的桓文之业，进而被拔升为成就江东新的帝业，最后才被拉回到保据江东的霸业。

一、张纮、张昭所代表的桓文之业

开拓江东，始于兴平元年（194年）孙策渡江。张纮给孙策开拓江东的事

---

① 参见田余庆，《秦汉魏晋史探微》（重订本），《孙吴建国的道路》，中华书局2004年2月第1版。

业理出了第一个政治定位。

孙策要回自己的故乡去开拓基业,面对的却是一个对其充满疑虑和敌意的江东。富春孙氏,原本"孤微发迹"。孙策之父孙坚曾为袁术部曲,孙策渡江又是衔袁术之命,而袁术则是形迹昭彰的逆臣,这使得江东大族和流寓江东的北方士人对孙策充满疑虑甚至敌视。孙策开拓江东六郡,依靠的是以淮泗人为主体的北来士人的支持。孙策如何能赢得他们的支持呢?

史言孙策"能得人死力"[①],从他处理与张昭、张纮、太史慈等人的关系上看,孙策的个性魅力是一个重要的因素。他善于抚众、用众。早在孙坚投身讨董事业之时,孙策携母徙居舒,"收合士大夫,江淮间人咸向之"。不过,他身为江东人,要吸引一批江淮间人去开拓江东,并为其效死力,仅凭个性的魅力是不够的。如果他所从事的事业不被视为正当的,或者这一事业对于非江东人士来说没有足够的吸引力,他还能"得人死力"吗?特别是,考虑到孙氏与袁术的关系这层背景,赋予他的事业一种正当性,便尤其重要。

孙策谋据江东之初,便去找过避难江东的徐州广陵人张纮。

> 初,策在江都时,张纮有母丧。策数诣纮,咨以世务,曰:"方今汉祚中微,天下扰攘,英雄俊杰各拥众营私,未有能扶危济乱者也。先君与袁氏共破董卓,功业未遂,卒为黄祖所害。策虽暗稚,窃有微志,欲从袁扬州求先君余兵,就舅氏于丹杨,收合流散,东据吴会,报仇雪耻,为朝廷外藩。君以为何如?"
>
> 纮答曰:"既素空劣,方居衰绖之中,无以奉赞盛略。"
>
> 策曰:"君高名播越,远近怀归。今日事计,决之于君,何得不纡虑启告,副其高山之望?若微志得展,血仇得报,此乃君之勋力,策心所望也。"因涕泣横流,颜色不变。
>
> 纮见策忠壮内发,辞令慷慨,感其志言,乃答曰:"昔周道陵迟,

---

① 《魏书·郭嘉传》。

齐、晋并兴，王室已宁，诸侯贡职。今君绍先侯之轨，有骁武之名，若投丹杨，收兵吴会，则荆扬可一，仇敌可报。据长江，奋威德，诛除群秽，匡辅汉室，功业侔于桓文，岂徒外藩而已哉？方今世乱多难，若功成事立，当与同好俱南济也。"

策曰："一与君同符合契，有永固之分。"①

孙策想从袁术处求还父亲孙坚旧部，东据吴会，西伐荆州，以报黄祖杀父之仇。孙策说他的最终目的是想"为朝廷外藩"，实则汉廷在江东已有外藩，而袁术则四处驱逐汉官，他占据当时的扬州治所寿春，任用故吏惠衢为扬州刺史，并派孙策的舅舅吴景及孙策的从兄孙贲攻击汉廷任命的扬州刺史刘繇。不臣之心，昭然若揭。孙策要从袁术处求还父亲旧部，等于继续认同孙氏与袁术的部曲关系，这跟"为朝廷外藩"实在是南辕北辙；西伐荆州黄祖也只为家门私怨，便只剩下"东据吴会"这一真实的目标意图。这一目标既不具备正当性，对张纮这样非江东的徐州士人来说也不具有吸引力。

孙策想寻求张纮的支持；张纮托以服丧而反应消极，表明他对孙策渡江的意图并不认可。孙策涕泣横流，辞令慷慨。张纮感其"忠壮内发"，才对孙策表示支持。他为孙策渡江的行动重新理出了一个思路。这是关于江东事业的最早论述，也给开拓江东的事业做了最早的政治定位。

张纮以齐桓、晋文匡辅周室的霸业为参照，建议孙策将开拓江东的事业定位为乃父孙坚讨董伐逆的勋业的继续，是匡辅王室的桓文之业。开拓江东，兼并荆、扬，诛除群秽，匡辅汉室。

这一定位主旨是切割跟逆臣袁术的关系，重建跟汉廷的政治关系。"匡辅汉室"，既是在赋予这一事业以正当性，同时也是将这一事业与淮泗、与中原、与整个天下联系在一起，这对于那些非江东的淮泗士人来说才有吸引力。张纮在做了这一番论述后表示，"方今世乱多难，若功成事立，当与同好

---

① 《吴书·孙破虏讨逆传》注引《吴历》。

俱南济也",暗示只有这样才能获得像他那样因避难而流寓江东的淮泗士人的支持。

孙策接受了张纮的建议。《张纮传》载,"初,纮同郡秦松字文表,陈端字子正,并与纮见待于孙策,参与谋谟"①,取得会稽后,"彭城张昭、广陵张纮、秦松、陈端等为谋主"②。日后张昭还推荐了同郡的严畯给孙权。这些人是孙吴早期最重要的谋臣。看来,张纮所做的这一定位确实帮孙策吸引了一批徐州士人的支持。

这一定位也有效地帮孙氏切割了与逆臣袁术的关系,重建与汉廷的政治联系。建安元年(196年),袁术僭谋称帝,孙策致书袁术,"责而绝之"。孙策在取得会稽后,"遣奉正都尉刘由、五官掾高承奉章诣许,拜献方物"③。建安二年,曹操出于讨袁术的需要,遣王诵拜孙策为骑都尉,袭父爵乌程侯,领会稽太守。汉廷的诏书对孙坚、孙策父子以往的经历做了一种正面的评价,对于他们与袁术的关系只字未提。孙策欲得将军号以自重,王诵承制拜孙策为明汉将军。对此将军号,胡三省注曰:"言明于顺逆,知尊汉室也。"孙策在谢表中为自己曾接受袁术所表殄寇将军一事做了辩解,他说,"至被诏书,乃知诈擅"④,意谓他当初接受袁术表授的官职,原是受了袁术的欺骗。

建安三年,孙策遣张纮诣许昌献方物,曹操表孙策为讨逆将军,封吴侯。曹操还以弟女配策弟孙匡,又为子曹彰娶孙贲之女。孙曹遂成姻亲。张纮被留为侍御史。在许昌,张纮竭力宣扬出这样一个孙策的形象:有能力安定地方,又忠心于汉室。及至孙策遇刺,张纮仍在许昌。曹操欲因丧伐吴,张纮谏阻,"以为乘人之丧,既非古义,若其不克,成仇弃好,不如因而厚之"⑤。曹操欲伐江东的时机是孙策之丧,但缘由却是孙策曾有袭许昌之谋而欲攻曹操任命的广陵太守陈登。这意味着江东实已背叛了许昌汉

---

① 《吴书·张纮传》。
② 《吴书·孙破虏讨逆传》。
③ 《吴书·孙破虏讨逆传》注引《江表传》。
④ 《吴书·孙破虏讨逆传》注引《吴录》。
⑤ 《吴书·张纮传》。

廷。只因劲敌袁绍当前，所以，曹操听从了张纮的谏议，非但没有伐江东，还表孙权为讨虏将军，领会稽太守。江东与许昌方面的政治联系得以继续保持。

孙权接过孙策创下的基业后，张纮"以破虏（孙坚）有破走董卓、扶持汉室之勋；讨逆（孙策）平定江外，建立大业，宜有纪颂以昭公义。既成，呈权，权省读悲感，曰：'君真识孤家门阀阅也'"①。"宜有纪颂以昭公义"意谓对孙坚、孙策作形象塑造与政治宣传。张纮所作纪颂我们不曾见到，其主旨应在于突出孙坚讨伐董卓、"扶持汉室"的功勋和孙策"平定江外"的大业，用以洗刷孙氏门第形象，尤其是洗刷孙氏父子曾与逆臣袁氏的关系所造成的负面形象。原来孙氏的历史还可以从一种完全不同的角度书写，这大概是孙权悲感"君真识孤家门阀阅"的原因吧。

孙策的意图原本是开拓江东，保据江东，张纮将开拓江东的事业拔升到"匡辅汉室"的桓文之业上来。为切割与袁术的关系计，为争取淮泗士人的支持计，为从汉廷获取政治资本计，孙策采纳了这一定位。

张纮最早表述这一定位，但他有较长时间出仕许昌方面，因此，代表这一定位在江东决策层发挥影响的主要是张昭。张昭更因孙策和吴夫人死前的托孤而巩固其在江东决策层的地位。对于张纮来说，这一定位未尝没有作为策略的意味，但对张昭等人来说，这一定位同时还意味着：江东的事业不是成就新的帝业，更不是割据一方的偏霸之业。

这一定位遂成为张昭等徐州士人对江东事业的一个基本认识。这一认识日后在江东面临重要政治选择时一再地表现出来。建安七年，曹操责孙权任子，张昭、秦松等人犹豫不决；建安十三年，曹操致书孙权，张昭等人主张迎曹，都是基于这一认识。虽然许昌的汉廷是一个贯彻曹操意志的汉廷，但曹操毕竟挟汉室以为名，抗拒他同时也意味着对抗汉廷。这跟匡辅汉室的桓文之业的政治定位相违背。这是张昭等人最主要的顾虑。

---

① 《吴书·张纮传》注引韦昭《吴书》。

二、周瑜、鲁肃所推动的江东帝业

孙策未能完成张纮所描画的江东事业便遇刺身亡。截至他死，江东事业只是草创。尽管占据江东六郡，但"深险之地，犹未尽从，流寓之士，皆以安危去就为意，未有君臣之固"。局势非常严峻，连吴夫人都忧虑地问董袭："江东可保不？"①

桓文之业的定位能够吸引一大批徐州士人的支持，却未能争取江东士人的谅解。孙策在开拓江东六郡的过程中，驱逐汉廷在江东的官吏，大杀江东英豪，加剧了江东大族对孙氏的疑虑和敌意，"深险之地，犹未尽从"反映出这一情势；流寓江东的北方士人也因为孙策的死而出现波动，甚至连鲁肃都已打算北还。

对于刚刚接过江东六郡的孙权来说，要想保住草创的江东基业，继续赢得北来人士的支持尤其重要。

孙权执事之初的一些言行表明，其思路仍在延续张纮给江东事业所做的定位。周瑜荐鲁肃于孙权，孙权问鲁肃："今汉室倾危，孤思有桓、文之功，君何以佐之？"②他对鲁肃表示，自己的目标是辅匡汉室，建立桓文之功。对于鲁肃来说，这跟他与周瑜交流时产生的期望大相径庭。于是，鲁肃直率地告诉孙权，曹操挟持汉帝，一如当年项羽之残害义帝，孙权根本不可能建桓文之功。他对孙权说，"为将军计，惟有保守江东以观天下之衅耳"，今后倘能"竟长江所极，据而有之，此王业也"。鲁肃将话说到这种程度，孙权仍在说："今尽力一方，冀以辅汉耳，此言非所及也。"张昭为此贬斥鲁肃"年少粗疏"，孙权却"益贵重之"。三人态度上的这种微妙差别，背后延伸的其实是他们的政治立场。张昭站在匡辅汉室的桓文之业的立场，排斥鲁肃有关江东帝业的言论；孙权虽然表面上依从张昭的立场，但显然也受到鲁肃的观念的鼓舞。

孙权原是想以一个局面超出江东的目标，将江东的事业与淮泗、与中

---

① 《资治通鉴》卷六十三，汉纪五十五，建安五年。
② 《资治通鉴》卷六十三，汉纪五十五，建安五年。

原、与整个天下联系在一起，稳住北来人士，继续争取他们对自己的支持。孰料，在这种关于更大目标的希望中，北来士人给孙权带来一套更宏伟的江东论述。其中的代表人物是周瑜和鲁肃。周瑜和鲁肃在建安三年才正式加入江东集团，比张纮、张昭要晚。他们参与孙权的决策层，给孙权提供了一套江东帝业的完整论述，既有关于江东帝业的天命依据，又有经营天下的战略规划。

孙策初死，鲁肃将北还，周瑜劝留他时说：

> 吾闻先哲秘论，承运代刘氏者，必兴于东南，推步事势，当其历数，终构帝基，以协天符，是烈士攀龙附凤驰骛之秋。①

在周瑜看来，江东将兴起一种新的帝业。这当然意味着汉室已不可复兴，将为他姓所代。根据谶纬即"先哲秘论"，应天承运取代刘氏者，将兴于东南。以当时的事势而论，这种可能性自然是落在孙权头上。周瑜所说的先哲秘论，是秦始皇以来便一直流传着的一个江东有天子之气的说法。

> 初，秦始皇东巡，济江，望气者云："五百年后，江东有天子气出于吴，而金陵之地，有王者之势。"于是秦始皇乃改金陵为秣陵，凿北山以绝其势。至吴，又令囚徒十余万人掘污其地，表以恶名，故曰囚卷县，今嘉兴县也。汉世术士言："黄旗紫盖，见于斗牛之间，江东有天子气。"献帝兴平中，吴中谣言："黄金车，班阑耳。开昌门，出天子。"②

远自秦始皇，中经汉世，近至兴平年间（194 年至 195 年），这个江东有天子之气的说法一直不绝如缕地传播着。根据这个说法，天命将垂青于东南，江东将兴起新的帝业。日后孙权在考虑建都时，张纮建议孙权立都秣

---

① 《吴书·鲁肃传》。
② 《宋书》卷二十七《符瑞上》。

陵:"访问故老,云昔秦始皇东巡会稽经此县,望气者云金陵地形有王者都邑之气,故掘断连冈,改名秣陵。今处所具存,地有其气,天之所命,宜为都邑。"①孙权遂建都秣陵,改名建业,意在表明这个天子之气的说法将应验在自己头上,他将应命建立新的帝业。后来孙权称帝时,在告天之文中,特地提到"权生于东南"②,即是有意将自己与这个东南有天子之气的说法联系起来。当然,这是后话。但从这些迹象可以看到,在江东帝业的推进过程中,这个江东有天子之气的说法,一直贯穿其中。建安五年,周瑜在考虑江东的未来、设想江东可能兴起一种新的帝业时,这个说法显然是一个支持性的论据。

周瑜说服鲁肃留下来,二人一拍即合。周瑜向孙权推荐鲁肃,孙权旋即会见鲁肃。二人合榻对饮,孙权问曰:"今汉室倾危,四方云扰,孤承父兄余业,思有桓、文之功,君既惠顾,何以佐之?"鲁肃说:

> 昔高帝区区欲尊事义帝而不获者,以项羽为害也。今之曹操,犹昔项羽,将军何由得为桓、文乎!肃窃料之,汉室不可复兴,曹操不可卒除,为将军计,惟有鼎足江东以观天下之衅。规模如此,亦自无嫌。何者?北方诚多务也,因其多务,剿除黄祖,进伐刘表,竟长江所极,据而有之,然后建号帝王以图天下,此高帝之业也。③

鲁肃为孙权提供了一套以江东为基础成就帝王之业的完整构想。这套构想有两个前提性认识,"汉室不可复兴,曹操不可卒除"。汉室不可复兴,那么兴起的就是一种全新的帝业;曹操不可卒除,那么新的帝业势必要经历一个长期的过程。他所描述的这套构想步骤非常清晰。"鼎足江东以观天下之衅",先保据江东作为基础,等待时机,"剿除黄祖",打开荆州门户,"进伐刘表",占领荆州;进取益州,竟长江所极,据有整个长江流域,然后称帝,再

---

① 《吴书·张纮传》注引《江表传》。
② 《吴书·吴主传》注引《吴录》。
③ 《吴书·鲁肃传》。

图统一天下。鲁肃的这套构想，乃是一个如高帝之业般的以统一天下为最终目标的方案。

但是，以江东为基础，能够构筑起这样宏大的事业吗？建安七年，袁曹官渡决战胜负已判，袁绍本人刚刚死去，曹操下书责孙权遣送任子，孙权召集群僚商议。送不送任子，关系江东如何确定其未来。张昭、秦松等犹豫不决，显然是受到其"匡辅汉室"政治定位的束缚。虽说责孙权送任子主要体现的是曹操的意志，但曹操挟汉帝以为名，抗拒他也意味着抗拒汉廷。孙权引周瑜到吴夫人跟前商议。周瑜曰：

> 昔楚国初封于荆山之侧，不满百里之地。继嗣贤能，广土开境，立基于郢，遂据荆扬，至于南海，传业延祚，九百余年。今将军承父兄余资，兼六郡之众，兵精粮多，将士用命，铸山为铜，煮海为盐，境内富饶，人不思乱，泛舟举帆，朝发夕到，士风劲勇，所向无敌，有何逼迫，而欲送质？质一入，不得不与曹氏相首尾，与相首尾，则命召不得不往，便见制于人也。极不过一侯印，仆从十余人，车数乘，马数匹，岂与南面称孤同哉？不如勿遣，徐观其变。若曹氏能率义以正天下，将军事之未晚；若图为暴乱，兵犹火也，不戢将自焚。将军韬勇抗威，以待天命，何送质之有！①

楚国以江南为基础，成就了"传业延祚，九百余年"的霸业。周瑜从楚国的霸业中看到了以荆、扬为基础"南面称孤"的可能性。尽管截至当时尚未有以江东为基础统一天下的先例，但至少看到了一种可能性，所以他建议孙权不送人质，"以待天命"。

赤壁之战后，孙权已巩固江东，周瑜在击退曹操、曹仁后，占据江陵、夷陵，连同此前便占据的夏口、陆口，长江中游的诸战略要点都在江东的控制之中；当初构想的"竟长江所极，据而有之"的阶段性目标中，只差益州。

---

① 《吴书·周瑜传》注引《江表传》。

于是，周瑜建议孙权说：

> 今曹操新折衄，方忧在腹心，未能与将军连兵相事也。乞与奋威（奋威将军孙瑜）俱进取蜀，得蜀而并张鲁，因留奋威固守其地，好与马超结援。瑜还与将军据襄阳以蹙操，北方可图也。①

周瑜下一步的目标便是沿长江西进，取益州、汉中，直至与凉州的马超结援，然后攻占襄阳，以蹙曹操，图取北方。一千年后，南宋的陈亮同样站在江南这个基础上谋划北伐中原，他为周瑜的这个策划击节赞赏，称"此非识大略者不能为也"，并断言"使斯人不死，当为操之大患"。②这虽是赤壁之战以后的事，但这个构想显示，推动江东帝业是周瑜一以贯之的目标。

周瑜和鲁肃给孙权提供了一套系统的关于江东帝业的论述和方案，并积极推动这种帝业。后世常将周瑜与鲁肃的差异看得太大。周、鲁二人均为江东的统帅之才，周瑜尤长于军事，鲁肃尤长于外交。二人只是对与刘备的联盟认识不同。周瑜不认为抗曹必须联刘，如有可能，应将刘备纳入江东事业之中；而鲁肃则认为只要曹操依然强大，联刘就是必需的。过于凸显鲁肃与周瑜在联刘问题上的差异，会模糊他们二人在更大目标上的一致，即他们都认为江东应成就一种新的帝业。

跟周鲁二人有着根本区别的是张昭。他们代表的是完全不同的政治定位。对张昭而言，江东的事业是匡辅汉室的桓文之业；对周瑜和鲁肃而言，江东的事业是成就一种全新的帝业。当鲁肃表述其帝业的论述时，"张昭非肃谦下不足，颇訾毁之，云肃年少粗疏，未可用"③。张昭排斥的实际上是鲁肃的政治立场。

跟周鲁二人有着同样区别的是吕蒙。吕蒙虽与周瑜一样排斥联盟，但在

---

① 《吴书·周瑜传》。
② 《陈亮集》（增订本）卷六《酌古篇》"吕蒙"。
③ 《吴书·鲁肃传》。

政治目标上，他们相去甚远。周瑜致力于成就江东新的帝业，吕蒙则将江东事业拉回保据江东的霸业上来，从而将江东事业推向第三种定位。

从兴平元年（194年）孙策渡江，到建安五年（200年）孙策遇刺，江东事业的政治定位是匡辅汉室的桓文之业。孙权初掌江东，严峻的形势使得他一方面想要全力保据江东，另一方面又不得不继续高喊"匡辅汉室"的口号以维系淮泗士人对他的支持。此时，周瑜、鲁肃将江东事业拔升到成就新的帝业的思路上来。这是一个更具进取性的目标。

从孙权初掌江东到赤壁之战前夕，桓文之业与新的帝业，这两种定位交混着对孙权的决策产生影响。赤壁之战前夕，成就江东全新帝业这一新的定位，冲破桓文之业的旧茧，推动江东事业迈向一个新的阶段。

建安十三年，鲁肃主动联络荆州，周瑜和鲁肃帮孙权坚定其抗曹意志，并将其变成江东内部的统一意志，周瑜在军事上采取攻势战略，深入荆州境内主动寻战，其背后的推动力，便是成就江东全新帝业的雄心。

正是这种成就江东全新帝业的雄心，推动江东在建安十三年冬天猛烈地撞向荆州。

三、荆州之于江东

在江东事业的蓝图里——无论是在张纮所描画的桓文之业中，还是周瑜、鲁肃所描画的江东帝业中——兼并荆州是其重要一环。

江东与荆州的渊源可以追溯到孙坚的时代。袁术与刘表相争，孙坚为袁术部曲，初平三年（192年），孙坚攻荆州刘表，与刘表部将黄祖周旋于荆州北境的樊、邓之间。孙坚为黄祖军射杀。江东与荆州之间遂种下一段令孙策兄弟念念在兹想要报雪的世仇。

孙策在开拓江东六郡的过程中，荆州又卷入其中。建安四年（199年），孙策攻庐江太守刘勋，刘勋向驻守江夏的黄祖求救，黄祖派其子黄射率水军五千人援助刘勋。是年冬，孙策击走刘勋，获舰船千艘，遂进击黄祖，大破之，获其船六千艘，黄祖仅脱身而走。

孙权执掌江东后，俟其内部稍稳，即率军西伐黄祖。建安八年（203年），孙权攻黄祖，破其舟师，只有江夏郡城未克，后方山越出现骚动，是以旋师。建安十二年（207年），孙权又西伐黄祖，虏略其民而归。

建安十三年初，曹操回邺城，凿玄武池训练水军，开始为平定南方做准备。投奔孙权的巴郡人甘宁建议孙权夺取荆州：

> 今汉祚日微，曹操终为篡盗。南荆之地，山川形便，诚国之西势也。宁观刘表，虑既不远，儿子又劣，非能承业传基也。至尊当早图之，不可后操。图之之计，宜先取黄祖。祖今昏耄已甚，财谷并乏，左右贪纵，吏士心怨，舟船战具，顿废不修，怠于耕农，军无法伍，至尊今往，其破可必。一破祖军，鼓行而西，据楚关，大势弥广，即可渐规巴、蜀矣。①

甘宁为益州巴郡人，先是不得意于刘璋，遂奔荆州；又不见重于刘表、黄祖，这才投奔孙权。甘宁建议，先取黄祖，兼并荆州，然后进图巴蜀。他将攻黄祖的计划放在兼并荆州和巴蜀这个大的思路中而呈现给孙权，这与鲁肃等人的规划不谋而合。他在黄祖军中待了三年，熟悉荆州军情，所以甘宁的建议成为孙权再次攻黄祖的一个契机。这年，孙权再征黄祖，在沔口与黄祖军激战，大破其水军，攻克江夏后，屠其城，虏其男女数万口。黄祖本人被追斩。

孙权此次征荆州，杀其将，屠其城，虏其民。这是报仇雪耻式的做法，以报黄祖杀父之仇。孙权在击杀黄祖后，并未留兵驻守江夏，而是很快回师，所以刘琦才有机会在诸葛亮的建议下出任江夏太守。也许孙权在顾虑山越不宁，后方不稳。出征前，张昭曾提醒孙权，"今吴下业业，若军果行，恐必致乱"②。江夏为荆州与下游扬州衔接的要点。整个六朝时期，下游建业（建邺）

---

① 《资治通鉴》卷六十五，汉纪五十七，建安十三年。
② 《资治通鉴》卷六十五，汉纪五十七，建安十三年。

方面欲制荆州，都必定加强对这片区域的控制。孙权在攻克江夏击杀黄祖之后，却不留兵驻守。看来，孙权认为江东此时尚无足够的力量兼顾两面，荆州只好留待他日再图。

他没想到，荆州很快就要风云激变。

孙刘联合抗曹

刘琮降后，刘备南走，随行的军士及躲避战乱的百姓达十余万人，滚成一个缓慢移动的大雪球。此时，荆州尚有江南四郡和刘琦的江夏郡。刘备想要保据江陵。他派关羽率领部分军队从水路先行，在江陵会合。

曹操也考虑到江陵储有军资，遂率精骑五千急追，一日一夜行三百余里。与此同时，江东使者鲁肃正从江陵风尘仆仆地北上，去迎刘备。曹操由北而南，鲁肃由南而北，在当阳长坂，他们都碰上了刘备。曹、刘、孙三方的线索第一次在荆州汇合。

曹操本无在建安十三年即征江东的计划，孙权也本无马上进取荆州的计划，但三方线索在长坂的这一汇合，最终将三方的力量引向了赤壁，碰撞成一个猛烈的旋涡。

一、鲁肃和诸葛亮推动孙刘联盟

在酝酿出赤壁之战的诸多因素中，首先不得不说鲁肃的主动。鲁肃出使荆州是孙刘结盟的一个重要契机。

刘表病死的消息一传到江东，鲁肃就建议孙权主动联络荆州。《吴书·鲁肃传》载：

刘表死，肃进说曰："夫荆楚与国邻接，水流顺北，外带江汉，内阻山陵，有金城之固，沃野万里，士民殷富，若据而有之，此帝王之资也。今表新亡，二子素不辑睦，军中诸将，各有彼此。加刘备天下枭雄，与操有隙，寄寓于表，表恶其能而不能用也。若备与彼协心，上下齐同，则宜抚安，与结盟好；如有离违，宜别图之，以济大事。肃请得奉命吊表二子，并慰劳其军中用事者，及说备使抚表众，同心一意，共治曹操，备必喜而从命。如其克谐，天下可定也。今不速往，恐为操所先。"权即遣肃行。

考虑到江东与荆州已历三世的仇怨，考虑到建安十三年初双方还在惨烈地厮杀，鲁肃自请出使荆州吊刘表之丧，可谓逾于常理。这种主动缘于他推动江东帝业的雄心。他对荆楚之为"帝王之资"的论述，与此前他对江东帝业的规划一脉相承。他敏锐地觉察到，刘表的死可能给江东带来新的机会。从他与孙权论及此行的使命可以看到，及至刘表死，孙权仍无马上进取荆州的计划。他同意鲁肃出使，是派他去观望荆州局势，再作后图。

鲁肃一踏入荆州，就发现自己置身于突变的风云之中。他行至夏口，才知曹操已经南征；待他日夜兼程赶到南郡，才知刘琮已降，刘备南走，遂北上迎头去会合刘备。在当阳长坂，鲁肃见到了刘备。在那里，鲁肃肯定目睹了刘备携着的那个由军民滚成的大雪球被曹军一触即溃后迸散的乱象。

日后孙刘关于"借荆州"的是非纠葛也追溯到了长坂这一节。七年后，孙刘在荆州发生矛盾，鲁肃在益阳与关羽谈判时说到他与刘备的初次相见："始与豫州观于长阪，豫州之众不当一校，计穷虑极，志势摧弱，图欲远窜，望不及此。"[1] 这一节见诸韦昭的《吴书》，为孙吴国史。对于刘备的狼狈处境，资料来源同样出自江东背景的《江表传》中还有更详细的描述：

---

[1]《吴书·鲁肃传》注引韦昭《吴书》。

（肃）因宣权旨，论天下事势，致殷勤之意。且问备曰："豫州今欲何至？"备曰："与苍梧太守吴巨有旧，欲往投之。"肃曰："孙讨虏聪明仁惠，敬贤礼士，江表英豪，咸归附之，已据有六郡，兵精粮多，足以立事。今为君计，莫若遣腹心使自结于东，崇连和之好，共济世业。而云欲投吴巨，巨是凡人，偏在远郡，行将为人所并，岂足托乎！"备大喜，进住鄂县，即遣诸葛亮随肃诣孙权，结同盟誓。①

《江表传》是西晋虞溥根据他在江南任鄱阳内史时所收集的江东方面的资料撰写而成。该书所记述的刘备欲远奔苍梧投吴巨的说法，为《资治通鉴》所采录。但这个说法值得辨析。

吴巨是否与刘备有旧，史无旁证。吴巨为苍梧太守，赖恭为交州刺史，同为刘表所遣。吴巨后与赖恭失和，赶走了赖恭。赖恭后来却是追随刘备入蜀。刘备称汉中王时，赖恭列名于上汉帝表上，位次尚在法正、李严之前。吴巨则为孙权任命的交州刺史步骘所斩。据万斯同《三国汉季方镇年表》，赖恭被署交州刺史在建安十年，被吴巨驱逐是在建安十五年。②吴巨为苍梧太守，"与恭俱至"，亦在建安十年；吴巨为步骘所斩，事在建安十五年。③

刘备原想占据江陵，却在当阳长坂为曹军所破。他不能抢在曹操之前占据江陵，恐亦难在曹操之前占据江南四郡。苍梧在交州，更在荆州的江南四郡之南。若刘备不能抢在曹操之前抵达江南，则苍梧亦不可奔；若有机会取道江南而投苍梧，则应有机会在江南四郡与曹军周旋。无论如何，刘备这时候都无从说到欲远奔苍梧。此时，荆州东部尚有刘琦的江夏郡。刘备军众既在当阳为曹军所破，他不能继续南行，唯有改变路线，东走江夏，以避曹军之锋。

江东方面有关刘备欲远窜苍梧的说法，乃是基于日后的孙刘关系而编造的，这应该是江东在占领交州、夺占荆州之后的说法，不能据以判断刘备在建安十三年秋的行动意图。在江东的叙述中，刘豫州兵败，不投交州刺史赖

---

① 《蜀书·先主传》注引《江表传》。
② 《二十五史补编·三国汉季方镇年表》。
③ 《吴书·士燮传》。

恭，而投交州下辖的苍梧太守吴巨。这个说法，大有将刘、吴二人一并罪之的意味。这个有关刘备欲投苍梧太守吴巨的说法，旨在坐实刘备"计穷虑极，志势摧弱，图欲远窜"的绝境，意谓刘备军败后，如果不是依靠江东的力量，根本不可能取得荆州数郡。以此为"借荆州"的说法做补证，也为孙吴袭占荆州做辩护。

刘备此时处境艰困则是事实。身在行中的诸葛亮日后写道："后值倾覆，受任于败军之际，奉命于危难之间。"此时，鲁肃力促孙刘结盟，我们必须再次肯定，鲁肃的主动推动了历史。此处很容易被读史者忽略的一种情势是：鲁肃此时力促孙刘联盟，乃是在曹操尚未致书孙权，江东还没有面临战与降的选择，孙权完全有可能置身事外的情况下。

鲁肃此举其实超出了他的使命。按他行前与孙权议定的预案，刘备若与荆州集团齐心协力，才"与结盟好"，结盟才有价值。而现在，荆州集团分裂，刘琮降曹，刘备军破，刘备集团在军事上的价值其实已大打折扣。孙权此时并未与曹操公开决裂，孙曹且为姻亲。孙权可以有多种选择，包括他可以选择不与曹操对抗。鲁肃力劝刘备自结于江东，则有可能将不测之祸引向江东。我们只能想象，他是将荆州激荡的风云置于他成就江东全新帝业的图景中，这样才能理解他在荆州的一系列敏捷的行动和决定；才能理解他在刘备军破后的惊恐乱象中，逾越孙权交付他的使命，力推孙刘结盟。

刘备放弃了去江陵的想法，斜趣汉津，与关羽的船队会合，又与刘琦会合，合军至夏口（今武汉市汉口）。下一步，"备用肃计，进住鄂县之樊口"①。樊口在今湖北鄂州，在三国时期乃是长江中下游之间的一个重要的衔接点，是日后孙权在长江一线刻意经营的几处要点之一。孙吴一度立都于此。

鲁肃建议刘备进住樊口，极具远见和大局观。曹操已控制襄阳至江陵一线，并延及江南四郡。孙刘日后抗曹，夏口可为前沿据点；但夏口与江东距离尚远。屯兵樊口，可保障夏口与江东的联络和衔接，防止曹操派兵自汝南

---

① 《资治通鉴》卷六十五，汉纪五十七，建安十三年。

方向南下遮断夏口与江东的联系。虽然鲁肃本人有意促成孙刘结盟,但毕竟还只是一个意向。假如孙权在做好战争准备并与刘备组成联军之前,曹操即进兵夏口,刘备再次崩溃的话,崩溃的乱流势必波及江东,那么日后的抗曹将会非常被动,江东内部要形成坚定的抵抗意志也会更加困难。鲁肃建议刘备屯兵樊口,可使孙刘在面对曹操势力时有一个战略纵深,亦使孙权能有时间做好军事抵抗的准备。

刘备到达夏口后,诸葛亮对刘备说:"事急矣,请奉命求救于孙将军。"于是,诸葛亮与鲁肃一同赴柴桑见孙权。诸葛亮在出使前所说的话,表明他意识到,尽管他和鲁肃都有结盟的共识,但要在事实上促成孙刘联盟是存在一定困难的。困难在于,江东在没有受到曹操威慑的直接压力下,是否会愿意与刘备结盟抗曹?

没有史料确切表明,诸葛亮与孙权的会谈,跟孙权接到曹操的威慑书信这两件事在时间上孰先孰后。从事态的演进过程看,诸葛亮会见孙权应稍稍在先。这意味着诸葛亮是在孙权有可能置身事外的情势下游说孙权联刘抗曹的。诸葛亮与孙权的会谈是孙刘形成联盟决策过程中的一环。《蜀书·诸葛亮传》记述了会谈的内容。

> 亮说权曰:"海内大乱,将军起兵据有江东,刘豫州亦收众汉南,与曹操并争天下。今操芟夷大难,略已平矣,遂破荆州,威震四海。英雄无所用武,故豫州遁逃至此。将军量力而处之!若能以吴越之众与中国抗衡,不如早与之绝;若不能当,何不案兵束甲,北面而事之!今将军外托服从之名而内怀犹豫之计,事急而不断,祸至无日矣!"
>
> 权曰:"苟如君言,刘豫州何不遂事之乎?"
>
> 亮曰:"田横,齐之壮士耳,犹守义不辱;况刘豫州王室之胄,英才盖世,众士慕仰,若水之归海。若事之不济,此乃天也,安能复为之下乎!"
>
> 权勃然曰:"吾不能举全吴之地,十万之众,受制于人。吾计决矣!非刘豫州莫可以当曹操者;然豫州新败之后,安能抗此难乎?"

亮曰："豫州军虽败于长坂,今战士还者及关羽水军精甲万人,刘琦合江夏战士亦不下万人。曹操之众,远来疲敝,闻追豫州,轻骑一日一夜行三百余里,此所谓'强弩之末势不能穿鲁缟'者也。故兵法忌之,曰'必蹶上将军'。且北方之人,不习水战;又荆州之民附操者,偪兵势耳,非心服也。今将军诚能命猛将统兵数万,与豫州协规同力,破操军必矣。操军破,必北还;如此,则荆、吴之势强,鼎足之形成矣。成败之机,在于今日!"权大悦。

在孙权暂时置身事外的情况下,诸葛亮游说孙权,除了心理激将和形势分析等纵横家的常用手法外,用以说服孙权的关键是对孙曹总体关系的剖析。"外托服从之名而内怀犹豫之计",这是对孙曹既往关系史的概括。孙曹原为姻亲,孙氏兄弟名义上顺从曹操把持的许昌汉廷,是为"外托服从之名";但孙策在建安三年、孙权在建安七年拒绝了曹操遣送任子的要求,脑子里却还萦绕着南面称孤、以待天命的可能性,[①]是为"内怀犹豫之计"。以往,曹操顾虑劲敌犹在,未便加兵江东,孙权尚能维持这种状态;现在,曹操已灭袁氏,又下荆州,下一步势必再次要求孙权履行遣送任子的人臣之责,将孙权纳入控制之中;孙权若再次拒绝,曹操必定加兵江东。建安五年,曹操即曾有伐吴之议,赖张纮劝阻而止。张纮旋即回江东出任会稽东部都尉。个中细节,孙权当知。

诸葛亮让孙权意识到,他必须就孙曹总体关系做一个决断:要么北面事之,要么早与之绝。荆州新附,倘若曹操在荆州站稳脚跟,则江东的上游门户洞开,孙权势难再维持"外托服从之名而内怀犹豫之计"的状态。这是孙权最敏感的一根神经。所以,诸葛亮说,"事急而不断,祸至无日矣"。

在说服孙权决心不再"受制于人"后,诸葛亮再以对荆州形势的分析,将孙权的决断具体化为出兵荆州的决心。他指出了曹操新下荆州后的诸项不利因素,如曹操之众远来疲敝、北方之人不习水战、荆州之民非心服也。倘能

[①]《吴书·周瑜传》注引《江表传》。

趁此时机，出兵荆州，与刘备共破曹操，将曹操打回北方，"如此，则荆、吴之势强"。如此，自然无忧曹操的威逼；如此，才能避免"祸至无日"。所以，诸葛亮说，"成败之机，在于今日"。

在那场会谈中，诸葛亮从"事急而不断，祸至无日矣"直说到"成败之机，在于今日"，孙权则从勃然怒曰"吾计决矣"直到"权大悦"，诸葛亮说服了孙权本人倾向于联刘抗曹。

但是，江东集团愿意吗？

二、周瑜整合江东内部意志

待到曹操那封威慑性的书信送抵江东，要不要抗曹，就成了江东自身的问题。此前，江东尚可观望；此时，就只有拒战与迎降两个选项了。江东再也不能含糊地维持"外托服从之名而内怀犹豫之计"。曹操那封威胁信送达之及时，亦印证了诸葛亮"事急而不断，祸至无日矣"的分析。

江东集团进行决策讨论的时候，考虑的主要因素是张昭等人所表述的：

> 曹公，豺虎也，然托名汉相，挟天子以征四方，动以朝廷为辞；今日拒之，事更不顺。且将军大势，可以拒操者，长江也；今操得荆州，奄有其地，刘表治水军，蒙冲斗舰乃以千数，操悉浮以沿江，兼有步兵，水陆俱下，此为长江之险已与我共之矣，而势力众寡，又不可论。愚谓大计不如迎之。①

张昭等人顾虑的问题主要涉及三个方面：与许昌汉廷政治关系的顺逆、长江天险形势的利弊、兼并荆州后曹操与江东实力对比的悬殊。三者都对江东不利，所以，张昭等人建议孙权迎降曹操。

鲁肃帮孙权坚定其抗曹意志，并建议孙权召回周瑜，以决疑定计。周瑜

---

① 《吴书·周瑜传》。

从鄱阳湖赶回柴桑，论曰：

> 操虽托名汉相，其实汉贼也。将军以神武雄才，兼仗父兄之烈，割据江东，地方数千里，兵精足用，英雄乐业，尚当横行天下，为汉家除残去秽。况操自送死，而可迎之邪？请为将军筹之：今使北土已安，操无内忧，能旷日持久，来争疆场，又能与我校胜负于船楫间乎？今北土既未平安，加马超、韩遂尚在关西，为操后患。且舍鞍马，仗舟楫，与吴越争衡，本非中国所长。又今盛寒，马无藁草，驱中国士众远涉江湖之间，不习水土，必生疾病。此数四者，用兵之患也，而操皆冒行之。将军禽操，宜在今日。瑜请得精兵三万人，进住夏口，保为将军破之。①

周瑜首先打消大家对江东与许昌汉廷的政治关系的顾虑。他说，"操虽托名汉相，其实汉贼也"，所以，抗曹之举并不是违背汉廷，而是"为汉家除残去秽"。周瑜原本的观念是成就江东新的帝业，并不认为汉室值得去匡辅，却以"为汉家除残去秽"为抗曹之举做政治定位，主要是为消除张昭等人意见的影响力。抗曹是"为汉家除残去秽"，这与"匡辅汉室"的原有定位才不直接矛盾，张昭等人也没有反对的理由。

在江东决策讨论时，周瑜对军事形势的分析，对于抗曹决策的形成固然很重要，但他最重要的作用却是帮孙权统一江东集团内部的意志。他为孙权统一江东内部意志提供了一套系统的说法，特别是他为抗曹之举所做的政治定位。

听完周瑜的阐述后，孙权在为抗曹之举下最后的决心时，拔刀斫前奏案曰："诸将吏敢复有言当迎操者，与此案同！"② 孙权此言此举，与其说是坚定自己的抵抗意志，不如说是在统一诸将群僚的意志。他将周瑜抗曹的主张和抗曹之举的政治定位，变成江东集团的统一意志。

---

① 《吴书·周瑜传》。
② 《资治通鉴》卷六十五，汉纪五十七，建安十三年。

赤壁之战前，江东决心与挟持许昌汉廷的曹操对抗，并将这种对抗定位为"为汉家除残去秽"，这基本上已成为江东内部的一种统一意志。这一点可从老将朱治的说法中得到印证。当时，主张迎曹的除了张昭等人，还有孙权的从兄孙贲。曹操试图分化孙氏家族而拉拢孙贲，孙贲亦有迎曹之意。朱治说服孙贲时说：

前在东闻道路之言，云将军有异趣，良用怃然。今曹公阻兵，倾覆汉室，幼帝流离，百姓元元未知所归。而中国萧条，或百里无烟，城邑空虚，道殣相望，士叹于外，妇怨乎室，加之以师旅，因之以饥馑，以此料之，岂能越长江与我争利哉？①

朱治的持论几乎是周瑜论述的翻版。朱治在孙氏家族内部威望甚高，但在江东集团并不以论述见长。他的言论所表达出的应是江东集团已形成统一意志后对一些重大问题的基本认识。

周瑜用"为汉家除残去秽"为抗曹之举定位，解决了当时的政治问题，更影响了整个江东事业的政治定位。与帝国的丞相对抗，意味着江东与许昌汉廷的联系在事实上已经断绝。张昭等人秉持的匡辅汉室的桓文之业的政治路线，在事实上已行不通。从此，张昭在江东决策层的影响力越来越弱。

抗曹在政治上的问题已经解决，但在军事上毕竟还是有风险的。周瑜以一个军事统帅的眼光，对军事形势做了剖析，打消了大家对军事形势利弊和敌我兵力强弱的顾虑。周瑜指出了曹操在军事上的几大弱点，并得出结论："将军擒操，宜在今日。瑜请得精兵三万人，进住夏口，保为将军破之。"周瑜在军事上的目标是要擒曹、破曹，而不只是挫败曹操对江东的威胁。或许有人会说，以攻为守，原是兵家常用的策略。但以攻为守的策略通常是以战术上的攻势来完成战略上的防守，而周瑜统兵自柴桑沿长江西上，逆行数百

---

① 《吴书·朱治朱然吕范朱桓传》注引《江表传》。

里，在兵至夏口后，不是停兵经营夏口，以资扼守，而是继续深入，寻曹军决战。这样的军事行动已远远超出战术的层面，而让人看到一种雄心勃勃的战略驱动力。

荆州的水军经营有素，即使是在刘表、黄祖之时，江东犹且不易得志于荆州。建安十三年春，孙权攻江夏，便经过了激烈的鏖战。何以曹操下荆州后反倒是江东进兵的绝佳时机呢？其原因即在于，荆州新附，曹操恩信未著，荆州民心未定，原荆州之军尚怀狐疑。关于荆州军的这种状态，胡三省注曰："新附之人，心怀狐疑，未能出死命而为之力战也。"[①]但是，反过来看，若曹操在荆州站稳脚跟，恩信已著，民心已定，曹军也渐渐适应了南方的环境，那么，以曹操之军加上荆州之军，则不易击破；纵然战事或有利钝，也不会产生崩溃性的效果。所以，在周瑜的眼里，建安十三年冬倒成了稍纵即逝的一举破曹的绝佳兵机。

周瑜以破曹、擒曹为目标的攻势型军事战略，与他成就江东新的帝业这样进取性的政治目标是一致的。其雄心勃勃的战略驱动力来自其雄心勃勃的政治目标。荆州的开拓意味着江东帝业的开拓。

纵观孙刘结盟抗曹决策的形成，如果说结盟和抗曹是一个重大历史事件的两环的话，鲁肃和诸葛亮推动了联盟的形成，而以鲁肃所起的作用尤为突出；周瑜和鲁肃则推动孙权及整个江东集团形成抗曹的统一意志，而以周瑜所起的作用尤为突出；在随后的军事行动中，周瑜发挥了主要的作用。

孙刘联盟成于鲁肃和诸葛亮之手。鲁肃认为"曹操不可卒除"，诸葛亮也认为曹操"此诚不可与争锋"；因此，联盟抗曹，可以说是二人为孙刘事业规划的交集。二人初见，即相定交。但对诸葛亮在孙刘联盟形成过程中的作用，我们不应过高地估计。这也是主客之势决定的。诸葛亮使命的重点在于结盟，推动江东抗曹是衍生出来的。因为只有江东抗曹才会有结盟。而对于江东来说，问题的重点却在于要不要抗曹，结盟是衍生出来的。而要不要抗曹主要

[①]《资治通鉴》卷六十五，汉纪五十七，建安十三年。

是江东内部的问题，这要取决于江东集团的利益和它如何认识自己的利益。

江东集团最终形成结盟抗曹的统一认识，周瑜和鲁肃起了主要的推动作用。鲁肃主动提议出使荆州，联络刘备，并在江东尚未直接卷入的情况下，力促孙刘联盟。他为孙刘结盟抗曹提供了最初的推动力和直接的契机。周瑜则在江东诸将群僚顾虑政治名分和慑于曹操军事压力的情况下，为抗曹之举提供了一套恰当的政治定位，并打消大家对曹操军事力量的顾虑。日后，孙权与陆逊论周瑜曰，"公瑾雄烈，胆略兼人，遂破孟德，开拓荆州"，还特地提到周瑜的"言议英发"[①]。周瑜展现"言议英发"风采的时刻，显然是指类似建安七年、建安十三年江东面临重大选择的关头，周瑜均能以高瞻远瞩的立论，决疑定计，整合内部不同意见。没有周瑜，江东内部整合的完成会困难得多。

可以说，如果缺少周瑜这样的将才——他有明确而远大的政治目标，有足够的军事眼光制定一个与其政治目标相一致的军事战略，并有足够的军事才能亲自执行这套战略——江东与曹操的军事冲突可能不会发生在荆州境内，因而也就可能不是发生在建安十三年冬，而更有可能是在曹操进攻江东时采取抵抗，那么纵然江东在一次军事冲突中挫败曹操，曹操也不至于一战失利即退出荆州大部，那场战事对历史的影响也不会那么深远。江东可能是曹操难啃的一块骨头，但啃掉它只是个时间问题，刘备却没有机会西入巴蜀高举复兴汉室的旗帜。

在三国那个时代，不乏政治眼光深远的谋士，亦不乏能征善战的将领，但是，像周瑜那样集高远的政治眼光与卓越的军事才能于一身的人物却不多见。日后孙权在缅怀周瑜时说他"邈焉难继"，一千年后的陈亮感叹"使斯人不死，当为操之大患"，实在是"良有以也"。惜乎其人英年早逝，若假以天年，使其有足够的机会与曹操周旋，不知三国的历史会如何演变。

但在周瑜的观念中，联盟的意识要淡一些。孙权在与诸葛亮会谈时还提到"非刘豫州莫可以当曹操者"，而在与周瑜谈话后则只提曹操"徒忌二袁、

[①]《吴书·周瑜鲁肃吕蒙传》。

吕布、刘表与孤耳",对刘备根本不提。后来周瑜率军进至樊口,刘备遣人慰劳之,周瑜言:"有军任,不可得委署;傥能屈威,诚副其所望。"刘备想邀鲁肃一起共商军情,周瑜又言:"受命不得妄委署,若欲见子敬,可别过之。"①樊口离曹军尚远,交战前会商军情、研讨对策是很自然的事。刘备的提议却为周瑜所拒绝。很难说周瑜的表现中没有对联盟关系的政治考虑:联盟中何方占主导地位?赤壁之战后,周瑜更是建议孙权软禁刘备,让关张诸将供其驱使,以使刘备从属于江东,而不是保持联盟关系。

对于建安十三年冬天的那场战事来说,联盟的存在,无疑有助于周瑜攻势战略的顺利实施。有了刘备在荆州东境控制从樊口到夏口一线的长江据点,江东的势力才得以顺利地深入到荆州境内。只是,当周瑜兵过夏口,还毅然挺进时,其雄心和战略便都已超出联盟的交集了。

这才有了那场改变几个政治集团势力兴衰,进而改变历史走势的决战。

建安十三年是历史演进的一个转折点。这个转折,成于几个当事人在历史中的转身。

经由"挟天子以令诸侯",曹操利用汉室残余的政治框架,为自己奠定了大半个天下的基业。现在,他要卸下汉室残破的外壳,破茧而出,缔造新的帝业。定鼎天下的关键,系于荆州。

在江东,从孙策到孙权,从张纮到张昭,匡辅汉室的"桓文之业"的路线帮孙氏兄弟奠定了江东的基业。现在,由周瑜、鲁肃所酝酿的成就江东帝业的主张,取代了张昭等人秉持的"桓文之业"的路线。周瑜和鲁肃推动江东雄心勃勃地追求一种全新的帝业。冲出江东一隅之局的关键,亦系于荆州。

在曹操和孙权都着手卸下汉室之时,刘备开始高举起复兴汉室的旗帜。他夹在曹操和孙权之间,从二人碰撞的夹缝中闪身而出。只是,在汉献帝所代表的汉室外壳下,包裹着一个由刘备本人所代表的汉室复兴的雄心。

因此,以赤壁之战为高潮的第一次荆州风云,乃是三种完全不同的帝业

---

① 《资治通鉴》卷六十五,汉纪五十七,建安十三年。

追求在荆州这个舞台上发生碰撞。赤壁之战后,在荆州即已形成一个具体而微的三足鼎立。三者相互撕扯,大一统帝国的浑圆结构遂告断裂。历史朝着分裂的方向演变。

第四章

联盟的新阶段

曹操在赤壁军败后,留曹仁、徐晃守江陵,乐进守襄阳,自引大军北还。联军则乘胜追击,扩大战果。周瑜、程普率军数万进兵江陵,与曹仁隔江对峙。其间,甘宁率军西上占领夷陵。后周瑜渡江屯北岸,围攻江陵,与曹仁相拒岁余。刘备也派兵参与了对江陵的围攻,另以关羽从汉水出击,试图截断曹仁北归之路。[①]至建安十四年底,曹仁放弃江陵城北走。至此,以赤壁之战为高潮的第一次荆州角逐的烽烟大抵平静。

曹仁北走后,孙权以周瑜领南郡太守,屯江陵;程普领江夏太守,治沙羡;吕范领彭泽太守;吕蒙领寻阳令。

与此同时,刘备表刘琦为荆州刺史,引兵南徇荆州的江南四郡。曹操所置武陵太守金旋、长沙太守韩玄、桂阳太守赵范、零陵太守刘度皆降。刘备以诸葛亮为军师中郎将,督零陵、桂阳、长沙三郡,调其赋税以充军实;以赵云领桂阳太守,以廖立为长沙太守。

此时的荆州版图上,曹、孙、刘三家自北到南呈现出三个层次。曹操占据北面的南阳郡和南郡的部分地区,孙权占据中间的江夏郡和南郡大部,刘备占据江南的长沙、零陵、桂阳、武陵四郡。长江一线连同它的几处重要据点都控制在孙权手中;刘备虽然在荆州占据了较大一些的地盘,但刘备控制的地域与曹操控制的地域并不接壤,最重要的是,它没有出口,因而其发展受到限制。

[①]《吴书·周瑜传》注引《吴录》载:"备谓瑜云:'仁守江陵城,城中粮多,足为疾害。使张益德将千人随卿,卿分二千人追我,相为从夏水入截仁后。仁闻吾入,必走。'瑜以二千人益之。"《魏书·李通传》载:"刘备与周瑜围曹仁于江陵,别遣关羽绝北道。"《魏书·徐晃传》也说到徐晃"又与满宠讨关羽于汉津,与曹仁击周瑜于江陵"。《魏书》的记载可与《吴录》相印证。

为此，刘备东下京口，去会见孙权，以期巩固联盟，也改善自己在荆州的处境。

刘备赴京口应在建安十四年底至次年初。但陈寿记述此间孙刘方面的事都太过简略，一些重要的事件，都没有记述准确的时间。司马光、刘恕在整理这段历史的时候，显然也没法弄清楚。《资治通鉴》中所采取的办法是把它们记在当年的十二月条下。《资治通鉴》在建安十四年十二月条下如是记述："刘备表权行车骑将军，领徐州牧。会刘琦卒，权以备领荆州牧，周瑜分南岸地以给备。备立营油口，改名公安。权以妹妻备。"在建安十五年十二月条下做如是记述："刘表故吏士多归刘备，备以周瑜所给地少，不足以容其众，乃自诣京（口）见孙权，求都督荆州。"周瑜诣京口见孙权及周瑜之死、鲁肃代周瑜领兵及下屯陆口等事，也都放在建安十五年十二月。这当然只是一种笼统的叙述，这种笼统的叙述模糊了这些事件之间的逻辑关系，也模糊了此间刘备通过处理联盟关系来谋求发展机会的政治章法。我们可以理清这几件事的逻辑关系，从中去看刘备如何通过处理联盟关系来谋求自身的发展。

刘备取得荆州数郡还是表现出了一定的政治章法。曹操北还，刘备表刘琦为荆州刺史，南徇四郡。在经历了建安十三年的那场震荡之后，曹操退出荆州大部。刘琦本应是刘表的继承人，因此刘备表他为荆州刺史，让荆州士民知有所归，有利于招徕荆州士民。不久，刘琦病死，刘备领荆州牧。《蜀书·先主传》中写道："琦病死，群下推先主为荆州牧，治公安。"《资治通鉴》则云："会刘琦卒，权以备领荆州牧。"《资治通鉴》这样表述是不准确的。《吴书·吴主传》中也只是说："备领荆州牧，屯公安。"截至此时，孙权获得汉廷王命授予的头衔不过是讨虏将军，领会稽太守，不具备表刘备领州牧的资格。刘琦病死，当然应该是荆州集团的人推刘备领荆州牧，然后才是在联盟的阵营中获得孙权的承认。这才合乎情理。

刘备领荆州牧后，立营油口，改名公安。顾祖禹在《读史方舆纪要》中引《荆州记》载："时备为左将军，人称为左公，故曰公安。"[①]这跟"周瑜分南岸

[①]《读史方舆纪要》卷七十八，湖广四，荆州府公安县。

地以给备"有什么关系呢？胡三省将南岸地解释为荆州的江南四郡。这种解释不对。江南四郡是刘备自己略定的，本不在周瑜的控制之中。"南岸地"指的应该是南郡在江南的一部分土地。①周瑜和程普进取江陵时，先与曹仁隔江对峙，直到甘宁取夷陵，周瑜和吕蒙挫败曹仁对夷陵的反攻之后，周瑜才率军渡江屯北岸，围攻江陵。那么，在周瑜与曹仁隔江对峙的那段时间里，长江南岸沿线——包括长沙郡、武陵郡的沿江地域——应该是在江东的控制之中。周瑜将南岸地让给刘备，刘备才得以在油口立营。

周瑜给的地盘虽不大，对刘备的意义却不小。油口为长江支流油水自武陵郡注入长江的出口，刘备在油口立营，日后更筑为城池，经营成为一处重要据点。刘备有了一个面向长江的出口，便于他招徕荆州士民。

后面我们也的确看到，"刘表故吏士多归刘备"。于是，刘备东下京口去会见孙权。"备以周瑜所给地少，不足以容其众"，这当然只是一个借口。尽管刘备现在有了从江南四郡面向长江的出口，但长江一线的一系列战略要点——如夷陵、江陵、巴丘（今岳阳，控制湘江及洞庭湖的出口）、陆口（在今蒲圻境内，为陆水入长江之口，赤壁之战即发生在其附近）、沙羡等——却都控制在孙权的手中。这样，刘备的发展仍受到江东势力的遮蔽。刘备要想谋求下一步的发展，无论是向北还是向西，都必须先改变这种态势。

孙刘二人在京口期间的活动，记载简略，但我们还是能从二人的一些举动中，推知这期间联盟的动向。

史载："先主至京见权，绸缪恩纪。"②刘备娶了孙权的妹妹。很明显，这是一桩政治婚姻。孙刘联姻，显示双方都有进一步巩固联盟的意愿。巩固后的联盟下阶段的使命是什么呢？

《吴书·吴主传》载："刘备表权行车骑将军，领徐州牧。备领荆州牧，屯公安。"将刘备领荆州牧与孙权领徐州牧放在一起叙述，显示这两件事之间的联系。《鲁肃传》载："后备诣京见权，求都督荆州，惟肃劝权借之，共拒曹公。"刘备先已略定江南四郡，后为群下推为荆州牧，所谓"求都督荆州"，应

---

① 另据谭其骧主编《中国历史地图集》第二册东汉卷荆州刺史部，武陵郡并无面向长江的出口。
② 《蜀书·先主传》。

该是指刘备寻求孙权对他这一地位的承认。为促成此事，刘备表孙权为车骑将军，领徐州牧。刘备对孙权的推举，还有更深一层的意味。

初平年间以来，讨贼盟主多领车骑将军。初平元年（190年），关东州郡推袁绍为讨董盟主时，袁绍即领车骑将军。初平二年，朱儁移书州郡，请师讨董，徐州刺史陶谦即表朱儁行车骑将军，意在推朱儁为盟主，掀起讨董的新高潮。刘备在许昌时一起密谋反曹的政治盟友董承，当时亦任车骑将军。刘备推孙权行车骑将军，显示此时刘备把孙刘联盟定性为一个讨曹灭贼的联盟。而且，车骑将军位次在刘备的左将军之上，刘备以此表达出愿推孙权为讨曹联盟的盟主。

当时孙权实际控制的是扬州大部，而徐州则完全在曹操的控制之中。刘备不是表孙权领扬州牧，而是领徐州牧。这有一种向北进取的意味。[①] 及至吕蒙谋袭荆州，孙权"又聊复与论取徐州意"[②] 可知刘备表孙权领徐州牧，确曾影响到孙权对江东未来发展方向的考虑。

如果说，孙刘联姻意味着联盟关系的巩固，那么，推孙权行车骑将军，领徐州牧，意味着在联盟的新阶段，主题已由当初的抗曹变为更具进取性的讨曹灭贼。这是当初"为汉家除残去秽"这一定位的延续，也是现阶段孙刘在政治上能找到的共同点。

讨曹灭贼，进取北方，毕竟只是一种前景。这一主题、这一安排对刘备的现实意义在于，它体现出联盟双方的一种分工：在今后的讨曹灭贼事业中，孙权将主要在东面徐州方向担负起更多的责任，刘备则在荆州方向担负起更多的责任。由此延伸出的含义是，应该给他在荆州方向担负更多责任的机会。顺着这个思路，调整荆州的地盘才成为一个议题。

[①] 刘备推孙权为徐州牧，或许也考虑了江东内部的需要。当时江东集团中徐州士人较多，如张昭、严畯为彭城人，张纮、秦松、陈端为广陵人，诸葛瑾为琅邪人，步骘为淮阴人。刘备推孙权为徐州牧，可帮孙权与徐州士人确定君臣之分；但查上述诸人传记，此间无人担任徐州牧的属官。刘备表孙权行车骑将军后，张昭为军师，步骘为东曹掾，吾粲为主簿，全琮之父全柔为长史，胡综为书曹，皆为车骑将军属官。唯独《吴书·步骘传》注引韦昭的《吴书》载："权为徐州牧，以骘为治中从事，举茂才。"这与陈寿的记载不同。不过，步骘于建安十五年当年即转交州刺史。可知刘备推孙权为徐州牧时，江东内部的政治需要还不是主要的考虑。
[②]《吴书·吕蒙传》。

联盟的这种定位和分工却经历了一点曲折。当京口的孙刘把酒言欢之时，身在南郡的周瑜却感到不安。《吴书·周瑜传》载：

> 备诣京见权，瑜上疏曰："刘备以枭雄之姿，而有关羽、张飞熊虎之将，必非久屈为人用者。愚谓大计，宜徙备置吴，盛为筑宫室，多其美女玩好，以娱其耳目；分此二人各置一方，使如瑜者得挟与攻战，大事可定也。今猥割土地以资业之，聚此三人俱在疆场，恐蛟龙得云雨，终非池中物也！"权以曹公在北方，当广揽英雄，又恐备难卒制，故不纳。

周瑜的建议是出于江东单独成就全新帝业的雄心。他建议孙权软禁刘备，让关张二将供其驱使。这个想法在当时恐怕行不通，但从他提到"今猥割土地以资业之"看，调整荆州的地盘确实已成为一个议题。《吕范传》亦载："刘备诣京见权，范密请留备。"日后孙权谋袭荆州时，对吕范说后悔当初未听他的建议，可知吕范确有此议。对吕范的建议，鲁肃予以了驳斥。《汉晋春秋》载：

> 吕范劝留备，肃曰："不可。将军虽神武命世，然曹公威力实重；初临荆州，恩信未洽，宜以借备，使抚安之。多操之敌，而自为树党，计之上也。"权即从之。[①]

孙权听从了鲁肃的建议，没有扣留刘备，主要是考虑曹操在北方的威胁依然很大，而且软禁刘备也未必能如愿做到。

周瑜、吕范的建议虽未被孙权采纳，但对于荆州地盘的调整，周瑜仍试图阻止。他酝酿了一个更加雄心勃勃的进取方案。为此，他亲自东下京口，向孙权提出，西取巴蜀、汉中，与马超结援，再北据襄阳，以蹙曹操，图取北方。周瑜的方案甚至都提到了与马超的结盟，而对作为盟友的刘备在该方案中将发挥什么作用却只字未提。孙权同意了这个方案。看来，周瑜已成功

---

① 《吴书·鲁肃传》注引《汉晋春秋》。

地用这样一个宏大的进取方案让孙权搁置了调整荆州地盘的问题。因为，如果江东下一步要西取巴蜀、北据襄阳的话，那么，保持对江陵、夷陵一线的控制就是必需的。不过，周瑜的方案中若真有排斥刘备的意思的话，那也潜含着相当的危险。他要西取巴蜀、北蹙曹操，同时遮蔽刘备的发展前途，仅凭对长江狭长一线的控制，其处境其实非常脆弱。除非他能以军事上的成功不断刷新孙权的政治版图，以根本改变这种态势，并营造一种由江东主导的政治大势，将刘备在汉末的政治舞台上边缘化。但这绝非易事。

周瑜回江陵为实施该方案做准备，途中病死于巴丘。临死前，周瑜还在给孙权的信中强调，"今既与曹操为敌，刘备近在公安，边境密迩，百姓未附，宜得良将以镇抚之"①，将刘备列为防范的对象。如果周瑜不死，很难想象他会同意将南郡一带让给刘备。

周瑜死后，孙权非常悲恸。他少了一个以军事上的进取推动江东帝业的得力人物。那个宏大的进取方案一时难以实施。当然，也因周瑜之死，联盟之间少了一个阻力。

根据周瑜的推荐，孙权以鲁肃代领周瑜之军，而以程普代领南郡太守。这一安排显示出，孙权在处理周瑜死后的荆州善后事宜时，开始也并未考虑将南郡让给刘备。

大概是鲁肃说服了孙权，孙权对荆州上游的防务做了调整。刘备东下京口见孙权求都督荆州时，鲁肃便力劝孙权答应；周瑜、吕范建议孙权软禁刘备，鲁肃则极力谏阻。从建安五年讲"曹操不可卒除"，到建安十五年仍在讲"曹公威力实重"，鲁肃对曹操的实力一直有着充分的认识。另外，在鲁肃看来，江东在荆州的根基仍很脆弱。从鲁肃所言"初临荆州，恩信未洽"到周瑜所言"百姓未附"，我们仍能看出建安十三年初孙权攻江夏时屠其城而虏其民式的杀戮在荆州留下的阴影。裴松之所论"荆人服刘主之雄姿，惮孙权之武略"②，不无道理。日后孙权虽袭占荆州大部，但效力于江东集团的荆州士人

---

① 《吴书·鲁肃传》。《资治通鉴》采录《江表传》中的叙述，称"刘备寄寓，有似养虎"。
② 《魏书·贾诩传》裴松之论。

却很少。曹操的实力依然强大，江东在荆州的权力基础比较脆弱，却夹在曹、刘之间，单独面对曹操的压力。这大概是孙权能够接受鲁肃的建议"借"地给刘备的主要原因。

很快，孙权重新调整了荆州上游的防务。鲁肃代领周瑜之兵，成为江东在荆州上游的统帅。他初驻江陵，旋即下移至陆口。孙权从江夏郡和长沙郡分出部分地域，新立汉昌郡，以鲁肃为汉昌太守。[①] 在此后的一段时间里，陆口成了江东在荆州上游的军事重镇。程普原来由江夏太守代周瑜领南郡太守，旋即复还江夏。从这些变动中可以看到，周瑜死后不久，孙权让出了南郡，让给了刘备，以让刘备直接面对曹操。

刘备在得到南郡后，也调整了力量部署。他以关羽为襄阳太守，张飞为宜都太守。《蜀书》载，"先主收江南诸郡，乃封拜元勋，以羽为襄阳太守，荡寇将军，驻江北"；《蜀书》载，"先主既定江南，以飞为宜都太守，征虏将军，封新亭侯；后转在南郡"。[②] 很显然，这种安排只有在刘备得到南郡之后才有可能。

襄阳和徐州一样，也在曹操的控制之中，所以，以关羽为襄阳太守，屯驻江北，这是刘备做出的一种准备向北进取的姿态。这种姿态跟他表孙权为徐州牧所表达出的意思适成对应，以落实联盟间的分工：他准备从荆州方面向北进取。

京口之行，刘备收获甚丰。孙刘联姻，联盟得到了巩固；联盟的主题也由当初的抗曹一变而为更具进取性的讨曹灭贼；双方也确定了在不同方向的责任分工。巩固后的联盟展现出这样一种远景：联盟双方将在讨曹灭贼的事业中共同得到发展。

联盟巩固对于刘备的意义非常重大。首先，刘备所占据的荆州数郡，得到了孙权的承认；接着，孙权又将南郡让给了他。孙权将南郡让给刘备，对刘备下一步的发展来说意义尤为重大。南郡的战略据点中，江陵在两湖盆地

---

① 刘备取江南四郡，但长沙郡北部应有部分地区在孙权控制之中。周瑜取江陵后，孙权以下隽、汉昌、刘阳、州陵为周瑜奉邑，其中，刘阳和州陵即在长沙郡境内。
②《蜀书·关张马黄赵传》。

居于中心地位，夷陵则扼守着荆州与益州之间穿越三峡的通道。这些战略据点控制在刘备手中，日后刘备西入益州、关羽北攻襄阳才有可能。

荆州的地盘调整后，刘备也调整其力量部署。他开始为下一步的进取做准备。恰好，一个有利的机会主动摆在了他的面前。

第五章

刘备取益州

张松、法正的双重布局

建安十六年,益州的大门朝刘备敞开。益州牧刘璋邀请刘备入蜀。

《蜀书·先主传》载,刘璋听说曹操将讨汉中张鲁,心怀恐怯。益州别驾从事张松建议刘璋邀请刘备入蜀,先取汉中,以拒曹操。他说:"刘豫州,使君之宗室而曹公之深仇也,善用兵,若使之讨鲁,鲁必破。鲁破,则益州强,曹公虽来,无能为也。"刘璋听取了张松的建议,派法正赴荆州迎请刘备入蜀。

实际的情况比这要复杂得多。三年前曹操下荆州时,刘璋曾再三遣人向曹操致敬,结好于曹操,为什么三年后又转而请刘备帮他讨张鲁以拒曹操呢?吕思勉认为,刘璋邀请刘备入蜀,实际的动机是想震慑蜀中诸将,讨张鲁只是名义。"盖自(刘)焉牧益州以来,与土著迄未能和协;(刘)璋是时所患者,实在蜀中诸将;而无端而召先主,将为群下所疑,故以讨张鲁为名。"[1]吕先生的观点是有道理的。

刘焉、刘璋父子监牧益州二十多年,其地位一直不稳固。刘焉为汉鲁恭王的后裔,在灵帝末官拜太常,位居九卿。他见王室多故,天下将乱,想外出到比较偏远的地方当州牧,以避世难。为此,他提出了一个对汉末政局影响极大的建议:"四方兵寇,由刺史威轻,既不能禁,且用非其人,以致离

---

[1] 吕思勉,《秦汉史》,第十一章《后汉乱亡》,上海古籍出版社2005年7月第1版,第350页。

叛。宜改置牧伯，选清名重臣以居其任。"①此前，州刺史只负监察的职责，权力较轻；刘焉建议改刺史为州牧，派朝廷重臣出任州牧，掌握一州军政大权，以利于稳定地方。开始，刘焉意在交趾牧。时为侍中的益州广汉人董扶精于图谶，他私底下对刘焉说："京师将乱，益州分野有天子气。"刘焉乃改求为益州牧。恰值益州刺史郤俭赋敛烦扰，谣言远闻；并州、凉州的刺史也都为盗寇所杀，汉廷乃采刘焉之议，遣列卿出任州牧。汉灵帝中平五年（188年），刘焉出为监军使者，领益州牧，收治郤俭之罪。实际上，汉廷在益州的统治秩序正在失控，郤俭旋即为盗贼所杀。跟刘焉同时以列卿出任州牧的还有黄琬和刘虞。黄琬出任豫州牧，刘虞出任幽州牧。史言："州任之重，自此而始。"②

刘焉监牧益州，董扶和时任太仓令的益州巴西人赵韪都辞去官职，跟随刘焉回到益州。刘焉到了益州后，"抚纳离叛，务行宽惠，而阴图异计"。他以张鲁为督义司马，杀了汉中太守苏固，断绝斜谷阁道，再上表朝廷，声称"米贼断道，不得复通"。刘焉为立威刑，借故杀了州中豪强王咸、李权等十余人，在益州引起疑惧。于是，犍为太守任岐及校尉贾龙起兵攻刘焉。任、贾二人均为益州蜀郡人。刘焉赴任时，益州亦有黄巾扰掠，时为益州从事的贾龙领家兵数百，摄敛吏民，破走黄巾，迎请刘焉赴任。现在连贾龙也因疑惧而起兵攻刘焉。③刘焉依靠的主要是由南阳、三辅一带涌入益州的流民。刘焉将这些流民收编为军队，号为东州兵。依靠东州兵，刘焉击杀了任岐、贾龙。除掉任岐、贾龙后，刘焉志意渐满，造作乘舆车具千余辆。《英雄记》这样描述刘焉在益州的作为："刘焉起兵，不与天下讨董卓，保州自守。"④荆州牧刘表为此上表汉廷，称刘焉"有似子夏在西河疑圣人"⑤，指责刘焉有僭越之迹。益州与荆州之间的关系因此而一直很紧张。

时刘焉之子刘璋随汉献帝在长安。汉献帝派刘璋赴益州晓谕刘焉，刘焉

---

① 《资治通鉴》卷五十九，汉纪五十一，灵帝中平五年。
② 《资治通鉴》卷五十九，汉纪五十一，灵帝中平五年。
③ 《蜀书·刘二牧传》。
④ 《蜀书·刘二牧传》注引《英雄记》。
⑤ 《蜀书·刘二牧传》。

却将刘璋留在益州。刘焉的另外两个儿子刘范和刘诞后来参与了马腾反李傕的密谋，兵败被杀。河南郡人庞羲与刘焉世家通好，护送刘焉诸孙入蜀，自己也投奔了刘焉。兴平元年（194年），刘焉病死。益州大吏赵韪、王商以刘璋性情温和仁厚，遂与群吏共推刘璋为益州刺史。时值李傕郭汜之乱，朝廷无暇顾及益州，遂以刘璋为监军使者，领益州牧。

刘璋"性柔宽无威略"，东州人在益州侵暴不法，扰掠百姓，刘璋不能制。于是，州人颇有离怨。赵韪素得人心，他看到州人对刘璋不满，"乃阴结州中大姓"，谋攻刘璋。建安五年（200年），赵韪起兵攻刘璋，蜀郡、广汉、犍为三郡皆为响应。东州人害怕被诛灭，齐心协力，为刘璋死战，遂破赵韪之众，在江州（今重庆）斩杀赵韪。杀了赵韪，刘璋的地位却并未因此而巩固。张鲁控制汉中后，不服从刘璋，刘璋杀张鲁母及其弟，双方遂成仇敌。刘璋遣庞羲击张鲁，不克，遂以庞羲为巴郡太守，屯阆中，以御张鲁。庞羲想招賨民为兵，扩充人马，却为刘璋所疑。双方互生嫌隙。《蜀书·刘二牧传》将这种局面归结为"皆由璋明断少而外言入故也"。

刘焉父子未能获得益州本土士民的信任，只好依靠外来流民巩固自己的统治，对东州兵侵暴不法的行为采取容忍甚至纵容的态度，而这又会加剧主客矛盾。刘焉、刘璋父子不能辑和主客矛盾，从而导致原本拥护他们的益州士人如贾龙、赵韪，后来都与他们兵戎相见；而追随他们的客籍人士中，就连与刘焉世家通好的庞羲，也互生嫌隙。

刘璋显然也意识到了自己在益州统治的危机。曹操南征荆州，刘璋三次派人结好于曹操，实有借助曹操及其挟持的许昌汉廷以增强自己在益州地位的意思。他首遣河内阴溥致敬于曹操，次遣益州别驾从事张肃送叟兵三百人并杂御物于曹操，再遣益州别驾张松诣曹操。曹操加刘璋为振威将军，其兄刘瑁为平寇将军。[①]

刘璋既已结好于曹操，为什么又转而结好刘备呢？这主要是受了张松、法正的影响。法正，扶风郿县人，建安初年与孟达入蜀投奔刘璋，却未得刘

[①]《后汉书》卷七十五《刘焉袁术吕布列传》。

璋重用,"又为其州邑俱侨客者所谤无行"①,法正因此而悒悒不得志。他与蜀郡的张松相友善。张松"为人短小,放荡不治节操,然识达精果,有才干"②。二人都精明而有干略,但都不治行节,因而志趣相投。他们"忖璋不足以有为,常窃叹息"③。张松之兄张肃出使曹操时,曹操表其为广汉太守。张松出使曹操时,曹操却不复存录张松。尽管日后曹操几次颁布求才令,强调只注重一个人的才能,而不在意其德行,但这一次,他的确没看上"为人短小,放荡不治节操"的张松。张松以此怨恨曹操。曹操不久受挫于赤壁,退出荆州大部;刘备旋即略定荆州江南四郡。于是,张松归来后,"疵毁曹公",劝刘璋绝曹操而结好刘备。他说:"刘豫州,使君之肺腑,可与交通。"④并推荐法正出使刘备。

刘璋能够接受张松的建议,也跟形势的变化有关。刘璋结好曹操,本意是想借外力以巩固自己在益州的地位。现在,曹操兵威受挫,退出了荆州大部。刘璋结好曹操,无助于他在益州内部统治危机的解决。

法正出使荆州归来,向张松称说刘备有雄略。二人密谋奉戴刘备为益州之主。只是一时未有机缘。

不过,按《蜀书·刘二牧传》的记载,法正在受命去邀请刘备入蜀前,还有两次出使荆州。第一次是受命去结好刘备,第二次是与孟达"送兵数千助先主守御"。也就是说,起初刘璋并未想邀请刘备入蜀,而只是结好刘备。刘璋遣兵助刘备守御,双方俨然盟友的关系。

建安十六年,曹操扬言要讨汉中张鲁,张松遂以此为契机,向刘璋建议,以讨张鲁为名,邀请刘备入蜀。为促成刘璋做出决定,张松对刘璋分析利害说:"今州中诸将庞羲、李异等皆恃功骄豪,欲有外意,不得豫州(刘备),则敌攻其外,民攻其内,必败之道也。"⑤张松的话道出了刘璋在益州的真实处境,也抓住了刘璋最敏感的一根神经。于是,刘璋派法正赴荆州迎请刘备。

---

① 《蜀书·法正传》。
② 《蜀书·先主传》引注《益部耆旧杂记》。
③ 《蜀书·庞统法正传》。
④ 《蜀书·刘二牧传》。
⑤ 《蜀书·刘二牧传》。

益州方面，有人对刘璋邀请刘备入蜀感到不安。益州主簿黄权劝阻道："左将军有骁名，今请到，欲以部曲遇之，则不满其心；欲以宾客礼待，则一国不容二君。若客有泰山之安，则主有累卵之危。可但闭境，以待河清。"①黄权感到不妥，主要是认为主客关系不好处理。他认为只须闭境确保地方安宁，待到天下太平，归顺汉廷中央，才是正确的选择。黄权显然不认为曹操讨张鲁会对益州构成什么威胁。荆州零陵人刘巴当时客居益州，为刘璋的座上宾。他也劝谏刘璋曰："备，雄人也，入必为害，不可内（纳）也。"②刘巴在荆州时便对刘备避若仇寇，在刘备占据江南四郡后，不惜绕道交州，来到益州，自然不赞成刘璋邀刘备入蜀。黄权还只是认为主客关系不好处理，刘巴则认为刘备"入必为害"。益州从事王累甚至将自己倒悬于州门，以谏阻刘璋。对于这些谏议，刘璋均不听。显然，他们并不了解刘璋的心思，并不了解刘璋邀请刘备入蜀的真实意图。

刘璋不曾意识到，此举将决定性地改变他的命运。他不知道，张松、法正设下的是一个双重的布局。第一重布局是为刘璋设下的：在讨张鲁的名义下，邀请刘备入蜀，真实意图则是震慑蜀中诸将，增强自己在益州的地位；没有讨张鲁这个名义，则不能遮掩过益州其他的人。在这一布局之中，张松、法正设下的却是另一个布局。他们的真实意图是想奉戴刘备为益州之主；如果没有第一重的布局，则不能遮掩过刘璋，不足以让刘璋做出邀请刘备入蜀的决定。

在张松、法正设下的这个双重布局中，益州的士民们看到的是，刘备入蜀将帮他们讨伐汉中的张鲁；刘璋看到的是，他在益州的地位将得到巩固；张松、法正看到的是，益州将迎来一个新的主人。

---

① 《蜀书·黄权传》。
② 《蜀书·刘巴传》注引《零陵先贤传》。

刘备反目袭刘璋

刘备率军沿长江逆行至江州，再由垫江至涪城。所至之处，刘璋敕令给以供奉，"前后赠遗以巨亿计"，以致刘备"入境如归"。刘璋率步骑三万到涪城会合。

二刘在涪城举行了盛大的欢宴。据描述，当时的场面，"车乘帐幔，精光耀日"，非常壮观。但在盛宴内外，却上演着一幕幕惊心动魄的机锋折冲。

刘备与刘璋会于涪城，张松和庞统都认为这是一举夺取益州的良机。张松让法正密告刘备，可趁宴会之时袭擒刘璋。刘备说："此大事也，不可仓卒。"[1]他拒绝了。庞统也建议刘备说："今因此会，便可执之，则将军无用兵之劳而坐定一州也。"刘备说："初入他国，恩信未著，此不可也。"[2]再次予以拒绝。

张松和法正建议刘备趁宴会之时袭擒刘璋，源于二人早有此谋。法正赴荆州邀请刘备入蜀时，即建议刘备趁此机会夺取益州。《蜀书·法正传》载：

> 正既宣旨，阴献策于先主曰："以明将军之英才，乘刘牧之懦弱；张松，州之股肱，以响应于内；然后资益州之殷富，冯（凭）天府之险阻，

---

[1]《蜀书·先主传》。
[2]《蜀书·庞统传》。

以此成业，犹反掌也。"先主然之，沂江而西，与璋会涪。

《蜀书·先主传》中说："（法）正因陈益州可取之策。先主留诸葛亮、关羽等据荆州，将步卒数万人入益州。"《资治通鉴》在叙述这一节的时候，提到刘备有过一阵犹豫，庞统帮刘备决疑定计。

  备曰："今指与吾为水火者，曹操也。操以急，吾以宽；操以暴，吾以仁；操以谲，吾以忠；每与操反，事乃可成耳。今以小利而失信义于天下，奈何？"统曰："乱离之时，固非一道所能定也。且兼弱攻昧，逆取顺守，古人所贵。若事定之后，封以大国，何负于信！今日不取，终为人利耳。"备以为然。①

《资治通鉴》的叙述取材于司马彪的《九州春秋》。但《资治通鉴》在录入上述内容的时候，显然也觉得司马彪的有些叙述不合情理，所以做了改动。最重要的改动是将刘备表示断然拒绝的"吾所不取也"改为表示犹豫的"奈何"。毋宁说，司马光、刘恕诸史臣在替刘备考虑一个问题：既是应刘璋的邀请而入蜀，又要伺机取蜀，政治上如何交代呢？

刘备拒绝了张松、法正和庞统所提的在涪城之会上袭擒刘璋的建议，显示刘备此时尚有政治上的顾虑。

张松和法正二人自觉在刘璋手下不得志，在刘备身上看到了自己施展抱负与才能的希望，所以他们急切希望刘备能尽快取得益州。但是，具体的做法在政治上却说不上高明。作为原益州集团的人，他们适合扮演的角色是帮刘备联络、沟通益州的士人，帮刘备"厚树恩德以收众心"，在条件成熟的时候，劝刘璋让州给刘备。这样既帮刘备取得了益州，又保全了故主刘璋。他们却建议刘备在宴会上袭擒刘璋，难怪王夫之评论他们说："璋初迎昭烈，二子者，遽欲于会袭之，忍矣哉！君子于此，劝璋以州授先主而保全之，则得

---

① 《资治通鉴》卷六十六，汉纪五十八，献帝建安十六年。

矣，其他皆不忠不智之徒也。"①

庞统作为刘备的谋主也做此建议，其政治水平比诸范增建议项羽在鸿门宴上杀刘邦，还要低下得多。范增建议项羽在鸿门宴上杀刘邦，虽然说不上光明正大，但因刘邦有闭函谷关拒纳诸侯之失，得罪于东方诸侯，所以杀之而并非全然无名。刘备与刘璋都托为汉朝宗室；刘璋虽治蜀无方，但并无声闻天下的罪行；刘备入蜀，还是应刘璋之邀而来帮忙的。如果刘备与刘璋当面握手言欢，背后却操戈相向，纵然占据益州，日后如何收拾益州人心呢？刘备若按庞统的建议而占据益州，其政治水平跟吕布夺刘备的徐州恰在伯仲之间。况且，就算在宴会上袭擒刘璋，是否真的就能"无用兵之劳而坐定一州"，甚至能否控制涪城局势，刘备都没有把握。毕竟，刘璋是率三万步骑来赴会的。

刘备没有动手，涪城之会没有变成一个血与火的盛宴。聚会在友好的氛围中进行。会上，刘璋推刘备行大司马，领司隶校尉；刘备则推刘璋行镇西大将军，领益州牧。二刘之间的这番推领颇有意味。

从刘璋对刘备的推领情况看，此时，他对刘备并非完全没有防范的意识。他推刘备行大司马，领司隶校尉，无异于向刘备暗示：你的发展前途应是汉廷中央，而不是益州。

刘备推刘璋领益州牧看上去纯属多余。因为刘璋的益州牧是获得过汉献帝的王命认可的，本来就具备合法性，无须再由刘备来推领。这个看似多余的举措，只能说是刘备对刘璋的一种表态：完全尊重刘璋在益州的地位。

这种表态当然是刘璋所期待的。一方面，他期望刘备表白自己对益州没有觊觎之心，另一方面，由刘备来表白他对刘璋在益州地位的尊重，正是他邀请刘备来的目的：增强自己在益州的地位。

有了彼此的这番表白作为前提，涪城之会遂成了一场欢饮的盛宴。在涪城，双方"欢饮百余日"。这场盛宴一直持续到建安十六年底。

当涪城上演着觥筹交错的欢宴时，北面的关陇正上演着刀光剑影的厮杀。

---

① 《读通鉴论》卷九《献帝·二九》。

这年三月，曹操声言讨张鲁，激反关中的凉州诸将；七月，曹操亲自率军西征；八月，双方激战潼关；马超、韩遂等兵败后西奔凉州；十月，曹操进至陇上，围攻安定城，迫降杨秋；十二月，曹操自安定还师，他留夏侯渊屯长安，自率大军东还；次年正月，曹操回到邺城。

也就是说，当涪城饮宴正欢时，关陇战事正酣。我们却未见二刘有讨张鲁的军事行动，也未见他们对马超等凉州诸将的抗曹之举做出呼应。考虑到，马超兵败后居然是先投奔张鲁；及至攻雒城、成都期间，刘备才派李恢赴汉中联络马超，可知在建安十六年刘备对凉州诸将连起码的联络都不曾有过。联系刘璋赴会时率步骑三万的声势和"车乘帐幔，精光耀日"的排场，刘璋的确有意借助刘备的声势以巩固自己在益州的统治，刘备本人也无意于此时北上进取。

欢宴百余日，讨张鲁的事才提上日程。讨张鲁原是刘璋声称邀请刘备来益州的目的。在最主要的目的已经达到后，刘璋还是希望刘备去讨张鲁的。汉中也属于益州，由于张鲁的叛逆，益州巴中一带也不稳定。所以，讨张鲁也是在巩固刘璋的地位。刘璋增刘备之兵，厚加资给，使击张鲁；又令白水关的驻军归刘备节制。刘备合军共三万余人，车甲、器械及各种物资都很充足。刘璋自还成都，刘备北至葭萌。

刘备至葭萌后，并未立即北上讨张鲁，而是"厚树恩德以收众心"。在葭萌，刘备逗留了十个月的时间。刘备与刘璋反目，以曹操征孙权、孙权呼刘备自救为借口，据此可推知二刘反目的时间。《魏书·武帝纪》载，建安十七年"冬十月，公征孙权"；建安十八年春正月，"进军濡须口"。前者为起兵的时间，后者为抵达前线的时间。《吴书·吴主传》载，建安十七年，"闻曹公将来侵，作濡须坞"。十八年正月，"曹公攻濡须，权与相拒月余"。对于交战时间，双方的记载相吻合。刘备以孙权呼救为由声称退还荆州，可以推知，刘备与刘璋反目，应该在建安十七年十月以后。其间，庞统给刘备提出取益州的三策：

阴选精兵，昼夜兼道，径袭成都，璋既不武，又素无预备，大军卒至，一举便定，此上计也。杨怀、高沛，璋之名将，各仗强兵，据守关头，闻数有笺谏璋，使发遣将军还荆州。将军未至，遣与相闻，说荆州有急，欲还救之，并使装束，外作归形，此二子既服将军英名，又喜将军之去，计必乘轻骑来见，将军因此执之，进取其兵，乃向成都，此中计也；退还白帝，连引荆州，徐还图之，此下计也。若沉吟不去，将致大困，不可久矣。①

刘备在葭萌足足待了十个月的时间，庞统认为刘备到了必须做出抉择的时刻。从庞统所言"闻数有笺谏璋，使发遣将军还荆州"看，刘备不讨张鲁而"厚树恩德以收众心"，引起了杨怀、高沛诸将的疑虑。若再盘桓下去，必将有变。所以他说，"若沉吟不去，将致大困，不可久矣"。

当时，摆在刘备面前的选择实际上有三个：要么北上讨张鲁，要么对刘璋采取行动，要么退回荆州。庞统所进的三策，皆着眼于对刘璋采取行动。

从在荆州时面临是否要伺机取蜀，到涪城之会上面临是否要袭擒刘璋，到此时又面临下一步该如何行动，刘备所面对的核心问题其实只有一个：如何既将益州纳为复兴汉室的基地，又不违背他"欲信大义于天下"的初衷？唯有解决好这个问题，得到益州才是复兴汉室事业的光大，而不只是占据一块地盘。

在几次面临选择的关头，张松、法正、庞统诸人的建议都太过急功近利，而未能从一个更高的立足点和更宽广的战略视野帮刘备理出一个恰当的取蜀思路，既得到益州，又不付出高昂的政治代价。

我认为，刘备应该去讨张鲁。汉中是益州的一部分，占据汉中，北阻秦岭，益州才称得上"险塞"。刘备为完成"跨有荆益"的阶段性目标，迟早是要攻取汉中的。

最重要的是，讨张鲁而取汉中，将有助于刘备以政治手段取得益州。考虑到，日后刘备从曹操手中尚能夺取汉中，在当时从张鲁手中夺取汉中应该

---

① 《蜀书·庞统传》。"将军未至"当为"将军宜及其未至"。

是没有问题的。如果刘备占领汉中，那么巴蜀面向外部的两个主要方向——东面的荆州和北面的汉中——都处在刘备势力的控制之中。这种态势能使刘备向益州的士人们——无论是益州本土士人还是客籍士人，刘璋与二者的关系都处在一种互不信任的状态中——展示：是刘备而不是刘璋能给他们提供保护。然后，在"厚树恩德以收众心"的基础上，促使刘璋将益州让给刘备。即使不是让州，至少也能将刘璋置于一种从属的地位，纳入刘备复兴汉室的大业之中。

刘备既然是表示"欲信大义于天下"，就应该先伸大义于益州。根据刘璋邀请刘备入蜀的说法，讨张鲁与拒曹操是联系在一起的，因此，刘备能自然而然地将讨曹灭贼、复兴汉室的政治主题赋予在讨张鲁的行动之中。这样取得的益州才是他日后复兴汉室的基业。以这种方式取得益州，无须付出与同为汉朝宗室的刘璋反目的政治代价，也不会在孙权方面留下"猾虏乃敢挟诈"的负面印象。

早在建安十六年，刘备就应该着手北上讨张鲁，以与关陇的军事形势呼应，与马超等凉州诸将相接。若经营得当，有望形成一个包括刘备、孙权、刘璋和马超等凉州诸将在内的反曹大联盟。这样，在汉末的政治地图上，东起扬州，跨越荆益而连接关陇，将形成一种大势，以对抗曹操集团。倘能如此，汉末的政治演变可能是另外一种前景。但在建安十六年，刘备与刘璋在涪城欢饮百余日，坐视北方的形势而无动于衷。

在涪城，庞统作为刘备的智囊，盘算过如何在宴会上袭擒刘璋，却不曾做政治上的考虑，也不曾以一种宽广的战略视野将关陇的形势纳入刘备复兴汉室的事业之中；在葭萌，刘备面临选择时，他首先面对的仍然是政治上的难题，但庞统策划的几套方案，跟他在涪城建议刘备袭擒刘璋一样，完全没有政治层面的考虑。

庞统的方案太贪利趋进。他所说的上计，实在说不上是上策，而是成功概率极低的险棋。自葭萌回师，径袭成都，能否"一举便定"，关键在于能否确保行军隐秘，从而达成奇袭的效果。但自葭萌至成都，中间要经过涪城、绵竹、雒城等几处重要据点，很难保证行踪隐秘。而一旦泄露，则前有坚城，后有强兵，刘备的处境将极其危险。中计与上计的区别在于先解除背后白水关方向的威胁，再南下攻成都；不利之处是若先除掉背后白水关的杨怀、高沛诸将，则成都方面可能会有警觉，会做抵抗的准备。至于下计，也不是放弃取益州，而是退还白帝城，连引荆州，避免腹背受敌。

刘备此时的处境譬如骑虎难下。如果他不能在讨张鲁的行动中看到一种以政治手段谋取益州的前景，那么他的选项便只剩下两个，要么退回荆州，要么对刘璋动手。若在葭萌久拖下去，刘璋会对他产生疑虑，益州的士民也会对他产生疑虑。在这种处境中，刘备决定对刘璋动手。

在葭萌，有一位益州本土士人也参与了决策。他叫彭羕，益州广汉人，仕州不过书佐，"又为众人所谤毁于州牧刘璋"，被髡钳为徒隶。彭羕"心大志广"，但跟法正一样风评不佳，也跟法正一样不得志。刘备入蜀后，他赶到葭萌，先见庞统，两人共语，通宵达旦。法正也"宿自知羕"，遂共同推荐给刘备。关于这段经历，日后彭羕在给诸葛亮的信中写道："会公来西，仆因法孝直自衔鬻，庞统斟酌其间，遂得诣公于葭萌，指掌而谭，论治世之务，讲霸王之义，建取益州之策，公亦宿虑明定，即相然赞，遂举事焉。"①彭羕跟法正一样，在刘备身上看到了自己施展抱负和才能的希望，所以主动求见。从他说到"公亦宿虑明定，即相然赞，遂举事焉"，可知刘备与庞统等人一直在谋划如何占领益州，而彭羕与刘备等人商略的见解，大抵英雄所见略同。

刘备最终采用了庞统所说的中计。跟庞统的方案稍有不同的是，刘备打算制造一个借口，不光是要诳来白水关的杨怀、高沛二将，还要显示：双方翻脸，曲在刘璋。

时值曹操准备东击孙权，孙权呼刘备自救。此事给刘备提供了制造借口的机会。刘备写信给刘璋说："曹公征吴，吴忧危急。孙氏与孤本为唇齿；又乐进在青泥与关羽相拒，今不往救羽，进必大克，转侵州界，其忧有甚于鲁。鲁自守之贼，不足虑也。"顺便向刘璋请求增补兵力一万人及粮草诸物。刘璋

---

① 《蜀书·刘彭廖李刘魏杨传》。

没有完全满足刘备的要求，只答应给兵四千，物资方面给其半数。①王沈的《魏书》称刘备便是以此为借口与刘璋翻脸。他激怒士众曰："吾为益州征强敌，师徒勤瘁，不遑宁居；今积帑藏之财而悋于赏功，望士大夫为出死力战，其可得乎！"②《魏书》所述刘备翻脸的借口，前提是刘璋未满足其要求，这跟陈寿《蜀书》中所述刘璋只满足刘备要求的半数，逻辑关系倒也连贯。所以《资治通鉴》采录了《魏书》的说法。

刘备的这个借口实在是非常牵强。不管他怎样激愤，事实上他并不曾真"师徒勤瘁"地为益州征强敌；刘璋对他是"厚加资给"，"车甲器械，资货甚盛"，而刘备却诬之以积财吝赏，实在说不过去。况且，纵然刘备所说的一切都成立，也不至于就要举兵相攻。

实际的情况是，刘备这个计划的后半截还没来得及实施，就因张肃泄密而使双方在事实上翻脸了。时在刘璋身边的张松显然并不知道刘备的计划，以为刘备真的要退回荆州。他给刘备及法正写信问："今大事垂可立，如何释此去乎！"张松之兄张肃知其谋，担心祸及于己，遂向刘璋告发。不知刘璋听说刘备等人的密谋后作何感想。这个他请来帮忙，在涪城之会上"欢饮百余日"的刘氏宗室，已在暗中准备对他动手。

所以，刘备的这个借口至多只能在原荆州的士兵中间激励士气，却不能向益州士民显示曲在刘璋。

刘璋迅速收斩张松，通知沿路诸关隘，闭关以拒刘备。双方关系正式破裂。但在葭萌北面的白水关驻军显然并不知晓。刘备召来杨怀、高沛，责以无礼，斩之，旋即勒兵至白水关，收并其驻军，然后，回师占据涪城。③

刘备举兵的消息传到成都，益州从事郑度建议刘璋说：

> 左将军县军袭我，兵不满万，士众未附，野谷是资，军无辎重，其计莫若尽驱巴西、梓潼民内涪水以西，其仓廪野谷，一皆烧除，高垒深

---

① 《蜀书·先主传》。
② 《蜀书·先主传》注引《魏书》。
③ 《资治通鉴》卷六十六，汉纪五十八，献帝建安十七年。

沟，静以待之。彼至，请战，勿许，久无所资，不过百日，必将自走。走而击之，则必禽耳。①

郑度针对刘备客军作战的弱点，建议刘璋坚壁清野，耗垮刘备。这正是刘备所担心的。但如法正所料，刘璋未用郑度之计。他说："吾闻拒敌以安民，未闻动民以避敌也。"从刘璋的话看，此人虽然暗弱，但宅心还算仁厚，不忍扰民以拒刘备。

刘璋遣刘璝、张任、吴懿等将率军拒刘备。诸将皆败，退保绵竹。吴懿投降刘备。刘璋又遣李严、费观督绵竹诸军以拒刘备，李、费二人也率军投降刘备。于是，刘璋之子刘循及张任诸将退守雒城。

从刘璋迎战刘备的战略看，刘璋纵不能采用郑度坚壁清野的建议，也应该坚守不战，使刘备不能得志。刘备客军作战，唯有战胜而求生。刘璋却主动出战，这正是刘备所想要的。待到刘璋坚守雒城，刘备的战事遂没有开始那么顺利。

关于刘备围攻雒城的情形，吕岱给江东方面带回去这样的判断："备部众离落，死亡且半，事必不克。"②曹营方面甚至传言刘备已死。《魏书·袁涣传》载："魏国初建，（涣）为郎中令，行御史大夫事……时有传刘备死者，群臣皆贺；涣以尝为备举吏，独不贺。"魏始建社稷宗庙在建安十八年七月，初置尚书、侍中、六卿在该年十一月。曹操方面传言刘备已死，应是刘备攻雒城期间。大概是因为战事艰难，刘备才会召诸葛亮、张飞和赵云从荆州率军入蜀。

攻雒城期间，庞统中流矢而死。此间，法正给刘璋写过一封长信，以大量篇幅分析形势，劝刘璋及早投降；而对于为什么会发生宗室相攻的局面，只做了一个极含糊的解释。信中说："而卒至于是者，左右不达英雄从事之道，谓可违信黩誓，而以意气相致，日月相迁，趋求顺耳悦目，随阿遂指，不图远虑，为国深计故也。"③言下之意，倒是刘璋"违信黩誓"，背信弃义，才造

---
① 《蜀书·法正传》。
② 《吴书·吴范传》。
③ 《蜀书·法正传》。

成今天这种局面。法正信件的这部分内容，简直不知所云。实则，他说不出一个正当的理由来交代眼下发生的事情。

刘备围攻雒城，时间长达一年多。至建安十九年夏，才攻破雒城。攻下雒城后，刘备进围成都。诸葛亮、赵云、张飞等入蜀后，进克江州，略定江阳、犍为、巴西、德阳等地，然后，引兵来会，合围成都。

刘备还派李恢赴汉中联络马超，马超遂降于刘备。为造成震慑效果，刘备暗中以兵资之，令马超领兵屯于成都城北，给成都守军一种印象，似乎马超也领兵来助刘备攻取益州。城中见此，大感惊恐。

围攻成都数十日后，刘备派简雍入城游说刘璋投降。刘璋派手下张裔赴刘备营中谈投降条件。刘备"许以礼其君而安其人"①，于是刘璋决定投降。成都投降前的情形，《蜀书·刘二牧传》载：

> 城中尚有精兵三万人，谷帛支一年，吏民咸欲死战。璋言："父子在州二十余年，无恩德以加百姓。百姓攻战三年，肌膏草野者，以璋故也，何心能安！"遂开城出降，群下莫不流涕。

刘璋决定投降时所说的话，王夫之认为，"犹长者之言也"；但王夫之说刘璋"其不断者，不能早授州于先主，而多此战争耳"，这却有些苛责刘璋了。②

从雒城长达一年多的坚守，到成都吏民"咸欲死战"，及至刘璋开城出降，"群下莫不流涕"，益州吏民表现出一种顽强的抵抗意志。此前，投降刘备的多为客籍士人，如吴懿、李严、费观，连许靖这样的七旬老翁都试图踰城投降。巴蜀本土将吏中，张任被擒后誓死不降；严颜被擒后犹曰"卿等无状，侵夺我州，我州但有断头将军，无有降将军也"③；黄权则在刘璋降后才归顺刘备；广汉李邈日后尚敢当面指责刘备夺益州之不当。刘焉、刘璋父子在益州二十余年，与益州本土士人一直未能建立相互的信任，这也是他感到统

---

① 《蜀书·张裔传》。
② 《读通鉴论》卷九《献帝·三二》。
③ 《蜀书·张飞传》。

治危机从而邀请刘备入蜀的原因。为什么益州吏民此时倒表现出了一种愿意替刘璋死战到底的抵抗意志呢？或许可以说，益州吏民咸欲死战的抵抗意志，与其说是来自对刘璋的效忠，不如说是对刘备背弃信义的义愤。

刘璋随简雍同车出城，向刘备投降。当他听信张松所言"刘豫州，使君之宗室""使君之肺腑"之类的话时，当他与刘备在涪城"欢饮百余日"时，可能做梦都不会想到，自己在益州的统治竟是终结于眼前的这个人之手。

千年后，一个叫洪迈的人在读书笔记中写道："刘璋开门延刘备，坐失益州。"他拿此事与韩馥举冀州以迎袁绍做类比，并感叹道："孰谓玄德之长者而忍为此邪！"①

刘备如愿以偿地占据了益州，代价之一是失去了庞统。庞统在攻雒城时中流矢而死，时年三十六岁。刘备非常痛惜，"言则流涕"。

在中国民间的印象中，庞统是与诸葛亮齐名的人物。这应归功于《三国演义》的普及作用。《三国演义》中，水镜先生司马徽对刘备说："伏龙、凤雏，两人得一，可安天下。"历史上，将"伏龙""凤雏"并提以比诸葛亮和庞统的说法，见诸《襄阳记》。庞德公评鉴当时住在襄阳的人物，称"诸葛孔明为卧龙，庞士元为凤雏，司马德操为水镜"②。

根据《襄阳记》的记述，司马徽将庞统与诸葛亮一道推荐给了刘备；而据陈寿《三国志》记载，刘备起初对庞统的才能似乎并无充分的认识。庞统被重用，缘于鲁肃和诸葛亮的推荐。鲁肃给刘备写信推荐庞统："庞士元非百里才也，使处治中、别驾之任，始当展其骥足耳。"③鲁肃之所以了解庞统而向刘备推荐，是因为庞统曾送周瑜之丧至江东，与江东士人多有交往。庞统曾对顾雍之子顾劭说："陶冶世俗，甄综人物，吾不及卿；论帝王之秘策，揽倚伏之要最，吾似有一日之长。"④江东士人印象中的庞统，颇自负于帝王大略。

---

① 洪迈《容斋随笔》卷十二。
② 《蜀书·庞统传》注引《襄阳记》。
③ 《蜀书·庞统传》。
④ 《蜀书·庞统传》注引张勃《吴录》。

刘备与庞统交谈后,"大器之",遂以庞统为荆州治中从事,"亲待亚于诸葛亮,遂与亮并为军师中郎将"。此时,我们才看到庞统与诸葛亮并列。刘备入蜀,留诸葛亮镇荆州,而以庞统相随,襄赞谋划。

庞统在刘备集团中最主要的表现是帮刘备规取益州。他参与了刘备取益州过程中几个重要环节的决策。从他在涪城建议刘备袭擒刘璋、在葭萌给刘备提出的三策看,庞统实在称不上王佐之才。他的政治水平甚至比不上刘备本人。

在刘表时代,荆州还有另外一个士人圈子,如傅巽、蒯越、韩嵩等同为刘表、刘琮父子重要智囊。傅巽被誉为"瑰伟博达,有知人鉴"。据《傅子》载,"巽在荆州,目庞统为半英雄"[①]。《傅子》中没有讲为什么傅巽视庞统为"半英雄",另一位追随刘备的南阳人却指出过庞统的弱点。他叫张存。张存,字处仁,以荆州从事随刘备入蜀。刘备攻下雒城后,任命张存为广汉太守。张存经历了刘备从入蜀到攻刘璋的整个过程,对其中的决策应该有所了解。他也不看好庞统。据载:

存素不服庞统,统中矢卒,先主发言嘉叹,存曰:"统虽尽忠可惜,然违大雅之义。"先主怒曰:"统杀身成仁,更为非也?"免存官。[②]

雅者,正也。张存说庞统"违大雅之义",意指庞统帮刘备决策时的种种谋划,有失光明正大。此评可谓切中要点。刘备以"杀身成仁"为庞统辩护,就像他把自己攻刘璋之举比作武王伐纣一样,实在是不知所云。

陈寿将庞统与法正合传,并在评论中将二人与曹魏的谋臣做类比:"拟之魏臣,统其荀彧之仲叔,正其程、郭之俦俪邪?"法正、程昱、郭嘉三人都以"奇画策算"见长,德行方面稍差。法正"不以德素称",郭嘉"不治行检",程昱"性刚戾,与人多迕"。所以,陈寿评论法正与程昱、郭嘉堪比"俦俪",

---

① 《魏书·刘表传》注引《傅子》。
② 《蜀书·杨戏传·季汉辅臣赞》。

基本还算恰当；但称庞统与荀彧堪为伯仲（仲叔）之间，实在是不恰当。在曹操集团发展的几个关键时刻，荀彧参与决策时所表现出的政治水平，确实称得上陈寿给他的评语"清秀通雅，有王佐之风"；庞统帮刘备所做的种种谋划，政治水平跟荀彧完全不在一个档次。

"伏龙、凤雏"这一说法的光环掩盖了庞统其人的局限。刘备取益州过程中表现出的局限，庞统不能辞其责。

刘备取益州的善后措施

刘璋投降了,刘备和他带领的那些军人进城了。

益州的士民们看到,那些士兵进城之后,都扔下武器,争相奔赴各府库,抢夺宝物财货。他们不知道的是,这是刘备为激励将士们攻城而许下的承诺。据载:

> 初攻刘璋,备与士众约:"若事定,府库百物,孤无预焉。"及拔成都,士众皆舍干戈,赴诸藏竞取宝物。军用不足,备甚忧之。巴曰:"易耳,但当铸直百钱,平诸物贾,令吏为官市。"备从之。数月之间,府库充实。①

益州的士民们看到,刘备入成都后,大飨士卒,大行赏赐。入城之后论功行赏,据载:

> 益州既平,赐诸葛亮、法正、飞及关羽金各五百斤,银千斤,钱五千万,锦千匹。其余颁赐各有差。②

---

① 《蜀书·刘巴传》注引《零陵先贤传》,《资治通鉴》卷六十七,汉纪五十九,献帝建安十九年。
② 《蜀书·张飞传》。

益州的士民们看到，士兵们从百姓家中抢掠的谷帛又还给了百姓。他们不知道的是，这跟一位叫赵云的将军的谏议有关；他们更不知道的是，成都的房宅及周围园地桑田也都差点被分赐给诸将。据载：

> 益州既定，时议欲以成都中屋舍及城外园地桑田分赐诸将。云驳之曰："霍去病以匈奴未灭，无用家为。今国贼非但匈奴，未可求安也。须天下都定，各反桑梓，归耕本土，乃其宜耳。益州人民，初罹兵革，田宅皆可归还，令安居复业，然后可役调，得其欢心。"①

上引诸书所载，为《资治通鉴》所采录。《零陵先贤传》见诸《隋书·经籍志》，裴松之曾注引的家传、别传类的著述则只有少量见诸《隋志》。《云别传》应已失传。《隋志》将此类著述归入杂传，以其为地方性或私人性的传记，不免有溢美之词，故其史料价值会打折扣。但诸书参证，应该可以确定，刘备入城后，确曾纵兵抢掠和大行赏赐。《蜀书·先主传》载：

> 蜀中殷盛丰乐，先主置酒大飨士卒，取蜀城中金银分赐将士，还其谷帛。②

"取蜀城中"，表明当时抢掠的范围还不只是成都。"还其谷帛"，表明抢掠的对象还不只是官府的库藏，还包括百姓的私人财物。

在战乱中，士兵们抢掠财物原是难免的现象。刘邦入咸阳后，也发生过"诸将皆争走金帛财物之府分之"的事，刘邦本人也想住在奢华的秦宫里，樊哙和张良劝谏，他才纠正。张良还说此种做法无异于"助纣为虐"，刘邦这才封其府库，还军灞上，并与秦民约法三章。刘邦以此深得秦民之心，为他以后还定三秦打下了基础。日后刘邦在中原与项羽相争，不论战事顺利与否，

---

① 《蜀书·赵云传》注引《云别传》，《资治通鉴》卷六十七，汉纪五十九，献帝建安十九年。
② 亦见《资治通鉴》卷六十七，汉纪五十九，献帝建安十九年。

关中都是他稳固的大后方。

刘备进城之后，任由士兵们抢掠府库及百姓财物，甚至欲瓜分百姓田宅，以大量财物赏赐将士，俨然大业已成，论功行赏。那时候，他显然忘了，高祖如何因之以成帝业。为复兴汉室大业计，他应该安抚益州士民，让他们安居复业，然后向他们征调赋税和劳役、兵役，这样才能将益州经营为日后复兴汉室的基地。

益州易主，刘备的另一个举措是构筑一个新的权力班底。《蜀书·先主传》载：

> 先主复领益州牧，诸葛亮为股肱，法正为谋主，关羽、张飞、马超为爪牙，许靖、糜竺、简雍为宾友。及董和、黄权、李严等本璋之所授用也，吴懿、费观等又璋之婚亲也，彭羕又璋之所排摈也，刘巴者宿昔之所忌恨也，皆处之显任，尽其器能。有志之士，无不竞劝。

陈寿的叙述意在表明刘备新人事格局的包容性。时贤在看待刘备集团的人物构成的时候，有所谓"主客""新旧"之分①。"主客"与"新旧"的说法来自当时之人。从历史考察的角度看，我们不妨做这样的界定，以方便表述：益州本土之人为主，外来人士为客；客籍人物中，刘焉、刘璋时期入蜀的人为旧人，随刘备入蜀的人为新人。

若以主客、新旧的角度看刘备取得益州后的人事格局，可以看到，刘备据蜀后的权力班底里，最主要的还是追随刘备入蜀的人，即客籍集团中的新人。这批人如诸葛亮、张飞被委以显职重任，自不用说。糜竺、孙乾二人在徐州时代便追随刘备。刘备在徐州为吕布所败时，糜竺、糜芳"进妹于先主为夫人，奴客二千，金银货币以助军资"，刘备"赖此复振"。刘备得益州

---
① 田余庆《秦汉魏晋史探微》（重订本），《李严兴废与诸葛用人》，中华书局2004年2月第1版。

后，拜麋竺为安汉将军，"班在军师将军之右"。麋竺"干翮非所长"[①]，位次却在诸葛亮之上，主要是以他对刘备早期事业的贡献。简雍"少与先主有旧，随从周旋"，自刘备起兵之初便追随刘备，无异于刘邦的沛县旧识，刘秀的南阳故人。简雍"优游风议，性简傲跌宕，在先主坐席，犹箕踞倾倚，威仪不肃，自纵适；诸葛亮已下则独擅一榻，项枕卧语，无所为屈"[②]。孙乾为秉忠将军，"见礼次麋竺，与简雍同等"。伊籍在刘表主政荆州的时期，便对刘备"常往来自托"；刘备以他为左将军从事中郎，"见待亚于简雍、孙乾等"。至于马超，以他自身的影响和帮助刘备迫降成都的功劳，授以平西将军，也说不上特别优崇。马超起兵时，尚且自称征西将军。

其次是客籍人物中的旧人，如扶风法正、汝南许靖、南郡董和、河南庞羲、南阳李严、零陵刘巴、陈留吴懿、江夏费观等，法正与张松最早创谋迎刘备主益州，无论是论与刘备的关系还是论取益州的功劳，处以显位，自不用说；许靖、李严、吴懿、费观等人在刘备攻刘璋的过程中迎降刘备；庞羲与刘璋本有嫌隙。

刘备重用的客籍旧人中，可堪圈点的是刘巴和黄权。刘巴为荆州零陵人，他在荆州时便避刘备若仇雠，又屡屡阻挠刘璋邀刘备入蜀讨张鲁。刘备却辟刘巴为左将军西曹掾。刘备重用刘巴，可能跟诸葛亮的举荐有关。《蜀书·刘巴传》中提到，"诸葛孔明数称荐之"。诸葛亮对刘巴的器重可能是因刘巴的才能。刘备取益州后，"军用不足，备甚忧之"。刘巴建议"但当铸直百钱，平诸物价，令吏为官市"。刘备从之，数月之间，府库充实。日后，刘巴与诸葛亮、法正、李严、伊籍一起共定《蜀科》；刘备称帝时，告皇天上帝后土神祇文及诸文诰策命，都出自刘巴之手。可见刘巴娴熟于汉家典章制度。这些才能得之于他平素所积的学养。诸葛亮"数称荐之"，可能缘于他对刘巴学养的认知。

[①]《蜀书·许麋孙简伊秦传》。
[②]《蜀书·许麋孙简伊秦传》。

处于显位的益州本土之人，只有黄权和彭羕。黄权为益州巴西阆中人，刘璋请刘备入蜀，黄权亦曾劝阻。刘备攻刘璋，分兵徇诸郡县，黄权坚守广汉，直到刘璋投降，才诣降刘备。刘备以黄权为偏将军。

彭羕却跟法正一样，是刘备所用人物中较有争议的两位。刘备定益州后，法正为蜀郡太守、扬武将军，外统都畿，内为谋主。法正在刘璋时未获重用，"又为其州邑俱侨客者所谤无行，志意不得"。现在，他帮刘备夺占益州，厥功甚伟，权倾内外。史言法正："一餐之德，睚眦之怨，无不报复，擅杀毁伤己者数人。"看来，法正得势后对当初毁谤他的人进行了报复，以致有人看不下去，提醒诸葛亮应该加以抑制："法正于蜀郡太纵横，将军宜启主公，抑其威福。"诸葛亮回答说："主公之在公安也，北畏曹公之强，东惮孙权之逼，近则惧孙夫人生变于肘腋之下；当斯之时，进退狼跋，法孝直为之辅翼，令翻然翱翔，不可复制，如何禁止法正使不得行其意邪！"①法正的飞扬跋扈，连诸葛亮都觉得难以加以抑制。一个当初在益州人口碑中名声不佳的人，在背弃故主、夺占益州后，如此作威作福，在益州士人中的消极影响可想而知。

彭羕，益州广汉人，刘备取益州后，任命他为治中从事。彭羕"姿性骄傲，多所轻忽"，仕州不过书佐，"后又为众人所谤毁于州牧刘璋"，被髡钳为徒隶。史言："（彭）羕起徒步，一朝处州人之上，形色嚣然，自矜得遇滋甚。"②又一个在刘璋的时代不得志的人，在益州易主之后，飞扬跋扈。法正和彭羕的境遇不同的是，法正因为对刘备夺益州功劳大，连诸葛亮都难以改变他在刘备心中的印象，诸葛亮本人与法正，"虽好尚不同，以公义相取。亮每奇正智术"；而诸葛亮对彭羕，表面上虽与相交，"而内不能善"，多次提醒刘备，彭羕"心大志广，难可保安"。刘备遂渐渐疏远他。彭羕先是被外放为江阳太守，旋即以失言而获罪被诛。从他下狱后给诸葛亮写信申辩的内容看，彭羕被诛，应该不是因为真有什么逆谋，而是影响太恶劣。

---

① 《蜀书·法正传》。
② 《蜀书·刘彭廖李刘魏杨传》。

刘备占领益州后，最失策的还是对益州故主刘璋的处置。早在入蜀前，庞统为促成刘备决策取蜀，说到"事定之后，封以大国"，以安置刘璋；围攻成都时，刘备与刘璋的使者张裔谈投降条件，"许以礼其君而安其人"，刘璋这才投降。①

刘璋投降后，刘备对他的处置办法是，将他迁至荆州公安，将其私人财物及振威将军的印绶尽数归还给他。刘璋的长子刘循因娶庞羲之女，经庞羲请求，留在益州；次子刘阐则随刘璋迁至公安。此外，刘备娶了刘璋之兄刘瑁的遗孀吴氏。刘备称帝后，立吴氏为皇后。

刘备进城后，纵兵抢掠，已然没做到他承诺的"安其人"，将刘璋徙置荆州，形同软禁，又没有做到他承诺的"礼其君"。相比之下，曹操对待投降的对手，如张绣、刘琮、张鲁，大多给以礼遇厚待。

刘璋投降前，成都城中尚有精兵三万，谷帛足供一年，城中吏民也都愿意拼死拒战；如果刘璋像僚属们建议的那样誓死抵抗，战事旷日持久，势必增加变数。刘备南下攻雒城、成都期间，霍峻留守背后的葭萌，汉中的张鲁便派部将杨帛诱降霍峻。虽然未遂，但此事已足以显示北面所承受的风险。刘璋在有条件继续抵抗的情况下，以益州百姓为念，不欲生灵涂炭，开城投降。无论如何，他只是投降者，而不是战俘。

刘备这样处置刘璋，既不妥当，在政治上也不够明智。益州虽已夺占，但刘璋其人并非没有政治价值。五年后，刘备群下一百二十人联名上表汉献帝，援引东汉初河西五郡共推窦融为元帅的故事，推刘备为汉中王。依照这一故事，刘备要在没有得到汉帝封授的情况下称王，只能是由与刘备同层级的诸侯推举，才具有临时的合法性。②论者注意到这份表文上列出的名单次序，居然是马超领衔，而庞羲和射援二人，既在诸葛亮、关羽和张飞之前，也在法正和李严之前。

刘备本人得到过汉廷王命封拜的爵位是宜城亭侯，官位是左将军、豫州

---

① 《蜀书·霍王向张杨费传》。
② 详见《刘备称汉中王》一章。

牧。上汉帝表的那个名单上，获得过汉廷王命封拜的人却寥寥无几。只有马超比较突出一些。上汉帝表将庞羲和射援列于诸葛亮及关张之前，是要以他们代表原刘璋集团。而这原本是刘璋本人最适合充当的角色。刘璋与马超一样，是与刘备同层级的人物。他们与刘备的关系，一如河西五郡中梁统诸人与窦融的关系。如果刘备妥善地安置好刘璋，那么，在他援引河西五郡推窦融为元帅这一模式称汉中王时，以刘璋代表原益州集团，显然更符合同层级诸侯推举的模式，也更能发挥绥抚蜀中旧人的作用。

日后，孙权袭占荆州，刘璋落到孙权手上。孙权倒是尽量发挥刘璋父子的政治价值。孙权先是以刘璋为益州牧，把他安置在秭归，俨然一副要送他回去统领益州的姿态，实则利用刘璋的身份号召益州内部反刘备的势力。刘璋死后，适值益州南中雍闿反叛，降附于吴。孙权又以刘璋之子刘阐为益州刺史，将其安置在交州与益州交界处，策动蜀中反刘备的势力。诸葛亮主政后，着手恢复联盟。诸葛亮平南方，孙权召刘阐还吴，才收起以刘璋父子牵制蜀汉这张牌。

刘备取益州对孙刘联盟的影响

在孙刘两家的帝业规划中，占领益州都是重要的环节。建安十五年，孙刘联盟已经站在了益州的东方门户前，孙权提议联盟共同取蜀。刘备拒绝了。刘备拒绝孙权的理由，吴蜀不同背景的资料提供了两种不同的说法。

《蜀书·先主传》载：

> 权遣使云欲共取蜀，或以为宜报听许，吴终不能越荆有蜀，蜀地可为己有。荆州主簿殷观进曰："若为吴先驱，进未能克蜀，退为吴所乘，即事去矣。今但可然赞其伐蜀，而自说新据诸郡，未可兴动，吴必不敢越我而独取蜀。如此进退之计，可以收吴、蜀之利。"先主从之，权果辍计。迁观为别驾从事。

孙权提议联盟共同取蜀，时间应在他让南郡给刘备的前后。按殷观的说法，刘备答应孙权取蜀却不马上采取行动，"可以收吴、蜀之利"，收蜀之利可以理解为日后由刘备取蜀，但何以能收吴人之利呢？大概是指这样可以促成孙权转让南郡。殷观建议刘备表面上答应孙权共同取蜀，但鉴于荆州诸郡刚刚取得，需要时间安抚，因此取蜀计划不便于马上付诸实施。刘备接受了殷观的建议，"权果辍计"。刘备升迁殷观的官职，亦表示他肯定殷观的建议所取得的效果。

《吴书·鲁肃传》则如是记述：

> 先是，益州牧刘璋纲维颓弛，周瑜、甘宁并劝权取蜀，权以咨备，备内欲自规，乃伪报曰："备与璋托为宗室，冀凭英灵，以匡汉朝。今璋得罪左右，备独竦惧，非所敢闻，愿加宽贷。若不获请，备当放发归于山林。"

根据《蜀书》的记载，刘备是说益州可以伐而取之，只是由于时机的原因而不便于马上行动；而根据《吴书》的记载，刘备是说刘璋与自己同为汉朝宗室，不应该伐而取之。二者的差异之大，已然不能用叙述角度的不同来解释了。

这两种说法，很有可能是刘备在不同的时间里回复孙权的。最初，刘备可能是按《蜀书》中记载的说法回复孙权的；后来则是按《吴书》中记载的说法回复的。

当初，周瑜策划的那个取蜀方案，几乎打消了孙权让南郡给刘备的念头。周瑜死后，孙权一方面听从鲁肃的建议，将南郡让给刘备，以抗曹操；另一方面，仍未放弃取蜀的想法。所以，他才会在答应让南郡的几乎同时提议联盟共同取蜀。刘备方面，根据殷观的建议，既答应伐蜀，又拖延行动，可以收吴人之利，收的便是孙权交让南郡之利。此时，孙权提议联盟共同取蜀，刘备按《蜀书》记载的说法回复孙权，合乎情理。

但是，随着时间的推移，形势发生了变化，于是，刘备的说法也有了变化。而最重要的变化，竟是益州方面主动将一个可以单独据蜀的机会提供在了刘备的面前。刘璋主动邀请刘备入蜀。此时，刘备再回应孙权，便开始声称自己与刘璋同为汉朝宗室，不应该伐而取之。

史书没有记载，刘备就自己率军入蜀对孙权做出过什么样的交代。他拒绝了孙权共同取蜀的提议，现在，他自己率军入蜀，按理他应该给孙权一个交代。围攻雒城期间，法正在给刘璋的信中说："今荆州道通，众数十倍，加孙车骑遣弟及李异、甘宁等为其后继。"[①] 言下之意，是说孙权也派兵来相助，

---
① 《蜀书·法正传》。

目的在于恫吓刘璋,促其投降。信中所说的孙权之弟当是指孙权的从弟孙瑜。查诸人传记,却未见到孙瑜、甘宁曾有出兵益州的记载。

不过,韦昭的《吴书》中有这么一段记载:

> 建安十六年,(吕)岱督郎将尹异等,以兵二千人西诱汉中贼帅张鲁到汉兴寨城,鲁嫌疑断道,事计不立,权遂召岱还。①

按韦昭的说法,在刘备入蜀的那一年,孙权曾派吕岱率兵两千入益州,诱击张鲁。吕岱本传中不曾记载此事。但《吴书·吴范传》中却提及此事。吴范是会稽上虞人,精于术数预测。据《吴书·吴范传》记载:

> 及壬辰岁,范又白言:"岁在甲午,刘备当得益州。"后吕岱从蜀还,遇之白帝,说备部众离落,死亡且半,事必不克。权以难范,范曰:"臣所言者天道也,而岱所见者人事耳。"备卒得蜀。

《吴书·吴范传》中说到吕岱从蜀东还一事,甚至还说到吕岱亲眼看见刘备攻益州的艰难情形。壬辰年为建安十七年,甲午年为建安十九年。根据《吴书·吴范传》中的记述,吕岱从蜀还,应在建安十七年吴范做预测之后,在建安十九年刘备得益州之前,则吕岱所言刘备"部众离落,死亡且半",应是刘备攻雒城期间的情形。

《吴书·吴范传》中的这则记载可与韦昭的《吴书》相印证,证明孙权确曾在建安十六年派吕岱率军入蜀。吕岱东还时途经白帝城,表明吕岱率军入蜀不是孙权在其他方向采取的一个单独的行动。吕岱率军入蜀的使命是诱击张鲁,这与刘备受邀入蜀的目的一致。据此可以推知,刘备入蜀,对孙权给过一个说法,这个说法跟刘璋邀请刘备入蜀的那个说法是一致的,即刘备率军入蜀,是帮刘璋讨张鲁以拒曹操。

---

① 《吴书·吕岱传》注引韦昭《吴书》。

刘备给孙权的这个说法，与孙权提议联盟共同取蜀的思路只有一点差异。孙权原本的思路是：取刘璋—讨张鲁—以拒曹操；刘备的说法是：帮刘璋—讨张鲁—以拒曹操。二者之间的区别只是取刘璋还是帮刘璋的问题。虽然有这点差异，但最终目的都是拒曹操。

从孙权也派兵入蜀诱击张鲁看，帮刘璋讨张鲁以拒曹操，应该是被视为联盟共同的行动。只不过从派出兵力看，以刘备为主，孙权佐之。

那么，在刘备入蜀前，在张松派法正赴荆州联络刘备期间，刘备再回应孙权联合取蜀的提议，回应的说法调整为江东叙述中的那个版本——刘备信誓旦旦地强调他与刘璋同为汉朝宗室，应该"冀凭英灵，以匡汉朝"，而不应该相图——也就很好理解。因为有此调整，刘备再将帮刘璋讨张鲁以拒曹操变成联盟共同的行动，也就顺理成章。

有资料显示，刘备入蜀之初，孙刘联盟仍维持着比较良好的状态。《蜀书·廖立传》载：

> 先主入蜀，诸葛亮镇荆土，孙权遣使通好于亮，因问士人皆谁相经纬者，亮答曰："庞统、廖立，楚之良才，当赞兴世业者也。"

从诸葛亮的答语看，此时庞统尚在，可以推知孙权遣使通好于诸葛亮，应该是在刘备与刘璋反目之前。问题是，当刘备最终与刘璋反目时，刘备再如何调整自己的说法，孙权又如何看待刘备的行为呢？

刘备与刘璋反目在建安十七年十月，曹操大举南下征孙权。这是自赤壁之战以来曹操最大规模的一次南征。孙权"闻曹公将来侵，作濡须坞"，预做准备。虽然韦昭的《吴书》中说孙权召吕岱东还，是因为诱击张鲁的行动"事计不立"，但是，很显然，吕岱从益州撤兵东还，应该与曹操大举南下有关。此时刘备都做出姿态要东下救援孙权。按刘备做出的姿态，他应与吕岱一同东还；只不过，适在此时，他与刘璋反目，双方旋即兵戎相见。吕岱看到的"部众离落，死亡且半"应该是刘备攻雒城时的情形，那么他也应该看到了刘备与刘璋反目之初的情形。

刘备为跟刘璋反目制造的那个借口原是想显示：双方翻脸，曲在刘璋。它还兼顾了跟孙权的关系。刘备对刘璋特地提到，"孙氏与孤本为唇齿"。于是，这个借口似乎也能向孙权解释：为什么以前所说的帮刘璋讨张鲁的行动，现在变成了攻刘璋。

正如这个借口在益州方面未起作用一样，它对孙权方面的解释作用也实在非常勉强。刘璋未能完全满足刘备的要求，纵然值得指责，也不至举兵相攻；即令刘璋如此，也并不影响刘备东下救援孙权。况且，此时刘备的主力尚在荆州。

看来，刘备反目攻刘璋，是孙刘联盟关系发生变化的一个转折点。只不过，当时孙权正承受曹操大军南下的压力，所以未便采取行动。不过，已有迹象显示孙权开始对刘备不信任。一个表现是孙权派人迎妹还吴。《汉晋春秋》载：

先主入益州，吴遣迎孙夫人。夫人欲将太子归吴，诸葛亮使赵云勒兵断江留太子，乃得止。①

刘备与孙权妹妹的婚姻原本就是政治婚姻，刘禅乃甘夫人所生，而非孙氏所出。此前，江东与许昌尚未决裂，孙曹尚为姻亲之时，孙策、孙权兄弟一再拒绝曹操遣送任子的要求；此时，孙权的妹妹却想携刘备之子刘禅至吴，其动机只能从政治上去解释。此举必定出自孙权的授意，目的是对刘备有所挟制。

此事可以说是联盟关系发生变化的一个征兆。《资治通鉴》将此事列于建安十六年。上引《汉晋春秋》只是概言在刘备入蜀之后。孙权妹妹欲挟刘备之子刘禅至吴，这在联盟间是一件很严重的事情。在刘备与刘璋反目前，孙刘联盟关系尚属良好，所以此事不应发生在建安十七年十月之前。从该年十月至次年春，孙权要应付曹操大军南下的压力，恐怕也无暇及此。孙权迎妹还

① 《蜀书·二主妃子传》注引《汉晋春秋》。

吴时，诸葛亮、赵云、张飞尚未入蜀。《三国大事表》将诸葛亮入蜀一事系于建安十八年。[①]因此，孙权迎妹还吴的时间，大抵应在建安十八年中的某个时间——在那年春曹操撤军北返之后，在那年底诸葛亮引兵入蜀之前。孙权从派兵协助刘备入蜀到迎妹还吴，中间唯一的重大变故就是刘备从声称帮刘璋讨张鲁到反目攻刘璋。

待到刘备调诸葛亮、张飞、赵云等主力入蜀，以武力夺取益州的真实意图暴露无遗，孙权对刘备已彻底失去信任。《吴书·鲁肃传》载："后备西图璋，留关羽守，权曰：'猾虏乃敢挟诈！'"陈寿的《三国志》在说到刘备入蜀后，诸葛亮入蜀前荆州的留守情况时，惯例是以诸葛亮与关羽并提，而以诸葛亮在前，如《蜀书·先主传》言"先主留诸葛亮、关羽等据荆州"，《蜀书·诸葛亮传》言"亮与关羽镇荆州"，《蜀书·庞统传》言"亮留镇荆州"，《蜀书·廖立传》亦言"先主入蜀，诸葛亮镇荆土"。《吴书·鲁肃传》中载孙权骂刘备时，独称"留关羽守"，依惯例推，此事应在诸葛亮等主力入蜀之后。

孙权愤怒地感到自己被刘备欺骗。建安十五年，孙刘商议调整荆州的地盘，刘备敷衍孙权共同取蜀的提议，促成孙权转让南郡。孙权接受了，他让出了南郡。刘备旋即将回应孙权取蜀提议的说法，调整为声称他与刘璋同为汉朝宗室不应该自相攻伐。孙权也接受了。刘备声称帮刘璋讨张鲁而率军入蜀，孙权还派兵协助。他不曾以一兵一矢加于张鲁，却对同为汉朝宗室的刘璋操戈相向。他拒绝了孙权共同取蜀的提议，而他本人却以武力夺占了益州。在孙权看来，刘备言行相违的背后，只为一个目的：在分享荆州之利后，单独占有益州。

刘备成功地使孙权无法染指益州。他单独得到了益州，却失去了孙权对自己的信任。当孙权骂刘备"猾虏乃敢挟诈"时，他开始重新审视联盟关系。

[①]《二十五史补编·三国大事表》。

第六章

借荆州的是与非

刘备刚刚得到益州，荆州就爆发一场危机。孙权派吕蒙率军两万占领了长沙、桂阳、零陵三郡。刘备闻讯，引兵五万从益州赶回公安，派关羽复争三郡。孙权又派鲁肃率万人进屯益阳，孙权本人进驻陆口，为诸军节度。双方剑拔弩张，冲突一触即发。

建安十九年底，孙权派诸葛瑾赴益州向刘备求取荆州的长沙、桂阳和零陵三郡。①《吴书·吴主传》载：

> 权以备已得益州，令诸葛瑾从求荆州诸郡。备不许，曰："吾方图凉州，凉州定，乃尽以荆州与吴耳。"权曰："此假而不反，乃欲以虚辞引岁。"

《蜀书·先主传》记述刘备的回复稍有差异："须得凉州，当以荆州相与。"刘备没有答应孙权的要求，于是，孙权单方面任命了三郡太守，企图接管三郡；但都被关羽驱逐。孙权大怒，这才派吕蒙督兵二万以取三郡。吕蒙时为庐江太守，此前主要在合肥方向与曹军作战。孙权不是让江东在荆州上游的军事统帅鲁肃从陆口就近去接管三郡，而是派吕蒙从下游统兵两万以取三郡，显示出孙权强烈的不满，所以决心单方面采取行动，不惜以军事手段解决荆

---

① 《吴书·吴主传》记此事于建安十九年，《蜀书·先主传》记此事于建安二十年。按建安十九年五月孙权攻皖城，七月曹操南征，至十月始自合肥撤军。孙权求荆州诸郡当在曹操撤军之后。《吴书·诸葛瑾传》所言"建安二十年，权遣瑾使蜀通好刘备"，是指双方修复关系。孙权开始派诸葛瑾去求取的诸郡，即为后来孙权打算单方面接管的三郡，见《吴书·鲁肃传》。

州问题。

孙权在被拒绝后的愤懑中，正式表达出"借地"的说法。假者，借也。假而不反，意谓借而不还。但是，孙权从一开始想索要的就是长沙、桂阳和零陵三郡，这三郡却是刘备在赤壁之战后自己略定的。按理，南郡是孙权让给刘备的，孙权最有资格理直气壮地讨还的应该是南郡，而孙权打算单方面接管的诸郡却不包括南郡。在此后的谈判中，甚至都不曾提及当初让南郡一事。他所索要的地盘远比南郡要大。

至于孙权为什么求取的是这三郡，则可能跟他已占领交州有关。当时江南腹地开发有限，交州与扬州的联系主要通过东南沿海；若能将此三郡划归江东，则荆州与交州连成一片，孙权所控地域的形势会更完整。日后，步骘"将交州义士万人出长沙"，便取道荆州南三郡。

刘备虽然没有答应孙权的要求，但也没有表示断然拒绝并提出拒绝的理由。按江东的叙述，刘备许诺在取得凉州后会将整个荆州让给孙吴。《蜀书》记述的说法则含糊一些，似乎日后刘备即使将荆州或荆州的部分地域让给孙权，那也只是出于自愿，而非某种强制性的义务。

尽管剑拔弩张，但在对峙前沿，交涉仍在进行。在益阳，鲁肃与关羽进行了谈判。

> 肃因责数羽曰："国家区区本以土地借卿家者，卿家军败远来，无以为资故也。今已得益州，既无奉还之意，但求三郡，又不从命。"语未究竟，坐有一人曰："夫土地者，惟德所在耳，何常之有！"肃厉声呵之，辞色甚切。羽操刀起谓曰："此自国家事，是人何知！"目使之去。①

鲁肃提到"卿家军败远来"，意指刘备当年以兵败当阳时的境况，根本不可能指望得到荆州。在谈判现场，关羽座中有一人说："夫土地者，惟德所在耳，何常之有！"他是想强调刘备更受荆州士民的拥护。若是在其他情况下，

---

① 《吴书·周瑜鲁肃吕蒙传》。

"惟德所在"并不是站不住脚的道理，鲁肃却"厉声呵之，辞色甚切"，关羽也使眼色让那人离开谈判现场。这一细节显示出当时谈判辩论的焦点是围绕功劳，而不是德行。

韦昭的《吴书》对益阳的谈判现场有更细致的描述。

> 肃欲与羽会语，诸将疑恐有变，议不可往。肃曰："今日之事，宜相开譬。刘备负国，是非未决，羽亦何敢重欲干命！"乃趋就羽。羽曰："乌林之役，左将军身在行间，寝不脱介，戮力破魏，岂得徒劳，无一块壤，而足下来欲收地邪？"肃曰："不然。始与豫州观于长阪，豫州之众不当一校，计穷虑极，志势摧弱，图欲远窜，望不及此。主上矜愍豫州之身，无有处所，不爱土地士人之力，使有所庇荫以济其患，而豫州私独饰情，愆德隳好。今已藉手于西州矣，又欲翦并荆州之土，斯盖凡夫所不忍行，而况整领人物之主乎！肃闻贪而弃义，必为祸阶。吾子属当重任，曾不能明道处分，以义辅时，而负恃弱众以图力争，师曲为老，将何获济？"羽无以答。①

韦昭的《吴书》乃孙吴国史，它对那场危机的叙述必须与孙权袭荆州后对该事件的政治定性保持一致，也就是与借荆州的说法保持一致。它反映出的是江东的立场和认识。江东认为，自己即使不是得到整个荆州，至少也应该得到较多一些的地盘，最主要的理由居然是强调江东为在荆州挫败曹操做出了最主要的贡献。就连关羽为刘备在乌林之役（赤壁之战）中的贡献所做的辩护，都被鲁肃驳斥得"无以答"。

按鲁肃的说法，"豫州（刘备）之众不当一校，计穷虑极，志势摧弱，图欲远窜"，那么，他对赤壁之战做出的贡献也就聊胜于无。虞溥的《江表传》还记述了一个江东流传的刘备欲远窜苍梧投吴巨的说法。② 这无异于在说，赤

---

① 《吴书·鲁肃传》注引《吴书》。
② 详见第三章第三节《孙刘联合抗曹》。

壁之战后曹操退出荆州大部的局面，是江东单方面对曹操胜利的结果。这也就等于是在否定赤壁之战是联盟共同抗曹的一场战役。

顺便说一下，赤壁之战是江东单独对曹操赢得胜利的一场战役，这在后来的孙吴成了一种定论。陆逊将"破操乌林，败备西陵，禽羽荆州"[1]列为孙权的三大武功，陆机在《辨亡论》中更是将此役当成江东历史辉煌的一页盛赞不已。而在蜀汉方面，尽管其政权的合法性建立在讨曹灭贼的基础上，但在其重要政治文献中，对于赤壁之战这样一场让曹操遭受最大挫折的战役，提都不曾提及。

于是，我们看到，从起初的交涉，到后来的谈判，江东方面为讨要荆州，表达出一种很奇怪的逻辑：最直接的理由是"借地"的说法；而最主要的理由却是江东在赤壁之战中的贡献。二者含糊地交混在一起。

孙权要从"借地"入手，因为他确曾借地给刘备。因为有当初的"借地"，所以"讨还"也就成立；但是，仅仅讨回他借给刘备的土地，并不能令他满意。因为只有南郡是他借给刘备的，若只讨回南郡，孙权在荆州所占的地盘仍比刘备少，而且，在刘备已经占领益州的情况下，南郡夹在益州与荆州的江南四郡之间，并不是一种安全的态势。鲁肃的谈判辞令中，只说到"但求三郡"，而不曾提到南郡。

江东方面强调自己在赤壁之战中的功劳，实际上等于置换了"借"的内容。当初刘备占领江南四郡，并未征求孙权的意见，也无须征求孙权的意见，因为那些地盘原本不是孙权的。在京口，孙权也承认了刘备对荆州四郡的占领。强调江东在赤壁之战中的功劳，暗示整个荆州都应是江东的胜利果实，因而刘备在荆州占领的所有地盘都可以算是孙权借给他的。按这个逻辑讲下来，孙权求取荆州三郡而不只是南郡，才站得住脚。

在谈判中，江东否定赤壁之战是联盟共同抗曹的行动，表明联盟关系已恶化到了何等严重的程度。那么，当孙刘双方为荆州地盘而发生矛盾时，为什么江东会不惜将矛盾上升到否定整个联盟关系的程度呢？

---

[1]《吴书·陆逊传》。

建安十三年，孙刘结成联盟以共同抗曹，在赤壁之战中挫败曹操，刘备得以收江南四郡，他得到了比孙权更多的地盘；建安十五年，双方巩固联盟以期更好地讨曹，孙权将南郡让给了他，刘备的地盘又增一郡。随后，刘备拒绝了孙权共同取蜀的提议，自己却以武力单独占领了益州。双方结成联盟抗曹时，孙权做出了较大的贡献；为巩固联盟以讨曹，孙权又做出了较大的让步。几年过去了，刘备确实从联盟关系中得到了巨大的收益，孙权却发现自己一无所获。在孙权对荆州地盘现状不满意的背后，实质上是对联盟关系的不满意。

联盟原本就只有部分的共同利益，只有阶段性的共同利益。联盟的共同利益是抗曹。但是，在抗曹的背后，孙刘的最终目标是不一致的。刘备的最终目标是复兴汉室——不管是汉献帝还是他本人代表的汉室；孙权的最终目标是成就江东新的帝业。江东新的帝业以"汉室不可复兴"为前提；只是由于"曹操不可卒除"这一现实，他与刘备才走到一起。所以，联盟的共同利益注定是阶段性的。

但是，在一定阶段内，抗曹这一共同利益却是确定的，并且对刘备有利。巩固后的联盟旨在讨曹灭贼。曹操之为贼，是为汉贼，那么，从讨曹灭贼的行动中所能衍生出来的政治主题只能是"匡辅汉室"。这意味着，联盟的政治主题——讨曹灭贼、匡辅汉室——更符合刘备而不是孙权的政治目标；这也意味着，在一定阶段内，是刘备而不是孙权的事业更能从联盟关系中受益；事实上，从建安十三年孙刘结盟到建安二十年危机爆发前，也确实是刘备而不是孙权从联盟中获取了更多的利益。这还意味着，联盟对刘备具有更积极的意义，而对孙权则只是权宜之计。

自孙刘结盟伊始，刘备所面临的基本情势就是：在各自最终目标不一致的前提下，孙刘双方只有阶段性的共同利益，这个共同利益就是抗曹、讨曹。联盟及其政治主题对刘备更为有利。基于这一基本情势，刘备比孙权更有需要去维持联盟，巩固联盟，以延长这个存在共同利益的阶段。

既要发展自身，又要维持联盟，刘备唯有在发展自己的过程中，比谁都更高举讨曹灭贼、匡辅汉室的旗帜，而不是背离它；为巩固联盟计，则应让孙权感到他也能从联盟中获益。上策是刘备自己积极讨曹，置曹操于被动，让孙权感到他也能在讨曹的事业中谋得江东的发展——这原本是孙刘在京口巩固联盟时展望的前景。其次是当孙权要求分享利益时——譬如他派诸葛瑾求荆州诸郡——做适当的让步。

可是，他一方面以"不失信于天下"为辞拒绝了孙权共同取蜀的提议，另一方面自己却以并非光明正大的手段从同为汉朝宗室的刘璋手中夺占了益州。刘备袭刘璋而取益州，使得"匡辅汉室"的旗帜黯然失色，亦使联盟的政治主题黯然失色。至此，联盟间便只剩下利益得失的计算。在利益计算的思路中，联盟双方根本目标的不一致才凸显出来。所以孙权在要求得到更多荆州地盘时，不惜颠覆整个联盟关系。

在这次危机中，联盟关系走到近乎破裂的边缘。挑起军事紧张的是孙权，但刘备本人不能辞其咎。在江东集团，推动联盟也维护联盟最有力的人物莫过于鲁肃，但连鲁肃也指责"刘备负国""贪而弃义""愆德隳好"。这些话，也许可视为体现江东立场的一面之词，但是，蜀汉方面对于此次危机中的是非，竟不曾留下任何辩护的说辞。除《蜀书·先主传》中简要地记述此次危机的经过外，重要当事人关羽的本传中，甚至都不曾提及此事。这表明，在此次危机中，刘备确实不占有道义上的优势。

这次危机的解决也不是缘于他们辨清了矛盾中的是非，而是曹操的压力再次提醒孙刘：联盟阶段性的共同利益——合力抗曹的需要——其实仍然存在。建安二十年三月，曹操征汉中张鲁。刘备恐益州有失，遂做出让步，派人与孙权讲和。孙权接受了。双方约定以湘水为界，平分六郡：长沙、江夏和桂阳三郡属孙权，南郡、零陵和武陵三郡属刘备。

《蜀书·先主传》和《吴书·吴主传》都提到了这六郡，包括此次危机中并不曾涉及的江夏、武陵和南郡。显示双方就赤壁之战以来对荆州地盘的分割占领做了一次总体的确认。

荆州六郡，孙刘各占三郡，看上去比较公平。作为解决危机的一种妥协，孙权让出了他强占的三郡中的零陵郡；跟危机爆发前相比，则是刘备让出了长沙和桂阳二郡；若跟建安十五年荆州版图第一次调整之前相比，则是孙权将南郡让给了刘备,刘备将长沙和桂阳二郡让给了孙权,并确认了孙权对江夏郡的占领。

赵翼认为这样分割"最为平允"①。实际上,是否平允,这要取决于孙刘各自的认识。如果双方都是在抗曹、讨曹的联盟框架内去认识,则这样分割似乎平允;如果只从各自的利益去衡量,则他们未必真的认为这样分割是平允的。江东认为它在挫败曹操的战争中做出了最主要的贡献,因而即使不是得到整个荆州,至少也应该得到更多的地盘,而不只是平分荆州。若顺着这个思路,平分荆州并未平息孙权的不满,只是曹操的威胁依然很大,所以暂时压抑这种不满。

此次危机以这种方式解决,乃是一个相互妥协的结果。应该说,此时刘备面临的压力更大,孙权倒也没有乘人之危,他接受了刘备的求和,还派诸葛瑾使蜀,"更寻盟好"。

刘备引兵回益州,应付曹操征汉中这一新的情势;孙权则自陆口东返,在淮南方向对曹军发起牵制性进攻。七月,曹操军入阳平;八月,孙权进攻合肥。

孙权在刘备处境更被动的情况下没有乘人之危,还在东线发起牵制性进攻,以配合刘备应付汉中方向的危机。这表明,在曹操威胁依然存在的情况下,尽管双方不免会有利益上的矛盾,但只要联盟政策恰当,维持联盟仍然是可能的。

对于刘备来说,此次危机提供了一次检视联盟关系的机会。联盟形成以来,刘备的收益是什么?何以能有这样的收益?何以在建安十五年孙权会让南郡给他,而五年后却不惜以武力收取南三郡?假使此时联盟破裂,对刘备意味着什么?刘备应该认识到,江东挑起此次危机,表明孙权已在重新审视联盟关系。江东方面在此次危机中表露出来的对联盟关系的一些说法,值得刘备省思。

危机虽已解决,刘备是否总结过自己既往联盟政策的得失呢?

---

① 赵翼《廿二史札记》卷七《借荆州之非》,中华书局1984年1月第1版。

第七章

刘备称汉中王

刘备取汉中

建安二十年，曹操西征张鲁，由此拉开了曹、刘之间在汉中长达四年的争夺。汉中的争夺，给曹、刘二人都提供了一次权力升格的机会。

四年前，曹操声言讨张鲁，其用意只是激反关中的凉州诸将。曹操击溃关中诸将，马超、韩遂等奔还凉州。那年底，曹操占领陇上重镇安定，然后留夏侯渊镇守长安，自还邺城，筹备晋爵魏公之事。此后两年的时间里，夏侯渊在关陇用兵，渐次平定陇西。建安二十年，曹操决心解决汉中问题。其时，刘备正在荆州与孙权对峙。刘备闻知曹操将攻汉中，恐益州有失，遂与孙权讲和。刘备引兵还益州，孙权回师攻合肥。曹操帮孙刘化解了他们在荆州的危机。

这年三月，曹操率军西征；四月，自陈仓出散关至河池，攻氐王窦茂；五月，攻破河池，屠其城。凉州的残余势力斩韩遂，传首曹操。这样，曹操攻汉中时西侧翼的安全遂保无虞。七月，曹操兵至阳平。张鲁南奔巴中。

此时刘备已回至江州（今重庆），得知张鲁南奔巴中，遂研究对策。黄权对刘备说："若失汉中，则三巴不振，此为割蜀之股臂也。"[1] 刘备乃以黄权为护军，督率诸将去迎张鲁。

刘备和黄权所不知道的是，此时张鲁已经决定降曹，南奔巴中只是为了

---

[1]《蜀书·黄权传》。

提高自己投降时的身价。张鲁获知曹军攻占阳平时，即已打算降曹。功曹阎圃对他说："今以急往，其功为轻；不如且依巴中，然后委质，功必多也。"张鲁从其计，奔南山入巴中。行前，左右欲烧府库，张鲁说："本欲归命国家，其意未遂。今日之走，以避锋锐，非有恶意。"遂封府库而去。[①]常璩的《华阳国志》里却还提到张鲁对刘备的看法：

> （建安）二十年，魏武帝西征鲁，鲁走巴中。先主将迎之，而鲁功曹巴西阎圃说鲁北降归魏武："赞以大事，宜附托；不然，西结刘备以归之。"鲁勃然曰："宁为曹公作奴，不为刘备上客！"遂委质魏武。

张鲁的这番话，从曹丕称帝前左中郎将李伏上魏王表中得到佐证。表中提到：

> （张鲁）后密与臣议策质，国人不协，或欲西通，鲁即怒曰："宁为魏公奴，不为刘备上客也。"言发恻痛，诚有由然。[②]

按二书所载，张鲁对刘备表示出了强烈的鄙视。"宁为曹公作奴，不为刘备上客！"这应该是张鲁对刘备的基本态度。刘备曾声称帮刘璋来讨张鲁，却反目从刘璋手中夺过了益州。刘备从葭萌南攻刘璋时，张鲁曾派部将杨帛诱降刘备留在葭萌的守将霍峻，威胁刘备的后背。可以说，在曹操与刘备之间，张鲁其实早有取舍。所以，刘备派黄权督诸将去迎张鲁，非但迎不着，适足以促张鲁北降。

曹操入南郑，知张鲁有降意，遣人慰喻之。十一月，张鲁正式降曹。曹操逆拜张鲁为镇南将军，待以客礼，封阆中侯，邑万户；封张鲁的五个儿子及阎圃等皆为列侯。

[①]《后汉书》卷七十五《刘焉袁术吕布列传附张鲁传》。
[②]《魏书·文帝纪》注引《献帝传》。

有史书记载，曹操定汉中后，司马懿和刘晔曾建议曹操趁势取蜀，曹操未采纳因而错失取蜀之机。吕思勉认为"皆附会之辞"，我认为当是事后之说。曹操本人对汉中之战的认识，见之于日后曹魏大臣们的议论。曹魏太和年间，魏明帝欲攻汉中，散骑常侍孙资说："昔武皇帝征南郑，取张鲁，阳平之役，危而后济；又自往拔出夏侯渊军。数言'南郑直为天狱，中斜谷道为五百里石穴耳'。言其深险，喜出渊军之辞也。"① 太和四年（230年），大司马曹真欲伐汉中，陈群在谏议中也说："太祖昔到阳平攻张鲁，多收豆麦以益军粮，鲁未下而食犹乏。"② 以巴蜀之险，若蜀人扼险抵抗，则战事或有利钝，成败犹未可知。如此没有把握的事，不符合曹操的政治需要。此时，曹操需要的是为平定汉中之战收其全功。

张鲁投降后，侍中和洽曾对曹操"陈便宜以时拔军徙民，可省置守之费"③，建议曹操徙出汉中之民，也不留军置守。曹操未从，徙出其民，却留军置守。曹操以夏侯渊为都护将军，督张郃、徐晃等将留守汉中；以丞相长史杜袭为驸马都尉，留督汉中事。杜袭在汉中完成的一件重要的事情就是迁徙汉中之民，一部分迁往雒阳、邺城，一部分迁往长安及三辅。④

曹操与袁绍对峙时，曾徙白马之民，与孙权对峙，也曾下令徙淮南之民，都是预先将作战区域的百姓迁出，以免百姓因战乱逃亡而致人口流失。现在，曹操徙汉中之民，其麾下名将——除夏侯惇、张辽、李典、乐进等屯淮南外——夏侯渊、张郃、徐晃等均留屯汉中，显示曹操将汉中视为下一步对巴蜀用兵的前沿地带。

讨张鲁之战至此收其全功。这一大功，将垫着曹操在权力的位阶上，再

---

① 《资治通鉴》卷七十，魏纪二，明帝太和元年。
② 《资治通鉴》卷七十一，魏纪三，明帝太和四年。
③ 《魏书·和洽传》。
④ 《魏书·杜袭传》载，杜袭"绥怀开导，百姓自乐出徙洛、邺者，八万余口"。《张既传》载，"鲁降，既说太祖拔汉中民数万户以实长安及三辅"。徙出的汉中之民中，有一部分是从关陇流入汉中的。最近的一次流入，据《魏书·张鲁传》载，"韩遂、马超之乱，关西民从子午谷奔之者数万家"。徙出汉中之民，只是范围甚大的徙民计划的一部分。《魏书·钟繇传》载，"自天子西迁，雒阳人民单尽，繇徙关中民，又招纳亡叛以充实，数年间民户稍实"。《魏书·张既传》亦载，"是时，太祖徙民以充河北"。随着曹操渐次平定关、陇、汉中，有计划地从当地徙出一部分百姓充实雒阳、邺城，再另从汉中、武都徙民以充实关中。

迈上一大步。这年十二月，曹操从汉中北还，次年二月，回到邺城。五月，汉献帝封曹操为魏王。这是曹操自复丞相、封魏公以来，在造魏的道路上迈出的第三大步。

建安十八年，汉献帝在封曹操为魏公的策命中，将董卓之乱以来曹操的所有作为概括为十大功。策命中说，这样的功勋，虽伊尹、周公亦无以过之。鉴于"先王并建明德，胙之以土，分之以民，崇其宠章，备其礼物，所以藩卫王室，左右厥世也"，所以封曹操为魏公。此次在册封曹操为魏王的诏书中，除了一般性地说到曹操有功于汉室外，特别强调了曹操平定陇西和汉中之功。①

汉中的平定，为曹操提供了一次权力升格的机会；曹操在平汉中后北返筹划称王，留下刘备争汉中的机会，进而为刘备也提供了一次权力升格的机会。

曹操在巴、賨夷帅降附时，分巴郡为三巴：以朴胡为巴东太守，杜濩为巴西太守，任约为巴郡太守。黄权率诸将迎张鲁不着，遂击朴胡、杜濩、任约，尽破之。于是，曹操派张郃督诸军南徇三巴，欲徙巴地之民于汉中。

张郃进军至宕渠，深入到巴郡的腹地。这已可说是在印证当初黄权的分析，"若失汉中，则三巴不振"；若南下江州（今重庆），将切断成都与江陵之间的联系通道，其危害将比"割蜀之股臂"更严重。于是，刘备派张飞率军拒之。双方相持五十余日，张飞击破张郃。张郃走还南郑，刘备亦还成都。

建安二十二年（217年），法正对刘备说：

> 曹操一举而降张鲁，定汉中，不因此势以图巴蜀，而留夏侯渊、张郃屯守，身遽北还，此非其智不逮而力不足也，必将内有忧逼故耳。今策渊、郃才略，不胜国之将帅，举众往讨，则必可克。克之之日，广农积谷，观衅伺隙。上可以倾覆寇敌，尊奖王室；中可以蚕食雍凉，广拓

---

① 《魏书·武帝纪》注引《献帝传》载："韩遂、宋建，南结巴蜀，群逆合纵，图危社稷。君复命将，龙骧虎奋，枭其元首，屠其窟栖。暨至西征，阳平之役，亲擐甲胄，深入险阻，芟夷蝥贼，殄其凶丑，荡定西陲，悬旌万里，声教远振，宁我区夏。"

境土；下可以固守要害，为持久之计，此盖天以与我，时不可失也。①

法正显然是看到了曹操定汉中后"身遽北还"与他随后封魏王之间的联系。"必将内有忧逼"，并不是有论者所理解的顾虑内忧，而是对内有所忧逼，意谓曹操将进一步侵夺汉室皇权。法正判断，曹操下一阶段的注意力将主要放在政治战场上，而于近期内不会图取巴蜀；唯其如此，才会给刘备造成一个"时不可失"的战略机遇；也唯其如此，"尊奖王室"才会被列为取得汉中后的头等意义。

刘备在决策争汉中前，在内部进行过讨论。法正力主争汉中，可是，益州儒林校尉周群、后部司马张裕却认为出军不利。

> 先主欲与曹公争汉中，问群，群对曰："当得其地，不得其民也。若出偏军，必不利，当戒慎之！"时州后部司马蜀郡张裕亦晓占候，而天才过群，谏先主曰："不可争汉中，军必不利。"先主竟不用裕言，果得地而不得民也。②

周群和张裕都精于术数预测。二人的观点是基于术数或占候而发。《蜀书》以"果得地而不得民也"来表明他们的预测被验证；实际上，曹操在建安二十年底北还时，即已安排徙出汉中之民，纵然徙民需要一个过程，也无待周群和张裕在两年之后再来预测争汉中将"不得其民"。张裕后来以谏争汉中不验而被诛，甚至诸葛亮求情都未被允准。张裕被诛的主要原因是他散布"刘氏祚尽矣"之类的言论，而且，他在涪城之会上对刘备表现出相当的不友好。周群和张裕关于出军将不利的预测，毋宁说是对刘备的一种消极态度。

刘备采纳法正的建议，决定争汉中。建安二十三年（218年）春，刘备留诸葛亮镇守成都，负责兵源及粮草补给，自与法正率赵云、黄忠、魏延诸将

---

① 《蜀书·法正传》。
② 《蜀书·周群传》。

进兵汉中；另遣张飞、马超率吴兰、雷铜等攻武都。《蜀书·先主传》将刘备出兵系于建安二十三年，而《魏书·武帝纪》则载"刘备遣张飞、马超、吴兰等屯下辩"，将此事系于建安二十二年，显示张飞、马超率偏师攻武都（治下辩，今甘肃省成县西三十里）之举，在二十二年即已做出。曹操遣曹洪拒之。二十三年，曹洪破吴兰，斩其将任夔等。三月，张飞、马超走还汉中。

曹操在汉中方面的防御部署大致如下：以征西将军夏侯渊与益州刺史赵颙守阳平关，以平寇将军徐晃守马鸣阁道，以荡寇将军张郃守广石（今陕西省勉县西）；以厉锋将军曹洪、偏将军曹真、骑都尉曹休守武都。

张飞、马超的偏军既被击还，刘备遂于这年四月进攻马鸣阁。在付出了较大的伤亡代价后，攻下马鸣阁，趁势进抵阳平关。夏侯渊、张郃合军以拒之。刘备攻阳平关不克，遂急书诸葛亮发兵增援。诸葛亮问蜀部从事杨洪，杨洪曰："汉中则益州咽喉，存亡之机会，若无汉中则无蜀矣，此家门之祸也。方今之事，男子当战，女子当运，发兵何疑？"① 于是诸葛亮尽发蜀中之兵，增援刘备。双方在阳平关对峙。

刘备兵力大增，夏侯渊显然感到压力。于是，曹操于这年七月治兵，西征刘备。九月，曹操军至长安。在长安，曹操屯兵数月不进。这年十月，宛城守将侯音反，南连关羽。曹操派曹仁从樊城围宛城。次年正月，曹仁屠宛城，斩侯音。

也正是在这段时间，刘备因攻阳平关不下，遂引军南渡沔水，扎营于定军山（今陕西省勉县东南）。夏侯渊引兵来争，刘备令黄忠率军摧锋而进，斩夏侯渊及赵颙。曹军推张郃为主将，扼守阳平关。曹操闻报，于这年三月出斜谷以临汉中。刘备敛众扼险，拒不交战。双方对峙月余，曹军士卒多有逃亡。五月，曹操尽撤诸军回长安，而以张郃守陈仓，又遣曹真至下辩，撤曹洪等军还陈仓；同时，令雍州刺史张既赴武都，迁氐民五万余落居于扶风、天水。

刘备遂占有汉中。

---

① 《蜀书·杨洪传》。

刘备称汉中王

建安二十四年（219年）七月，刘备在汉中沔水之阳设立坛场，陈兵列众，群臣陪位。司仪读完给汉献帝的奏表后，奉王冠于刘备。刘备再上表汉献帝，奉还左将军、宜城亭侯印绶。刘备遂称汉中王。

刘备称汉中王是他在发展过程中完成权力升格的重要一步。《后汉书·献帝本纪》如是记述："刘备自称汉中王。"范晔名其为"自称"，意指刘备称王并不曾得到汉帝的封授，讥其称王不具合法性。

的确，若无汉献帝的封授，刘备称王便不具备合法性；而汉献帝又被曹操所挟持，因此，刘备称王的合法性问题无法依据制度内的规则解决，而只能从制度外去寻求解决之道。

那年七月，由刘备群下一百二十人联名上表汉献帝，推刘备为汉中王，拜大司马。上汉帝表是蜀汉政治史上的一篇重要文献。清人何焯曾誉"此文在西京亦不多得"。与西汉时曾写下封禅文之类重要政治文献的司马相如一样，该表的作者也是益州人，乃广汉郡号称"李氏三龙"之一的李朝。这篇洋洋洒洒的表文所要解决的问题就是：在不能得到汉献帝封授的情况下，赋予刘备称王以合法性。

兹将其原文录入，逐段阐释。

平西将军都亭侯臣马超、左将军长史领镇军将军臣许靖、营司马臣

> 庞羲、议曹从事中郎军议中郎将臣射援、军师将军臣诸葛亮、荡寇将军汉寿亭侯臣关羽、征虏将军新亭侯臣张飞、征西将军臣黄忠、镇远将军臣赖恭、扬武将军臣法正、兴业将军臣李严等一百二十人上言曰：
>
> 昔唐尧至圣而四凶在朝，周成仁贤而四国作难，高后称制而诸吕窃命，孝昭幼冲而上官逆谋，皆凭世宠，藉履国权，穷凶极乱，社稷几危。非大舜、周公、朱虚、博陆，则不能流放禽讨，安危定倾。伏惟陛下诞姿圣德，统理万邦，而遭厄运不造之艰。董卓首难，荡覆京畿，曹操阶祸，窃执天衡；皇后太子，鸩杀见害，剥乱天下，残毁民物。久令陛下蒙尘忧厄，幽处虚邑。人神无主，遏绝王命，厌昧皇极，欲盗神器。

在中国古代，遇到这类依据制度内的规则无法解决的问题时，通常是在一种先王追述中去寻找依据。所以，表文开篇先追述历史上的先例，尧之时四凶在朝，周成王时四国作难，高后时诸吕专权，汉昭帝时上官桀谋逆，幸而有大舜、周公、(朱虚侯)刘章、(博陆侯)霍光等杰出人物出来，或以流放，或以擒讨，终于使社稷转危为安。

现在，由董卓首难，曹操继之，汉室遭逢"厄运不造之艰"；尤其是曹操，"剥乱天下，残毁民物"，"遏绝王命"，"欲盗神器"，因此，需要有像大舜、周公、刘章、霍光那样的人物，诛暴讨逆，安危定倾，重振汉室。

> 左将军领司隶校尉豫、荆、益三州牧宜城亭侯备，受朝爵秩，念在输力，以殉国难。睹其机兆，赫然愤发，与车骑将军董承同谋诛操，将安国家，克宁旧都。会承机事不密，令操游魂得遂长恶，残泯海内。

刘备正是这样的人物。表文对刘备的政治身份进行了明确的定位。尽管刘备此前的政治经历非常复杂，但此处却只叙及他与董承密谋诛曹操一事，似乎刘备自起兵以来便以讨曹灭贼为己任。

> 臣等每惧王室大有阎乐之祸，小有定安之变，夙夜惴惴，战慄累息。

> 昔在虞书，敦序九族，周监二代，封建同姓，诗著其义，历载长久。汉兴之初，割裂疆土，尊王子弟，是以卒折诸吕之难，而成太宗之基。臣等以备肺腑枝叶，宗子藩翰，心存国家，念在弭乱。自操破于汉中，海内英雄望风蚁附，而爵号不显，九锡未加，非所以镇卫社稷，光昭万世也。

不过，仅此还不足以证明刘备应该封王。于是，表文接下来突出"封建同姓"之义，来表明作为汉室"肺腑枝叶"的刘备封王是符合先王之制的；又以西汉初刘氏同姓诸侯王平诸吕之乱的史实来表明，"封建同姓"确实有利于安定社稷，这是被历史证明的经验。刘备破曹操于汉中，功效初著，其功亦足以封王。为使刘备更好地领导起讨曹灭贼的事业，有必要进封刘备为王。

有意思的是，这篇由刘备的部属上奏汉献帝的表文中大谈"封建同姓"之义，而在汉献帝册封曹操为魏王的诏书中，则特地解释了异姓封王的问题。

汉献帝封曹操为魏王的诏书中，先提到西汉初封有异姓诸侯王，后来之所以没有，是因为"历世承平，臣主无事。世祖中兴而时有难易，是以旷年数百，无异姓诸侯王之位"①。显然，曹操意识到自己作为异姓要想封王，在合法性上也存在问题，所以，他通过汉献帝之口做出这番解释。实则，汉初之后再无异姓诸侯王，是因为汉高祖刘邦曾刑白马而盟："非刘氏而王者，天下共击之。"②

刘备群下在上奏汉献帝的表文中大谈"封建同姓"之义，无异于否定曹操封王的合法性。

> 奉辞在外，礼命断绝。昔河西太守梁统等值汉中兴，限于山河，位同权均，不能相率，咸推窦融以为元帅，卒立效绩，摧破隗嚣。

---

① 《魏书·武帝纪》注引《献帝传》。
② 《汉书》卷四十《张陈王周传》。

刘备应该封王，其功亦足以封王。但是，鉴于汉献帝被挟持于曹操之手，所以，刘备封王这件事在程序上没法完成，于是，援引了东汉初河西五郡共推窦融为元帅的故事。

东汉光武中兴之初，窦融与梁统等人俱为河西五郡太守，"位同权均，不能相率"，于是，梁统等人共推窦融行河西五郡大将军事，统领河西五郡。此事作为一种"故事"被援引，在政治学上被阐发出这样的含义：经由同层级的诸侯推举，可以临时产生更高一级的权力。

刘备援引此事并非首创。关东群雄讨董卓时，这一故事便被袁绍援引过。袁绍在上汉帝的表文中说："臣时辄承制，窃比窦融。"[①] 袁绍援引窦融故事而被推为讨董盟主。

当然，这样产生的权力，并不具备终极的合法性，而只是一种临时权宜。表文的最后也指出了这一点，"夫权宜之制，苟利社稷，专之可也。然后功成事立，臣等退伏矫罪，虽死无恨"。虽然只是权宜，但对刘备来说，他原本只需要一个临时过渡。下一步，他只需要证明自己已得天命，便跨过了这个过渡阶段。

> 今社稷之难，急于陇蜀，操外吞天下，内残群寮。朝廷有萧墙之危，而御侮未建，可为寒心。臣等辄依旧典，封备汉中王，拜大司马，董齐六军，纠合同盟，扫灭凶逆。以汉中、巴、蜀、广汉、犍为为国，所署置依汉初诸侯王故典。夫权宜之制，苟利社稷，专之可也。然后功成事立，臣等退伏矫罪，虽死无恨。

通过援引河西五郡共推窦融为元帅的故事，不是由汉献帝，而是由刘备的部属，封刘备为汉中王，同时，拜大司马。这样，刘备将自己塑造成了刘邦和刘秀事业的继承人。

刘邦以汉王的身份从汉中还定三秦，东向以争天下，开创大汉基业；刘

[①]《后汉书》卷七十四《袁绍传》。

备破曹操于汉中，称王于汉中——经由汉中，刘备将自己与汉室的开创者刘邦联系在了一起。日后，刘备酝酿称帝时，许靖、麋竺、诸葛亮、赖恭等人在劝进书中说，"夫汉者，高祖本所起定天下之国号也，大王袭先帝轨迹，亦兴于汉中也"①。

如果说刘备称汉中王是欲步刘邦后尘，那么，拜大司马则是欲步刘秀后尘。② 早在建武二十七年（51年），刘秀便将大司马一职改为太尉。在汉代官制中，大司马一职不复存在已有一百五十余年。此时，刘备重新启用此官职，是想借此将自己塑造成刘秀的后继者。刘秀奠定后汉中兴之基是在河北。刘秀初赴河北，是以破虏将军行大司马事。刘备在称汉中王的同时，披上刘秀初赴河北时的头衔——大司马，表达出一种希望像刘秀那样建立汉室中兴之业的意思。

概括地说，这篇表文所表达出的核心意思是：讨曹灭贼的使命历史地落到了刘备的身上，为使刘备更好地领导这一事业，有必要封刘备为王；但鉴于汉帝被挟持于曹操之手，为使刘备称王具有合法性，在程序上援引了东汉初河西五郡共推窦融为元帅的故事。

这篇洋洋洒洒的表文实为一份清晰的政治论述，不只解决刘备称王的合法性问题，更给刘备的事业阐明了一个清晰的政治定位。刘备通过称汉中王，行大司马事，将自己塑造成了刘邦和刘秀事业的继承人。日后刘备在称帝时的告天之文中，更明确地将自己的帝业概括为"嗣武二祖"，即刘备的帝业将是汉高祖刘邦和汉世祖刘秀帝业的再次复兴。

不过，刘备此举实际上也表达出了，他将要完成的是刘秀式的汉室复兴，即复兴一个由刘备本人而不是汉献帝所代表的汉室。

刘备援引河西五郡共推窦融为元帅故事而称汉中王，刘备称汉中王也成为一种故事，被后世援引。东晋大兴二年（319年），石勒称赵王，群下在劝

---

① 《蜀书·先主传》。
② 大司马初为刘备在涪城之会上所推领。但在建安十九年法正给刘璋的信中，仍称刘备为左将军。显然，随着刘备与刘璋的反目，刘璋所推领的大司马头衔并未被刘备采用。

进书中,即"请依刘备在蜀、魏王在邺故事"①。十六国时,氐人苻健据关中,为安抚关中汉人,他遣使称臣于东晋。但当他想称王时,也在合法性上面临难题,于是,刘备称汉中王的模式遂在苻健属下的脑海里浮现:"苻健左长史贾玄硕等请依刘备称汉中王故事,表健为都督关中诸军事、大将军、大单于、秦王。"②

刘备称汉中王也成为故事,取代河西五郡推窦融为元帅的故事,主要是河西五郡只是推窦融为河西大将军,而未至称王,更未称帝。所以,后世的枭雄们想以称王来为称帝做一铺垫时,援引刘备称汉中王故事显然更恰当。

---

① 《晋书》卷一〇四《石勒载记上》。
② 《资治通鉴》卷九十九,晋纪二十一,穆帝永和七年。

上汉帝表上的名单次序问题

这个一百二十人联名的表文前，具体列出的名字有十一个，依次是：马超、许靖、庞羲、射援、诸葛亮、关羽、张飞、黄忠、赖恭、法正、李严。清代学人章学诚注意到，这份上汉帝表前的名单，居然不是由诸葛亮领衔，而是"以马超冠首，许靖、庞羲、射援诸名皆列于诸葛亮前"。章氏认为"殊不可解"[1]。

这个问题还是应该从刘备称王在程序上所援引的模式去理解。因为"限于山河"，"礼命断绝"，所以只能行权宜之计而自行称王；因为"位同权均，不能相率"，所以援引河西五郡共推窦融为元帅的故事。依据这一故事，刘备要在没有得到汉帝封授的情况下称王，只能是由跟刘备同层级的诸侯推举，才具有临时的合法性。

刘备本人得到过汉廷王命封拜的爵位是宜城亭侯，官职是左将军、豫州牧。上汉帝表的那个名单上，获得过汉廷王命封拜的人却寥寥无几。只有马超比较突出一些。马超曾被汉廷拜为偏将军，封都亭侯。关羽在归顺曹操期间也曾被曹操表荐汉廷，拜为偏将军，封汉寿亭侯。但关羽原为刘备部属，算不上一方诸侯；马超则是凉州诸将反曹时的领袖人物，在凉州、汉中乃至巴蜀都有相当影响，所以，在现有的这个名单上，以马超领衔上表汉帝推刘

---

[1] 章学诚《乙卯札记（外二种）》《知非日札》，中华书局2006年12月第1版，第260页。

备为汉中王,最符合河西五郡推窦融为元帅这一故事。

许靖在灵帝之世出仕尚书郎,典选举;不过,许靖的身价主要来自他名动天下的名士声誉。一如法正所说的,"天下有获虚誉而无其实者,许靖是也。然今主公始创大业,天下之人不可户说,靖之浮称,播流四海,若其不礼,天下之人以是谓主公为贱贤也。宜加敬重,以眩远近,追昔燕王之待郭隗"[1]。所以,许靖列名仅次于马超是恰当的。

同属原益州集团,庞羲和射援二人列于诸葛亮等五人之前,法正和李严却排在其后。庞羲和射援列名靠前,不是反映他们在刘备集团中的现有地位,而是以他们代表原刘璋旧属。法正和李严在加入刘备集团后的地位比较重要,但在代表刘璋旧属上则显不足。法正在刘璋时既不受刘璋重用,也不见重于客籍士人;李严虽为刘璋器重,但加入刘璋集团时间较晚,他在曹操下荆州时才西降刘璋。庞、射二人与刘璋的渊源较早,显然比法正和李严更能代表刘璋旧属。前面已经讨论过,这篇上汉帝表如果是由刘璋领衔,或者至少将其列名于表上,由他本人代表原益州集团,才是最合适的。

至于诸葛亮、关羽、张飞、黄忠和赖恭,在荆州时即为刘备旧属[2],他们的权力来自刘备的授予,谈不上"位同权均",经由他们,推举不出更高一级的权力。所以,将他们列于马、许、庞、射之后,只能是笼统地以他们代表从荆州入蜀的原刘备集团。

有意思的是,上汉帝表上列出的那些人的官职都是刘备授予的。马超的官职是刘备所授的平西将军,而不是汉献帝所授的偏将军,也不是马超起兵反曹时自称的征西将军。刘备称汉中王之前任命官职,《蜀书》中一般书作"以羽为襄阳太守""以飞为宜都太守""以超为平西将军"之类。刘备有权直接任命的是左将军、荆州牧或益州牧的属官,平西将军并非刘备属官。规范地讲,"以马超为平西将军",应该是表马超为平西将军。刘备称汉中王后任

---

[1] 《蜀书·法正传》。
[2] 赖恭为荆州零陵人,陈寿为杨戏《季汉辅臣赞》所作的传注中有提到。刘表曾署其为交州刺史,后被苍梧太守吴巨举兵驱逐,"走还零陵",事见《吴书·士燮传》。另据万斯同《三国汉季方镇年表》,赖恭被署交州刺史在建安十年,被吴巨驱逐是在建安十五年。可知赖恭是随刘备从荆州入蜀的新人。

命官员，陈寿却一般书作"拜羽为前将军""拜飞为右将军""拜超为左将军"之类，无论是任命程序，还是著史书法，又都合乎规范。刘备称王之后，已可承制封拜。看来刘备此前任命官员并不曾遵循规范的程序，上汉帝表上的那些人的官职，均为刘备直接任命。

这一情况与河西五郡推窦融为元帅时的情形并不相符。河西五郡太守均为当时的朝廷所任命。其太守的权力有其合法性来源。所以经由他们的推举，可以临时产生更高一级的权力。刘备集团的情形甚至不能与袁绍援引这一模式时相比。袁绍时为勃海太守，而讨董阵营中却多为太守乃至州牧。上汉帝表上的那些人的官职为刘备所任命，这表明刘备与他们的关系其实并不是"位同权均，不能相率"，却以此来表明称王之必要，实在有些勉强。难怪王夫之说刘备的志望不过是"乘时以自王而已矣"①。

刘备声称继承的汉家二祖在登上帝位前，确曾拥有王位，但刘邦的汉王爵位是项羽以义帝的名义封授的，刘秀的萧王爵位是更始帝封授的。他们的王位，均非自封。以建安二十四年的形势，刘备也许的确有必要考虑称王，但他应该做更充分的准备。

曹操在建安十八年让汉献帝封自己为魏公，二十一年进位为魏王；二十二年，曹操可以设天子旌旗，攘夺汉室的形迹日益昭彰。上汉帝表中也确实表达出了刘备及其僚属们对于曹操将篡夺汉室的忧虑，"每惧王室大有阎乐之祸，小有安定之变"，即表示他们担心曹操将——像赵高杀秦二世、王莽废西汉幼帝为安定公一样——代汉自立，因此，非称汉中王不足以维系天下人对汉室的希望，非称汉中王不足以领导起复兴汉室的事业。鉴于这一情势，可以考虑称王。

但称王毕竟是一件敏感的事情，容易涉嫌张耳、陈馀劝陈胜勿称王时所说的"示天下私"，弄得不好效果可能适得其反。陈胜没听张耳、陈馀的建议而称王，结果他派出去掠地的将领一个个脱离了他，并效法他而自立为王。他自身的势力不是增强而是削弱了。

---

① 《读通鉴论》卷十《三国·三》。

称王不应使自己受到孤立或削弱，所以应做充分的准备。刘备虽是援引河西五郡推窦融为元帅的模式而称王，但他拼凑的那个名单阵容，与该模式实在是未尽相符。在当时，可以汇集到讨曹灭贼的旗帜下而又与刘备同层级的人物，有马超、刘璋和孙权。刘备酝酿称王，应该充分考虑发挥他们的价值，或者认真考虑与他们的关系。

马超虽然领衔于表上，但马超的价值显然并未得到充分的发挥。马超曾被汉廷授予偏将军；马超反曹时，自称征西将军，领并州牧，督凉州军事；在归降刘备后，却只被刘备授以平西将军，比马超自称的征西将军还低了两级。直至刘备称帝，才拜马超为骠骑将军，领凉州牧，策命中说到他"信著北土"。如果刘备在马超归降时，即表他为凉州牧，当能更充分发挥他在凉州和氐羌诸胡中的影响力。

刘璋与刘备同为汉朝宗室，如果刘备对他做更妥当的安排，而不是将他迁至荆州公安，当能发挥出他的政治价值。由刘璋领衔，或者至少列名于表上，显然更能代表原益州集团对刘备称王的承认。

至于孙权，他才真正是与刘备"位同权均，不能相率"的诸侯，是刘备酝酿称王时应该认真考虑的人物。

刘备称王与孙权的关系

按上汉帝表中所说，刘备称王是为了"董齐六军，纠合同盟，扫灭凶逆"。"纠合同盟"，指的是列名于表上的据称与刘备"位同权均"的马超辈。那么，原本与刘备是同盟关系的孙权呢？刘备既已称王，那他跟孙权算是什么关系呢？孙权又怎么看待刘备称王呢？

此时的孙权，连侯的爵位都没有。孙权的父亲孙坚以军功被封乌程侯。孙策归顺许昌汉廷后，曹操表孙策袭乌程侯，后改封吴侯。建安五年，孙策死后，孙权继兄之业，曹操表孙权为讨虏将军，领会稽太守，而未曾袭爵。吴侯的爵位在孙权称帝后封给了孙策的儿子孙绍。建安十三年，孙权与曹操决裂，与许昌汉廷的关系实已断绝，当然不可能再得到汉廷的封授。直到建安二十四年，孙权为袭荆州而降曹后，被曹操表为骠骑将军，领荆州牧，封南昌侯。而刘备在建安元年即已被汉廷封为宜城亭侯。

孙权连侯爵都不是，刘备却已将自己的权力再升一格，进为王爵。这意味着，刘备要么是单方面置孙权于从属的地位；要么是完全撇开了与孙权的联盟关系。

无论如何，建安二十四年七月，在汉中为刘备称王而筹划的诸贤应该考虑到这件事与孙权的关系。然而，无论是在马超领衔的那个名单上，还是在上汉献帝的表文内容中，都不曾提及孙权。

从史料中，我们不曾看到刘备就自己称王一事对孙权做出过什么样的说明，却能从江东的一些言论中推知孙权对刘备称王的看法。蜀汉章武二年（222年），刘备从夷陵之战中败归，蛰居白帝城。孙权在曹魏大军的压力下，请和于刘备。孙权派太中大夫郑泉聘刘备于白帝，刘备也派太中大夫宗玮报命。郑泉行前，孙权交代说：

> 近得玄德书，已深引咎，求复旧好。前所以名西为蜀者，以汉帝尚存故耳，今汉已废，自可名为汉中王也。①

至此，孙权才承认刘备的汉中王身份；而此时，刘备称帝已有两年。也就是说，刘备称汉中王时，孙权并未承认；此时承认其汉中王身份，则同时也意味着并不承认其汉帝身份。

孙权从自己的利益出发，当然不会承认刘备的汉帝身份，但这不是一个可以堂堂正正讲出来的道理。那么，江东对于不承认刘备的汉帝身份，给过什么说法呢？韦昭的《吴书》载：

> （郑泉）使蜀，刘备问曰："吴王何以不答吾书，得无以吾正名不宜乎？"泉曰："曹操父子陵轹汉室，终夺其位。殿下既为宗室，有维城之责，不荷戈执殳为海内率先，而于是自名，未合天下之议，是以寡君未复书耳。"备甚惭恧。②

郑泉的回答是在说明孙权何以不复书，等于确认孙权的确认为刘备"正名不宜"，也等于是在说明孙权何以不承认刘备的汉帝身份。郑泉代表江东表达出的立场是，曹操父子攘夺汉室，刘备身为汉朝宗室，不为海内率先讨贼，反而自先称王称帝，未合天下人对他的期待。

称王原是为了"纠合同盟，扫灭凶逆"，但刘备称汉中王，非但未能置孙

---

① 《吴书·吴主传》注引《江表传》。
② 《吴书·吴主传》注引韦昭《吴书》。

权于能够"相率"的地位，相反，还将联盟推向了分道扬镳。即使刘备真的认为称王是为了更好地从事讨曹灭贼的事业，他也应该认真考虑孙权与这一事业的关系，更应该认真考虑他称王与孙权的关系，至少应就此事与孙权做充分的沟通。可是，他没有。

第八章

第二次荆州风云

关羽为什么攻襄阳

第二次荆州风云酝酿于孙刘十年的联盟历史，拉开序幕的却是关羽的北攻襄阳之师。关羽尽锐攻襄阳，开启吕蒙袭荆州之机，并导致孙刘在夷陵的大火并，孙刘在南方分据吴蜀的局面才基本定型。

一般战史把关羽开始攻襄阳的时间定为建安二十四年（219年）七月。关羽为什么要在这个时候北攻襄阳？不少学者认为是关羽自作主张。我在《布局天下——中国古代军事地理大势》一书中讨论"三国鼎立与荆州的争夺"时，也曾以关羽的行动既不具备诸葛亮《隆中对》中所说的"天下有变"的条件，也不是西线战场的需要，而将关羽的行动归结为擅启兵衅。此处做一修正。

关羽北攻襄阳，不是自作主张，而是刘备一个阶段性布局的一部分。我们只需要厘清两个问题，即可对此事做出判断。一是在事前关羽与刘备有无沟通；二是关羽攻襄阳与刘备的整体布局在战略意图上有无关联。

《蜀书·先主传》载，刘备在建安二十四年五月取得汉中后，"遣刘封、孟达、李平等攻申耽于上庸"。当时，刘封与孟达并不在一起，刘封从汉中的南郑东下，孟达从荆州的秭归北上。《蜀书·先主传》这样叙述，显示刘封和孟达的行动是一个整体的部署。

孟达受命从荆州的秭归北上攻房陵（今湖北省房县）。先此，孟达与法正各领两千兵赴荆州；后来，刘备与法正入蜀，而令孟达并领法正之兵，留屯江陵；刘备定益州后，以孟达为宜都太守，屯秭归；与此同时，刘备拜关羽董督荆州事，全权统领荆州军政事务。身为宜都太守的孟达应受关羽节制。而到建安二十四年十一月陆逊攻宜都时，"备宜都太守樊友委郡走"①。也就是说，孟达北上后，刘备任命了新的宜都太守。刘备令孟达从秭归北攻房陵，并引发荆州人事变动，这样的事，刘备不可能不跟"董督荆州事"的关羽沟通，也不可能不就此举的战略意图跟关羽沟通。因此，在关羽攻襄阳之前，刘备部署攻东三郡的行动，实际上已跟荆州的关羽发生了关联。

《蜀书》关于此间刘备与关羽联系的记载，就是刘备称汉中王后派费诗赴荆州拜关羽为前将军，假节钺。此时，关羽已耀师于襄阳城下。从刘备遣孟达北上到刘备称汉中王，时间并不长。关羽起兵北上，刘备酝酿称王，都发生在这期间。刘备对于称王这样的大事，不可能不跟关羽沟通。刘备筹备称汉中王时，关羽列名于上汉帝表上。可知刘备在派费诗拜关羽为前将军之前，刘备与荆州之间其实保持着密切的联系。关羽起兵北攻襄阳，刘备不可能事先不知道。

关羽北攻襄阳，显然得到了刘备的积极支持。《后汉书·献帝纪》载，"秋七月庚子，刘备自称汉中王"。据陈垣《二十史朔闰表》推算，建安二十四年七月并无庚子日。庚子疑为庚午之误，即七月二十。这正是关羽北攻襄阳期间。刘备拜关羽为前将军，假节钺。按汉魏之际的惯例，使持节为上，持节次之，假节为下。将军而假节，"得杀犯军令者"。此时刘备集团中，除关羽外，假节者只有左将军马超、右将军张飞。假钺则更是权重已极。黄钺本是"恭行天罚"的王者之器。武王伐纣，誓师于牧野，右手秉白旄，左手杖黄钺。故为臣子者只能是假钺——临时授予之意。《宋书·百官志》对汉魏以来假钺的情况总结说，"假黄钺，则专戮节将，非人臣常器矣"。假钺确实"非人臣常器"。在整个蜀汉的历史上，假钺者只有关羽和诸葛亮。但诸葛亮在拜丞相时，只是假节；诸葛亮假钺，是在建兴三年（225年）春征南中时②；建兴五年（227年）春，诸葛亮出屯汉中以事北伐，后主下诏曰"今授之以旄钺之

---

① 《吴书·陆逊传》。
② 《蜀书·诸葛亮传》裴松之补注于"亮率众南征"之下："诏赐亮金鈇钺一具，曲盖一，前后羽葆鼓吹各一部，虎贲六十人。事在《亮集》。"

重，付之以专命之权"①。可见在蜀汉历史上，并非根据地位，而是在有事于征伐时，才假钺。人臣而假钺，意谓代行王者之诛。九年前，刘备刚刚得到南郡，即任命关羽为襄阳太守，关羽或许已为攻襄阳而筹备经年。此时，关羽北攻襄阳，刘备假关羽以节钺，此事不可能由费诗临时承制而授，显示刘备不仅事先知道，更将此举视为代自己行王者之诛，作为刘备称汉中王后"扑讨凶逆"的行动体现。②

刘备在得汉中后的主要军事行动就是部署攻东三郡。这与关羽攻襄阳在战略意图上有什么关联呢？《蜀书·刘封传》载，孟达攻下房陵后，将进攻上庸，刘备"阴恐达难独任，乃遣封自汉中乘沔水下统达军"，孟达自此受刘封指挥。孟达自房陵向西，刘封则自汉中沿沔水（今汉水）东下，途经西城郡，再从堵水南向，始达上庸。刘封和孟达会攻上庸，曹操所置上庸太守申耽举众投降。刘备以申耽为征北将军，继续领上庸太守，以申耽弟申仪为建信将军，领西城太守。至此，西城、上庸、房陵——历史所说的"东三郡"——落入刘备的控制之中。

田余庆先生曾详考东三郡的历史地理沿革，并分析其在荆益二州之间的地位。③西城郡，治今陕西安康；上庸郡，治今湖北竹山；房陵郡，治今湖北房县。西城、上庸、房陵三郡在西汉时都是汉中郡的属县，属益州刺史部；东汉末，始升格为郡。三郡与汉中南郑之间的联系主要依靠沔水：西城就在沔水边上。沿沔水东下，经由沔水支流堵水（今堵河）可达上庸，经由沔水支流筑水（今筑河）可达房陵。这样，三郡借沔水而连成一片，经由沔水，向上可延伸至汉中南郑，向下可延伸至襄阳。

刘备在取得汉中后，旋即派孟达、刘封分别从荆州的秭归和汉中的南郑两个方向，以对进的方式拿下房陵、西城和上庸三郡，其战略意图显而易见：即通过控制东三郡而衔接荆州与汉中，以使荆、益之间的联系更加紧密。这样，今后无论是求更稳固地"跨有荆益"，还是从事北伐，其态势都会更加

---

① 《蜀书·后主传》注引《诸葛亮集》所载后主北伐诏。
② 今有论者谓刘备让关羽攻襄阳乃借刀杀人之计，纯属不经之谈，不值一哂，也不值一驳。
③ 田余庆《秦汉魏晋史探微》（重订本），《东三郡与蜀魏历史》，中华书局2004年2月第1版。

有利。

东三郡之间的联系，以及通过东三郡而联结荆州与汉中，最重要的联系纽带却是沔水；沔水在流出秦巴山地后，最重要的战略枢纽即为襄阳。从襄阳沿沔水干流，可通江陵、江夏方向；沿沔水的几条支流，向北可辐射南阳盆地的诸战略据点。

如果说沔水是汉中与荆州之间的联系纽带的话，那么，要想拉起这条纽带，从而撑开一种局面，却有赖于控制这条纽带两端的重要战略据点：南郑和襄阳。因此，如想通过东三郡而联结汉中与荆州，就必须占领襄阳；如不控制襄阳，则东三郡在荆州与汉中之间的衔接作用将大打折扣。

从刘备集团在建安二十四年夏天的一系列行动看——刘备在那年五月占领汉中，随即动用荆州和汉中两方面的兵力以攻占东三郡，而关羽北攻襄阳之师差不多是紧随而出——关羽在那年七月间率军北攻襄阳，应是刘备一个阶段性布局的一部分，而不是关羽自作主张。这个阶段性布局就是打通经由沔水而连接汉中与荆州的通道，以求荆益之间能有更紧密的联系。

不过，应该指出的是，刘备的这个布局，仍是一个有限的目标。刘备称汉中王后，拔魏延为都督，镇守汉中，刘备本人却率大众还治成都。由此看来，刘备并没有在那年即大举北出的打算。

关羽北攻襄阳，并不意味着关羽在建安二十四年就打算按《隆中对》所规划的，"将荆州之军以向宛、雒"。吕思勉先生在叙述关羽北攻襄阳这段历史时，先述及建安二十三年冬十月宛城守将侯音反曹一事，暗示这两件事之间或许有联系。[①]建安二十三年正月，汉太医令吉本、少府耿纪等人在许昌反曹时，有"南援刘备"之议[②]；十月，侯音在宛城反曹时，也有"与关羽连和"之说[③]，但相信这两件事与关羽的北攻并无直接的联系。侯音反曹时，曹操令曹仁从樊城率军围攻宛城，到建安二十四年正月，曹仁始破宛城而斩侯音。曹仁从樊城调来军队，围攻宛城达三个月之久。显然，在这三个月的围攻期间，

---

① 吕思勉《秦汉史》，第十一章《后汉乱亡》，上海古籍出版社，2005年7月第1版。
② 《魏书·武帝纪》注引《三辅决录注》。
③ 《魏书·武帝纪》注引《曹瞒传》。

樊城方向并没有受到来自关羽的压力。换句话说,关羽并没有对宛城的反曹事件做出反应,更不用说十个月前发生在许昌的反曹事件。因此,发生在许昌和宛城的反曹事件,与关羽的北攻襄阳并无直接的联系。

人们倾向于以《隆中对》的战略规划来衡量关羽攻襄阳之战,可能跟该战的影响有关。关羽北攻樊城、襄阳,开局非常顺利。入秋后,他借水淹七军之机擒于禁,斩庞德,遂围曹仁于樊城,围吕常于襄阳。中州一带也出现骚动。《蜀书》载,"梁、郏、陆浑群盗或遥受羽印号,为之支党,羽威震华夏。曹公议徙许都以避其锐"。这样的影响,不免让人倾向于从中原方向去展望关羽的目标所指,进而联想到关羽是不是已经在"将荆州之军以向宛、雒"。

关羽北攻襄阳,连同刘封、孟达攻占东三郡,旨在打通荆州与汉中之间的联系通道。为这一目标收最后之功的,便是攻占襄阳。

建安二十四年初秋,没有人怀疑关羽将攻占樊城、襄阳。

孙权背盟袭荆州

关羽攻襄阳之战所引发的最大变局却是政治格局的变化。建安末年，割据的群雄纷纷灰飞烟灭，曹、刘、孙三家卓然立于汉末的乱局中，有赖于这样一种格局：孙刘结盟对抗曹操。建安政治的最后一幕，这一格局竟发生完全的逆转。孙权背盟，与曹操联合，袭占了刘备的荆州。

这一变局的远因，可追溯到孙刘联盟关系在悄然间发生的变化。建安二十年的那次危机已显示联盟关系的脆弱。但那次危机中暴露出来的矛盾，还只是双方为利益而发生争执，以曹操为敌这一政治前提却不曾改变。然而，到建安二十二年（217年），这一前提也开始发生变化。

《吴书·吴主传》载，"二十二年春，权令都尉徐详诣曹公请降。公报使修好，誓重结婚"。曹操于建安二十一年十月治兵，次年正月，进军至居巢；二月，攻孙权于濡须口。从吕蒙、臧霸等双方将领的传记中所描述的情形看，发生在濡须口的战斗非常激烈。可是，到三月的时候，曹操却引军北还，留夏侯惇、曹仁、张辽等屯居巢。对于孙权请降一事，《魏书·武帝纪》没有记载，但《魏书》臧霸传中却有提及。臧霸传在叙述了濡须口的激战后，顺便提到："后权乞降，太祖还，留霸与夏侯惇等屯居巢。"这一记述可为佐证，证明孙权确曾在该年春天派徐详向曹操请降。

徐详在《吴书》中没有专门立传，只在是仪、胡综二人传中被提及。陈寿却在传末将此三人合在一起评论："是仪、徐详、胡综，皆孙权之时干兴事业者也。仪清恪贞素，详数通使命，综文采才用，各见信任，譬之广厦，其榱椽之佐乎！"这三人都受到孙权的信任而参与机密。是仪"到见亲任，专典机密，拜骑都尉"；胡综"与是仪、徐详俱典军国密事"。[1]孙权称帝，徐详与胡综并为侍中。三人都参与孙权的军国机密，扮演的角色却稍有不同，徐详是"数通使命"。三人之中，独徐详无传，可能是因为他从事的多为秘密外交，故其行事不为外间所知。孙权派徐详诣曹操请降，可能也是一次秘密的出使。毕竟这是一件非同寻常的事。

此后，孙曹关系却未见有明显的变化。看来，孙权派徐详诣曹操请降，只是孙权试图跟曹操缓和，曹操的反应却并不积极。《吴书·吴主传》中说"公报使修好，誓重结婚"，这只是江东方面的叙述。孙曹联姻在建安三年，但曹操两度责江东遣送任子，都被孙氏兄弟所拒。也许是曹操又提出遣送任子之类的要求，孙权没有答应，所以他对孙权请降的诚意并不信任。《魏书·夏侯惇传》载，曹操虽然撤军，却使夏侯惇督二十六军屯居巢，在淮南仍留有超过十万人的庞大兵力，驻军规模远远超过以往任何时候。

为什么孙权会在这时候试图跟曹操缓和呢？赤壁之战以后，曹操针对孙权的大举用兵共有四次，分别是：建安十四年三月至十二月、建安十七年十月至次年四月、建安十九年七月至十月、建安二十一年十月至次年三月。孙权针对曹操的大举用兵共有两次：建安十九年五月，攻皖城；建安二十年八月，攻合肥。而刘备与曹操之间，除了在巴中的军事冲突外，截至建安二十二年春，曹操不曾针对刘备大举用兵，刘备亦不曾针对曹操大举用兵。赤壁之战后，刘备主要的作为便是占据益州，而一旦入据益州深险之地，便已避开了曹操的主要压力。在孙刘联盟间，获得巨大收益的是刘备，承受曹操巨大军事压力的却是孙权。日后，江东方面指责刘备"既为宗室，有维城之责，不荷戈执殳为海内率先"[2]，显然包含着对联盟历史的总结。

孙权在刚刚进行一场激战之后即派徐详向曹操请降，虽然得到的反应并

[1] 《吴书·是仪胡综传》。
[2] 《吴书·吴主传》注引韦昭《吴书》。

不积极，但此事已足以显示出，孙权在重新审视孙、曹、刘三者的关系。

恰好，也是在这一年，鲁肃去世了。鲁肃是江东集团内主张维持联盟最有力的人物。建安十三年，他主动促成孙刘结盟；建安十五年，他力主孙权巩固联盟；甚至在建安二十年的那场危机中，仍试图以谈判解决危机；是后，依然悉心维护联盟关系。鲁肃认为，只要强大的曹操依然存在，就必须维护孙刘联盟。鲁肃去世，遂使脆弱的联盟失去一个重要的维系纽带。

在以徐泗背景的书生严畯作为短暂的过渡之后，孙权很快任命吕蒙为荆州上游的军事统帅，镇守陆口。吕蒙对江东事业、对孙刘联盟有着跟鲁肃完全不同的认识。早在鲁肃初镇荆州时，吕蒙便表达过对联盟关系的不同看法。《吴书·吕蒙传》载：

> （鲁肃）遂往诣蒙。酒酣，蒙问肃曰："君受重任，与关羽为邻，将何计略，以备不虞？"肃造次应曰："临时施宜。"蒙曰："今东西虽为一家，而关羽实熊虎也，计安可不预定？"因为肃画五策。

鲁肃对吕蒙答以"临时施宜"，似乎他对如何处理联盟关系并无主见，实则鲁肃对孙刘联盟的认识是清晰的，并且一以贯之。他处理联盟关系的原则，立足于和合两家；吕蒙则立足于对立。鲁肃的"造次应曰"，毋宁说是他看到吕蒙在联盟问题上的基本主张跟自己存在差异，而有敷衍之意。

吕蒙接任荆州上游的统帅后，开始直接面对孙刘联盟关系。他对江东事业和联盟关系的认识，影响了孙权的决策。《吴书·吕蒙传》载：

> 与关羽分土接境，知羽骁雄，有并兼心，且居国上流，其势难久。初，鲁肃等以为曹公尚存，祸难始构，宜相辅协，与之同仇，不可失也。蒙乃密陈计策曰："令征虏守南郡，潘璋住白帝，蒋钦将游兵万人，循江上下，应敌所在，蒙为国家前据襄阳，如此，何忧于操，何赖于羽？且羽君臣，矜其诈力，所在反覆，不可以腹心待也。今羽所以未便东向者，以至尊圣明，蒙等尚存也。今不于强壮时图之，一旦僵仆，欲复陈

力,其可得邪!"权深纳其策,又聊复与论取徐州意,蒙对曰:"今操远在河北,新破诸袁,抚集幽冀,未暇东顾。徐土守兵,闻不足言,往自可克。然地势陆通,骁骑所骋,至尊今日得徐州,操后旬必来争,虽以七八万人守之,犹当怀忧。不如取羽,全据长江,形势益张。"权尤以此言为当。

鲁肃认为曹操对江东安全构成威胁,因而主张维持联盟。吕蒙则认为,作为同盟的刘备、关羽非但不是江东安全的保障,还对江东构成了潜在的威胁。吕蒙认为,关羽"有并兼心,且居国上流,其势难久"。在他看来,刘备居长江上游之势,对江东的威胁有甚于曹操。他说"且羽君臣,矜其诈力,所在反覆",显见他对刘备、关羽君臣的不信任,来自既往的经验。他担心,在江东将帅凋零之后,刘备、关羽会"东向"以取江东。因此,解决荆州上游的安全,刻不容缓。

为此,他早已设想好了,江东单独占领整个荆州后,由征房将军孙皎坐镇南郡,作为重心;潘璋扼守白帝城,以拒刘备;吕蒙本人北据襄阳,以拒曹操;蒋钦率万人巡江上下,作为机动兵力。如此配置兵力,旨在保据荆州,屏护江东。

后半部分"论取徐州意",因有"新破诸袁"等语,疑陈寿在叙述上有错乱。刘备在建安十四年表孙权为徐州牧,鼓励孙权向徐州方向进取,孙权接受了刘备的建议,显示孙权一度确有北取徐州之意。吕蒙可能在那时即反对江东将发展方向选在徐州。吕蒙的话更符合那时的形势。陈寿在此处录入此节,本意应该是想表明,不取徐州而取荆州,为吕蒙一贯的主张。只不过,当年吕蒙在江东决策层的影响力尚小,现在他身为江东在荆州上游的统帅,已能影响孙权的决策。陈寿的叙述忽略了时间过程。从他建议放弃取徐州,孙权"尤以此言为当",到他设想如何保据荆州,孙权"深纳其策",可知吕蒙已影响了孙权的战略观念,也影响了孙权对江东事业的定位。

江东的三任军事统帅——周瑜、鲁肃和吕蒙——都曾在江东事业的关键时刻影响孙权的决策。后世常将周瑜与鲁肃的差异估计得过大,而将吕蒙与周瑜归为一类。实际上，吕蒙与周瑜的差异远远大于鲁肃与周瑜的差异。周、鲁二人都以成就江东帝业为政治上的目标，所不同的是，周瑜试图撇开孙刘联盟，而以雄心勃勃的军事进取单独追求江东帝业，鲁肃则认为在一定阶段内，江东帝业需要孙刘联盟。吕蒙只是在对孙刘联盟的认识上与周瑜相近，在政治目标上却是大相径庭。吕蒙的目标是保据江东。至此，江东事业的政治定位又发生一次转折。

不过，要袭关羽而取荆州，并非易事。吕蒙亲身经历了建安二十年的那次危机。那年，吕蒙受命从下游率军两万以取三郡，刘备闻讯后，从益州率军五万东下救援。吕蒙尚在围攻零陵，刘备之军已至公安。如果那年双方真的发生军事冲突，江东其实并无胜算。要取荆州，得等待机会，得妥筹良策。所以，吕蒙"初至陆口，外倍修恩厚，与羽结好"①。他在等待机会。

关羽北攻襄阳，吕蒙认为时机已到。不过，这似乎并不是一个太好的机会，因为关羽在江陵、公安仍留有大量的军队，并在沿江设置屯候。显然，关羽对江东保持着相当的戒备。吕蒙打算就此制造一个绝好的机会。于是，他让孙权以治病为由，公开将他召回建业，而以在当时并不知名的陆逊代他镇守上游，自己却在暗中做好准备。

关羽擒于禁时，陆逊已在陆口任上。他多次致书关羽，"称其功美，深自谦抑，为尽忠自托之意"，以麻痹关羽。关羽果然中计，"意大安，无复所嫌，稍撤兵以赴樊"。②关羽抽调荆州留守之军以赴樊城，一方面固然是江东的麻痹战略起了作用，另一方面也是关羽为仿佛伸手可及的成功所诱惑。于禁军没后，关羽急攻樊城，并引沔水围城，曹仁等守城非常艰难，甚至已有人提醒曹仁考虑趁早突围北走。在关羽看来，樊城的攻破只是时间问题，只需要再加一把劲，即可成功。

孙权虽已决策袭取荆州，吕蒙、陆逊的麻痹战略也已奏效，可是，孙权对于西袭荆州的行动却仍然极其慎重。《吴书·全琮传》载，"建安二十四年，

---

① 《吴书·吕蒙传》。
② 《资治通鉴》卷六十八，汉纪六十，献帝建安二十四年。

刘备将关羽围樊、襄阳，琮上疏陈羽可讨之计，权时已与吕蒙阴议袭之，恐事泄，故寝琮表不答"。看来，孙权与吕蒙等人的密谋只在极小的范围内进行，连全琮都不曾透露，以免走漏消息，造成灾难性后果。《吴书·吴范传》中提到，"权与吕蒙谋袭关羽，议之近臣，多曰不可"。自鲁肃死后，在江东决策层，以吕蒙为代表的主张抛弃联盟的势力已经占据主导地位，那么，孙权的慎重，心腹近臣们的"多曰不可"，只能说是他们对于能否成功仍有顾虑，而不是在该不该袭荆州的问题上存在分歧。

在关羽将留守的兵力陆续抽调至前线后，袭取公安、江陵，已经较有胜算。可是，在袭取公安、江陵之后，孙权势必得面对从襄阳回师的关羽之军，以及随后便会从益州东下的刘备大军。双方将有一次大的摊牌，更激烈的军事冲突以及持续的敌对状态势必难免。而曹操在淮南屯有超过十万的庞大兵力。如果孙权不预先考虑好如何应付这种局面，那么，他袭荆州之举换来的就可能不是江东的安全，而是不可测的奇祸。

于是，孙、曹这两位宿敌开始在暗中勾通。

《魏书·武帝纪》载："冬十月，军还雒阳。孙权遣使上书，以讨关羽自效。"《吴书·吴主传》载："权内惮羽，外欲以为己功。笺与曹公，乞以讨羽自效。"

孙权主动向曹操请降一事，应放在建安二十四年的形势背景中去看。《资治通鉴》在叙述关羽北攻襄阳之战前，先叙及孙曹关系。"孙权攻合肥。时诸州兵戍淮南。"[①] 一般认为，这是促使关羽决定北攻襄阳的一个有利因素。按照这一记述，在襄阳之战前，孙权与曹操的军队在淮南处于战争状态。可是，《魏书·武帝纪》以及自建安二十二年以来一直屯守淮南的夏侯惇、张辽等将领的传记中，《吴书·吴主传》以及长期以来主要在淮南方向对曹军作战的蒋钦、甘宁、凌统等将领的传记中，都没有提到此间双方在淮南发生战争。只有《魏书·温恢传》这样记述："建安二十四年，孙权攻合肥，是时诸州皆屯戍。"《资治通鉴》的叙述应该是以《魏书·温恢传》的记述为依据。然而，恰

---

① 《资治通鉴》卷六十八，汉纪六十，献帝建安二十四年。

是在此时，恰是在淮南，时为扬州刺史的温恢却对兖州刺史裴潜说："此间虽有贼，不足忧，而畏征南（曹仁）方有变。"随后即发生关羽北攻襄阳之事。

因此，在襄阳之战前，孙曹双方并不曾在淮南发生战争，只是处于军事对峙状态。所谓"孙权攻合肥"，也许只是曹操为西援汉中而防备孙权攻合肥，因而预作准备，增戍兵力。时扬州刺史治寿春，兖州刺史裴潜却与扬州刺史温恢在一起，徐州刺史臧霸亦屯居巢，据此可以判断，曹操除了以夏侯惇、张辽等将领率军屯居巢外，还在兖州、扬州、徐州等东部诸州征兵以增戍淮南。曹操大军云集淮南，孙权当然不敢松懈。这也正是孙权对调军西上去袭取荆州充满顾虑的原因所在。

对于孙权来说，如果不缓和在淮南的紧张对峙，那么，即令他在荆州方面做好了袭关羽的所有准备，也不敢贸然采取行动。缓和在淮南的军事对峙，对于曹操之援襄阳和孙权之袭荆州可能都有利。但是，对于曹操来说，救援襄阳主要是时间的问题，他必须在有效的时间内，将援军开赴襄阳前线；而对于孙权来说，袭荆州则主要是力量的问题，他要掂量他的力量是否足够同时在淮南和荆州两个方向作战。显然，孙权比曹操更需要缓和在淮南的对峙。

《吴书》对于孙权君臣如何谋划袭关羽，以及如何为此做准备，有非常详细的记载，可是，对于如何与曹操在淮南实现缓和这一至关重要的环节，除了《吴书·吴主传》中的寥寥数语外，参与谋划袭荆州的文武僚属的传记中，都不曾提及。江东对降曹细节讳莫如深，后世在考察孙权袭荆州之战时，注意力大多被吕蒙和陆逊等人的细致准备所吸引，而较少注意到孙权向曹操乞降对袭荆州之战的意义，以及对汉末政治的影响。

孙权主动向曹操请降，此事对于曹操的意义，却不仅仅是救援襄阳。建安二十四年五月，曹操不无沮丧地放弃了汉中。关羽北攻襄阳，一度造成宛、襄一带的局势紧张，但没想到随后即冒出孙权请降乞讨关羽以自效，给曹操提供了一个可能一举解决孙刘问题的契机。不过，曹操的战略调整却是在救援襄阳的名义下悄悄进行的。曹操增援襄阳的动作，先急后缓，充满玄机。

襄阳和樊城的危急，在于禁的七军刚刚覆没时达到顶点。为此，曹操再遣徐晃前去救援。徐晃智勇善战，曾被曹操颁令嘉奖，此前主要在关陇、汉中一带作战。徐晃受命驰援襄阳，可是，《魏书·徐晃传》中却说他"所将多新卒"，据此可推知，徐晃的援军并不是他从关中带出的。一种可能的情形是，曹操在得知于禁军败后，遣徐晃单骑驰援，而军队却是在宛城一带就近征集的。曹操如此部署，目的是让徐晃以最快的速度到达南阳地区，稳定局势。作为后续，曹操再派出徐商、吕建、殷署、朱盖等将率军增强徐晃的援军。

曹操初援襄阳，动作是尽可能地急。可是，待到曹操从淮南调遣援军时，却出现一种微妙的变化。《魏书·温恢传》载：

诏书召潜及豫州刺史吕贡等，潜等缓之。恢密语潜曰："此必襄阳之急欲赴之也。所以不为急会者，不欲惊动远众。一二日必有密书促卿进道，张辽等又将被召。辽等素知王意，后召前至，卿受其责矣！"潜受其言，置辎重，更为轻装速发，果被促令。辽等寻各见召，如恢所策。

从温恢对裴潜的"密语"及后来被验证的情况看，曹操开始从淮南调兵时，是外松内紧，一方面，为了不引起远近百姓的骚动，调兵的过程示之以缓，另一方面却以"密书"催促其尽快上路，以期诸军尽快驰援襄阳。

待到张辽诸将被召时，情况已经有了微妙的变化。《魏书·张辽传》载："关羽围曹仁于樊，会权称藩，召辽及诸军悉还救仁。"乍看之下，是因为孙权"称藩"，所以屯于居巢的军队可以悉数调去增援曹仁。可是，这些以救援曹仁为名义调走的军队，并没有开赴曹仁正困守的樊城和襄阳，而是调到了距离襄阳四百里开外的摩陂。曹操本人也在摩陂。

摩陂，在今河南省郏县，在许昌以西百余里，却在襄阳以北四百余里。按《水经注》中所述，当时的摩陂是一处"纵广可一十五里"的大堰，在汝水（今汝河）边上，经由汝水、淮水，可直通淮南。为什么曹操连同从淮南调走的军队都集中到了摩陂呢？

这年冬十月，曹操从长安回到了雒阳。关于下一步的行动，《魏书·桓阶传》记载了一段颇有意味的讨论。

> 太祖欲自南征，以问群下，群下皆谓："王不亟行，今败矣。"阶独曰："大王以仁等为足以料事势不也？"曰："能。""大王恐二人遗力邪？"曰："不。""然则何为自往？"曰："吾恐虏众多，而晃等势不便耳。"阶曰："今仁等处重围之中而守死无贰者，诚以大王远为之势也。夫居万死之地，必有死争之心；内怀死争，外有强救，大王案六军以示余力，何忧于败而欲自往？"太祖善其言，驻军于摩陂。

当曹操就自己是否应该亲自南征而与群下商议时，群下认为"王不亟行，今败矣"，显然是看到曹仁仍被围于樊城，压力并没有解除，所以曹操有必要亲自南征。桓阶劝阻了曹操，于是，曹操驻军于摩陂。

桓阶的分析至多只是说明了曹操没有必要亲自南征。若单从救援曹仁的角度考虑，曹操亲自南征至少不是一件有副作用的事情。除非他阻止曹操亲征的真正理由是他不曾说出的另外的考虑，从这另外的考虑出发，曹操亲自南征非但没有必要，还会起副作用。那么，这另外的考虑是什么呢？

如果曹操率领他从汉中、关中带出的军队，连同从淮南调来的军队亲赴襄阳的话，关羽见拔城无望，可能会在孙权动手袭荆州之前，主动撤襄阳、樊城之围，回守江陵、公安。关羽主力已经回守，江东欲袭荆州就不易得手，而很可能只是重演建安二十年的那场危机，孙权很可能放弃在荆州的冒险。那样的话，曹操想让关羽与孙权"相持以斗之"的策略就可能落空。基于这样的考虑，曹操的亲自南征才非但没有必要，还会起副作用。

所以，曹操一方面要以救援曹仁的名义调走淮南的驻军，另一方面又并不让他们开赴襄阳前线，他本人更不能亲自南征。调开淮南的军队，孙权才敢放心地调遣东部的军队，倾力去袭荆州；不让这些援军开赴襄阳前线，是为了让关羽仍然觉得破城有望，继续在襄阳、樊城逗留，从而授孙权以可乘之机。

于是，我们看到，建安二十四年秋冬之际，曹操方面声势浩大的救援襄阳的调兵行动，变成了在摩陂的一次大阅兵。

曹操本人到了摩陂，夏侯惇、张辽、裴潜等这些原屯戍淮南的将帅全都到了摩陂。夏侯惇在摩陂，曹操"召惇常与同载"[①]；张辽率军至摩陂时，曹操"乘辇出劳之"[②]；裴潜的军队在摩陂表现不错，曹操"叹其军陈齐整，特加赏赐"[③]。待到襄阳之围已解，徐晃也"振旅还摩陂"。《魏书·徐晃传》载，"时诸军皆集，太祖案行诸营"。

这是曹操最后一次检阅他用以平定大半个天下的大军。是后，夏侯惇、张辽等原屯淮南的将领没有再回居巢或者合肥。夏侯惇督诸军还寿春，旋又徙屯召陵，召陵在豫州。张辽"还屯陈郡"，直到孙权叛曹魏，才"还屯合肥"。

曹操在淮南的大军撤走了，孙权可以动手了。他遣使告诉曹操，他就要遣兵西上，掩取江陵，但他请求曹操保密，以免走漏风声，让关羽有所准备。董昭建议曹操"宜应权以密，而内露之"，即表面上答应孙权保密，而实际上却将此消息既透露给曹仁和徐晃，也透露给关羽，这样，"可使两贼相对衔持，坐待其弊"[④]。

所有的准备早已做好，所有的条件都已具备，于是，在这年冬十一月，孙权命吕蒙率军，沿着十一年前的那个冬天周瑜进军的线路，向着荆州进发。所不同的是，当年周瑜要进攻的是曹操，而吕蒙要进攻的是关羽；这也是四年前吕蒙率军西进的线路，所不同的是，这一回，吕蒙将精兵隐藏在大船中，摇橹的士兵们全都穿上白色的商人衣服，还派人先破坏了关羽在沿江设置的屯候。吕蒙的大军在神不知鬼不觉中便抵达公安、江陵。吕蒙派人说降公安守将士仁、江陵守将糜芳，二人开城投降。就这样，关羽自恃守固的公安和江陵二城被吕蒙兵不血刃地拿下。

吕蒙占领江陵后，下令不得侵扰百姓，他派人抚慰关羽军队的家属，派亲信慰问老人，有病者给医药，饥寒者给粮给衣，以此安抚百姓，瓦解关羽军队的斗志。另外，派陆逊率军西上占领夷陵、秭归，控制荆州与益州之间

[①]《魏书·夏侯惇传》。
[②]《魏书·张辽传》。
[③]《魏书·裴潜传》。
[④]《魏书·董昭传》。

的通道，防止关羽退回益州，也阻断刘备从益州东援之路。待到孙权到达江陵时，原荆州将吏全都表示效忠于孙权。只有荆州治中从事潘濬称疾不见，孙权亲自做其思想工作，最后潘濬感激涕零地归降孙权，还帮孙权平定了武陵郡。

曹军把孙权将袭江陵的消息射入关羽营中，关羽仍然犹豫不能去。直到江陵已被占领的消息传来，关羽这才率军南撤。

关羽南撤时，曹操下令制止了对关羽的追击。曹操——以及对曹操意图心领神会的赵俨——满以为下一幕会看到：回师的关羽将在江陵与孙权上演一场殊死的搏杀。但是，他们实在是太高估了关羽的帅才。

江陵虽然被袭，但关羽的军队基本完好无损。吕蒙在江陵的那些措施，虽然有利于他控制荆州局势，也铺垫了瓦解关羽军心的基础，但对于关羽的军队来说，他们开始所能知道的只是：在他们对曹军的作战胜利在望时，作为同盟的孙权背弃信义地偷袭了江陵。关羽的回撤之师，完全可以被激励成一支愤怒的复仇之师。

可是，在回军的途中，也许关羽仍存有侥幸心理，他多次派使者去江陵探听动向，这为吕蒙提供了瓦解关羽军心的绝好机会。吕蒙每次都厚待使者，让他们周游城中，挨家挨户探问将士家属，帮他们捎带书信。使者回去后，在军中传播开吕蒙安抚百姓、优待家属的消息，于是，关羽军中将士全无斗志了。关羽自知势穷，乃西保麦城。

关于关羽最后的败亡，《吴书·吴主传》载，"权使诱之，羽伪降，立幡旗为象人于城上，因遁走，兵皆解散，尚十余骑"。关羽"为人强梁"，素以凌人之气对待江东，所以关羽未必会"伪降"。也许是由于此时双方仍有接触，关羽也通过制造假象以掩护其向益州西撤，所以江东方面将关羽的行为说成是"伪降"和"遁走"。不管怎么说，这显示出关羽本人也丧失了斗志。于是，西撤的行动遂变成了关羽军队的大溃散。

这支不久前还在襄阳创造辉煌战功的军队，南撤之后，几乎没有经历什么战斗便溃散了。只有十余名骑兵追随关羽西归。在西归的途中，关羽及其子关平，被孙权的军队截杀。

这期间，曹操回到了雒阳。当江东很快就将关羽的首级送来时，曹操心里一定充满了失望。曹营的将士都应该记得关羽于万众之中斩颜良首级的神勇，却不曾想到这位神勇的将军竟然如此不堪一击。

不过，荆州这个舞台上，下一幕仍有精彩可期，从淮南撤出的大军仍有用武之地。他还可以期待孙刘再在荆州上演一场殊死的搏杀，自己再坐制其后。只是，他没有想到，他本人不久也死了，剧本还是没有按他的设想演绎。

刘备的战略检讨

襄阳没有攻占,刘备所占领的荆州数郡完完全全地并入了江东的版图;半年后,孟达因与刘封发生矛盾,投降曹丕,引曹军来攻上庸,刘封逃回成都,被刘备所诛。东三郡也并入了曹魏的版图。

日后,曾在关羽属下做过长沙太守的廖立评论说:

> 昔先帝不取汉中,走与吴人争南三郡,卒以三郡与吴人,徒劳役吏士,无益而还;既亡汉中,使夏侯渊、张郃深入于巴,几丧一州;后至汉中,使关侯身死无孑遗,上庸覆败,徒失一方。是羽恃恃勇名,作军无法,直以意突耳,故前后数丧师众也。①

廖立的话,前面是检讨刘备的战略,后面则是批评关羽的统帅才能。他认为,刘备在建安十九年取得益州后,本应趁势进取汉中,却因对孙权求荆州诸郡的要求处理不当,致使双方在荆州爆发危机,兴师动众,引兵东下,最后还是不得不部分满足孙权的要求,却将取汉中的机会拱手让给了曹操,还让夏侯渊、张郃等透入巴中,险些导致益州丧失;尔后再争汉中,却导致荆州和东三郡丢失。对于丢失荆州,关羽统兵无方,要负主要

---
① 《蜀书·廖立传》。

的责任。

廖立曾被诸葛亮誉为"楚之良才，当赞兴世业者也"，后因牢骚之言影响政局安定而被废为民，流徙汶山郡。但他的这段检讨却是有见地的。概括地说，廖立批评刘备在进取巴蜀汉中与维护联盟之间没有一个恰当的平衡点，在进取目标上也没有一个明确的战略重点。

建安二十年，刘备在与孙权实现和解后，再谋进取汉中，在占领汉中后，再谋攻占东三郡和襄阳以打通荆州与汉中之间的联系通道，这个方向并没有错，他已在一步步趋近"跨有荆益"这个阶段性目标的完全实现。为这一目标收最后之功的便是攻占襄阳。

跟汉中北阻秦岭的地形地势不同，襄阳地处战略要冲，关羽攻襄阳，曹操势必会救援；即令关羽一度攻占了襄阳，曹操亦必引兵来复争。从关羽攻襄阳、樊城的情况看，关羽明显地感到兵力不足。而关羽的荆州之军实际上担负着两方面的任务，一是北拒曹操，二是防范江东。即使是在曹操并不曾倾全力增援襄阳的情况下，即使是在关羽将留守的兵力抽调至前线之后，仍不能破城。这就得反思刘备以关羽的荆州之军单独去攻取襄阳在战略上是否明智。

刘备既然是为打通荆州与汉中之间的通道而决定攻取襄阳，就应该把攻取襄阳当成一个战略重点，尽全力以完成之。他应该在西线的战事告一段落之后，将益州的兵力部分东移，以增强荆州的兵力。关羽攻襄阳时，刘备已经取得了汉中。这意味着，在一定阶段内，他在西线的发展已到了一个相对的限度；汉中是曹操明确放弃的，这意味着，刘备可以从西线腾出相当的兵力，而不会承冒太大的风险。可是，刘备一方面假关羽以节钺，以示对关羽攻襄阳的支持，另一方面却让关羽以不足的兵力去追逐一个极具战略意义的目标，势必会让这支军队原有的另外一个使命——防范江东——被忽略。

刘备本应从建安二十年的那次危机获得警示，反思自己的联盟政策。然而，正是在关羽攻襄阳期间，刘备在没有跟孙权沟通的情况下称汉中王，在自己的帝业之路上公然迈出一大步，这无异于提醒孙权双方根本目标的不一致。此举等于在事实上撤开了联盟关系。

这还不是最糟糕的。最糟糕的是，刘备既已撤开联盟，就应该加倍防范孙权。可是，刘备在撤开了联盟关系的情况下，仍要进取襄阳，却不增强荆州的军力，就只能置荆州于极大的风险之中。

尽管刘备有上述失误，荆州那么轻易就丢得一干二净，仍是令人惊诧的事。这就得归咎于关羽平庸的统帅才能了。

孙权为袭荆州而背盟降曹，曹操其实也并不愿意看到孙权得志于荆州，从曹操救援襄阳的那些动作中可以看到，曹操最希望看到的是关羽与孙权在荆州两虎相斗，两败俱伤，他本人则坐制其后。但出乎他意料之外的是，孙权袭取荆州那样轻而易举，公安、江陵、夷陵、秭归等战略要点全都兵不血刃地拿下，关羽的军队几乎未经战斗便溃散了，未对孙权造成任何损害。

造成这一结果，关羽实在不能辞其咎。关羽攻取襄阳的希望在他擒获于禁时达到顶点，但是徐晃在八月即已驰援襄阳，而关羽至十一月始退兵，也就是说，有两三个月的时间，襄阳、樊城的战况实际上是处于相持状态。及至曹军把孙权将袭江陵的消息射入关羽营中，关羽仍犹豫不能去。难怪后世批评关羽贪功。

江陵、公安虽因糜芳、士仁的叛降而被吕蒙兵不血刃地拿下，但造成这一结果，关羽同样不能辞其责。史言："羽善待卒伍而骄于士大夫，飞爱敬君子而不恤小人。"① 关羽"董督荆州事"，担负方面之任，本应凝聚一州文武，尽心于刘备的复兴汉室之业。从荆州文武官员在那么短的时间内即归附孙权看，关羽"骄于士大夫"是诚然有之。就拿南郡太守糜芳来说，他自徐州时期便追随刘备，其妹为刘备夫人，其兄糜竺亦为刘备所优宠，兄弟二人的身份可以说是无嫌无疑。关羽与糜芳的关系却处理得很差，致使糜芳"私好携贰，叛迎孙权"②。为将者"善待卒伍"，旨在凝聚军心，增强战斗力，即孙子所说

---

① 《蜀书·张飞传》。
② 《蜀书·糜竺糜芳传》。

的"视卒如爱子,故可与之俱死"[1]。关羽在最后关头却只有十来人追随,从这一情况看,关羽是否真的"善待卒伍",恐怕也成问题。

刘备在战略上的失策,经由关羽平庸的统帅才能,遂在荆州酿成灾难性的后果。

---

[1]《十一家注孙子校理·地形篇》,中华书局1999年3月第1版。

孙权的政治代价

孙权成功地袭夺了荆州,几乎没有付出什么伤亡代价。但是,他付出了高昂的政治代价。

孙权既是以"讨关羽自效",于是,他在成功地袭杀关羽之后,传首雒阳。曹操表孙权为骠骑将军,假节,领荆州牧,封南昌侯。孙权遣校尉梁寓入贡。《资治通鉴》在叙述梁寓的这趟出使时还说:

> (孙权)上书称臣于操,称说天命。操以权书示外曰:"是儿欲踞吾著炉火上邪!"侍中陈群等皆曰:"汉祚已终,非适今日。殿下功德巍巍,群生注望,故孙权在远称臣。此天人之应,异气齐声,殿下宜正大位,复何疑哉!"操曰:"若天命在吾,吾为周文王矣。"[①]

《资治通鉴》的这段叙述综合了鱼豢的《魏略》和孙盛的《魏氏春秋》。按照上述记载,孙权向曹操称臣,并且"称说天命",劝曹操代汉自立。

这就让人产生一个疑问:孙权被曹操表为骠骑将军,领荆州牧,封南昌侯,是为汉官和汉爵。《魏书·刘晔传》注引《傅子》载刘晔言,"权虽有雄才,故汉骠骑将军南昌侯耳",也明确讲到孙权的汉臣身份。何以《三国

[①]《资治通鉴》卷六十八,汉纪六十,献帝建安二十四年。

》中多处提到孙权称臣于曹操？其时曹操已建立自己的王国。若孙权称臣于曹操，则孙权应称魏藩；若孙权只是恢复跟许昌汉廷的臣属关系，则为汉藩。从实质上讲，二者没有多大区别，因为许昌汉廷原是体现曹操意志的汉廷，所以，无论是复归汉藩还是称魏藩，都是向曹操的意志屈服。但二者毕竟稍有不同，攸关政治名分。所以有必要稍加甄别：孙权究竟有没有向曹操称臣？

建安十三年，孙权跟曹操决裂，也意味着跟许昌汉廷决裂；现在，孙权为袭荆州，需要缓和与曹操在淮南的军事对峙，他必须表示出对曹操意志的屈服。日后，孙权在给曹丕的信中就自己一度跟曹操敌对而解释道："中间寡虑，庶事不明，畏威忘德，以取重戾。"他将建安十三年后的那段敌对的历史解释为自己一时糊涂，幸亏"先王（曹操）恩仁，不忍遐弃，既释其宿罪，且开明信"，所以双方重归于好。①

孙、曹之间为恢复和好经过了讨价还价。毕竟，这不是简单地表个态就可以的事。对于孙权来说，他必须实实在在地看到曹操撤走淮南的大军，这攸关到他的成败乃至存亡；而对于曹操来说，他并不真的需要淮南的大军去救援襄阳，他在乎的是孙权以什么样的政治条件回报他的撤军。

《魏书·王朗传》注引《魏略》中提到：

> 太祖以孙权称臣遣贡谘朗，朗答曰："孙权前笺，自诡躬讨虏以补前愆，后疏称臣，以明无二。"

从王朗的话中可以看到，孙权是在逐步提高政治回报，才换得了曹操的信任。孙权的前书称"笺"，即一般的书信，信中只是表示以讨关羽来弥补从前的一时糊涂，政治名分比较含糊；后书则称"疏"，表示称臣。后来孙权在给曹丕的书信中说："先王以权推诚已验，军当引还，故除合肥之守，著南北

---

① 《吴书·吴主传》注引《魏略》。

之信，令权长驱不复后顾。"① 所谓"推诚已验"，当指称臣于曹操。

此时，曹操已由魏公晋爵为魏王，自魏建国，王朗便出仕于魏国，而非汉廷。上引王朗的答语中还说，"三江五湖，为沼于魏，西吴东越，化为国民"。意谓江东之地，将囊括于魏境，吴越之民，将归顺为魏民。孙权"后疏称臣"的书信内容我们不曾看到，它带给王朗的想象却有如天花乱坠，以至于钟繇都觉得孙权"妩媚"。《魏书·钟繇传》注引《魏略》载：

> 孙权称臣，斩送关羽。太子书报繇，繇答书曰："臣同郡故司空荀爽言：'人当道情，爱我者一何可爱，憎我者一何可憎！'顾念孙权，了更妩媚。"

孙权应该是信誓旦旦地对曹操君臣表达出了一种愿为魏藩的心意。孙权身为汉臣，却愿为魏藩，这只有在曹操由魏王进位为魏帝之后才有可能。看来，孙权称臣于曹操，跟他"称说天命"劝曹操代汉自立是联系在一起的。

《吴书·吴主传》却是这么记述此事的："权遣校尉梁寓奉贡于汉。"《吴书》中只说孙权遣梁寓"奉贡于汉"，显示出孙权想将他对曹操的屈服说成是对汉廷的重新尊奉。但妙就妙在《魏略》也记载了梁寓出使一事："梁寓字孔儒，吴人也。权遣寓观望曹公，曹公因以为掾，寻遣还南。"② 当时汉帝在许昌，曹操先驻摩陂，后还雒阳。孙权在斩关羽后，传首雒阳，而不是许昌。日后孙权与曹丕的书信内容也显示，这期间在孙权与曹操之间沟通的人物就是梁寓。梁寓有没有顺道去过许昌，我们不得而知，但他肯定去过雒阳。

江东方面将孙权遣梁寓出使说成是"奉贡于汉"，而不提向曹操称臣及"称说天命"之类的事，孙权本人也一再为此事辩护，这恰好反映出孙权也意识到，向曹操称臣是一件让孙权在政治上极其尴尬的事情。

---

① 《吴书·吴主传》注引《魏略》。
② 《吴书·吴主传》注引《魏略》。

然而，恐怕连孙权都没有料到的是，曹操会在不久后即死去。这似乎又给了他一个机会。日后，曹魏三公奏请曹丕伐孙权之罪的奏章提到：

> 先帝委裘下席，权不尽心，诚在恻怛，欲因大丧，寡弱王室，希托董桃传先帝令，乘未得报许，擅取襄阳，及见驱逐，乃更折节。①

按奏章中的说法，曹操死后，孙权曾经"擅取襄阳"。孙权擅取襄阳一事，《魏书·曹仁传》可为佐证：

> 孙权遣将陈邵据襄阳，诏仁讨之。仁与徐晃攻破邵，遂入襄阳，使将军高迁等徙汉南附化民于汉北，文帝遣使即拜仁大将军。②

曹仁拜大将军在黄初二年（221年）四月，曹仁收复襄阳在这之前，则孙权遣陈邵入据襄阳应在更早一些时候。《吴书·吴主传》中提到，建安二十五年秋，"魏将梅敷使张俭求见抚纳。南阳阴、酂、筑阳、山都、中庐五县民五千家来附"。这五县都在襄阳附近、沔水沿岸。两方面的史料结合起来看，建安二十五年（或延康元年，220年），襄阳一带出现过骚动。孙权趁曹操之死，派兵进据过襄阳。

对于孙权来说，向曹操称臣是一枚政治苦果。为袭荆州，他不得不将这枚苦果衔在嘴里。曹操突然死亡，似乎为孙权提供了一个可以将此苦果吐出的机会。如果那个集团因曹操之死而发生内乱的话，那么在孙权对付刘备时，就用不着顾虑背后会受到威胁，他也就可以将这枚苦果吐出。

曹操死后，曹魏集团内部顺利地完成权力交接，并未出现内乱。《魏书·文帝纪》载："六月辛亥，治兵于东郊，庚午，遂南征。"此时曹丕南征，想要征谁？

---

① 《吴书·吴主传》注引《魏略》。
② 《魏书·曹仁传》。

南征的效果在下个月的时候显现出来。秋七月,"孙权遣使奉献"。《吴书·吴主传》注引《魏略》中收有孙权给曹丕的几封书信。在第三封信中,孙权提到双方的军队在淮南居巢一带发生小规模冲突,并言:

> 权实在远,不豫闻知,约敕无素,敢谢其罪。又闻张征东、朱横海今复还合肥,先王盟要,由来未久,且权自度未获罪衅,不审今者何以发起,牵军远次?事业未讫,甫当为国讨除贼备,重闻斯问,深使失图。

张征东指张辽。张辽在建安二十年的合肥之战后,被拜征东将军。曹丕继魏王位后,转张辽为前将军,孙权或未知晓,故仍称张辽为征东将军。《魏书·张辽传》载:"孙权复叛,遣辽还屯合肥。"此事在曹丕即魏王位之后,称帝之前。这一记载与《魏书·文帝纪》中提到的治兵南征及孙权书信中提到的情况大抵相合。此事显示出,在建安二十五年(或延康元年,220年),孙、曹关系发生过一段微妙的变化。曹魏方面将这段变化定性为"孙权复叛"。

曹丕只需要做做大军将要南征的姿态,或者将张辽等将调动一下,就能将孙权再拽回来。孙权袭夺荆州之后,益州的刘备一直隐而未发,却一直悬在头顶;曹操从淮南撤走的大军随时可以返回。只要那个摊牌的时刻还没有过去,孙权就只能将那枚苦果塞回嘴里。

不过,此时的孙曹关系仍是一种含糊的关系。曹丕尚未代汉,汉献帝仍然在位,孙权仍然可以将他的"遣使奉献"说成是对汉廷的尊奉。

延康元年(220年)冬十月,天下人的目光都在注视着汉献帝禅位给曹丕。正朔已改,汉献帝延康元年改成了魏文帝黄初元年。次年四月,魏文帝曹丕遣曹仁驱逐了据襄阳的陈邵。同月,刘备称帝于成都。七月,刘备下令东征孙权。那个让江东屏息已久的时刻终于来临。于是,八月,孙权正式向曹魏称藩。《魏书·文帝纪》载,"孙权遣使奉章,并遣于禁等还"。《吴书·吴主传》也只能这么记载此事:

> 自魏文帝践阼,权使命称藩,及遣于禁等还。

这一次，孙权只能没有任何含糊地向曹魏称臣。

孙权为袭荆州，向曹氏称臣。他得到了刘备在荆州所占的地盘，却付出了高昂的政治代价。

孙氏兄弟起兵之初，孙坚、孙策与逆臣袁术的依附关系成为孙氏的政治负累。建安初年，孙氏兄弟为刷洗与袁术的关系，跟曹操走近，借此重建与许昌汉廷的关系。建安十三年，孙权与曹操公开决裂。那时，他骂曹操是"汉贼"，称自己是"为汉家除残去秽"。现在，他为袭荆州，向曹操称藩劝进，劝曹操代汉自立，曹丕代汉后，又向曹丕称臣，他再也不能骂曹氏为汉贼了。纵使他打定主意，日后要摆脱曹氏，但是，在中原，他再也没有政治信用了。

他的政治生命也差点就此终结。从曹操调淮南之兵的微妙动作中，可以看到曹操对于两虎相斗坐制其弊的策略把握得非常精妙。如果曹操不死，很难想象孙权能从曹操布设的笼子里逃脱。曹操死了，代汉自立的事得由曹丕来完成。曹丕何德何能？又有何功于天下？他需要孙权的称藩为自己添一笔"远人来服"的政治油彩。但其智略远逊其父，所以，非但未能制服孙权，还赐予他吴王头衔，垫高其权力位阶。

拜赐于曹丕政治与权谋方面的平庸，孙权才没有遭遇灭顶之灾。但是，当他亲曹又背曹，背曹又降曹，降曹再背曹时，不唯曹丕以"埋而掘之，古人之所耻"[①]指责他反复无常，恐怕连他自己也不再相信他还有问鼎中原的号召力，更不用说统一天下的机会。

[①]《吴书·吴主传》裴松之注引《国语》曰："狸埋之，狸掘之，是以无成功。"

第九章

刘备称帝

刘备的帝业论述

建安二十五年是汉魏政治发生历史性变迁的一年。但令人纳闷的是，蜀汉编年史上的这一年几乎是一片空白。

上一年，引人注目的事件大都发生在南方。刘备取得了汉中，并完成权力升格——称汉中王；夏天，关羽向襄阳发起进攻，情况看上去非常顺利；到冬天的时候，形势却发生逆转，孙权背盟袭取了荆州。当我们关注南方事态的演进时，北方发生历史性变故，南方事态演进的惯性遂被打断。

建安二十五年正月，在关羽的首级被送到雒阳后不久，曹操也死了。建安政治的灵魂人物死了，延续了二十多年的建安政治至此终结。曹丕在继承魏王和汉丞相之位后，旋即将汉献帝的年号改为延康。延康政治实际上只是一个过渡，它主要的内容就是筹备禅让。这年十月，汉献帝禅位于曹丕。曹丕即皇帝位，改元黄初。从延康到黄初，跨越的是从汉到魏的嬗替。

孙权袭荆州、曹操之死、曹丕代汉，每一桩都是震动天下的大事，当我们关注刘备对这些变故会作何反应时，巴蜀方面却是一片异乎寻常的沉寂。

丢失荆州差不多整整一年之后，沉寂的巴蜀突然热闹起来。先是有一个传闻在巴蜀传开，说是汉献帝已被曹丕害死。《蜀书·先主传》载：

> 或传闻汉帝见害，先主乃发丧制服，追谥曰孝愍皇帝。是后在所并言众瑞，日月相属。

谁编造了这个传闻？为什么要编造这个传闻？

当初，孙权向曹操劝进时，曹操说："若天命在吾，吾为周文王矣。"[①] 他把自己比作三分天下有其二犹服事殷的周文王，按曹操的意思，则他的儿子应为周武王。可是，他儿子在登基称帝之后，顾谓群臣时却说："舜、禹之事，吾知之矣。"[②] 他把自己比作接受了禅让的舜和禹，而不是周武王。曹丕代汉后，封汉献帝为山阳公，邑万户。汉献帝虽已退位为公，但在自己的封邑内，仍行汉正朔，以天子之礼郊祭，对曹丕上书不称臣，一如舜禹故事。为显示传说中的圣王禅让之事复现于当代，曹丕非但不会害死汉献帝，还唯恐天下人不知道自己优待逊位的汉帝。事实上，汉献帝一直活到了魏明帝青龙二年（234 年），比曹丕和刘备死得都还要晚。

刘备声称要复兴汉室，可是，按照曹丕编排的禅让剧本，由汉家的天子亲口宣布天命已转移到曹氏，并亲手将汉家的天下禅让给了曹家，这样，刘备复兴汉室的事业便失去了依据。但是，根据这个传闻，曹丕害死了汉献帝，就像西汉末王莽毒死汉平帝一样，那么，曹丕虽然是经由禅让而代汉，但其性质就跟王莽代汉一样，属于篡汉，天命并未去于汉。这样，刘备复兴汉室的事业便又重新找回了正当性依据。因此，这个传闻应该是刘备方面有意编造的。如此，刘备复兴汉室的事业与光武中兴才形成完整的对应。

虽然是一个编造的传闻，但刘备显然是把汉献帝当成是真的已经死了，他像模像样地为汉献帝发丧。一个并没有死掉的汉献帝，被刘备宣布为死亡，这意味着他已可以甩开汉献帝，不再有顾虑地去追求刘秀式的汉室复兴，即复兴一个由他本人代表的汉室。

刘备既已为汉献帝发丧，于是，群下开始争相证明天命已落到刘备的头上。他们在河图洛书和五经谶纬中翻到了刘备的名字，并以"黄气""景云""祥风"及星象等祥瑞来表明，"当有圣主起于此州，以致中兴"，恳请刘备"应天顺民，速即洪业，以宁海内"。上书者络绎不绝。根据许靖等人在给刘备

[①]《资治通鉴》卷六十八，汉纪六十，献帝建安二十四年。
[②]《魏书·文帝纪》注引《魏氏春秋》。

的上书中所说的情况,"群下前后上书者八百余人,咸称述符瑞、图谶明征"。

由群儒争相称说符瑞和图谶而开展的造势活动进行到一定火候,于是,许靖、糜竺、诸葛亮、赖恭、黄柱、王谋等重要的谋臣上书刘备,建议刘备认真考虑这些"群儒英俊"的意见,"宜即帝位,以纂二祖"。

两年前,由马超领衔上表汉献帝,宣告他们援引河西五郡推窦融为元帅的故事,共推刘备为汉中王,此举旨在赋予刘备称王以合法性;现在,从群儒英俊们争相称说符瑞与图谶,到许靖、诸葛亮等重要谋臣的论述,则是要赋予刘备称帝以合法性。许靖等人的上书中指出了刘备称帝的迫切需要:

> 曹丕篡弑,湮灭汉室,窃据神器,劫迫忠良,酷烈无道。人鬼忿毒,咸思刘氏。今上无天子,海内惶惶,靡所式仰。①

在他们的论述中,曹丕代汉既属篡弑,天下之人"咸思刘氏",则汉室仍享有天命,这是无须费力去证明的大前提。需要着力证明的只是,天命已将复兴汉室的使命赋予到了刘备身上。上书中提到,关羽围攻襄阳时,襄阳男子张嘉和王休——似乎只是一种巧合,这两个人的名字含有吉祥和美好的意思——献上从汉水中捞起的玉玺。襄阳在汉中的下游,汉中是刘邦起步开创汉室基业的地方,也是刘备挫败曹操而称王的地方。在汉中下游的襄阳捞到这枚玉玺,似乎也在表明,天意让刘备成为汉高祖刘邦事业的继承者。许靖等人的上书说:

> 夫汉者,高祖本所起定天下之国号也,大王袭先帝轨迹,亦兴于汉中也。今天子玉玺神光先见,玺出襄阳,汉水之末,明大王承其下流,授予大王以天子之位,瑞命符应,非人力所致。②

---

① 《蜀书·先主传》。
② 《蜀书·先主传》。

况且,刘备"出自孝景皇帝中山靖王之胄",从血缘上讲,也是刘邦的后裔,完全有资格去代表刘氏,复兴高祖刘邦开创的汉室。

大家劝刘备称尊号时,刘备没有马上答应。谦让是必要的环节。刘邦在灭掉项羽之后,诸侯王们劝他称帝,刘邦也曾谦退;刘秀在河北,诸将劝他称帝,刘秀更是再三谦退。诸葛亮说:

> 昔吴汉、耿弇等初劝世祖即帝位,世祖辞让,前后数四,耿纯进言曰:"天下英雄喁喁,冀有所望。如不从议者,士大夫各归求主,无为从公也。"世祖感纯言深至,遂然诺之。今曹氏篡汉,天下无主,大王刘氏苗族,绍世而起,今即帝位,乃其宜也。士大夫随大王久勤苦者,亦欲望尺寸之功如纯言耳。①

诸葛亮表达出一种现实的考虑。刘备的事业既定位为复兴汉室,而曹丕已经篡汉,因此,非称帝不足以维系天下人对汉室的希望,非称帝不足以维系士大夫们对刘备的追随。

于是,刘备接受大家的推戴,于建安二十六年(221年)四月丙午日,在成都西北的武担山之南,登基称帝。

刘备登基时的告皇天上帝后土神祇文,是蜀汉历史上又一篇重要的政治文献,其主旨在于宣示刘备称帝的合法性。正文如下:

> 汉有天下,历数无疆。曩者王莽篡盗,光武皇帝震怒致诛,社稷复存。今曹操阻兵安忍,戮杀主后,滔天泯夏,罔顾天显。操子丕,载其凶逆,窃居神器。群臣将士以为社稷堕废,备宜修之,嗣武二祖,龚(恭)行天罚。备惟否德,惧忝帝位。询于庶民,外及蛮夷君长,佥曰:"天命不可以不答,祖业不可以久替,四海不可以无主。"率土式望,在备一人。备畏天明命,又惧汉阼将湮于地,谨择元日,与百寮登坛,受

---
① 《蜀书·诸葛亮传》。

皇帝玺绶。修燔瘗,告类于天神,惟神飨祚于汉家,永绥四海。①

这篇文诰开篇即宣示：汉有天下,历数无疆。这是刘备帝业的大前提。延续前面将曹丕代汉定性为篡汉,这个大前提的宣示,从理论上否定了曹丕称帝的天命前提。曹丕称帝的正当性论述是建立在汉的历数已终这一说法的基础之上的。按曹丕在称帝时的告天之文中的说法,汉的历数,历经前汉十二帝、后汉十二帝,共四百二十六年；如今种种祥瑞显示,汉的历数已终,魏当受命。②所以,刘备说"汉有天下,历数无疆",既是在否定曹丕称帝的理论前提,也是铺垫自己帝业合法性的天命基础。

这个大前提经由历史的论证而得出汉室将再次复兴的结论。曾经有王莽企图篡汉,光武帝刘秀奋起诛伐,终至汉室中兴,社稷复存。刘备拿光武中兴的历史验证汉室仍享有天命这个大前提：历史已经证明,并将继续证明,任何企图篡汉的人都将失败,汉室必将再次复兴。

如今,曹操"阻兵安忍,戮杀主后,滔天泯夏,罔顾天显",曹丕"载其凶逆,窃居神器",群臣将士们鉴于"社稷堕废",认为刘备应该继承祖业,"嗣武二祖,龚(恭)行天罚",讨曹灭贼,复兴汉室。下至庶民,外及蛮夷君长,也都认为："天命不可以不答,祖业不可以久替,四海不可以无主。"此前造势过程中的所有论述,概括成贯通天人的三个层次——"天命"的召唤、复兴"祖业"的历史使命和"四海"无主的现实要求——为刘备称帝完成一个天与人归的圆满论述。刘备"畏天明命",所以才接受大家的建议,登基称帝。

汉室依然享有天命；他建立的这个政权已代表汉室；刘备将继承汉家二祖,恭行天罚,讨曹灭贼,完成汉室的再次复兴。这是刘备帝业合法性的核心论述。

---

① 《蜀书·先主传》。
② 文见《魏书·文帝纪》注引《献帝传》。其论汉历数已终曰："汉历世二十有四,践年四百二十有六,四海困穷,三纲不立,五纬错行。灵祥并见,推术数者,虑之古道,咸以为天之历数,运终兹世。凡诸嘉祥民神之意,比昭有汉数终之极,魏家受命之符。"

对刘备帝业的非议

刘备既以复兴汉室为政治定位,他只能预设刘氏仍享有天命这个大前提。其实,在衰颓的汉末,这个大前提并非无须证明。黄巾起义时,"苍天已死,黄天当立"的说法便已在世间流传,袁术之徒早就试图将"代汉者当涂高"这一谶语与自己的名字联系起来;周瑜与鲁肃也早就在讨论"承运代刘氏者,必兴于东南"①之类的先哲秘论。刘备的造势活动虽仅限于巴蜀这片土地,但是,倘若巴蜀的术士们连这个大前提都否定了,那么,刘备本人是不是享有天命,当然也就不用讨论了。

造势期间,上书者多达八百余人,以符瑞和图谶证明天命已属意刘备来领导汉室的又一次复兴。巴蜀本土的群儒英俊大多列名于劝进名单中。可是,在私底下,他们却在议论着一套完全不同的说法。

造势活动虽然热热闹闹,但巴蜀精于谶纬者其实不过数人而已。东汉末年,益州的谶纬之学可以追溯到一个共同的师承渊源,即益州广汉的杨统、杨厚父子。杨统生活于东汉初,受"先祖所传秘记",又从同郡郑伯山学"河洛书及天文推步之术"②,曾解《内谶》二卷。杨厚习传父术,历安、顺、冲、质、桓五帝,名重于世。杨厚在益州传下三个著名的弟子:董扶、任安和周

---

① 《吴书·鲁肃传》。
② 《后汉书》卷三十上《杨厚传》。

舒。三人皆"驰名当世"①。董扶在灵帝末年以"益州分野有天子气"而建议刘焉出牧益州。任安从杨厚"学图谶，究极其术"②。任安死于建安七年（202年），但在刘备称帝前后驰名于巴蜀的名士如杜微、何宗、杜琼等，都是其门下弟子。周舒则传于其子周群，再传其孙周巨。其中，杜琼、何宗、周巨以及曾向杜琼请教图谶的"后进通儒"谯周，都列名于劝进名单中，以图谶证明刘备已得天命。然而，正是他们，在私底下议论着完全相反的说法。

《蜀书·周群传》提到其父周舒的观点及其在巴蜀士人中的影响。

> 时人有问："《春秋谶》曰代汉者当涂高，此何谓也？"舒曰："当涂高者，魏也。"乡党学者私传其语。③

周舒师从杨厚，"名亚董扶、任安"。周舒将"代汉者当涂高"解释为魏将代汉。劝进书中提到"臣父群未亡时"，则刘备称帝时周群已死，列名于名单中应该是其子周巨。从"乡党学者私传其语"看，周舒的观念在巴蜀士人中间应有相当广泛的传播，而且时间比较早。周群"少受学于舒，专心候业"，善观星候；其子周巨，"颇传其术"，他们的观念肯定会受到周舒的影响。

早在刘备争汉中时，周群就曾预测"当得其地，不得其民也"。前面我已讨论过，此类预测，与其说是基于他洞察到了一些不利因素，不如说是对刘备的一种消极态度。做过类似预测的还有张裕。张裕却以预言不验而被诛。实际上，张裕被诛是因为他所散布的言论。《周群传》载：

> 裕又私语人曰："岁在庚子，天下当易代，刘氏祚尽矣。主公得益州，九年之后，寅卯之间当失之。"人密白其言。

庚子年为献帝延康元年，寅卯之间即壬寅、癸卯年间。曹丕代汉是在

---

① 《华阳国志》卷十中《先贤士女总赞》。
② 《后汉书》卷七十九《儒林列传·任安》。
③ 《蜀书·周群传》。

庚子年（220年），刘备兵败夷陵是在壬寅年（222年），刘备之死是在癸卯年（223年）。张裕的这一预测倒是应验了。张裕说这话应是在建安十九年（214年），即刘备初得益州之时。刘备刚刚取得益州，帝业尚未提上日程，那时，刘备所宣扬的应该是诸如"匡辅汉朝"之类的言论，张裕却在私底下散布"刘氏祚尽"的言论，反映出他在政治上对刘备并不认同。

杜琼，益州蜀郡人，年轻时受学于任安，"精究安术"。刘备称帝前，杜琼任议曹从事，谯周任劝学从事。在私底下，谯周曾与杜琼探讨那句引起许多人非分之想的谶语。

周因问曰："昔周征君以为当涂高者魏也，其义何也？"琼答曰："魏，阙名也，当涂而高，圣人取类而言耳。"又问周曰："宁复有所怪邪？"周曰："未达也。"琼又曰："古者名官职不言曹；始自汉已来，名官尽言曹。吏言属曹，卒言侍曹，此殆天意也。"[①]

周征君当指周舒。谯周与杜琼的讨论，印证"乡党学者私传其语"，亦可见周舒的观念在巴蜀一脉相承的传播。杜琼将此类解读的依据概括为"圣人取类而言"。基于"取类而言"，他还从东汉官制的名称中得出了足与周舒的观点相佐证的结论。东汉中央机构的属官多称曹，如兵曹、民曹、二千石曹等。"吏言属曹，卒言侍曹"，杜琼从中琢磨出了天下将归曹的结论，与"代汉者当涂高"意谓曹魏代汉相互佐证。

杜琼在延熙十三年（250年）去世，谯周则与蜀汉政权相始终。谯周从杜琼的这套"取类而言"的学问中受到启发，并且"触类而长之"。他从刘备父子的名字中，琢磨出了刘氏祚尽的结论。他说："先主讳备，其训具也，后主讳禅，其训授也，如言刘已具矣，当授与人也。"[②] 刘备名字中的"备"字，可解释为"具"，即完、尽的意思；刘禅名字中的"禅"字，可解释为"授"，即

[①]《蜀书·杜琼传》。
[②]《蜀书·杜琼传》。

授予、禅让的意思。按谯周的解读,刘备父子俩的名字连贯起来,等于是在说:刘氏的历数已到尽头,应该禅让给他姓了。

刘备在给儿子取名时倒也确实有所寓意。他先收得养子,取名为封;后得子嗣,取名为禅,两个儿子的名字连贯起来,就是封禅。封禅乃帝王之事,刘备给儿子这样取名,寓意不言而喻。可是,他后来却赐刘封自杀,于是,也就有"禅"而无"封"了,这才给了谯周等人做另外的联想的机会。

同样是在名字上做文章,在公开的造势活动中,包括谯周在内的群儒英俊们,以刘备的名字见于河图、洛书和五经谶纬,作为刘备当受命称帝的证据;而在背地里,却从刘备父子的名字中琢磨出了完全相反的结论。

这种"取类而言"的学问,纯属胡乱联系。与其说刘备父子的名字中真的包含着某种天意,不如说反映的是杜琼、谯周等人的政治观念。他们对刘备所声称的由他来代表汉室、由他来复兴汉室之类的说法嗤之以鼻。

刘备在世及诸葛亮、蒋琬主政时,杜琼、谯周等人的观念只能是暗流。可是,到蜀汉中后期,这类观念开始对蜀汉政治产生影响。后主延熙年间,谯周写《仇国论》,反对北伐。在蜀汉灭亡前夕,宫中有大树无故自折,谯周在壁柱上写下:"众而大,期之会;具而授,若何复?"陈寿解释说,"言曹者,众也;魏者,大也。众而大,天下其当会也;具而授,如何复有立者乎"①?曹有众之意,魏有大之意。谯周在柱子上写下的那几句话意思是说,"众而大"的曹魏,终将统一天下,"具而授"的刘氏父子声称复兴汉室,如何可能?次年,邓艾偷渡阴平,径趋成都。蜀汉群臣中有主张东奔孙吴者,有主张走南中以继续抵抗者。谯周力排众议,促成后主决定投降,终于实现了他的政治观念,也验证了他所解读的谶语。

从刘备取益州到他称帝,直到这个政权的终结,巴蜀本土一直有部分士人对刘备父子并不认同,对这个政权并不认同。政治上的不认同,自然会削弱这个政权的合法性基础。

不过,在客籍集团尚能控制蜀中局势时,杜琼、谯周等人的政治观念,

---

① 《蜀书·杜琼传》。

表现在言论上，只能是私下议论；在行为上，只能是消极抵制。如杜微的装聋作哑，"闭门不出"，杜琼的"静默少言，阖门自守，不与世事"，反映出他们对蜀汉政权的消极态度。

为什么他们对刘备父子、对蜀汉政权如此不认同呢？虽然他们的观念多以解谶语的方式表达，我们还是能从部分巴蜀士人的言行中看到一些蛛丝马迹。《华阳国志》载：

> 李邈，字汉南，邵兄也，牧璋时为牛鞞长。先主领牧，为从事。正旦命行酒，得进见，让先主曰："振威以将军宗室肺腑，委以讨贼，元功未效，先寇而灭。邈以将军之取鄙州，甚为不宜也。"先主曰："知其不宜，何以不助之？"邈曰："匪不敢也，力不足耳。"有司将杀之，诸葛亮为请，得免。①

《华阳国志》将李邈与李朝、李邵三兄弟并称"李氏三龙"。②《益部耆旧杂记》则将李朝、李邵与另一位英年早逝的弟弟合称为"李氏三龙"。③不管是哪种说法，李氏兄弟在广汉士人中的影响力是不言而喻的。李邈个性狂直，敢于直言，所以他敢当面指责刘备夺占益州的不正当。在李邈看来，刘璋与刘备同为"宗室肺腑"，刘璋请刘备来讨贼，贼未讨，自己的益州反被刘备夺占。李邈甚至毫不隐讳地表示，他之所以没有公然反对刘备，只是由于"力不足耳"。

不管怎么说，刘备在涪城之会上与刘璋当面把酒言欢，转身却袭而取之，手段确实不那么正当，这肯定会影响到益州本土士人对他的认同。现在，刘备称帝，宣告由他本人来代表汉室，大家又怎么看呢？《蜀书·费诗传》载：

> 后群臣议欲推汉中王称尊号，诗上疏曰："殿下以曹操父子偪主篡

---

① 《华阳国志》卷十中《先贤士女总赞》，巴蜀书社1984年7月第1版。
② 《华阳国志》卷十中《先贤士女总赞》，巴蜀书社1984年7月第1版。
③ 《蜀书·杨戏传》裴松之注引《益部耆旧杂记》。

位，故乃羁旅万里，纠合士众，将以讨贼。今大敌未克，而先自立，恐人心疑惑。昔高祖与楚约，先破秦者王。及屠咸阳，获子婴，犹怀推让；况今殿下未出门庭，便欲自立邪！愚臣诚不为殿下取也。"由是忤指，左迁部永昌从事。

费诗在刘备攻绵竹时即投降，属于较早归降刘备的人之一，看来他并不是不接受刘备取代刘璋；从他在这前后的言论看，他未必就反对刘备的帝业。费诗谏议的重点是批评刘备讨贼不积极。曹氏篡汉，刘备理应讨贼。相比于刘邦在灭秦之后"犹怀推让"，刘备"未出门庭，便欲自立"，他担心这样可能会导致"人心疑惑"。

《零陵先贤传》亦载：

> 是时中夏人情未一，闻备在蜀，四方延颈。而备锐意欲即真，巴以为如此示天下不广，且欲缓之。与主簿雍茂谏备，备以他事杀茂，由是远人不复至矣。[①]

吕思勉认为这段记述属于"野言"而不可信。他以刘巴为刘备称帝起草过各种文诰策命，认为刘巴其实是赞成刘备称帝的。[②]实则刘巴对刘备政权的政治态度至少是消极的。刘巴在荆州时便对刘备避之唯恐不及，不惜绕道交州跑到益州，还试图阻止刘璋邀刘备入蜀。刘备占据益州，刘巴再也无法回避，不得不加入刘备集团，但刘巴"自以归附非素，惧见猜嫌，恭默守静，退无私交，非公事不言"[③]。所以，《零陵先贤传》的记述大抵还是反映出了刘巴的基本态度。

费诗、刘巴、雍茂的批评意见应该放在当时背景下去看。《零陵先贤传》中提到，"是时中夏人情未一，闻备在蜀，四方延颈"。这当然只是一个判断，

[①]《蜀书·刘巴传》注引《零陵先贤传》。
[②] 吕思勉《秦汉史》第十二章，《三国始末》，上海古籍出版社2005年7月第1版。
[③]《蜀书·刘巴传》。

这个判断却是以建安二十五年以来的中原局势为基础的。这一年，曹操病死，曹丕代汉，都是震动天下的大事，"中夏人情未一"的情况在一定程度上肯定是存在的。这应该是刘备讨贼的有利时机。可是，曹操病死，刘备未有一旅之师，北向中原；曹丕代汉，刘备未有一纸檄文，声讨其罪；相反，刘备急于自立称帝，示意群儒鼓噪，为自己称帝制造舆论。费诗认为"大敌未克，而先自立，恐人心疑惑"，刘巴认为"如此示天下不广，且欲缓之"，其重点均是针对刘备把自立称帝置于比讨贼更优先的位置。

费诗因"忤指"而被贬，雍茂因"他事"而被杀，这样，"远人不复至矣"，在巴蜀内部，也不再有人敢谏阻了。

东晋习凿齿以"创本之君，须大定而后正己；篡统之主，俟速建以系众心"立论，认为费诗"其黜降也宜哉"，裴松之也认为习氏的评论中"惟此论最善"。[①]习凿齿的论断用于东晋元帝司马睿之立非常合适，用于刘备称帝则未切中要点。

司马睿继晋室而立，刘备继汉室而立，但二人所面临的形势却完全不同。西晋亡于匈奴的武力征服，速立嗣君确实有利于"以系众心"。刘聪攻破洛阳而虏晋怀帝后，大臣即速立秦王司马邺，是为晋愍帝；刘曜攻破长安而俘晋愍帝，大臣们即速立琅玡王司马睿，是为晋元帝。司马睿在建业称帝后，北方有并州的刘琨，西北远至凉州的张轨，东北远至幽州的慕容部，均遣使建业以奉司马睿为正朔。所以，北方的抵抗一直存在。虽然司马睿终未收复中原，但因他在江东树起晋室的旗帜，中州士族陆续南渡，构成东晋的主要政治力量，北方南迁的流民帅则构成东晋的主要军事力量，东晋能保江南半壁江山，实赖于此。当时的益州则提供了一个反面的例案。流民李特、李雄在益州起兵，益州本土一直抵抗，在益州深孚众望的范长生入山以避之。待到洛阳陷落，怀帝被虏，范长生遂出山，承认了李氏，李氏遂割据益州。若无愍帝到元帝的速立，司马氏可能来不及在江南站稳脚跟，四方早就分崩离析。

习凿齿以"更始尚存而光武举号"，来表明刘备应该迅速称帝"以系众

---

① 《蜀书·费诗传》裴松之注。

心",这多少有些结果论的意味了。前面讨论《隆中对》得失时已经分析过,刘秀创业之难,恰好难在"更始尚存而光武举号"。更始与刘秀已有君臣名分,更始尚存则刘秀不具备称帝的正当性;更始已亡则引发对汉室天命的质疑,刘秀还是不具备称帝的正当性。光武中兴之业,从百战艰辛中得来,而不足以证明他当初称帝时机的正确。日后后汉修史,极言更始才德之不堪,实际上是为了掩饰"更始尚存而光武举号"的正当性难题[①]。

当时刘备所面临问题的精微之处,不是该不该称帝,而是称帝与讨贼孰更优先。曹丕通过禅让而代汉,刘备唯有锐意讨贼,才能宣明曹氏为篡汉;宣明曹氏为篡汉,才能宣明天命并未转移,天下仍是汉室的天下。刘备作为汉室的继承者,称帝才具有合法性。当时,他哪怕在北伐的征途接受群臣的拥戴而称帝,其正当性都会更加具足,政治效果也会更好。而刘备在曹丕称帝后,既不曾北伐,也不曾声讨,显示他把自己称帝置于比讨贼更优先的位置,这削弱了他政权的正当性基础。

刘备的告天之文中所表述的"恭行天罚",反映出三国时代广为援引的"武王伐纣"这一主题中的核心观念,"天命"和"伐罪"的观念内在地交织在其中。纣获罪于天,天将罚之。武王伐纣,只是在恭敬地执行上天的意志,诛暴讨逆。不过,"恭行天罚"只是表明诛伐之举的正当性,受命称帝却往往是在完成了"恭行天罚"之后。周武王是在灭纣之后,才宣布"膺更大命,革殷,受天明命"[②]刘备声称继承的汉家高祖也是如此。伐秦之暴和项羽之逆,是刘邦帝业的正当性基础。那时,尚未以天命来为刘邦称帝做合法性论证。刘邦称帝甚至没搞一个告天之文。但诸侯王推戴刘邦称帝,还是表达出一套说法。刘邦有"灭乱秦"和"诛不义(项羽)"的大功,又有"存亡定危,救败继绝"和"加惠于诸侯王有功者"的大德,诸侯王尤其推许刘邦平定海内,却能遍封功臣,认为这是"非私之也"。另外,从诸侯王们让刘邦意识到"必以为便,便国家"看,刘邦称帝也是适应当时重建天下秩序之所需。刘邦在讨

[①] 王夫之论曰:"更始不足以有为,史极言之,抑有溢恶之辞。欲矜光武之盛而掩其自立之非,故不穷更始之恶,则疑光武之有惭德也。"《读通鉴论》卷六《后汉更始·五》。
[②]《史记》卷四《周本纪》。

项羽的过程中封过韩王、齐王、梁王等诸侯王，但刘邦本人的身份仅为汉王。这无从确认所封诸王的合法性。没有天子，则诸王为谁的诸侯？所以，刘邦称帝前，诚然是"上无天子，海内惶惶"。刘邦称帝，诸侯王的合法性才得以确立，天下秩序才得以确立。①

刘备虽然称帝，但其帝业实在只是一种未完成状态。他帝业的合法性不在一纸论述里，而在讨贼的坚定身姿中。汉有天下，是不是"历数无疆"，最终还是要看他是否能像光武帝那样"震怒致诛"，扫除"窃居神器"的曹魏。

巴蜀士人的背后非议和刘备属下的当面谏议，反映出刘备帝业的合法性基础并不厚实。称帝后的刘备，唯有锐意讨贼，才能宣明汉室"天命"和刘氏"祖业"，才是对这些批评和非议的最好回应；唯有锐意讨贼，这个以汉为号的政权的合法性基础才能得到最好的充注。

---

① 《汉书》卷一下《高帝纪下》。

第十章

夷陵之战

伐吴之战的政治定位

刘备在称帝时昭告天下，他将"嗣武二祖，恭行天罚"，登基不久，他便亲自率军征伐。不过，征伐的对象却不是"窃居神器"的曹魏，而是曾经的盟友孙权。然而，恐怕他做梦都不会想到，这场战事会以惨败告终，他本人也在不久后抑郁而死。

刘备伐吴之战受到后世普遍的批评。概括说来，对刘备的批评意见，大致分为两类。一类是政治层面，批评刘备决策东征即为错误；一类是军事层面，批评刘备的战役指导有误。细细考察，不难发现，前一类意见的主要观点，只是对赵云言论的阐发，诸葛瑾的书信为之作注脚；后一类意见的主要观点，只是对陆逊言论的阐发，曹丕的评论为之作注脚。这四个人的言论，基本上圈定了后世对刘备伐吴之战的总体评价。

的确，无论从政治还是从军事的角度看，刘备在这场战役前后的表现，都让人有莫名其妙之感。跟这场战役的影响及知名度相比，史书对于夷陵之战记述的清晰程度实在是不相称。虽然批评一个失败者所承受的风险总要小得多，但细观对刘备的种种批评，总觉对夷陵之战的检讨不够精细，这难免会将复杂的历史问题简单化，而这样总结出的得失，实无益于后来的决策者。

对刘备的批评首先集中在他该不该伐吴的问题上。论者大多认为他应该北伐曹魏，而不应东征孙吴。刘备决意东征时，蜀汉内部反对的意见就很多。《蜀书·法正传》载，刘备将东征，"群臣多谏，一不从"。《蜀书》中没有详细记载群臣们反对刘备东征的具体理由是什么。秦宓"陈天时必无其利",被"下狱幽闭",着眼点还不是该不该伐吴的问题。①裴松之注引的《云别传》中记载了赵云的一段言论。

> 孙权袭荆州,先主大怒,欲讨权。云谏曰:"国贼是曹操,非孙权也,且先灭魏,则吴自服。操身虽毙,子丕篡盗。当因众心,早图关中,居河、渭上流以讨凶逆。关东义士必裹粮策马以迎王师。不应置魏,先与吴战;兵势一交,不得卒解也。"先主不听,遂东征,留云督江州。②

赵云认为,国贼是曹氏父子,而不是孙权,所以,"不应置魏,先与吴战"。《资治通鉴》收录了《云别传》里的这段言论。以《资治通鉴》的权威和影响,后世论者大多把这段记述当成可信的史料。赵云的这番言论,是非对错一目了然,道理讲得堂堂正正,后世批评刘备不应该伐吴者,没有不引述这番言论的。这段言论也就深深地影响了后世对刘备伐吴之战的政治评价。

不过,赵云的观点太正确了,让人怀疑是事后的言论。成书年代距离三国时代较近的《三国志》和《华阳国志》中,均未载赵云的这段话。裴松之注《三国志》,所引别传、家传类的著述达数十部之多。唐初修《隋书·经籍志》,这些著述绝大部分都已湮灭,当与此类著述流传不广有关。赵云当时可能的确不倾向于伐吴,但这番道理应该是事后修饰定论。很明显地,这番道理关照到了吴蜀恢复联盟这一事实。赵云所言"且先灭魏,则吴自服",与孙权称帝后诸葛亮主张仍维持联盟时所讲的观点如出一辙。但即便是诸葛亮也只是说"权僭之罪,未宜明也",仍认定孙权的僭逆之罪,并没有说孙权不是汉室之贼。

诚然,在伐魏与伐吴之间,伐魏更符合蜀汉政权的政治定位,毕竟篡汉的是曹魏。但是,伐魏与伐吴,虽有主次的区别,却也并非背道而驰。论者

---

① 《蜀书·秦宓传》。
② 《蜀书·赵云传》注引《云别传》。

往往将伐魏与伐吴在战争性质上的区别看得过大。实际上，从蜀汉的立场看，此时的魏与吴，充其量只是大恶与小恶的区别。曹氏篡汉，固然有罪，孙权向曹氏称臣、劝进，袭杀在前线奋力"讨贼"的关羽，又何尝无罪？即使顺着《云别传》中赵云那番话所提示的思路，以"国贼是曹操"而认为应该优先伐魏，也不能得出结论，认为伐吴就是不正当的，更不能以此推论出伐吴注定失败。

如果有什么因素削弱了刘备出兵的道义力量的话，那也不是他选择诛伐对象的优先次序，而是他本人称帝的行为。刘备在称帝之后才考虑征伐之事，那么，无论是伐魏还是伐吴，正当性其实都已受到削弱。伐魏本应在曹丕初篡之时，否则，所谓"恭行天罚"，言之理已不直；伐吴则应在孙权初袭关羽之时，否则，所谓报仇雪耻，言之气已不壮。

如果在曹丕初篡之时，刘备便投袂而起，以汉中王的身份，举兵北伐，"关东义士必裹粮策马以迎王师"的情形也许会出现。毕竟，政权更迭，人心震荡，刘备"讨贼"的号召在中原或多或少会有响应者。可是，汉献帝只是禅让退位，被曹丕供养得好好的，刘备却宣布他已死，自己称帝。编一个这样的传闻，在巴蜀地区或许能行得通，在中原则只会让人看到他自王自帝的私心。这会大大削弱他在中原的号召力。

在关羽的首级被献到雒阳整整一年半之后，蜀汉的旌旗才重新出现在三峡的峡口，伐吴的道义力量其实也已削弱。何况，跟建安十三年击杀黄祖后的做法相比，孙权此次袭取荆州后的表现完全不同。这一次，孙权放下身段，安抚荆州士民，极力笼络人心。因此，刘备出兵愈是延迟，孙权在荆州的立足便愈是稳固。

无论是伐魏还是伐吴，刘备都把它们置于比自己称帝次要得多的位置。刘备在完成自己称帝之后再谋征伐之事时，选择伐魏其实并不比伐吴拥有更多的道义力量。那么，剩下的就只有实力的考量了。丢失荆州、折杀关羽后，蜀汉的实力大大削弱。刘备在称帝之后，又迫切需要有所行动，以示"恭行天罚"；他也迫切需要一次胜利，以振奋人心。力不足以伐魏，伐吴总是可以的。从刘备兵败后的屡屡感叹中可以看出，他确实没把江东放在眼里。因此，称帝之后，刘备选择伐吴可以说是很自然的事情。

诸葛亮的态度典型地反映出蜀汉决策层所面临的处境。刘备兵败后，诸葛亮叹道："法孝直若在，则能制主上，令不东行；就复东行，必不倾危矣。"①诸葛亮的话流露出几层意思。首先，诸葛亮是不倾向于伐吴的，毕竟这跟他"外结好孙权"的观念相悖。但是，他显然也没有全力反对。或许，他知道，即使反对，也未必能阻止。况且，公然破坏联盟的是孙权，而不是刘备。另外，诸葛亮可能也没有想到，东征就一定会失败。总的说来，伐吴固然不是上策，但似乎也没有更好的选择。

刘备伐吴，的确是失败了。他的失败肯定与他的一些具体决策有关。在刘备伐吴战略诸层次的决策中，首先是他对这场战事的政治定位存在问题。

《蜀书·先主传》载，"初，先主忿孙权之袭关羽，将东征"。《蜀书·法正传》亦载，"先主既即尊号，将东征孙权以复关羽之耻"。《华阳国志》里的记载与《蜀书·法正传》大致相同。这些记述反映的是蜀汉方面对刘备东征一事的认识。刘备东征孙吴，就是报孙权袭荆州、杀关羽之仇。

《三国志》在叙述刘备伐吴之战时，《蜀书》与《吴书》所使用的措辞稍有不同。《蜀书》先主传、法正传、秦宓传等处用的都是"征"字，而《吴书》吴主传、诸葛瑾传等处则都用的"伐"字。"征"字有鲜明的伐罪意味。"征者，正也，伐之以正其罪。"②"伐"字则较为中性，意谓攻打。然而，刘备东征，伐孙权之罪，却仅止于伐孙权袭杀关羽和侵夺荆州地盘之罪。这大大降低了伐吴之战的政治水平。

刘备在荆州的民心基础原本较孙权要好。在孙权背盟袭荆州之后，是非曲直的道义评判是有利于刘备的。孙权虽然袭取了荆州，却在道义上自陷困境。孙刘曾共同骂曹操为"汉贼"，而现在孙权却向"汉贼"屈膝投降，称藩、劝进，背弃联盟，袭杀关羽，这至少也是在助"曹"为虐。在当时，"讨贼"诚然是最大的政治主题，征讨助贼为虐的孙权，也是讨贼事业的一部分。如此

---

① 《蜀书·法正传》。
② 《尚书正义》卷七，《胤征》，北京大学出版社1999年12月第1版。

定性，刘备才能占据道义与政治制高点，增强对荆州士民的号召力，减少蜀汉集团内部认识上的不一致。

刘备伐吴之战，纠缠在报仇与争地这一层级，致使其战略水平从一开始便趋于低下。战事既开，更因孙权的"请和"而愈趋模糊。

从当时三方关系的互动看，似乎是刘备拒绝了孙权的求和，将孙权推向了曹丕。实际上，孙权求和的举动，意图也远非那么简单。刘备于那年七月正式出兵，孙权则于该年八月再次正式地向曹丕投降——曹丕代汉前，孙权尚可将自己降曹解释为归顺汉廷中央；至此，则是没有任何含糊地向曹魏称臣。《魏书·文帝纪》在黄初二年（221年）秋八月如是记述："孙权遣使奉章，并遣于禁等还。"曹丕拜孙权为大将军，封吴王，加九锡。《吴书·吴主传》在同月载："自魏文帝践阼，权使命称藩，及遣于禁等还。"其时，曹丕称帝已有十个月了。此前，孙权还可与曹丕虚与委蛇；此时，孙权不得不作出遣还于禁之类的实质性举动，以示称藩的诚意。[①]从时间上看，孙权正式降魏与刘备出兵之间存在关联，但与求和一事无关。

孙权求和一事，《吴书·吴主传》里提都不曾提到，《蜀书·先主传》只简言在刘备出兵之后，"孙权遣书请和，先主盛怒不许"。求和的具体情况见之于《吴书·诸葛瑾传》。

> 刘备东伐吴，吴王求和，瑾与备笺曰："奄闻旗鼓来至白帝，或恐议臣以吴王侵取此州，危害关羽，怨深祸大，不宜答和，此用心于小，未留意于大者也。试为陛下论其轻重，及其大小。陛下若抑威损忿，蹔省瑾言者，计可立决，不复咨之于群后也。陛下以关羽之亲，何如先帝？荆州大小孰与海内？俱应仇疾，谁当先后？若审此数，易于反掌。"

裴松之认为陈寿将此信录入《三国志》，纯属浪费篇幅。但在今天看来，

[①]《吴书·吴主传》注引《魏略》所载孙权与曹丕书信，可印证此前的孙曹关系。

这封信当然不能算是浪费篇幅。我们从中可以看出一些重要的信息。

根据诸葛瑾信中所述，孙权求和时，刘备已经兵至白帝，而不是在刘备决策东征之前，或者更早时候。这就让人产生疑问，为什么在过去一年多的时间里，孙权没有尝试寻求刘备的谅解呢？假使刘备不出兵，孙权会有求和之举吗？另外，无论是从诸葛瑾的信件还是其他地方，我们都未看到孙权求和的条件。诸葛瑾给刘备写信，其主旨显然不敢与孙权的意旨相偏离。从诸葛瑾的信件内容看，江东的求和是以刘备接受荆州的既成事实为前提的，孙权并未打算作出什么让步，以换取刘备的谅解。诸葛瑾的信中，甚至连假如刘备"答和"之后双方将恢复联盟、共同讨曹之类的政治表态都不曾作出。而且，诸葛瑾的信中提到孙权时所使用的"吴王"头衔，还是曹丕所封。从这一细节也可以看出，孙权求和，时间是在曹丕封孙权为吴王之后，也就是孙权正式投降曹丕之后。

诸葛瑾在信中提醒刘备以"轻重"和"大小"来衡量是否应该接受孙权的求和。"轻重"是在关羽与先帝（据传闻已被害死的汉献帝）之间衡量，"大小"是在荆州与汉家的天下之间衡量。按诸葛瑾的意思，结论是显而易见的。刘备如果真的志在报先帝被害之仇，光复被曹氏篡夺的天下，就应该接受孙权的求和，而不应该急于为报关羽之仇而争荆州。相反，如果刘备拒绝了孙权的求和，执意要报关羽之仇而争夺荆州的话，那就表明他并不是像他声称的那样志在光复汉室，也就是"用心于小，未留意于大者也"。诸葛瑾在信中提醒刘备，只需"抑威损忿"，做一个简单的判断题，就能想明白什么是正确的决定。

刘备已经出兵东征，大兵压境，直指荆州，其态势是箭已出弦，而不只是箭在弦上。这时，孙权作出了向刘备求和的姿态，却不曾作出任何妥协让步。如果刘备在这种情况下居然也能接受江东的求和，那对孙权当然最好不过；但这基本上是不可能的。江东如此求和，刘备"盛怒不许"，几乎是意料之中的事情。

孙权求和之举的真正用意并不在于能否得到刘备的谅解而达成和好，他通过这样的一个求和过程，成功地凸现出一个负面形象的刘备：为一己之私，怒而兴兵。孙权的求和之举,是一手成功的政治牌。通过这手牌,孙权成功地将各方看待眼下孙刘之争的视域定位在报仇与争地上,避开了自己背盟降曹的政治软肋,消解了刘备的道义优势。

孙权求和之举,也让刘备留给后世一个怒而兴兵的负面形象,似乎刘备错误地拒绝了孙权的求和,从而失去了一个可以恢复联盟共同伐魏的良机。连王夫之都万分惋惜地说:"向令先主以笃信羽者信公,听赵云之言,辍东征之驾,乘曹丕初篡、人心未固之时,连吴好以问中原,力尚全,气尚锐,虽汉运已衰,何至使英雄之血不洒于许、洛,而徒流于猇亭乎?"①

事实上,在发生孙权背盟袭荆州一事后,孙刘要实现和解,恢复联盟,绝非易事。双方从结盟到渐生嫌隙,直到最后兵戎相见,彼此积累下的不信任,绝非旦夕间可以化解。刘备死后,诸葛亮主政时,派邓芝去江东修好,孙权犹怀"狐疑"。所以,指责刘备在章武元年没有接受孙权的求和,从而失去了一次恢复联盟的机会,这确实太苛求刘备,也太不切实际了。

不过,孙刘之间为尽早恢复联盟关系而提前创造好条件,却是有可能的。只是,时机不是在章武元年(221年)七月以后,而是在上一年。

前面我已梳理过,在建安二十五年(或延康元年,220年),孙曹关系发生过一段微妙的变化,曹魏方面将这段变化定性为"孙权复叛"。曹操死后,孙权曾经"擅取襄阳"。对于孙权来说,他显然是想趁曹操之死,赖掉曾经作出的附曹称藩的政治承诺。但是,孙权虽搞些小动作,却不敢公开与曹氏撕破关系。只要益州上游的刘备随时有顺流而下的可能,孙权就不敢冒着两面受敌的危险,公然跟曹丕决裂。曹丕在那年(延康元年,220年)六月治兵南征,七月,"孙权遣使奉献"。这期间,曹、刘、孙三方的关系可以说是非常微妙。每一方都在观望着其他两方的动静。如果刘备在这一年——无论是趁曹操刚死还是曹丕初篡的机会——举兵北伐,兵向秦川,对孙权"略其衅情",以北伐的实际举动让孙权切实地感到他不会受到来自益州上游的进攻,孙权或许不至于因顾虑两面受敌而再次臣服于曹氏。只要孙刘都在事实上与

---

① 《读通鉴论》卷十《三国·四》。

曹魏进入敌对状态，双方就会再次产生结盟的需要；而且，由于刘备在上一年即优先选择了北伐曹魏，孙刘之间也就避免了夷陵之战所造成的更大裂痕。这样，孙刘恢复联盟关系的条件可能提前具备。

夷陵之战的战略检讨

三国时代的战争为人们所津津乐道，相关史书的记载却往往过于简略，甚至模糊不清，后世编写的战史当然也就更没法说清。今之战史大多没有讲清楚夷陵之战的一些关键性环节是怎么回事。譬如，蜀军主力所屯的猇亭究竟在江南还是江北？不少论著注其为江北。猇亭是在江南还是江北，使得这场战争的差异之大，就像两场完全不同的战争一样。还有，究竟是一种什么样的战术契机，使得陆逊的反攻对蜀军造成了崩溃性的效果？有的战史甚至没弄清陆议为陆逊的本名，而将其当成了另外一名吴军将领。如果对夷陵之战的一些重要环节都没弄清楚的话，那么，总结刘备在该战中的得失，就只能流于皮毛，而容易受到那个时代的人所留下的只言片语的影响。

前面已经说过，后世对刘备在夷陵之战中军事层面的评价，其主要观点基本上只是对陆逊评论的阐发，曹丕的言论为之作注脚。那是在战争相持的过程中，陆逊曾给孙权写信说：

> 臣初嫌之，水陆俱进。今反舍船就步，处处结营，察其布置，必无他变。伏愿至尊高枕，不以为念也。①

---

① 《吴书·陆逊传》。

魏文帝曹丕在接到孙吴方面的报告后，也对刘备用兵作过评论。

> 初，帝闻备兵东下，与权交战，树栅连营七百余里，谓群臣曰："备不晓兵，岂有七百里营可以拒敌者乎！'苞原隰险阻而为军者为敌所擒'，此兵忌也。孙权上事今至矣。"[1]

这两段话，基本上圈定了后世对刘备在夷陵之战中用兵表现的评价。阅诸战史及诸家史论，对于刘备失败原因的军事方面的总结，概括说来，就是刘备没有利用长江上游之势，发挥水军的作用，水陆并进，顺流以求决战，而是舍船就步，连营七百里，致使蜀军落入被动境地，从而授陆逊以可乘之机，遭受火攻而失败。经由演义小说，一般读者对于刘备在夷陵之战中的失败更可归结为一句话：火烧七百里连营。

刘备于章武元年（221年）七月率军伐吴，至次年闰六月兵败，战事历时整整一年。在这一年里，刘备的战略是随时势而有所变化的。刘备的败机是在这个过程中逐渐形成并显露出来的。陆逊的话，并不能概括刘备进兵的整个情况。

关于刘备进兵的情况，《蜀书·先主传》载：

> 秋七月，遂帅诸军伐吴。孙权遣书请和，先主盛怒不许。吴将陆议、李异、刘阿等屯巫、秭归；将军吴班、冯习自巫攻破异等，军次秭归，武陵五溪蛮夷遣使请兵。
>
> 二年春正月，先主军还秭归，将军吴班、陈式水军屯夷陵，夹江东西岸。二月，先主自秭归率诸将进军，缘山截岭，于夷道猇亭驻营，自佷山通武陵，遣侍中马良安慰五溪蛮夷，咸相率响应。

---

[1]《魏书·文帝纪》。

第十章　夷陵之战

在战争的前半年，也就是在章武元年，蜀军的主要任务是打通三峡通道。江东偷袭荆州得手后，江陵上游的重要据点如夷陵、秭归、巫等处也落入江东的控制之中。章武元年（221年），吴班、冯习收复了巫和秭归。《吴书·吴主传》在建安二十六年（蜀汉章武元年，221年）载："是岁，刘备帅军来伐，至巫山、秭归，使使诱导武陵蛮夷，假与印传，许以封赏。"提到的军事行动限于三峡通道内。

章武二年正月，刘备回秭归时，吴班、陈式的水军屯于夷陵附近的某处江段，该处江水应是自北向南流，所以"夹江东西岸"。此时，蜀汉已经控制了三峡里面的重要据点如巫和秭归，并以水军扼守住峡口，以确保三峡通道的畅通。刘备在这个时候回秭归，应是部署大规模进军的事宜。蜀汉大规模进军的时间选在二月，可能是以那个时代的战争条件，这个季节的长江水文及气候情况适合于进军。晋灭吴之战中，王濬楼船下益州的时间是在晋太康元年（280年）二月；隋灭陈之战中，杨素水军下三峡的时间，是在隋开皇八年（588年）十二月。

关于刘备进军的方式，因有陆逊那段话的提示，后世常常奇怪刘备为什么不以水军顺流而下，而是"缘山截岭"地推进？卢弼《三国志集解》录入清人钱振锽之论曰："长江上流建瓴之势，舫船载卒，不费汗马之劳。先主有上流之势而不用，舍船就步，吾不得其说也。"实际上，应该如何进军，蜀汉内部是有过讨论的。《蜀书·黄权传》载：

> （刘备）将东伐吴，权谏曰："吴人悍战，又水军顺流，进易退难。臣请为先驱以尝寇，陛下宜为后镇。"先主不从，以权为镇北将军，督江北军以防魏师，先主自在江南。

黄权谏议的内容主要有两个方面：一是认为不宜冒险以水军顺流直下以求决战，二是认为刘备本人不宜亲赴前线，而应采取一种有纵深的战略，刘备本人坐镇后方。刘备既然是率诸将沿长江南岸"缘山截岭"而进，那么，所谓"先主不从"，主要是没有听从后半部分的建议。黄权有关"吴人悍战，又水军顺流，进易退难"的说法，显示出蜀汉内部对吴蜀双方在水军作战方面的优劣势是有所认识的。以蜀汉的水军寻江东水军决战，显然并无胜算。如果水军作战有所不利的话，那么，蜀军进易退难，无法善后。

曹丕称刘备"树栅连营七百余里"，从延及的距离看，刘备在三峡通道里面亦有结营。"树栅连营"应为刘备在三峡通道里面建立了一些可以联络呼应的兵站，以保障穿越三峡的陆路通道的畅通。蜀军在控制峡口之后，即使是在三峡通道内，主力仍然"缘山截岭"而进，而不是用船只运输，其目的应该是在向东进军的同时，开辟一条穿越三峡的陆路通道。其原因也与蜀汉的水军较弱有关。如果蜀军仅由水路出峡，万一水军受挫，长江落入吴军控制，蜀军将陷入归路被断的绝境。

长江上流之势诚然是一大优势，但要将这一优势利用好，也需要具备一定的条件。王濬和杨素的楼船之师浩浩荡荡下三峡，势如破竹，那都是长期精心准备和训练的结果。跟江东相比，蜀汉的水军无论在数量上还是素质上都不占优势，所以，刘备的大军"缘山截岭"而进，而不是顺流直下，恐怕是不得已的事情，不能简单地认为有上游之势而不用。

刘备东征的兵力究竟是多少？《资治通鉴》中说是"兵四万余人"[1]。王沈的《魏书》载，曹丕在魏黄初三年（蜀汉章武二年，孙吴黄武元年，222年）正月癸亥日收到孙权的信，信中说："刘备支党四万人，马二三千匹，出秭归，请往扫扑，以克捷为效。"[2]孙权的说法应是江东方面根据情报所作出的判断。刘备在秭归时，"武陵五溪蛮夷遣使请兵"，刘备兵败时，有胡王沙摩柯被斩首，表明刘备军中确有蛮夷参战。但武陵五溪蛮夷要集结到刘备大营则存在相当的困难。《吴书·步骘传》中提到，"会刘备东下，武陵蛮夷蠢动，权遂命骘上益阳。备既败绩，而零、桂诸郡犹相惊扰，处处阻兵，骘周旋征讨，皆平之。"看来，直接参与到夷陵前线刘备大军中的蛮夷兵力，似不宜估计过多。所以，《资治通鉴》说刘备"兵四万余人"，应该是一个接近实际情况的

---

[1]《资治通鉴》卷六十九，魏纪一，文帝黄初二年。
[2]《魏书·文帝纪》注引王沈《魏书》。

说法。

江东方面，为迎战刘备，孙权命"(陆)逊为大都督、假节，督朱然、潘璋、宋谦、韩当、徐盛、鲜于丹、孙桓等五万人拒之"[1]。孙权本人坐镇武昌（今湖北鄂州）。至于步骘早先"将交州义士万人出长沙"，后受孙权之命屯益阳，以稳定吴军的南侧翼，这部分兵力不在五万之数内。从双方兵力对比看，陆逊的兵力在数量上还占有一定的优势。

刘备出秭归后，双方对峙的区域在从夷陵至宜道一带的长江一线。长江至夷陵而出三峡，呈现一个拐弯，该处局部江段自北向南流，蜀汉水军"夹江东西岸"而屯，应在这一带。长江出峡之口在古夷陵城的北面，也就是在它的上游。《读史方舆纪要》中记载，夷陵"西北二十五里有平喜壩，凡自蜀出峡，至此相庆，故名"。夷陵城北二十里有南津口，"当三峡之口。相传汉昭烈尝据守此津之南，故名"[2]。虽为相传，但考虑到水军屯泊需要合适的地理条件，证诸《蜀书·先主传》中的记载，推定蜀汉水军屯南津口，应该是一个合理的推测。蜀汉水军先是"夹江东西岸"，后则"据守此津之南"，应该是在刘备大军沿长江南岸越过夷陵之后而作过调整。长江北岸容易受到吴军陆上的袭扰。

刘备大军出三峡后，尝试诱使夷陵的吴军出战。《吴书·陆逊传》载：

（刘备）先遣吴班将数千人于平地立营，欲以挑战。诸将皆欲击之，逊曰："此必有谲，且观之。"备知其计不可，乃引伏兵八千，从谷中出。

吴班诱敌出战，应该是在蜀汉大军初出峡口之时。自夷陵以下，吴蜀两军隔江对峙，蜀军欲以饵兵诱敌，纵使吴军中计，必须渡江才能发起攻击，如此风险太大，中计的可能性也就更小。

陆逊坚守夷陵城，拒不出战。他在给孙权的信中说，"夷陵要害，国之关限，虽为易得，亦复易失。失之非徒损一郡之地，荆州可忧。今日争之，当

---

[1]《吴书·陆逊传》。
[2]《读史方舆纪要》卷七十八，《湖广四》。

令必谐"①。自秭归以下，刘备大军在江南推进，夷陵城在江北。刘备遣吴班诱敌，从这一举动看，蜀军初出峡口之时，尚能以水陆协同，联络江南江北的军事行动。

陆逊坚守不战，刘备乃放弃对夷陵的强攻。刘备既然不指望蜀汉的水军能够战胜江东的水军，则攻夷陵只能从陆上围攻。旷日持久的围攻还可能受到魏师的袭扰。所以，刘备撇开夷陵，率大军沿长江南岸向东推进；在江北，仅以黄权率偏师以防魏军。按理，黄权所部应该靠近峡口，与水军协同，就近监控夷陵，兼顾防遏魏师。令人费解的是，何以黄权所部会北出至那么远，以至于吴军反攻后，黄权归路被断，只有投降曹魏。

刘备撇开夷陵东下，蜀汉的水军应仍驻扎在南津口，以扼守峡口。只要江东的水陆大军仍坚守夷陵，蜀汉的水军自不敢越夷陵而东下。否则，夷陵在后，长江上游顺流之势反落吴军之手，三峡峡口反而失去控制。陈寿为杨戏《季汉辅臣赞》补注的资料中提到，程畿在刘备大军败绩后"泝江而还"，有人告诉他，吴军追兵将至，"解船轻去，乃可以免"，可知程畿当时身在水师。程畿在船上执戟与追击的吴军舰船激战，致使"敌船有覆者"。②此前与吴班率水军屯夷陵的陈式，后来还参与诸葛亮的北伐，于建兴七年率军攻武都、阴平。《蜀书·先主传》中亦提到，刘备还秭归后，"收合离散兵，遂弃船舫，由步道还鱼复"。刘备至秭归后才放弃其舰船，从陆路步行至鱼复（即后来改名的永安）。《吴书·陆逊传》中所说的"其舟船器械，水步军资，一时略尽，尸骸漂流，塞江而下"，有夸大其功之嫌。刘备大军初败之时，蜀汉水军的损失应不如陆上那么惨重，并且在相当程度上阻滞了吴军从水路追击。关于吴军的追击情况，《蜀书·先主传》载，"吴遣将军李异、刘阿等踵蹑先主军，屯驻南山"。南山是指永安对面的长江南岸。《吴书·宗室传》亦载，"（孙）桓斩上夔道，截其径要。备踰山越险，仅乃得免。"《陆逊传》载，刘备逃跑时，

---

① 《吴书·陆逊传》。
② 《蜀书·杨戏传》。

"驿人自担烧铙铠断后",可知吴军的追击主要是从陆路,而不是从水路。

综合这些情况,可以推知,在相持期间,蜀汉水军的基本力量,应仍驻扎在夷陵上游扼守峡口;陆逊反攻时,蜀汉水军未遭遇惨重损失,并能阻滞吴军从水路追击,都与这一部署有关。这一部署意味着,刘备越过夷陵东下后,确实放弃了以水军协同陆上的作战。这就是陆逊所说的"舍船就步"。当然,这也是由蜀汉水军较弱这一基本情势使然。

这种部署对后阶段战局的影响是,吴军在夷陵以下的江面上可以自由行动。陆逊可以根据自己选取的要点,利用其水上力量,投送兵力,发起攻击。《蜀书·黄权传》中说到吴军反攻时,"吴将军陆议(即陆逊)乘流断围",指的即是这种情况。

自夷陵以下,长江向东南方向流至夷道(湖北省宜都,今改名枝城),再呈现一个拐弯。刘备越过夷陵后,沿长江南岸东进,至夷道被孙桓所阻,东进之势遂被遏止。刘备乃就此屯兵,再作他图。

据孙吴方面的资料称,刘备屯兵,"前后五十余营"。随着战线的拉长,刘备兵力分散的情况在一定程度上肯定是存在的。刘备前锋已抵夷道,则自夷道至夷陵一线势必得分兵防守,否则,吴军仍能在夷陵以下选择适当的地点渡江截断刘备后路。但刘备的主要兵力应屯于今湖北宜都至长阳的这片区域内。吴军反攻时的几个重要地点如猇亭、涿乡、马鞍山等地,都在这片区域内。《读史方舆纪要》记猇亭于宜都县,"在县西,其地险隘,古戍守处也"①。据江东方面的资料,在与孙桓相拒的夷道,"备军众甚盛,弥山盈谷"②。刘备兵败后,仅马鞍山一处,"死者万数"③。可知刘备兵力大致还是集中的,并不是完全分散在数百里漫长战线上。

陆逊所说的"处处结营",曹丕所说的"树栅连营七百余里",主要是出于

---

① 《读史方舆纪要》卷七十八《湖广四》。案:台湾三军大学所编《中国历代战争史》注涿乡于湖北省宜都西北马鞍山下;马鞍山在今湖北宜都之西长阳之南。有战史将马鞍山标于江北,乃是忽略了地名的变迁。刘备兵败后,登马鞍山陈兵自绕,可知该山应该在猇亭附近,不可能在江北。
② 《吴书·宗室传》。
③ 《吴书·陆逊传》。

两种情况：一是刘备在秭归以下沿途建立兵站，以保障蜀军与益州后方的陆上通道的畅通；二是蜀军出三峡后并未攻占大的城池，大军仍须结营而屯。

刘备东下，陆逊仍采取守势战略。《吴书·吴主传》载："蜀军分据险地，前后五十余营，逊随轻重以兵应拒。"刘备沿长江南岸东下，陆逊在长江北岸作相应的防备。蜀军前锋抵达夷道，孙桓坚守夷道。蜀军围攻，亦未能破城。战事遂陷入僵持。

从陆逊在这场战事前前后后的言论看，他在兵力对比占有一定优势的情况下，却采取守势战略，主要基于三个方面的考虑。一是对蜀军初下时的锐气做充分的估计。在诸将面前，陆逊一直视刘备为强敌。当诸将们都想迎击刘备时，陆逊说："（刘）备举军东下，锐气始盛，且乘高守险，难可卒攻，攻之纵下，犹难尽克，若有不利，损我大势，非小故也。"[1]当诸将对他坚守不战的战略不以为然时，他说，"刘备天下知名，曹操所惮，今在境界，此强对也"[2]。及至反攻前夕，他在对诸将解释为什么不在战争初期进攻时仍在说："备是猾虏，更尝事多，其军始集，思虑精专，未可干也。"[3]即使是在给孙权的信中，他也只是拿刘备以往的用兵记录不佳来表示对最终战胜刘备充满信心："寻备前后行军，多败少成，推此论之，不足为戚。"二是夷陵的得失关系重大。陆逊对夷陵战略地位的认识，见诸前引他给孙权的书信。三是看到刘备进军方式的弱点，欲以"徐制其弊"。陆逊在说服诸将不要急于迎战时说，"若此间是平原旷野，当恐有颠沛交驰之忧，今缘山行军，势不得展，自当疲于木石之间，徐制其弊耳"[4]。刘备的军队在长江沿岸狭长的空间中行军，军队无法展开，疲于木石之间，陆逊自信能从中捕捉到破敌之机。

双方僵持，"至六月不决"。到闰六月的时候（据陈垣《二十史朔闰表》，该年闰六月对应公元纪年中的 7 月 26 日至 8 月 24 日），形势突然发生逆转。陆逊发动反攻，蜀军顷刻间土崩瓦解。此前，刘备主动寻战而不得；此时，

---

[1]《吴书·陆逊传》注引韦昭《吴书》。
[2]《吴书·陆逊传》。
[3]《吴书·陆逊传》。
[4]《吴书·陆逊传》注引韦昭《吴书》。

陆逊主动进攻，蜀军竟在顷刻间崩溃！僵持日久，兵疲气衰，固然是蜀军军心懈怠的一个原因，但仅以这个原因不足以解释何以吴军一旦反攻蜀军即全面崩溃。

陆逊的反攻能使蜀军产生崩溃性的效果，缘于他察见刘备战略意图的变化而捕捉到一种战机。

刘备兵至秭归时，即有"武陵五溪蛮夷遣使请兵"。不过，相信此时刘备只将这视为荆州的一般形势，他可能还在期待更多的荆州士民反正。刘备在秭归时，便有关羽的前主簿廖化来投。廖化在关羽兵败后落入吴人之手，后以诈死蒙过吴人，携老母星夜西行，投奔故主，在秭归遇上刘备。刘备大喜，任命他为宜都太守。待到刘备兵阻于夷道，情况开始发生变化。刘备"于夷道猇亭驻营，自佷山，通武陵，遣侍中马良安慰五溪蛮夷，咸相率响应"①。《蜀书·马良传》中亦说到，马良受命"入武陵招纳五溪蛮夷，蛮夷渠帅皆受印号，咸如意指"。史书中没有载明马良赴武陵的具体时间，但既然是在刘备于夷道猇亭驻营之后，显然应该是在战局陷入僵持的阶段。

蜀汉在武陵的动作，当然也引起江东方面的注意。《吴书·陆逊传》还只是说到，刘备"以金锦爵赏诱动诸夷"。但是，《吴书·步骘传》中却说到，"武陵蛮夷蠢动，权遂命骘上益阳"。步骘早先"将交州义士万人出长沙"，此时受命进屯益阳，显示武陵方面的形势变化引起了孙权的重视。陆逊则从这一变化中察见到刘备战略意图的变化。

陆逊的孙子陆机在《辨亡论》一文中写到，"汉王亦凭帝王之号，率巴汉之民，乘危骋变，结垒千里，志报关羽之仇，图收湘西之地"。夷陵之战时，陆机尚未出生，所以，陆机的论述应代表陆氏家族对此事的认识。"图收湘西之地"，应是乃祖陆逊对刘备意图的判断。陆逊在反攻前所说的"掎角此寇，正在今日"，正是基于这一判断。

关于掎角，胡三省注曰："角者，当前与之角；掎者，从后掎其足也。"②

---

① 《蜀书·先主传》。
② 《资治通鉴》卷六十九，魏纪一，文帝黄初三年。

以两牛相斗为喻，正面相顶为角，侧面出击为掎。当两牛全力相角时，双方纵向的力量都达到最大，而横向的力量则相对脆弱；相持不下时，若一方分出部分的力量，掎其一侧，便很容易使对方失去平衡，从而获胜。但掎角之理，亦如奇正。若角为正，则掎为奇；若一方主要的意图为掎，则掎为正，角为奇。也就是说，当一方主要的意图在于掎时，横向的力量会增强，而纵向的力量会削弱，这时，另一方若能察见这一意图，当其将发未发之际，从正面倾力一顶，反能轻易地使对方失去平衡。

刘备大军初下时，主要意图还是在于寻机决战。所以，陆逊判断说，"备举军东下，锐气始盛""其军始集，思虑精专"。待到刘备求战不得、攻夷道不下时，当初"武陵五溪蛮夷遣使请兵"的情况遂使刘备对战略作了调整。他希望通过招纳武陵五溪蛮夷，收复武陵郡，掩有吴军的南侧翼，从而打破正面的僵局。也就是说，刘备的战略意图，已从开始时的正面相角，调整为打算侧面一掎。这一战略想要奏效，须待武陵蛮夷成势；而这尚待时日。不过，刘备的主要战略意图既已作此调整，则蜀军正面相角的斗志便会懈怠下来。正是这一变化给了陆逊从正面反攻的良机。如果说，"图收湘西之地"的判断表明陆逊察见到刘备战略意图的变化，那么，当他说"掎角此寇，正在今日"，显示他捕捉到了这一变化所蕴含的反攻契机。

陆逊反攻前夕，蜀军呈现出一种整体的懈怠状态。刘备素轻江东，及至兵败，仍在感叹"吾乃为逊所折辱，岂非天邪！"蜀军前敌总指挥冯习留给蜀人的突出印象也是轻敌。杨戏在《季汉辅臣赞》中给冯习的赞词是"休元轻寇，损时致害"。[①]陈寿补注的资料中说，"休元名习，南郡人。随先主入蜀。先主东征吴，习为领军，统诸军，大败于猇亭。"蜀军的指挥中枢处于一种轻敌懈怠的状态，则整个军心士气可想而知。蜀军统帅层的轻敌懈怠不能仅仅解释为刘备、冯习等以为吴军战力不足惧。孙桓孤守夷道，蜀军久攻不下，实际上已警示蜀军，吴军战力不容小觑。合理的解释应该是如前面所分析的，蜀军统帅层已对战略作了调整，从正面相角调整为打算从侧面一掎。他们在

---

① 《蜀书·杨戏传》。

等待武陵的五溪蛮夷成势，掩有吴军战线的南侧翼，从而打破正面相持的僵局。只是，侧面一倚尚未奏效，正面相角的斗志却先懈怠下来了。正是在这个当儿，陆逊发动了反攻。

刘备的这一战略注定难以奏效。从荆州的地理大势来看，两湖合成一个大致闭合的盆地，长江从中间穿越而过。江南的洞庭湖和江北的云梦泽实为地势较低，积水而成。周围的河流呈向心状流向中间，或直接注入长江，或经洞庭湖而汇入长江。武陵郡内，大的河流主要有沅水和澧水，五溪是沅水上游的五条支流。五溪蛮夷是指生活在五溪流域内群山之间的少数民族。武陵郡内的城池都分布在这两条河流或其支流上。武陵郡治临沅位于沅水的下游。南郡的江南部分，主要的河流有夷水（今湖北省境内清江）和油水。孙桓扼守的夷道即在夷水入江之口；马良赴武陵的起点佷山亦在夷水之上。刘备早先在荆州经营的重镇公安则在油水入江之口。这些河流均发源于从鄂西南到湘西的山脉。它们形成一个个的子流域，则河流之间必有同走向的山脉将其隔断。这些山脉和河流所构成的区域地形犹如一把蒲扇。江南的重镇均形成于这些河流的下游或入江之口，显示出顺着流域的走向更容易提领起整个区域的形势。刘备越夷陵而不攻，兵阻于夷道之后也不全力强攻，这样，控御江南水系的那些重镇一个都不在刘备的控制之中。这时，他派马良从佷山出发，横越这把蒲扇上的层层折绉，去策动五溪蛮夷。纵然五溪蛮夷能被动员起来，他们其实仍处在一个个分隔的小区域内，难以形成整体的大势。《吴书·步骘传》中的材料显示，武陵五溪蛮夷确实被动员起来了，甚至波及了零陵和桂阳二郡；但刘备在正面战场失败后，这些蛮夷即被步骘逐一讨平，马良也被杀。

刘备若以此策略对孙权造成一定的干扰，牵制孙权增兵正面战场，这还说得过去；指望它从南侧翼打破正面的僵局，则无异于缘木求鱼。因为有了这个指望而懈怠了正面决战的斗志，这就招致了灾难性的后果。

为刘备计，纵不强攻夷陵，也应全力强攻夷道，占据长江南岸的若干重要据点，以此提领起江南的形势，规复武陵、零陵，从而改变自身客军孤悬的处境，重新在荆州站稳脚跟，再图变化。孙桓被攻时，江东诸将有救援之议，被陆逊拒绝；陆逊的决定基于他认为孙桓应能守住夷道。但这则材料也显示孙桓所部兵力确实相对较弱。蜀军全力强攻是有可能攻下的。如果确实认为连夷道城都难以在短期内攻拔，刘备就应该向峡口方向收缩兵力，日后再作他图。但刘备北不强攻夷陵，南不强攻夷道，被吴军卡在崎岖的山岭间，形格势禁，却指望湘西形势的改观带来整个战局的改观，以至于让数万大军在盛夏时节暴晒于长江流域酷热的艳阳下，兵疲意沮，坐等随时可能降临的毁灭命运。这是刘备在猇亭惨败的战略方面的原因。

陆逊察见刘备战略意图的变化，捕捉到了发动反攻的战略契机。"乘流断围"则是将这一契机的效果发挥至最大。蜀汉水军未敢越夷陵东下，则夷陵以下长江江面的侦谍与警戒势必付之阙如，所以陆逊能自由地运用其水上力量，将吴军投送到他选择的要点，发动进攻。这可以保证吴军针对蜀军不同营寨的进攻同时发起，将反攻的突然性发挥至最大，从而达成奇袭的效果。《陆逊传》中所言"通率诸军同时俱攻"，即显示出陆逊抓住了这一要点。这一点对于反攻的最终结果来说非常重要。吴军若不能保证反攻同时发起，蜀军在察觉吴军的反攻意图后，仍有可能从寄望于武陵蛮夷从南侧一挢的懈怠状态中恢复过来，那样的话，吴军势难获得令蜀军顷刻间全面崩溃的战果。"乘流断围"的另一个效果是切断蜀军战线的完整，各个击破。我们能看到的材料中，吴将朱然的反攻即为显著的一例。《吴书·朱然传》载，"（朱）然督五千人与陆逊并力拒备。然别攻破备前锋，断其后道，备遂破走。"可知朱然所部投入的反攻点，就切断了蜀军前锋张南所部与刘备猇亭大营之间的联系。至于火攻，一是用以破寨，二是加剧奇袭所引起的惊恐与混乱。蜀军前敌总指挥冯习、前锋都督张南当场被斩，刘备本人在仓皇之际登上马鞍山，"陈兵自绕"。蜀军"前后五十余营"，吴军反攻之日，即"破其四十余营"。可知蜀军在遭遇反攻时整体上处于一种非常混乱的状态，指挥系统完全失灵。这是蜀军在顷刻间崩溃的战术方面的原因。

那么，陆逊所说"臣初嫌之，水陆俱进"，是在担心哪种情形呢？陆逊既然对蜀军初下时的锐气做充分的估计，那么，在他看来，蜀军若凭着这股锐气，从夷陵起即以水陆协同一路强攻，这至少是一种需要认真对付的局面。战事或有利钝，结果则未可知。日后西晋灭吴时，王濬下三峡，即以一路强攻，破竹而下。王濬于太康元年二月戊午日（二月初一，公元280年3月18日）破秭归、庚申日（3月20日）克西陵（孙权改夷陵为西陵）、壬戌日（3月22日）克荆门和夷道、甲戌日（二月十七，4月4日）即克江陵。其中以攻西陵时的战况为最激烈。但是，刘备却没有采取这种战略，他越过夷陵东下。这样，陆逊只要坚守夷陵，便犹如面向蜀军竖起一面板斧，蜀军愈是深入，军势之被割裂也便愈深。所以，陆逊看到刘备"今反舍船就步，处处结营"，便觉江东可以高枕无忧了。

第十一章

永安托孤

毫无疑问，永安托孤是蜀汉政治的一个转折点。刘备去世，诸葛亮主政，其间的衔接便是永安托孤。因此，理解永安托孤，可以说是理解蜀汉政治变迁的一把钥匙。

举凡托孤之事，因为涉及宫廷秘辛，权力布局，往往透着一种诡异。因此，围绕托孤产生各种议论和猜度，原也不足为怪。然而，在历史上，没有哪一次的托孤像永安托孤这样引发如此之多的争议。论者大多从心术权谋的角度去揣度刘备的话意，反而忽视了一个最基本的问题：永安托孤究竟托了什么？

刘备在章武二年（222年）闰六月兵败于猇亭，收兵还鱼复，改名为永安。此后，直到章武三年四月病逝，有将近十个月的时间，刘备一直待在永安。

其间，蜀汉一度增强永安的兵力。据《云别传》载，赵云原本留督江州（今重庆），刘备兵败后，赵云"进兵至永安"。另据《蜀书·马忠传》，"先主东征，败绩猇亭，巴西太守阎芝发诸县兵五千人以补遗阙，遣忠送往"。可知刘备在兵败后曾征兵以增补永安。增兵的原因，开始可能是由于吴军尚在追击，为应付可能的后续战事，需要增强兵力。"秋八月，收兵还巫。"吴蜀之间的战事基本平静下来。九月，孙曹交恶，曹魏兴师南下。刘备屯兵白帝，可能是在观望局势变化。十一月，"吴王使太中大夫郑泉聘于汉，汉太中大夫宗玮报之，吴汉复通"。吴蜀关系开始缓和。

不过，这时候，刘备的病情开始严重起来。日后他在给后主的遗诏中说，"朕初疾但下痢耳，后转杂他病，殆不自济"。军事上的惨败给他精神上的打击是可以想见的。最迟在这年十二月，刘备病重的消息已经不是永安宫里的秘密。《蜀书·先主传》载，"冬十二月，汉嘉太守黄元闻先主疾不豫，举兵拒守"。这时候，刘备开始考虑后事，他将诸葛亮从成都召至永安。章武三年二月，诸葛亮到达永安。三月的时候，黄元的叛乱在成都方面一度引起危机。《蜀书·杨洪传》载，"时亮东行省疾，成都单虚，是以元益无所惮"。杨洪辅佐太子刘禅处理了这场危机。

章武三年（223年）四月二十四，在蛰居白帝城十个月之后，在诸葛亮到达永安两个月之后，刘备终于病重不起，殂于永安宫，时年六十三。临终遂有托孤一事。

托孤一事，陈寿在《蜀书·先主传》中只记了寥寥几笔："先主病笃，托孤于丞相亮，尚书令李严为副。"《蜀书·李严传》中的记述差不多同样简单："三年，先主疾病，严与诸葛亮并受遗诏辅少主。"托孤的细节主要见之于《蜀书·诸葛亮传》。

> 章武三年春，先主于永安病笃，召亮于成都，属以后事，谓亮曰："君才十倍于曹丕，必能安国，终定大事。若嗣子可辅，辅之；如其不才，君可自取。"亮涕泣曰："臣敢竭股肱之力，效忠贞之节，继之以死！"先主又为诏敕后主曰："汝与丞相从事，事之如父。"

后世论史者多从这段记述去琢磨刘备托孤的内容。最让后世费尽思量的，莫过于"如其不才，君可自取"这八个字。千古以来，正是这八个字，激起人们的种种猜测和解读。解读的结果是毁誉参半，誉之者往往盛赞其君臣无猜，贬之者则谓刘备至死都在算计诸葛亮。这些解读多为一叶遮目，不见泰山。遮住眼睛的，与其说是那八个字，不如说是思维中对心术权谋的偏好。

历史上的托孤，多为君主临终前考虑到嗣主年少，不能独立处理政事，于是遗命大臣辅政。通常的做法是安排信赖的重臣形成一种稳固的权力格局，以维护嗣主的地位。历史上，作为故事援引得最多的是汉武帝的托孤。汉武帝晚年发生巫蛊之祸，卫太子被逼死，武帝遂于临终前立八岁的少子弗陵为太子，而安排霍光、金日磾、上官桀三人辅政。这三个人"皆上素所爱信者，故特举之，授以后事"[①]。武帝临崩前，特擢霍光为大司马、大将军，金日磾为车骑将军，上官桀为左将军。武帝以对这三个人的信任为前提，通过加强这三个人的权力来巩固少主的地位。不过，托孤毕竟要授予臣下以超出人臣地位的权力，到底是件不寻常的事。武帝遗命霍光辅政，援引的是周公辅成王的故事。以周公与成王的血亲关系，犹且不免于流言恐惧，何况托孤于异姓。所以，在历史上，托孤之事并不常见。拿汉武帝本人来说，他即位时也才十六岁，可是汉景帝临终前却未有托孤辅政的安排。东汉时，每遇嗣主年少，多为太后临朝。魏文帝曹丕临终时，太子曹叡已经二十二岁了，曹丕却遗命曹真、陈群和司马懿辅政。曹丕还特地告诫太子说："有间此三公者，慎勿疑之。"[②]按王夫之的看法，曹丕的这一安排，是"以群、懿防真，合真与懿、群而防者，曹植兄弟也"[③]。曹丕要防范的反倒是曹氏自家兄弟。这一心结，可以追溯到当初曹丕与曹植的嗣子之争。看来，托孤辅政跟嗣主继位时的年龄并无必然的联系。托孤者与其说是担心嗣主年幼孤弱，不如说是担心他在政治与权力场上的处境孤弱。因此，托孤往往是出于特殊的政治需要。

　　刘备的托孤也是一样，是基于蜀汉政权特殊的政治需要。基于这一政治需要，刘备托孤，除了安排诸葛亮和李严辅政外，最重要的内容是作了重大政治路线的交代。只是，人们把目光盯在"如其不才，君可自取"那几个字上，看不到刘备的政治交代，也就看不到此时蜀汉政权所面临的内外困境和由此产生的特殊政治需要，当然也就难以理解永安托孤对于蜀汉国策的影响。

　　我们只消走出心术权谋的死角，自可获得一种更宽的视野。永安托孤的内容并不像白帝城的迷雾那样晦暗莫测。

　　《三国志》虽然叙事简略，但书中保留下来的与刘备托孤相关的文献资料

[①]《资治通鉴》卷二十二，汉纪十四，武帝后元二年。
[②]《晋书》卷一《宣帝纪》。
[③]《读通鉴论》卷十《三国·八》。

可以说是足够充足的了。然而，令人非常奇怪的是，大家在讨论永安托孤的时候，对这些文献资料熟视无睹，而宁可在那八个字上绞尽脑汁。这几份文献资料，为表文、诏书或檄文，均属文书，史料价值极高。但在讨论永安托孤的种种论著中，这些文献几乎从未被引用过，令人不可思议。这些文献资料清楚明白地显示出了刘备究竟向诸葛亮托付了什么。

建兴五年（227年）三月，诸葛亮准备北伐，在出屯汉中之前，上表后主，这就是广为人知的《出师表》。其中一段言及托孤：

> 先帝知臣谨慎，故临崩寄臣以大事也。受命以来，夙夜忧叹，恐托付不效，以伤先帝之明，故五月渡泸，深入不毛。今南方已定，兵甲已足，当奖率三军，北定中原，庶竭驽钝，攘除奸凶，兴复汉室，还于旧都。此臣所以报先帝，而忠陛下之职分也。

表文中所说的"临崩寄臣以大事"，即是《蜀书·诸葛亮传》中所说的"属以后事"，表明刘备去世前确曾作为重大的事情对诸葛亮作过托付。刘备托付的事，让诸葛亮"夙夜忧叹"，唯恐没做好的话，会有伤先帝之明。同受遗命辅政的李严表达过同样的意思。建兴四年，李严策反孟达时在给后者的信中写道，"吾与孔明俱受寄托，忧深责重，思得良伴"①。

刘备托付的大事，就是现在诸葛亮决心去做的事——"奖率三军，北定中原，庶竭驽钝，攘除奸凶，兴复汉室，还于旧都。"很清楚，刘备临崩托付的大事，就是北伐讨贼，复兴汉室。

此前，建宁郡的雍闿趁刘备之死据郡反叛，移檄永昌，永昌郡五官掾功曹吕凯在答檄中也说道：

> 今诸葛丞相英才挺出，深睹未萌，受遗托孤，翊赞季兴。②

---

① 《蜀书·李严传》。
② 《蜀书·吕凯传》。

"受遗托孤，翊赞季兴"，也是说诸葛亮受刘备遗命，辅佐后主完成复兴汉室的事业。从这事也可以看到，在蜀汉，永安托孤的内容，即使是在永昌那样较偏远的郡、像吕凯那样的低级官吏也都非常熟悉。

诸葛亮在表文中请求后主授权他率军北伐，"愿陛下托臣以讨贼兴复之效"。从程序上讲，诸葛亮率军北伐，须由后主授权；但是，以北伐讨贼作为蜀汉国策的核心，这却是先帝的遗命。这是诸葛亮在《出师表》中为什么要特地提到先帝"临崩寄臣以大事"的原因。诸葛亮上表后，后主刘禅旋即下诏北伐。这篇洋洋洒洒的诏书可以说是蜀汉当前国策的一次宣示。诏书中也说到刘备托孤：

> 诸葛丞相弘毅忠壮，忘身忧国，先帝托以天下，以勖朕躬。今授之以旌钺之重，付之以专命之权，统领步骑二十万众，董督元戎，龚（恭）行天罚，除患宁乱，克复旧都，在此行也。[1]

诏书中清楚明白地说到"先帝托以天下，以勖朕躬"，现在，刘禅授权诸葛亮去完成的事情是——"恭行天罚，除患宁乱，克复旧都"，也就是北伐。这与诸葛亮在《出师表》中表达的意思完全一致。诏书后面还说到，对这份诏书，"丞相其露布天下，使称朕意焉"。也就是说，这篇诏书的主旨，将如檄文一般，昭示天下。

从这以后，诸葛亮便念兹在兹地致力于完成刘备托付的事情，直到去世。诸葛亮去世后，后主在褒奖诸葛亮功德的诏书中也说道：

> 惟君体资文武，明睿笃诚，受遗托孤，匡辅朕躬，继绝兴微，志存靖乱，爰整六师，无岁不征，神武赫然，威镇八荒，将建殊功于季汉，参伊周之巨勋。[2]

---

[1]《蜀书·后主传》注引《诸葛亮集》。
[2]《蜀书·诸葛亮传》。

"受遗托孤,匡辅朕躬,继绝兴微",仍是在说诸葛亮受刘备遗命,辅佐刘禅,北伐讨贼,以期完成复兴汉室的事业。

上述几份文献表明,北伐讨贼,复兴汉室,这一点作为刘备永安托孤时托付的大事,一再地昭示蜀境内外,清楚无疑。

按理说,刘备建立的政权是以汉室的再次复兴作为政治定位,那么,完成汉室复兴的事业,乃属当然之义。刘备有什么必要在临终前以不惜给予诸葛亮特殊授权的方式,把北伐讨贼复兴汉室作为大事托付呢?

刘备托付的重点,不是强调复兴汉室的目标必须完成,而是北伐讨贼的事业必须开展。他实际上是在交代自己身后的政治路线。因为北伐讨贼的事业,攸关蜀汉当前的内外危机,攸关蜀汉的盛衰与存亡。

刘备称帝时,以"汉有天下,历数无疆"来表明刘氏仍享有天命,他是刘邦和刘秀事业的继承者,他将"恭行天罚",完成汉室的再次复兴。现在,蜀汉遭遇空前的挫折,刘备本人也行将死去。这一情势将引发的最大危机是其帝业的合法性危机。帝业的合法性危机,不仅仅关系到复兴汉室的事业还有没有希望完成,更直接关系到蜀汉现有的这点基业能否保住。

刘备称帝后的首度"恭行天罚"指向了孙权,却遭遇惨败。所谓"天未悔祸",似乎苍天并不垂青刘备。那么,天命是否真如刘备称帝时所宣扬的那样仍垂青于刘氏?如果刘备再死去的话,那么,他所宣称的将像刘秀那样完成汉室的再次复兴,又如何可能?可以说,夷陵惨败和刘备之死,动摇了他在称帝时的告天之文中所阐述的那整套道理,那套道理是他帝业合法性的核心论述。当一个政权不再让人相信它有道理该存在的时候,它离消亡就不远了。

本来,在蜀境之内,那些在公共场合为刘备称帝造势的巴蜀本土士人,私底下早就在议论"刘氏祚尽"之类的说法,并将那个时代广为流传的"代汉者当涂高"这一谶语解读为曹氏代汉;在蜀境之外,曹丕以汉的历数已终作为代汉舆论的理论前提,导演了一曲禅让剧,代汉自立。眼下,曹魏正对蜀汉展开和平统一攻势,希望蜀汉取消帝号,归顺称藩;① 益州内部则发生了高定、

---

① 见《蜀书·许靖传》注引资料,及《后主传降表》内容;详见下章分析。

雍闿、黄元等人的反叛。这些危机汇合起来，有可能使蜀汉政权很快就被取消。日后，诸葛亮将刘备死时蜀汉的处境形容为"此诚危急存亡之秋"。

这个以汉为号的政权，必须将自己与整个天下联系在一起，必须坚持天下仍是汉室的天下，刘氏仍享有天命，它在巴蜀一隅之地的统治才是合法的。其时，天下的绝大部分已攘夺于他人之手，在这种情形下，必须明其为贼，明其为篡，天下才仍是汉室的天下。如此，刘备建立的政权，作为汉室的继承者，其统治才是合法的。尽管其统治仅及益州一州之地，但这只是一种临时状态。改变这种临时状态就是"恭行天罚"，北伐讨贼，光复大汉的天下。如果只想保住现有的基业的话，则现有的这点基业也保不住。

关于北伐讨贼与蜀汉政治的关系，另有一份文献可作参考，就是《后出师表》。此表真伪尚有争议。裴松之补注的这份文献，出自习凿齿的《汉晋春秋》。篇末特地注明，"此表，亮集所无，出张俨《默记》"。张俨为孙吴的大鸿胪，于吴宝鼎元年（晋武帝泰始二年，266年）出使西晋，吊司马昭之丧，病死于归途，距蜀汉之亡仅三年时间。也就是说，该表即使为伪造，伪造的时间去诸葛亮之世亦不远。伪造者为达到仿真的效果，对于一些基本的情势，亦必使其尽量切合实际，因而具备参考价值。其中一节对于北伐与蜀汉政治的关系，讲得非常透彻。该表中说：

> 先帝虑汉贼不两立，王业不偏安，故托臣以讨贼也。以先帝之明，量臣之才，故知臣伐贼，才弱敌强也；然不伐贼，王业亦亡，惟坐待亡，孰与伐之？是故托臣而弗疑也。臣受命之日，寝不安席，食不甘味，思惟北伐，宜先入南，故五月渡泸，深入不毛，并日而食。臣非不自惜也，顾王业不得偏全于蜀都，故冒危难以奉先帝之遗意也。①

"汉贼不两立"，是因为天命的唯一性，赋予了天下以"王者无外"的整体性，所以，汉与贼不能两立而并存；并存则消解了自身为天命垂青的正当性。

---

① 《蜀书·诸葛亮传》注引《汉晋春秋》。

"王业不偏安",是因为中国古代的"王业"自我赋予了光大普世的属性,不能光大的事业不是王业;如若偏安,就等于自证其为非王业。如果不北伐讨贼,就等于是承认汉室已为他人攘夺,刘氏已为他姓所替。对于这个以汉为号的政权,这无异于取消了自身存在的依据。

唯有在北伐讨贼的旌旗下,天下才仍是汉室的天下。汉室仍享有天命,巴蜀的这个以汉为号的政权才具有合法性。它才能够抟聚人心,巩固住这个政权。这是北伐讨贼与蜀汉政权合法性的内在关系,也是蜀汉政权存亡的关键。

如果说,上述几份文献已经清楚地表明了刘备托付的内容,那么,《蜀书·诸葛亮传》中所载刘备对诸葛亮的那番话留给我们的问题则是:为什么要以那种方式相托?

蜀汉政权的盛衰与存亡取决于北伐讨贼复兴汉室的事业能否光大;但若是北伐的事业都受到怀疑呢?刘秀的汉室复兴是他本人领导完成的;而刘备称帝后的首度出征便铩羽而归,他本人也行将死去,嗣子刘禅年少,谁来领导北伐讨贼的事业呢?

刘备不能如刘秀那样亲自领导复兴汉室的事业,他选定的人是诸葛亮,他托付诸葛亮辅佐刘禅去完成北伐讨贼复兴汉室的大业。围绕诸葛亮领导北伐,可能产生两方面的疑虑:一是对他的才能,一是对他的忠诚。

刘备对诸葛亮的那番话,意在以他对诸葛亮才能与忠诚的充分信任,来表明他对诸葛亮领导北伐事业的信心。因为"君才十倍于曹丕",所以,诸葛亮必定能安定蜀汉,度过眼前的危机,是为"必能安国";也必定能完成消灭曹魏复兴汉室的事业,是为"终定大事"。这是刘备向其他人表明他对诸葛亮才能的充分信心。对诸葛亮领导才能的信心,攸关对北伐事业的信心。日后蒋琬主政,便受到"作事愦愦,诚非及前人"的批评,姜维北伐,也受到"智不出敌"的讥议。①

诸葛亮若真的领导北伐消灭了曹魏,那将是盖世奇勋。那时,他是否仍甘于作大汉的臣子呢?或者在这个过程中,他是否会因为大权独揽而萌不臣

---

① 《蜀书·蒋琬传》,及《廖化传》注引《汉晋春秋》。

之心呢？在汉室的历史上，反面的典型先已有王莽，王莽由辅政而摄政，最终篡夺了政权。新近的例证则为曹氏，曹氏平定了大半个天下，但终归取为自有。诸葛亮是否会像王莽和曹操那样呢？刘备所言"如其不才，君可自取"，是为提前打消对诸葛亮忠诚的疑虑。

这儿便涉及如何理解"如其不才，君可自取"这句话的意思了。放在刘备托付的整个思路里，这个"取"字究竟取什么，我意解读为"收取汉家旧山河"，也就是收复被攫夺的汉室天下。如此解读，我们才好理解：何以后主的诏书中会将刘备的托付称之为"先帝托以天下"——刘备托付的是整个天下；如此解读，我们才好理解：何以刘备在做这番交代时要把"君才十倍于曹丕"作为前提——灭曹才能收复被攫夺的汉室天下。

从语意理解，这也是"若嗣子可辅，辅之"后面被省略的宾语从句，意谓随着嗣子的成长，如其才德堪任，那么，请诸葛亮辅佐他去完成这件事；如嗣子才德不堪，那么诸葛亮可以自己去完成这件事。刘备所言"如其不才，君可自取"，意思是如果真的出现第二种情形，那也是我刘备授权的。

有人把"君可自取"解读为刘备授权诸葛亮在必要时可以自取帝位，这忽略了一个基本的事实，就是刘备的帝业其实是一种未完成状态，天下的绝大部分不在刘氏的手中。蜀汉当下的危机，是帝位可能被取消，而不是被取代。若刘备相许相授的是蜀汉现有的这点基业，则帝位不论是在刘禅还是在诸葛亮手里，这点基业终将萎缩。

田余庆先生以蜀政中的新旧人事格局来解读刘备的托孤辅政格局，认为刘备以诸葛亮和李严并受遗诏辅政，意在团结蜀汉集团中的新人与旧人，俾使和衷共济，共渡难关。但田先生将"如其不才，君可自取"，解读为刘备给诸葛亮以特殊授权，防备李严凭借其威望促成旧人异动的潜在可能，刘备的托孤语意在防范以李严为代表的蜀中旧人。如此安排，才能够既发挥李严稳定旧人的作用又能控制李严而不受其掣肘。田先生对刘备托孤辅政格局中李严角色的解读非常精到，但将"君可自取"这一特殊授权解读为刘备许诸葛亮必要时可以自取帝位。这一解读犹有未尽之处。以当时巴蜀的社会政治情形看，巴蜀本土不可能再酝酿出一份新的帝业，章武年间的诸葛亮也不具备天与人归的威望。无论是旧人颠覆新人，还是以诸葛氏代替刘氏，巴蜀地区不可能再重建一份新的帝业。所谓旧人可能的异动，亦不过是在早已暗涌的"刘氏祚尽"和将"代汉者当涂高"解释为曹氏代汉这一类舆论的基础上，抛弃刘备建立的那个政权，归顺曹魏。这实际上仍是蜀汉帝业的合法性危机演变出来的一个结果。许诸葛亮以自取帝位，并不能克服这一危机。

只有北伐讨贼，充注刘氏帝业的合法性，才能克服当前的政治危机；只有消灭曹魏，平定天下，刘氏的帝业复兴才算完成。这个过程需要诸葛亮辅佐刘禅去完成。如果真出现第二种情形，即嗣子才德不堪，诸葛亮自己去灭曹氏而取天下，那也是我刘备授权的。当然，如果真出现那种情形，届时诸葛亮无论是取天下，还是在取天下之后继取帝位，其实都是取于他人之手，刘备许授的是一件并不在他手里的东西。

但问题的要点不在这儿。应该说，在蜀汉新受重挫、刘备行将死去、蜀汉内外危机深重的情况下，能否消灭曹氏、复兴汉室，不是刘备所能逆睹的事，因而不会是他考虑的重点。但他却看清楚了，蜀汉政权的存亡与盛衰，取决于复兴汉室的事业能否光大。北伐讨贼是这一事业光大的最好体现。在北伐讨贼的旗帜上高扬起来的是汉室。只要汉室的信念仍在，蜀汉政权就是合法的。复兴汉室的事业愈是光大，刘禅愈是不可能被取代。

刘备对诸葛亮讲这段话的用意是，无论如何，北伐讨贼的事业必须进行。他以当众表达对诸葛亮才能和忠诚的充分信任，打消了任何可能的对北伐事业的疑虑。诸葛亮也当场表态"敢竭股肱之力，效忠贞之节，继之以死"，矢志完成刘备托付的大事。

不管（也无须去猜）刘备内心深处对诸葛亮是否信任，他所安排的辅政格局和交代的政治路线，均以对诸葛亮的充分信任为前提。刘备在对诸葛亮作过托付后，又遗诏敕后主曰："汝与丞相从事，事之如父。"临终前，刘备又呼鲁王刘永说："吾亡之后，汝兄弟父事丞相，令卿与丞相共事而已。"[①] 这等于是堵塞了从他子嗣的身上离间生隙的可能性。终诸葛亮之世，刘禅对他确实

---

① 《蜀书·先主传》注引《诸葛亮集》。

是事之如父。一个典型的例子是广汉李邈。他曾经当面批评刘备从刘璋手里夺占益州一事，顶撞刘备。"有司将杀之，诸葛亮为请，得免。"诸葛亮死后，李邈又以"五大不在边"的古训为据，对诸葛亮专兵在外表示非议，"后主怒，下狱诛之"①。

放在这一背景下，刘备过世后，蜀汉迅速加强诸葛亮的权力与权威，也就很好理解。后主即位后，诸葛亮"开府治事。顷之，又领益州牧。政事无巨细，咸决于亮。"蜀汉的中枢决策机制为之一变，政事由尚书台转至丞相府，同受遗命辅政的尚书令李严反倒被排除在决策中枢之外。但这应该是秉承刘备托孤的遗意；否则，这样的转变已近乎柔性政变，意味着刘备尸骨未寒两位辅政大臣就爆发矛盾。随着蜀汉南征与北伐的开展，事权更进一步集中于诸葛亮一身，以至于李严"劝亮宜受九锡，进爵称王"，以相试探；虽然李严劝进时"戒之以勿拘之道"，但因有曹操的近例，九锡已涉政治敏感性，异姓封王更是违背汉家祖制。李严以九锡、称王相试探，诸葛亮答以"若灭魏斩叡，帝还故居，与诸子并升，虽十命可受，况于九邪！"②在九锡、称王这种具有高度政治敏感性的问题上，如果不是刘备托孤授权在先，刘禅默契无猜在后，诸葛亮断不致如此坦然。

东晋的孙盛在对刘备托孤一事发表评论时提到，"世或有谓备欲以固委付之诚，且以一蜀人之志"。到孙盛之时，他所说的"世或有谓"，已不只是对刘备托孤用意的揣测，还包含对托孤效果的评价了。后面我们将看到，刘备的托孤，确实起到了"固委付之诚""一蜀人之志"的效果。

---

① 《蜀书·杨戏传》注引《华阳国志》。
② 《蜀书·李严传》裴松之注引《诸葛亮集》。为什么李严此时要以九锡、称王来试探诸葛亮？裴松之补注此条于诸葛亮、李严招诱孟达事下，时为建兴四年（226年）。上一年，诸葛亮南征，"诏赐亮金钺钺一具，曲盖一，前后羽葆鼓吹各一部，虎贲六十人。"建安十八年（213年），曹操封魏公、受九锡。策命中，既援引周代齐、晋夹辅王室之典，以阐明曹操应受封土九锡之赏，又援引"周、邵师保出为二伯"为据，来阐释曹操以丞相兼领冀州牧是应该的。诸葛亮回复李严时说，"今讨贼未效，知己未答，而方宠齐、晋，坐自贵大，非其义也。"也提到"方宠齐、晋"，据此可以反推李严应该是拿曹操封魏公受九锡的策命中的那套说法在试探诸葛亮。李严大概是看到，诸葛亮于建兴元年开府治事，二年以丞相兼领益州牧，三年获赐鈇钺、虎贲，是九锡而有其二，曲盖、羽葆，则近乎帝王乘舆。一如当年孙权劝进，曹操说"是儿欲踞吾著炉火上邪"，李严的试探，是欲架诸葛亮于炉火之上。九锡、称王之劝，无异于对诸葛亮说，"你干脆像曹操那样吧。"所以，诸葛亮才在答书中说，"吾与足下相知久矣，可不复相解！足下方诲以光国，戒之以勿拘之道，是以未得默已。"

永安托孤应该是刘备与诸葛亮商议斟酌的结果，但也可能包含了他本人的深思熟虑。他在迷雾深锁的白帝城待了十个月。在白帝城的秋风中，怅望滔滔江流，他是否会回顾自己的生平？他一生奋斗，从燕赵到巴蜀，何以当初能迅速成就英雄之名，何以眼下会陷入如此的困局？当他在给后主的遗诏中写下："勿以恶小而为之，勿以善小而不为。惟贤惟德，能服于人。汝父德薄，勿效之"——这是否已包含了他对自己毕生得失的总结？他的托孤安排至少显示了，在白帝城的迷雾般的困局中，他看到了一个走出困局的方向。

永安托孤的深意，如有费解之处，不在于枭雄心思的猜测，而在于领会一个鲜明的政治主题与一个政权的盛衰存亡之间的关系。刘备的托孤，无论是托付的内容，还是托付的方式，要点在于北伐讨贼对蜀汉当前政治的意义。充注蜀汉帝业的合法性，克服当前的政治危机，进而使其走向光大，唯有北伐讨贼。通过这个安排，他希望，在自己身殁之后，整个蜀汉集团能紧密地团结在诸葛亮的周围，团结在北伐讨贼的旗帜下。如此，蜀汉的帝业或许还有光大的可能。

第十二章

蜀汉的内外危机

蜀汉的帝业合法性危机

刘备弥留之际，蜀汉半数以上的版图笼罩在反叛的烽烟之中。

章武二年（222年）十二月，汉嘉郡太守黄元听说刘备病重，据郡反叛。次年三月，进兵临邛，迫近成都。益州南部的四郡中，越巂郡、益州郡、牂牁郡发生反叛，并波及永昌郡。《蜀书·后主传》载：

> 建兴元年夏，牂牁太守朱褒拥郡反。先是，益州郡有大姓雍闿反，流太守张裔于吴，据郡不宾；越巂夷王高定亦背叛。

建兴元年即章武三年。此为对刘禅袭位前后益州南部形势的概述。实际上，益州南部的反叛在此之前便已发生。据《蜀书·李严传》：

> 越巂夷率高定遣军围新道县，严驰往赴救，贼皆破走。

此事发生在章武二年李严被征至永安任尚书令之前。高定攻新道县而逼近犍为郡，所以时为犍为郡太守的李严驰往赴救。可知越巂的反叛至迟在章武二年便已发生。另据《张裔传》：

> 先是，益州郡杀太守正昂，闿率雍闿恩信著于南土，使命周旋，远

通孙权。乃以裔为益州太守，径往至郡。闿遂趑趄不宾，假鬼教曰："张府君如瓠壶，外虽泽而内实粗，不足杀，令缚与吴。"于是遂送裔于权。

建兴元年（223年），诸葛亮遣邓芝出使孙吴，嘱邓芝从孙权请允张裔归国。"裔自至吴数年，流徙伏匿，权未之知也。"① 此时，张裔至吴已有数年，可知益州郡杀太守，雍闿远通孙权，并执张裔送孙吴，应该发生在刘备去世之前。

益州郡即后来的建宁郡，并不毗邻吴境。雍闿欲通孙权，必经牂牁郡。关于朱褒在牂牁的反叛，《李恢传》载，"先主薨，高定恣睢于越嶲，雍闿跋扈于建宁，朱褒反叛于牂牁"。虽然《蜀书·后主传》和《李恢传》均将朱褒在牂牁的反叛一事系于刘备死后，但以情势推理，蜀汉在牂牁郡统治秩序的失控，与越嶲郡、益州郡的反叛应该是一个连带的过程。否则，雍闿要经牂牁郡而与孙吴相通，执送张裔，并接受孙权所署官职，断不敢如此无所顾忌。

雍闿降于孙吴，孙权署雍闿为永昌太守，雍闿遂"移檄永昌，称说云云"。建兴三年，诸葛亮南征时，改益州郡为建宁郡，从建宁和永昌二郡中分置出云南郡，以吕凯为云南郡太守。但吕凯旋即"为叛夷所害"②。可知原永昌郡受邻郡反叛的波及，形势几近糜烂。所以，《蜀书·诸葛亮传》中在概述此间南部的形势时称，"南中诸郡，并皆叛乱，亮以新遭大丧，故未便加兵"。

益州南部的反叛与孙吴牵扯在一起。孙权袭荆州后，被刘备徙置荆州的刘璋父子落入孙权之手。孙权"以璋为益州牧，驻秭归"。刘璋卒后，正值雍闿据益州郡叛降孙吴，"权复以璋子阐为益州刺史，处交、益界首"③。孙权将刘璋之子刘阐置于孙吴的交州与蜀汉的益州交界处，意在发挥刘璋、刘阐父子在益州的影响力，扩大蜀汉的反叛力量。

刘备的死，让南部的反叛更加无所忌惮。《吕凯传》载，"时雍闿等闻先主薨于永安，骄黠滋甚"。

---

① 《蜀书·张裔传》。
② 《蜀书·吕凯传》。
③ 《蜀书·刘二牧传》。

对于蜀汉政权来说，益州南部诸郡的反叛，只是政治危机的一部分。尽管"南中诸郡，并皆叛乱"，但诸葛亮"以新遭大丧，故未便加兵"。显然，他有更需要优先去处理的危机。虽然《蜀书》中留下的关于当时蜀汉政治危机的资料甚少，我们还是可以从零星的资料中去描述一个大概的轮廓。

雍闿跋扈于建宁时，"都护李严与闿书六纸，解喻利害"。雍闿在答书中说："盖闻天无二日，土无二王。今天下鼎立，正朔有三，是以远人惶惑，不知所归也。"以雍闿之远通孙权并受孙权所署官职来看，与其说他是因为天下正朔有三而惶惑不知所归，不如说是对刘备建立的那个政权的不承认。他在接受孙权所署永昌太守之后，"数移檄永昌，称说云云"①。雍闿的"称说云云"到底称说了些什么，我们可从吕凯的答檄中反推一二。

吕凯的答檄中除了劝雍闿"翻然改图"外，也讲了一些道理，显然是针对雍闿移檄中的"称说云云"。檄文中引证了两段历史典故。"舜勤民事，陨于苍梧"，这是以舜巡狩南方崩于苍梧之野作为例证。"崩于江浦，何足可悲！"是说舜死于江南，并不能否定舜作为一代圣王。"文武受命，成王乃平。"②这是以周的历史作为例证。周文王为西伯之时，因为积善行德，诸侯都称"西伯盖受命之君"。但文王并未灭商就死了。周武王继位后，伐纣而灭商，宣布"膺更大命，革殷，受天明命"③。伐纣之后不久，武王也死了。东方又发生管叔、蔡叔与纣之子武庚的叛乱。周公摄政当国，平定了东方的叛乱。周公行政七年，还政于成王，天下遂告太平。文王受命，武王革命，到成王时天下终于太平。吕凯拿这段历史作例证，意思是说，文王、武王的死，并不否定周得天命这一事实。

吕凯的檄文拿这两段历史为例证，显然是在有针对性地驳斥雍闿移檄中的某些煽动性的言论。从上述例证逆推，雍闿的移檄中，显然在拿刘备的死做文章。"称说云云"，应该是在宣扬，刘备的死表明他并未得天命。刘氏不再享有天命，那么巴蜀的这个以汉为号的政权也就不具有合法性。以巴蜀已

---

① 《蜀书·吕凯传》。
② 《蜀书·吕凯传》。
③ 《史记》卷四《周本纪》。

有的舆论基础，雍闿的"称说云云"相当有煽动性；若任其传扬，后果将是颠覆性的。

虽然我们今天所能看到的资料仅为益州南部的舆论对抗，但应不难推知，刘备的死势必引发巴蜀士人对蜀汉帝业合法性的疑虑。因为它原本就有舆论基础。在巴蜀本土的士人中，周舒、杜琼等人早就将"代汉者当涂高"解释为曹氏代汉。周舒的观点，"乡党学者私传其语"，可知这类言论在巴蜀士人中间有相当广泛的传播。（详见第九章《刘备称帝》）张裕早就在私底下散布"岁在庚子，天下当易代，刘氏祚尽矣。主公得益州，九年之后，寅卯之间当失之"的说法。庚子年即魏文帝黄初元年（220年），寅卯之间即壬寅年（222年）和癸卯年（223年）。曹丕代汉是在庚子年（220年），刘备兵败夷陵是在壬寅年（222年），刘备之死是在癸卯年（223年）。近年的情势完全应验了张裕的预测，似乎也就应验了"刘氏祚尽"的天意。

夷陵惨败和刘备死后蜀汉国运的颓势，势必会加剧蜀中士民对蜀汉前途的悲观，上述舆论也就会更有社会土壤。南中的反叛，尚可视为边地而不必马上处理，若上述言论在蜀汉的中心地区漫延成一种公开的论调，这个政权可能就要马上被取消了。

蜀汉境内，刘备的死引发对蜀汉帝业合法性的疑虑，与之相呼应，曹魏正对蜀汉展开和平统一攻势。

曹魏的和平统一攻势

魏黄初年间，曹魏对蜀汉展开过和平统一攻势。但因这方面的材料比较零散，因此，在三国互动的历史中，这一节通常被人忽略。

《魏书》文帝纪中对此根本不曾提及，与之相关的曹魏主要公卿大臣的传记中亦不曾提及。但从现在能看到的一些零碎材料中，仍能确定，黄初年间，曹魏确曾以和平统一作为对蜀汉的主要政策策略，试图使蜀汉取消帝号，归顺称藩。最确凿的史料是《蜀书·后主传》中所载刘禅投降时的降表，表文中说到：

> 每惟黄初中，文皇帝命虎牙将军鲜于辅，宣温密之诏，申三好之恩，开示门户，大义炳然；而否德暗弱，窃贪遗绪，俛仰累纪，未率大教。

这段话清楚无疑地表明，黄初年间，曹魏曾派鲜于辅为密使，试图说服蜀汉归顺称藩。对散见的史料作一梳理，可以大致描画出曹魏执行这一政策的时间和主要内容。

《魏书·王朗传》注引《魏名臣奏》载有王朗的奏议。其中说到：

> 当今诸夏已安，而巴蜀在画（化）外。虽未得偃武而弢甲，放马而戢兵，宜因年之大丰，遂寄军政于农事……画（化）外之蛮，必复稽颡以求

改往而效用矣。若畏威效用，不战而定，则贤于交兵而后威立，接刃而后功成远矣。若奸凶不革，遂迷不反，犹欲以其所虐用之民，待大魏投命报养之士，然后徐以前歌后舞乐征之众，临彼倒戟折矢乐服之群，伐腐摧枯，未足以为喻。

王朗奏议的主旨，是主张以儒家"远人不服，则修文德以来之"的怀柔路线，不战而定巴蜀；纵不能令蜀汉马上"求改往而效用"，也可瓦解其民心。奏议中，只言巴蜀在化外，而不言江东。可知王朗上奏的时间，应在孙权降魏之后而未复叛之时。除王朗外，曹魏主要公卿如贾诩、华歆等，在此间都有反对征战的言论。曹丕曾问贾诩："吾欲伐不从命以一天下，吴、蜀何先？"贾诩劝以"先文后武"，曹丕不从。①此事应在孙权复叛之后，曹丕伐吴之前，刘备已兵败于夷陵，但尚未死。曹丕不从贾诩之议，遂有征吴之举。曹魏在黄初年间的几次耀师，主要针对孙吴，而不曾针对蜀汉。这期间，曹魏公卿重臣所持的偃武修文或"先文后武"的主张，为曹魏对蜀汉和平统一政策的确立铺垫了基础。

《蜀书·许靖传》注引鱼豢的《魏略》载有王朗给许靖的三封信。其中第一封信里提到："故遣降者送吴所献致名马、貂、罽，得因无嫌。"魏使以孙权所献贡品作为礼品，意在以江东的称藩感召巴蜀。从这段内容看，王朗给许靖的这封信应写于孙权降魏而未复叛期间，这与前引王朗奏议的时间大致相合。但在夷陵之战后，孙权报捷于曹丕，曹丕在给孙权的诏书中犹在勉励孙权"勉建方略，务全独克"②，据此似能将曹魏对蜀汉采取和平统一攻势开始的时间限缩至刘备夷陵惨败之后，孙权复叛之前。

鲜于辅作为密使的具体时间和细节，史书中已泯灭无闻。不过，密使只是曹魏和平统一攻势的一部分。《三国志》中有资料显示，此间，曹魏公卿曾密集地给蜀汉主政大臣写信。

---

① 《魏书·贾诩传》。
② 《吴书·吴主传》注引《魏书》。

《蜀书·许靖传》载:

> 始,靖兄事颍川陈纪,与陈郡袁涣、平原华歆、东海王朗等亲善。歆、朗及纪子群,魏初为公卿大臣,咸与靖书,申陈旧好,情义款至,文多故不载。

《蜀书·刘巴传》载:

> (刘巴)章武二年卒。卒后,魏尚书仆射陈群与丞相诸葛亮书,问巴消息,称曰刘君子初,甚敬重焉。

刘巴卒于章武二年(222年)。马忠领兵至永安时,刘备对尚书令刘巴说:"虽亡黄权,复得狐笃。此为世不乏贤也。"①黄权降魏,事在该年八月;刘巴之卒,在此事之后;诸葛亮收到陈群的书信,则在刘巴卒后。王朗给许靖的第三封信写于刘备死后,信中提到"前夏有书而未达",可知王朗的第二封信应写于上一年夏天,即章武二年。这可与《蜀书·刘巴传》中的资料相印证,表明在章武二年(魏黄初三年)的时候,曹魏公卿曾密集地给蜀汉主政大臣写信。这可视为曹魏对蜀汉和平统一政策确立的一个信号。

曹魏对蜀汉的和平统一攻势在刘备死后达到顶点。《诸葛亮集》载:

> 是岁,魏司徒华歆、司空王朗、尚书令陈群、太史令许芝、谒者仆射诸葛璋各有书与亮,陈天命人事,欲使举国称藩。②

文中所说的"是岁",为建兴元年,亦即刘备初死之年。华歆、王朗、陈群给诸葛亮书信,可与《蜀书·许靖传》《蜀书·刘巴传》相印证。他们给诸葛

---

① 《蜀书·马忠传》。
② 《蜀书·诸葛亮传》裴松之注引《诸葛亮集》。

亮书信的内容，已不可复见，但大致的意旨，应能推知。

文中提到的太史令许芝，在曹丕代汉的舆论造势中曾发挥过重要的作用。曹丕代汉时，许芝为太史丞。在《魏书》文帝纪曹丕代汉一事下，裴松之注引《献帝传》，录入大量汉魏禅让过程中的文书，其中有许芝上魏王曹丕书，以谶纬论述天命已去汉，魏当代汉而兴。是后，群臣上书劝进，言则称"伏见太史丞许芝上魏国受命之符"，或称"伏读太史丞许芝上符命事"。可知许芝在曹丕代汉过程中扮演的角色，是以符瑞论述天命的理论权威。曹丕令许芝给诸葛亮书信，显然是要发挥他的这种角色。许芝在给诸葛亮的书信中，应该会大讲他在曹丕代汉时所讲的那套天命已去汉的言论。诸葛亮集中所说的"陈天命人事"，可印证这点。

曹魏公卿在建兴元年给蜀汉主政大臣们所写的信，我们能见到的只有王朗给许靖的第三封信。信中说：

> 皇帝既深悼刘将军之早世，又愍其孤之不易，又惜使足下、孔明等士人气类之徒，遂沉溺于羌夷异种之间，永与华夏乖绝，而无朝聘中国之期缘，瞻睎故土桑梓之望也。故复运慈念而劳仁心，重下明诏，以发德音，申敕朗等，使重为书于足下等。……
>
> 若足下能弼人之遗孤，定人之犹豫，去非常之伪号，事受命之大魏，客主兼不世之荣名，上下蒙不巧之常耀，功与事并，声与勋著，考其绩效，足以超越伊、吕矣。……
>
> 若天启众心，子导蜀意，诚此意有携手之期。若险路未夷，子谋不从，则惧声问或否，复面何由！

从上引内容看，王朗写这封信的直接契机就是刘备的死；从"重下明诏，以发德音，申敕朗等，使重为书于足下等"一语看，王朗、华歆、陈群等人无论是给许靖还是给诸葛亮写信，无论是此前还是此次写信，均为曹丕敕令所要求。也就是说，这些公卿重臣给蜀汉主政大臣写信，是在执行曹丕所定的政策。这些举动，与曹丕派鲜于辅为密使赴蜀汉，共同构成对蜀汉的和平统一攻势。

王朗的第一封信里,还会问问许靖有儿女几人,年龄多大,意在动之以情;第二封信里称"吾宜退身以避子位",意在诱之以名位;第三封信就讲得比较直接,就是希望许靖能"弼人之遗孤,定人之犹豫,去非常之伪号,事受命之大魏"。这与诸葛亮集中所说的"陈天命人事,欲使举国称藩",意旨完全一致。

王朗信中使用了"弼人之遗孤,定人之犹豫"这样的奏辞,显示出曹魏方面对蜀中政情作过判断。刘备死后,嗣主年少,蜀境之内,必定群情危疑。这个判断,对于蜀境之内因刘备之死而引发帝业合法性危机这一情势的把握,多少还是贴切的。所以,曹魏方面才会寄望于许靖辈,发挥其影响力,建议蜀汉取消帝号,归顺称藩于魏。

奇怪的是,许靖和刘巴于章武二年就已死了,曹魏公卿们写信的时候,居然并不知道。《蜀书·先主传》将"司徒许靖卒"系于章武二年秋八月,而王朗第三次给他写信是在刘备去世后,此时距许靖之卒,至少有大半年的时间,王朗居然并不知道,仍在信中回顾他们当年避难东南的共同经历,以知己的身份写下:"想子之心,结思华夏,可谓深矣!"

对曹魏公卿们的书信,诸葛亮概不回复,而作《正议》篇予以回应,将曹魏公卿们的言论斥之为"苏张诡靡之说""驩兜滔天之辞"。日后刘禅投降时,对这一回应解释说,因为"否德暗弱,窃贪遗绪",所以"未率大教"。

曹魏对蜀汉的和平统一攻势,并未达到"欲使举国称藩"的目的。此后虽未再见有大的举措,但作为一种政策,余绪应该是延续到了魏明帝太和初年。魏明帝太和二年(蜀汉建兴六年,公元228年),诸葛亮第一次北伐,魏明帝曾发布过一个"露布天下并班告益州"的诏书。诏书中重点只攻击诸葛亮一人,而视刘禅(刘升之)兄弟只不过是被诸葛亮所挟持,巴蜀的将吏士民只不过是被诸葛亮所劫迫。[1]这在政治上当然是一种策略,但在政策上与此前的和平统一攻势仍体现出了一种连续性。到太和四年,始有曹真伐蜀一事。

---

[1]《魏书·明帝纪》注引《魏略》。

蜀汉的帝号并未取消，但曹魏的和平统一攻势，却也并非全无收获。蜀汉的帝业，从酝酿到取消，一个与之相始终的人物是谯周。谯周与杜琼等宿儒列名于刘备称帝前的劝进表上，私底下却在议论曹氏代汉的秘论。杜琼以"魏，阙名也，当涂而高"来解释何以"代汉者当涂高"意味着曹氏代汉，谯周则从汉灵帝的两个儿子刘辩（即废帝）和刘协（即献帝）幼时的小名"史侯"和"董侯"中悟出汉将逊位的结论[1]，这跟曹丕代汉时太史丞许芝所讲的那套理论如出一辙。许芝在给曹丕的条疏中说，"当涂高者，魏也，象魏者，两观阙是也，当道而高大者魏，魏当代汉"。同疏中又言，"以为汉帝非正嗣，少时为董侯，名不正，蒙乱之荒惑，其子孙以弱亡"。[2]关于汉室天命解读的理据，巴蜀的两位硕学通儒与曹魏的谶纬理论大师，竟然英雄所见略同！身为谯周弟子的陈寿在叙述这点的时候，竟然没有表示一丝惊讶！

日后，曹魏伐蜀，正是谯周力排众议，主张投降。当年刘备取益州，以刘璋之暗弱不武，犹且坚守了两年多。而邓艾率一偏军偷袭阴平，兵锋未及成都，蜀汉的降表已迎送到了雒城。降表中，对黄初年间曹魏"欲使举国称藩"的大义，予以确认。

建兴初年，曹魏的和平统一攻势，与蜀境之内因刘备的死而引发的帝业合法性危机，共同构成蜀汉的内外危机。日后，诸葛亮将这段时间形容为"此诚危急存亡之秋"。

---

[1]《蜀书·杜琼传》。
[2]《魏书·文帝纪》注引《献帝传》。

第十三章 诸葛亮主政

章武三年（223年）五月，刘禅袭位于成都。受遗托孤的诸葛亮开府治事，同受遗命辅政的李严留镇永安。"政事无巨细，咸决于亮"。蜀汉政治中的诸葛亮时代由此开始，诸葛亮也开始面对蜀汉的危局。

刘禅袭位后，大赦，改元建兴。陈寿在叙述此事的时候，少见地使用了敌国的纪年来注明："是岁，魏黄初四年也。"他在《蜀书·后主传》末评论说："礼，国君继体，逾年改元，而章武之三年，则革称建兴。考之古义，体理为违。"看来，他将此事视为有关治道的大事。他又说，"诸葛亮虽达于为政，凡此之类，犹有未周焉"。看来，他认为此事应由诸葛亮负责。

沈约的《宋书》将此事作为"言之不从（顺）"的例子列于《五行志》。"刘备卒，刘禅即位，未葬，亦未逾月，而改元为建兴。此言之不从也。习凿齿曰：'礼，国君即位逾年而后改元者，缘臣子之心，不忍一年而有二君也。今可谓亟而不知礼矣。君子是以知蜀之不能东迁也。'"①志中所引习凿齿的评论应该是出自《汉晋春秋》。习凿齿也认为这事办得"亟而不知礼"，并把它与蜀汉最终未能完成复兴还于旧都联系起来。赵翼的《陔余丛考》中有一卷专门收录他对年号的研究，对历代年号的梳理非常详备。他也将此事归为"不应改元而即改者"。

蜀汉既然是"政事无巨细，咸决于亮"，改元一事，应该是由诸葛亮决定的。诸葛亮当年即改元，陈寿论之"体理为违"，习凿齿谓之"亟而不知

---

① 《宋书》卷三十一《五行·二》。

礼",沈约列之"言之不从",赵翼归之"不应改元而即改者"。从蜀汉改元后的年号用字上,我们却能看到诸葛亮亟于改元的用意,看到诸葛亮的一种紧迫感——在蜀汉内外危机深重的情况下,亟于重建并坚定对复兴汉室事业的信心。

据赵翼研究,年号用字主要是取吉祥之意。"年号用字,固取吉祥。"[①] 年号的用字,通常被赋予特定的用意。以年号纪元始自汉武帝。汉武帝元鼎年间始用年号纪元,追改其初元为建元。建元为前汉的第一个年号,也是整个汉室历史上的第一个年号。光武中兴,刘秀的年号为建武,这是后汉的第一个年号。两汉的第一个年号中,都有一个"建"字。蜀汉所用建兴中的"建"字,应该与此有关。"兴"字应该是取中兴、复兴的意思。诸葛亮选用建兴二字作后主的年号,应该是在表达其志在复兴两汉基业的意思。

未踰年而改元,并非没有先例;在三国时代,也非孤例。东汉中平六年(189年)四月,汉灵帝死后,皇子刘辩继位,也是未踰年即改元,其时,灵帝亦未安葬。吴神凤元年(252年)四月,孙权死后,孙亮即位,同样也是未踰年即改元。陈寿在叙述此事时,用了跟《蜀书·后主传》中一样的笔法,特地注明:"是岁,于魏嘉平四年也。"

习凿齿说,"君子是以知蜀之不能东迁也",他应该是还看到过一些蜀中士人对此事的议论。陈寿如此在乎此事,应该是受了时人的影响。陈寿生于蜀汉建兴十一年(233年),卒于晋元康七年(297年)。他的青年时代在蜀汉后期度过。此时,与诸葛亮初主蜀政时相比,蜀汉的内外情势都发生了很大的变化。他师事谯周,在政治观念上,肯定会受到谯周的影响。当他作为一个后生向谯周"谘问所疑"时,那已是一个公开宣扬《仇国论》的谯周。此时,蜀中舆论,对北伐、对复兴汉室的信念,已然消解殆尽。所以,与其说"君子是以知蜀之不能东迁也",不如说那些不相信蜀汉还能东迁还于旧都的人拿此事借题发挥。

同为三国基业的开创者,曹操在交代后事时遗令:"天下尚未安定,未得

[①]《陔余丛考》卷二十五《年号用字》,河北人民出版社1990年11月第1版。

遵古也。"① 刘备遗诏发哀"满三日除服",又何尝不是此意?曹操能以"天下尚未安定"而遗令不得遵古,诸葛亮接过蜀汉这个摊子时,正值危急存亡之秋,又如何能够责其"考之古义"!

诸葛亮初主蜀政,一件刻不容缓的事情就是重建对复兴汉室事业的信心,增进对汉室的认同。如此,才能稳住这个政权。其时,内有对蜀汉帝业合法性的疑虑,外有曹魏的和平统一攻势,内外危机深重,诸葛亮亟于让蜀汉焕发出一种新气象,未踰年而改元是其措施之一。改元建兴,就是要让复兴汉室成为蜀汉最鲜明的政治主题。

刘备初死,曹魏公卿便给诸葛亮等蜀汉主政大臣写信,"陈天命人事,欲使举国称藩"。诸葛亮概不回复,而作《正议》篇,驳斥诸人的观点。《正议》篇原文如下:

> 昔在项羽,起不由德,虽处华夏,秉帝者之势,卒就汤镬,为后永戒。魏不审鉴,今次之矣。免身为幸,戒在子孙。而二三子各以耆艾之齿,承伪指而进书,有若崇、竦称莽之功,亦将偃于元祸苟免者耶!
>
> 昔世祖之创迹旧基,奋羸卒数千,摧莽强旅四十余万于昆阳之郊。夫据道讨淫,不在众寡。及至孟德,以其谲胜之力,举数十万之师,救张郃于阳平,势穷虑悔,仅能自脱,辱其锋锐之众,遂丧汉中之地,深知神器不可妄获,旋还未至,感毒而死。子桓淫逸,继之以篡。纵使二三子多逞苏、张诡靡之说,奉进驩兜滔天之辞,欲以诬毁唐帝,讽解禹、稷,所谓徒丧文藻、烦劳翰墨者矣。夫大人君子之所不为也。
>
> 又军诫曰:"万人必死,横行天下。"昔轩辕氏整卒数万,制四方,定海内,况以数十万之众,据正道而临有罪,可得干拟者哉!

诸葛亮在历史上不以文章著称,但这篇《正议》,作为政论文章,堪称上乘之作。陈寿在编成诸葛亮集后给晋武帝的表文中说:"论者或怪亮文彩不

---

① 《魏书·武帝纪》。

艳，而过于丁宁周至。"所谓"文彩不艳"，应该是当时有人作这样的评论。陈寿的解释是，"亮所与言，尽众人凡士，故其文指不得及远也"。诸葛亮的文章被选入《昭明文选》的只有《出师表》一篇，而同时代的人物中如北方的曹丕曹植兄弟、江东的陆机陆云兄弟，文章入选甚多。陆氏兄弟在太康（280年至289年）末年入洛阳，他们与陈寿一样，做过张华的座上宾。陈寿在洛阳，应该见到过"二陆初来俱少年"的风华意气。《晋书》称陆机"天才秀逸，辞藻宏丽"[1]；《机云别传》称陆机"天才绮练，文藻之美，独冠于时"[2]。有关诸葛亮"文彩不艳"的评价，应与那个时代的文章风尚有关。

《正议》篇是在驳斥曹魏公卿们的言论，因此，从内容上讲——按刘勰对那个时代文体的划分——可归入"论说"；《正议》篇必然会颁示蜀境，并移示曹魏，否则便达不到驳斥谬论、以正视听的目的，因此，从功能上讲，它又可归于"檄移"。刘勰认为论说体的文章"义贵圆通，辞忌枝碎"，好的论说文章应该"论如析薪，贵能破理"[3]。刘勰从檄文的缘起而概括出此类文章的标准，"檄者，皦也；宣露于外，皦然明白也"。因此，檄文应该"事昭而理辨，气盛而辞断"[4]。刘勰以隗嚣讨王莽的檄文"文不雕饰，而辞切事明"，誉之为"得檄之体"。后世的檄文往往越写越长，文辞愈来愈华丽，却离"皦然明白"愈来愈远。诸葛亮的《正议》篇，文章简洁有力，立场坚定鲜明，确实是"事昭而理辨，气盛而辞断"。

从诸葛亮的驳议看，华歆、王朗等人的书信中，应该是以魏处中原、兵强势众的现实，验证了天命去汉的符瑞，所以，曹丕行舜禹之事，接受了汉的禅让；[5]蜀汉应该顺应天命，取消帝号，归顺称藩。但在诸葛亮笔下，华歆、王朗等人在曹丕篡汉过程中所扮演的角色，就像陈崇、张竦在王莽篡汉中所扮演的角色一样，所论形势，不过是"苏、张诡靡之说"（纵横家

---

[1]《晋书》卷五十四《陆机传》。
[2]《吴书·陆逊传》注引《机云别传》。
[3]《文心雕龙注》卷四《论说》，人民文学出版社1958年9月第1版。
[4]《文心雕龙注》卷四《檄移》，人民文学出版社1958年9月第1版。
[5]《魏书·文帝纪》裴松之注引《魏氏春秋》载：帝升坛礼毕，顾谓群臣曰："舜禹之事，吾知之矣。"

喜论形势），所行舜禹之事，简直是亵渎圣王。①诸葛亮以刘邦破项羽、刘秀破王莽、刘备破曹操作为例证，三者均为以少胜多，以弱胜强，以此来表明，王者之兴，在德不在力。"据道讨淫，不在众寡。"从刘邦、刘秀到刘备，从前汉、后汉到蜀汉，三者一脉相承。复兴汉室的事业是"据正道而临有罪"。

诸葛亮的《正议》篇所表达的政治观念和论证逻辑，与刘备称帝时的告天之文一脉相承。刘备的告天之文是以历史的逻辑证明"汉有天下，历数无疆"。诸葛亮的《正议》篇重点在于坚定对复兴汉室事业的信念。在蜀汉新受重挫、刘备死去的颓势中，坚定对复兴汉室事业的信心至关紧要。复兴汉室的事业仍有希望，这个以汉为号的政权才能争取到政治认同。

建兴二年（224年），诸葛亮又兼领益州牧。诸葛亮既已开府治事，且"政事无巨细，咸决于亮"，他有什么必要自领益州牧呢？此处涉及一段攸关蜀汉政治定位的地方行政制度变迁，很容易被读史者忽略。

刘备取益州后，自领益州牧；刘备称帝后，未见有人接任益州刺史或州牧之职。益州地位如此重要，应该不是陈寿记载有漏，而是益州州职虚缺。原益州牧的主要属官中，从事祭酒何宗在刘备称帝后迁为大鸿胪；劝学从事尹默在刘禅策立为太子后转为太子仆；议曹从事杜琼在后主即位后拜谏议大夫，其实他原本就"静默少言，阖门自守，不与世事"；别驾从事李恢在章武元年迁庲降都督；别驾从事赵莋未知所终；治中从事黄权随刘备东征，在刘备兵败后降魏；治中从事杨洪的本传中，虽未见其官职的变迁，但从他在太子刘禅身边协助处理黄元叛乱一事看，他至少也应该是在刘备东征和诸葛亮东行省疾期间临时转任东宫之事，后主即位后，杨洪复为蜀郡太守。从益州州职到其主要属官，虚缺达三年之久，益州的州级建制形同废置。

诸葛亮以丞相兼领益州牧，此举实为恢复益州的州级建制。刘备称帝后，

---

① 《蜀书·许靖传》裴松之补注的王朗给许靖的第二封信中云"于时忽自以为处唐、虞之运，际于紫微之天庭也。徒慨不得携子之手，共列于廿有二子之数，以听有唐'钦哉'之命也"。千载而下，读之犹觉肉麻。

虽有拜马超为凉州牧、以李恢领交州刺史之类的州职任命，但均为虚领；大汉帝国的实际统治区域仅止于巴蜀，即原益州一州之地。在蜀汉政权实际统治的益州，州级建制虚缺，很容易给人这样的观感——大汉帝国即巴蜀，巴蜀即大汉帝国——从而给人以保据偏安之嫌，进而对复兴汉室的事业产生消极影响。诸葛亮恢复益州的州级建制，意谓巴蜀乃益州之地，而益州乃大汉帝国天下十三州之一。这样，就将巴蜀置于大汉帝国完整的天下图景之中；如此，蜀汉在巴蜀的统治才不是割据偏安。

但恢复益州州级建制又会产生另外的问题。蜀汉实际统治的地域仅益州之地，益州所辖与中央几乎重叠。若委诸他人，则益州州职权重，不利于事权合一，集中力量北伐。另外，蜀汉一州之地，从中央到地方，行政层级却有四级之多，这势必会影响行政效率。

诸葛亮自领益州牧，却将其虚级化，以免影响行政效率。《蜀书·杜微传》载，诸葛亮领益州牧后，以秦宓为别驾，五梁为功曹，杜微为主簿。但这些人都是所谓"妙简旧德"，而非治事之才。杜微实际上并未就主簿之职，而被拜为谏议大夫；五梁寻迁议郎、谏议大夫；秦宓寻拜左中郎将、长水校尉。诸葛亮之世，益州最重要的属官为治中从事，惯例是以丞相府的属官兼领益州治中从事。如广汉李邵，在诸葛亮开府时被辟为丞相西曹掾。"亮南征，留邵为治中从事。是岁卒。"[1]张裔从孙吴归蜀后，"丞相亮以为参军，署府事，又领益州治中从事"[2]。从时间上推算，张裔以丞相府参军兼领益州治中从事，应该是接替李邵。张裔之后为马忠。《蜀书·马忠传》载："（建兴）八年，召为丞相参军，副长史蒋琬署留府事。又领州治中从事。"这次人事变动是由于张裔于该年病卒，蒋琬接任留府长史，马忠则接替蒋琬为留府参军。马忠也是以丞相留府参军兼领益州治中从事。这等于是一套班子，两块牌子。益州州级建制并不独立治事，这样，可避免行政层级太多而影响行政效率。

---

[1]《蜀书·杨戏传·季汉辅臣赞》，陈寿所补李永南资料。
[2]《蜀书·张裔传》。

日后，蒋琬、费祎主政，也都兼领益州刺史。诸葛亮拒绝李严分立巴州的提议，原因也在于此。李严的意图是二人同为辅政大臣，各领一州，以成分陕之势。李严若分蜀汉东部五郡设立巴州，势必不能虚级化，否则分立巴州就毫无意义。但这样一来，势必会影响蜀汉的行政效率，甚至会成为李严与诸葛亮分庭抗礼的资本，从而影响诸葛亮集中事权全力北伐。

从行政管理的角度来说，益州建制的恢复并不具有实际意义，而只具有政治象征意义。诸葛亮主政后，致力于重建对复兴汉室事业的信心，此时，他恢复益州的州级建制，意在昭示巴蜀乃是大汉帝国天下十三州的一部分，蜀汉在巴蜀的统治只是一种临时状态，而非割据偏安。他将致力于北伐，复兴汉室，光复被攘夺的汉室天下。

坚定对复兴汉室事业的信念，也是诸葛亮对巴蜀本土士人工作的重点。一个标志性的人物是杜微。刘备取益州后，杜微"常称聋，闭门不出"。建兴二年，诸葛亮兼领益州牧后，辟杜微为主簿，"微固辞"。诸葛亮让人把杜微抬来。杜微称聋，诸葛亮便用笔写，与他交流。"朝廷今年始十八，天姿仁敏，爱德下士。天下之人思慕汉室，欲与君因天顺民，辅此明主，以隆季兴之功，著勋于竹帛也。"杜微自乞老病求归，诸葛亮又写道：

> 曹丕篡弑，自立为帝，是犹土龙刍狗之有名也。欲与群贤因其邪伪，以正道灭之。怪君未有相诲，便欲求还于山野。丕又大兴劳役，以向吴、楚。今因丕多务，且以闭境劝农，育养民物，并治甲兵，以待其挫，然后伐之，可使兵不战民不劳而天下定也。①

诸葛亮跟杜微交流的内容，与《正议》篇中所表达的立场、观念如出一辙。曹丕篡弑，虽有帝号，不过是土龙刍狗。"因其邪伪，以正道灭之"，正是"据正道而临有罪"。杜微装聋作哑，诸葛亮不惜以书写交流，可谓用心良

---

① 《蜀书·杜微传》。

苦。有人将这解释为诸葛亮作出姿态,"以表示向益州地主开放政权"[1]。实则,当时问题的要点在于,巴蜀本土的部分士人不将他们的政治认同投向这个政权。诸葛亮的用心良苦,就是旨在争取这些人对汉室的认同。

---

[1]《三国史》,马植杰,人民出版社1993年10月第1版。

第十四章

联盟的政治问题

在刘备的葬礼上，诸葛亮就已在考虑如何推动与江东恢复联盟关系。

刘备死前，孙刘关系出现缓和。《蜀书·先主传》载："孙权闻先主住白帝，甚惧，遣使请和。先主许之，遣太中大夫宗玮报命。"《吴书·吴主传》亦载："十二月，权使太中大夫郑泉聘刘备于白帝，始复通也。"①这一年是公元222年，在蜀汉为章武二年，在吴为黄武元年。

孙刘关系开始缓和，但孙权仍与曹魏通使。《吴书·吴主传》在叙述郑泉聘蜀一事后说到，"然犹与魏文帝相往来，至后年乃绝"。因此，这期间双方通使，只是实现了关系的缓和，并未恢复联盟。魏蜀吴三国关系实际上处于一种非常微妙的状态。尤其是孙权，在三方的和战关系中，怀有更多的顾虑与观望。

随着刘备死去，曹魏对蜀汉展开和平统一攻势，孙权又会如何衡量蜀汉的政情与双方关系呢？诸葛亮显然也看到了这一情势。《蜀书·邓芝传》载："丞相诸葛亮深虑权闻先主殂陨，恐有异计，未知所如。"

日后北伐国策的执行，固然需要与孙权的联盟；眼下南中的叛乱，虽因"新遭大丧，故未便加兵"，其实也牵涉到了孙权。如何推动恢复联盟关

---

① 有人根据宗玮和郑泉出使的时间认为刘备请和在先。这个推论推翻了陈寿在《蜀书·先主传》中的叙述，但忽略了基本的情势。宗玮和郑泉都是以太中大夫的身份出使，是为正式的使节。在正式的使节往来之前，应该会有先期的接触。吴蜀虽然交恶，但信使往来并未中断，如《陆逊传》注引《吴录》中即载魏军南下时，刘备曾给陆逊写信，陆逊也答书以报。吴蜀争战虽以吴胜蜀败而告终，孙权却正面临着曹魏大兵压境的局面。孙权"甚惧"是惧两面受敌。所以，孙权更有需要试着寻求与刘备缓和关系。

系呢？

正是在刘备的葬礼上，诸葛亮看到了契机：孙权派来使者，吊刘备之丧。韦昭的《吴书》载："权遣立信都尉冯熙聘于蜀，吊备丧也。"①

刘备的葬礼是在建兴元年八月，葬于惠陵。诸葛亮派邓芝出使江东，《吴书》系于吴黄武二年（223年）冬十一月。"冬十一月，蜀使中郎将邓芝来聘。"由于孙权此年改用乾象历，蜀仍用四分历，则邓芝抵达江东的时间，相当于蜀汉建兴元年十月。裴松之注引《吴历》补充了邓芝来聘的一些细节："蜀致马二百匹，锦千端，及方物。自是之后，聘使往来以为常。吴亦致以方土所出，以答其厚意焉。"考虑到将马匹、蜀锦等特产运送江东在路途所需的时间，可以判断，刘备的葬礼刚结束，邓芝就衔命出使江东。诸葛亮应该是从孙权遣使吊刘备之丧一事，看到了双方进一步改善关系的可能性。

但邓芝首使江东，还是经历了一些曲折。邓芝刚到江东时，孙权并没有及时接见。正如诸葛亮所忧虑的，"权果狐疑，不时见芝"。邓芝给孙权写信，表示此行"亦欲为吴，非但为蜀也"，孙权这才接见。《蜀书·邓芝传》载：

> 权乃见之，语芝曰："孤诚愿与蜀和亲，然恐蜀主幼弱，国小势偪，为魏所乘，不自保全，以此犹豫耳。"芝对曰："吴、蜀二国四州之地，大王命世之英，诸葛亮亦一时之杰也。蜀有重险之固，吴有三江之阻，合此二长，共为唇齿，进可并兼天下，退可鼎足而立，此理之自然也。大王今若委质于魏，魏必上望大王之入朝，下求太子之内侍，若不从命，则奉辞伐叛，蜀必顺流见可而进，如此，江南之地非复大王之有也。"权默然良久曰："君言是也。"遂自绝魏，与蜀连和，遣张温报聘于蜀。

孙权的话，可印证诸葛亮"深虑权闻先主殂陨，恐有异计，未知所如"。邓芝则主要着眼于形势与利害的分析。吴蜀双方，合则两利，分则两伤。双方恢复联盟，进可以兼并天下（消灭曹魏），退可以鼎足而立（各自保全）。共

---

① 《吴书·吴主传》注引韦昭《吴书》。

同对抗强大的曹魏，仍是联盟的现实基础。一如当年诸葛亮出使江东时抓住孙权"外托服从之名而内怀犹豫之计"的心结而促成孙权决策抗曹，邓芝促成孙权"遂自绝魏，与蜀连和"，也是抓住了孙权眼下的心结：如果孙权甘心做曹魏的藩王，曹丕必定要求他履行诸侯入朝的职责，至少会要求他遣太子入侍，否则，加兵伐叛——这其实是孙权眼下就面临的困境。上一年，曹魏一方面要求他遣子入侍，另一方面兵临长江极限施压，双方实际上已经发生冲突，只是仍未正式决裂。所以，孙权听了才会"默然良久"，决定"与蜀连和"。

吴黄武三年（蜀汉建兴二年，224年）夏，孙权"遣辅义中郎将张温聘于蜀"。孙权遣张温报聘于蜀，标志着吴蜀正式恢复联盟关系。这与《吴书·吴主传》叙述黄武元年郑泉聘蜀一事时所说的"至后年乃绝（曹魏）"，可相印证。

建安年间，孙刘从结盟走到兵戎相见；其间，又经历了刘备称帝、孙权背盟降曹并受封吴王等一系列重大的政治事件。现在，双方从缓和关系到恢复联盟，政治关系比建安年间更加复杂。因此，双方在处理联盟关系时，势必会遇到一些微妙的政治问题。如何处理这些政治问题，攸关联盟关系的稳定。

蜀汉章武二年（吴黄武元年，222年），孙权派郑泉聘刘备于白帝时，便交代郑泉说：

> 近得玄德书，已深引咎，求复旧好。前所以名西为蜀者，以汉帝尚存故耳，今汉已废，自可名为汉中王也。[1]

当时，双方都感到有缓和关系的必要，但是，刘备已经声称作为汉室的

---

[1]《吴书·吴主传》裴松之注引《江表传》。

继承者，自立称帝，孙权的头衔则是曹魏所封的吴王。那么，缓和之后，双方算是什么关系呢？从孙权对郑泉的交代看，他承认刘备的汉中王身份，当然也就意味着不承认其汉帝身份。郑泉使蜀后，刘备问："吴王何以不答吾书，得无以吾正名不宜乎？"①看来刘备在给孙权的书信中，用的是汉帝的身份，他可能希望孙权能承认他的这一身份。孙权当然不会承认。吴王原是魏爵，脱离曹魏，吴便成了独立的王国；孙权若承认刘备为汉帝，就又变成了蜀汉的藩臣。他给郑泉的交代，即是在交代此事。承认刘备为汉中王，他本人为吴王，这样，双方的身份才对等，双边关系才是一种对等的关系。

邓芝聘吴后，孙权派张温使蜀以报聘。张温行前，孙权又有一番交代。《吴书·张温传》载：

> 权谓温曰："卿不宜远出，恐诸葛孔明不知吾所以与曹氏通意，故屈卿行。若山越都除，便欲大构于丕。行人之义，受命不受辞也。"

孙权的交代，是希望张温就他曾经降曹一事向诸葛亮作个漂亮的解释。降曹一事，是孙权在政治上的一块心病。孙权在接受曹丕所封吴王时，就对江东群臣作过辩解。《吴书·吴主传》注引《江表传》载：

> 权群臣议，以为宜称上将军九州伯，不应受魏封。权曰："九州伯，于古未闻也。昔沛公亦受项羽拜为汉王，此盖时宜耳，复何损邪？"遂受之。

孙权援引刘邦曾接受项羽所封汉王一事，来解释自己接受魏封只是迫不得已的权宜之计。黄武二年四月，孙权又对群臣解释了一番：

> 往年孤以玄德方向西鄙，故先命陆逊选众以待之。闻北部分，欲以

---

① 《吴书·吴主传》裴松之注引韦昭《吴书》。

助孤，孤内嫌其有挟，若不受其拜，是相折辱而趣其速发，便当与西俱至，二处受敌，于孤为剧。故自抑按，就其封王。低屈之趣，诸君似未之尽，今故以此相解耳。①

孙权反复辩解，恰好说明降曹一事已成为他政治上的心病。在江东内部，孙权都觉得"低屈之趣，诸君似未之尽"，在联盟间，这更是一件尴尬的事。他与曹操本为姻亲，却以骂曹操为"汉贼"而与之公开决裂，跟刘备结盟抗曹；后又降曹称藩，接受曹魏的封爵，而与刘备对抗；现在，又背弃曹魏，转而与蜀汉恢复联盟。孙权再次背曹时，曹丕便在给他的信中以"埋而掘之，古人之所耻"指责孙权在政治上反复无常。吴蜀双方虽以利害上的考虑而再次走到一起，但回头面对那段经历，总是一件尴尬的事。因为这攸关政治名分，也攸关联盟间的信用。

当年，孙坚孙策父子曾为逆臣袁术的部曲，此事构成孙策的一块心病。张纮出使许昌时，便成功地向许昌方面宣扬出一个忠心于王室的孙策形象，孙氏兄弟在政治上总算走出了逆臣袁术的阴影。孙权希望张温使蜀时，发挥他"文辞占对，观者倾竦"的才华，就此事对蜀汉方面作个漂亮的解释，就像当年张纮在许昌所表现的那样。但是，张温看来并没有完成好孙权交付给他的使命。

张温在江东享有盛名，深受顾雍、张昭等人的敬重。顾雍甚至称张温"当今无辈"。孙权召见后，"改容加礼"，拜张温为选曹尚书，掌选举；又徙太子太傅，确实是"甚见信重"。但是，张温使蜀归来不久，即被废黜，"斥还本郡，以给厮吏"。作为江东四姓之一的张氏家族亦为之废黜。

从孙权废黜张温的令中可以看到，张温使蜀的表现是其罪责之一。②但孙权的令中却只提到张温携同殷礼使蜀，"扇扬异国，为之谈论"。按骆统的辩

---

① 《吴书·吴主传》注引《江表传》。
② 张温被废，因为事连暨艳案而比较复杂。关于此事，可读田余庆先生的《暨艳案及相关问题——再论孙吴政权的江东化》一文，见《秦汉魏晋史探微》一书。对张温牵连暨艳案的部分，此处不拟置论，而仅分析其涉及吴蜀关系的部分。

解，这事其实并不为过。陈寿在叙述此事的时候说：

> 权既阴衔温称美蜀政，又嫌其声名大盛，众庶炫惑，恐终不为己用，思有以中伤之，会暨艳事起，遂因此发举。①

陈寿的叙述，不知是出于他本人的判断，还是在收集的资料中见到过这样的议论。裴松之注引的《会稽典录》中也提到："亮初闻温败，未知其故，思之数日，曰：'吾已得之矣，其人于清浊太明，善恶太分。'"② 以诸葛亮"善无微而不赏，恶无纤而不贬"的用人标准看，他未必会将张温被废的原因归结为"清浊太明，善恶太分"，但从这则史料中可以看到，张温被废一事在当时即引起过蜀汉方面的关注。陈寿将张温行前与孙权的对话、使蜀时诣阙拜章的文书、孙权废黜张温的令和骆统为张温辩护的表都全文收录，显示他对张温被废背后的原因非常重视。因此，陈寿说张温被废是因为孙权"阴衔温称美蜀政"，就算是出自陈寿的臆断，这也可以说是代表一个蜀人对此事的认识。而此事，原本就涉及蜀吴两国的政治关系。

孙权希望张温对诸葛亮解释一下自己何以一度附曹，张温当场就说，"诸葛亮达见计数，必知神虑屈申之宜"。言下之意，这事用不着解释。张温至蜀后，诣阙拜章曰：

> 昔高宗以谅暗昌殷祚于再兴，成王以幼冲隆周德于太平，功冒溥天，声贯罔极。今陛下以聪明之姿，等契往古，总百揆于良佐，参列精之炳耀，遐迩望风，莫不欣赖。

殷商时，高宗武丁即位，居父忧，三年不言，后得傅说为相，终于完成殷的复兴；周初，成王以幼冲之年即位，赖周公辅佐，终于光大周德使天下

---
① 《吴书·张温传》。
② 《吴书·张温传》注引《会稽典录》。

太平。张温拿历史上的两位圣王来比拟蜀主刘禅,称颂刘禅聪明之姿,又有诸葛亮这样的良佐辅弼,总揆百僚,必能光大汉德,复兴汉室。

张温拜章中所称高宗"谅暗"、成王"幼冲",尤其契合于刘备刚死、刘禅嗣位时的蜀中情势。正是这一情势,需要诸葛亮苦口婆心地向杜微那样的巴蜀士人解释"朝廷今年始十八,天姿仁敏,爱德下士;天下之人思慕汉室",也正是这一情势,需要吕凯以"文武受命,成王乃平"去辩护刘备之死并不妨碍汉室的再次复兴。在这一情势下,张温这样享有盛名的江东名士,如此盛赞蜀汉君臣,不啻是在政治上对蜀汉有加分的作用,简直是为"天下之人思慕汉室"提供了一个鲜活的例证。

张温的拜章中还提到:"陛下敦崇礼义,未便耻忽。臣自远境,及即近郊,频蒙劳来,恩诏辄加。"可知张温入境后,蜀汉方面一再地派人慰劳。从"恩诏辄加"一语看,蜀汉应该是以天子接待使臣的礼仪接待张温。而张温"以荣自惧,悚怛若惊"[①]。他拜章中的表述也等于承认蜀汉的帝号。截至此时,孙权都没有承认。看来,他要么是不曾意识到这一切在政治上意味着什么,要么是这一切原本就符合于他本人的政治观念——认同汉室,就像江东四姓中的另外一位名士——陆氏家族中的陆绩——直至临死仍把自己称作"有汉志士"一样。[②]

如果刘禅在诸葛亮的辅佐之下——就像张温所比拟的,高宗在傅说辅佐下完成殷的复兴、成王在周公辅佐下平定天下——真的完成汉室的复兴,那么,孙权置于何地?从孙权的立场看,张温使蜀的这一系列表现,确实有违政治正确。所以,陈寿说孙权"阴衔温称美蜀政",虽属臆断之语,但若将张温使蜀的表现放在吴蜀政治关系中看,这个结论应该是无须臆断而一目了然。"恐终不为己用",孙权可能据此而认为张温在政治上对自己并不认同,而他又"声名大盛,众庶炫惑",那就可能影响到孙权在江东的基业了。

这应该是孙权废黜张温的主要原因。不过,这又是一个不能明说的理由。

[①]《吴书·张温传》。
[②]《吴书·陆绩传》。

如果明确地以张温使蜀的那些表现作为罪证而废黜他，这又会影响吴蜀关系。孙权在废黜张温的令中，泛泛地列举了五六个方面的罪证，而对于使蜀的表现，却只提到殷礼一事。孙权所列的罪证，大多为意图的推断，而不是确凿的事实。孙权将张温与暨艳案扯在一起，按清人何焯的看法，是"欲移众之怨艳者，使之怨温"①。这样，废黜张温这样的江东大姓而不会引起其他人的疑惧。称美异国，在政治上是一件非常忌讳的事。在孙吴的历史上，还有一个类似的例子。吴元兴元年（264年），也就是蜀汉灭亡后的第二年，司马昭想趁灭蜀之势，令吴归顺，派前吴降将徐绍、孙彧使吴。次年三月，吴主孙晧遣使随徐绍、孙彧北上报聘。吴魏又开始通使。但徐绍行至濡须后，又被孙晧召回杀了，家属亦遭流徙。后有说法传出，徐绍被杀的原因是"称美中国者故也"②。

张温使蜀是联盟关系史上的一件大事。张温使蜀时，蜀人"甚贵其才"，而张温归去后不久即被废黜。这自然会引起蜀汉方面的关注。诸葛亮听说后，竟会"思之数日"！诸葛亮应该不会不从两国政治关系的角度来看此事吧。张温使蜀后被废一事，反映出吴蜀虽然恢复联盟，但两国的政治关系仍是一件复杂而微妙的事。

《蜀书·邓芝传》在张温聘蜀一事后写到，"蜀复令芝重往"。诸葛亮派邓芝再赴江东，应该与张温被废一事有关。张温使蜀后被废，可能会让诸葛亮担心联盟出了什么问题。所以，他派邓芝再赴江东，以期巩固联盟。③

《蜀书·邓芝传》载：

> 权谓芝曰："若天下太平，二主分治，不亦乐乎！"芝对曰："夫天无二日，土无二王。如并魏之后，大王未深识天命者也，君各茂其德，

---

① 《义门读书记》卷二十八，《吴志》，中华书局1987年6月第1版。
② 《吴书·三嗣主传》原文为"始有白绍称美中国者故也"。
③ 《吴书·吴主传》注引《吴录》：是岁，吴主又遣邓芝来聘，重结盟好。权谓芝曰："山民作乱，江边守兵多撤，虑曹丕乘空弄态，而反求和。议者以为内有不暇，幸来求和，于我有利，宜当与通，以自辨定。恐西州不能明孤赤心，用致嫌疑。孤土地边外，间隙万端，而长江巨海，皆当防守。卞观衅而动，惟不见便。宁得忘此，复有他图？"孙权对邓芝辩护，吴虽与魏仍有接触，但并未背弃联盟。

臣各尽其忠，将提枹鼓，则战争方始耳。"权大笑曰："君之诚款，乃当尔邪！"

邓芝再次使吴，双方开始触及政治关系。孙权希望，两国对等并立成为一种常态。即使是在灭魏之后，也是"二主分治"。对于蜀汉来说，在现实的政治军事斗争中，需要维持与孙权的联盟关系，但在政治立场和政治论述中，却不能接受"二主分治"，对等并立。"天无二日，土无二王"，天命是帝业的最高依据。蜀汉把自己定位为汉室的继承者，汉室仍享有天命，这个政权才有合法性。天命不可能一分为二，大地就不可能"二主分治"。对蜀汉来说，消灭曹魏之日，便是汉室复兴之时。那时，如果孙权未能深识天命，顺应天意，双方再"提枹鼓"而战，以正天命。[1] 邓芝的答词，在坚守本国政治立场与维持联盟关系二者之间，把握着一个恰当的分寸，话讲得理正而率直。孙权也当面表示欣赏他的坦率。所以，他在给诸葛亮的信中说，"丁厷掞张，阴化不尽，和合二国，惟有邓芝"[2]。

吴蜀刚刚恢复的联盟关系，未受张温被废一事的影响，三国关系的大势却为之一变。曹丕因为孙权绝魏而和蜀，乃于魏黄初五年（蜀汉建兴二年，吴黄武三年，224年）大举兴师伐吴。次年三月，又大举伐吴。曹魏的主要军事压力指向了孙权。孙权受此压力，对于联盟的需要也就进一步增强。诸葛亮却得以腾出手来，解决南中叛乱的问题。

建兴三年（225年）三月，也就是曹丕第二次大举伐吴时，诸葛亮率军南征四郡。诸葛亮南征时，孙权将早先安置在交、益界首的刘璋之子刘阐召还江东。据《蜀书·陈震传》，建兴三年，陈震"奉命使吴"。诸葛亮南征、陈震使吴与孙权召还刘阐，这三件事应该存在一种联系。吴蜀关系敌对时，孙权将刘阐置于交、益界首，与蜀汉南中的反叛相呼应。诸葛亮南征，必然会因

---

[1] 邓芝此话的语意，很像张仪对赵王说的，"愿以甲子合战，以正殷纣之事"。
[2] 《蜀书·邓芝传》。另，阴化为人名，见《蒋琬传》；"丁厷掞张，阴化不尽"，意谓丁厷言多浮艳，只是一味渲染联盟之间的友好而不触及实质性的问题，阴化则过于谨守本国政治立场，因而都不能坦诚地交流。

刘阐而触及吴蜀关系。他派陈震使吴,应会交涉此事。召还刘阐,可以算是孙权履行联盟义务而表现出的一种善意。对于蜀汉来说,南中诸郡少了一个外部干扰因素。蜀汉已开始从联盟关系中受益。

该年十二月,南中平定,诸葛亮回到成都。从南中归来后,诸葛亮又派费祎为昭信校尉出使江东,董恢以宣信中郎将为副使。其时,诸葛亮主政已有两三年,蜀政渐渐理顺,南中已然平定。诸葛亮"乃治戎讲武,以俟大举"[1]。他已开始筹备北伐。就是在这种背景之下,诸葛亮派费祎使吴。费祎原为黄门侍郎,诸葛亮派他使吴时的头衔是昭信校尉。昭信二字,意谓孙权履行同盟义务,信用已昭。费祎此行,应该会对孙权召还刘阐一事表示肯定,总的目的还是巩固联盟,以利蜀汉马上就要开始的北伐。

蜀汉建兴四年(魏黄初七年,226年),魏文帝曹丕病死。次年春,诸葛亮北屯汉中,着手北伐。联盟被纳入北伐的政治大势。蜀汉的北伐诏书中写道:"吴王孙权同恤灾患,潜军合谋,掎角其后。"[2]蜀汉建兴六年(吴黄武七年,228年),诸葛亮出兵攻祁山;该年冬,又出兵攻散关。这年五月,吴鄱阳太守周鲂试图以伪降诱击魏将曹休;八月,孙权亲至皖口,遣陆逊督诸将大破曹休于石亭。对蜀汉的北伐事业来说,作为同盟的孙权确实发挥出了"掎角其后"的作用。

但联盟间终究要面对一个棘手的政治难题。蜀汉建兴七年(吴黄龙元年,229年),孙权称帝。《汉晋春秋》载:

是岁,孙权称尊号,其群臣以并尊二帝来告。议者咸以为交之无益,而名体弗顺,宜显明正义,绝其盟好。[3]

孙权称帝,并告知蜀汉方面,希望并尊二帝。这事抛给蜀汉方面一个政治难题。如果蜀汉不承认孙权的帝号,以维护蜀汉帝业的核心论述——汉室

---

[1] 《蜀书·诸葛亮传》。
[2] 《蜀书·后主传》注引《诸葛亮集》。
[3] 《蜀书·诸葛亮传》注引《汉晋春秋》。

仍享有天命，天下仍是汉室的天下，蜀汉是汉室的继承者——这势必会影响联盟关系，联盟可能就此终止；如果为维持联盟而承认孙权的帝号，蜀汉帝业的核心论述却可能因此而被动摇。"议者咸以为交之无益"，从上一年东、西战场上的情形看，这当然不是平允之论。蜀汉的群臣们面临了一种两难的局面。

诸葛亮对此事的认识是："权有僭逆之心久矣，国家所以略其衅情者，求掎角之援也。"如果拒不承认孙权的帝号，联盟势必破裂，东西方将再次对立，要完成复兴汉室的事业，就只有先灭江东，再谋曹魏；而江东贤才尚多，将相和穆，非一朝可定；东西对峙，也会分散蜀汉的力量。若应权通变，维持与江东的联盟，孙权积极北伐自是最好；就算孙权不积极北伐，也能牵制曹魏在淮南的兵力，蜀汉也没有东顾之忧，这也有利于蜀汉的北伐事业。

诸葛亮主张维持联盟。但在政治上如何定性孙权称帝呢？诸葛亮也认为孙权称帝确属僭逆，但出于"应权通变"，对孙权"略其衅情"，以使蜀汉的北伐事业获得"掎角之援"。待到消灭曹魏之后，再来处理孙权的问题。这与邓芝使吴时在此问题上表现的立场是一致的。诸葛亮最后的裁示是，"权僭之罪，未宜明也"。这实际上是一种内外有别的处理方式。就是在蜀汉集团内部认定孙权称帝确属僭逆，这意味着蜀汉在事实上不承认孙权的帝号；但在联盟间又不公开否认。这个结论，对内，维护了蜀汉帝业的核心论述；对外，维持了与孙权的联盟关系。

于是，诸葛亮遣卫尉陈震出使江东，庆贺孙权践阼。陈震入吴境后，在通关文书中有"剖判土宇，天下响应，各有所归"[①]之类的话，可知随后就要上演的一幕，应该是吴人"以并尊二帝来告"时便提出过的建议。陈震至武昌后，孙权与他歃血为盟，相约吴蜀中分天下，以豫、青、徐、幽四州属吴，兖、冀、并、凉四州属蜀；司州之土，以函谷关为界。

吴蜀歃血为盟，并定盟约，中分天下，这主要是出于孙吴的政治需要。

---

① 《蜀书·陈震传》。

这份盟约文出自孙权文胆胡综的手笔。

> 天降丧乱,皇纲失叙,逆臣乘衅,劫夺国柄,始于董卓,终于曹操,穷凶极恶,以覆四海。至令九州幅裂,普天无统,民神痛怨,靡所戾止。及操子丕,桀逆遗丑,荐作奸回,偷取天位。而叡么麽,寻丕凶迹,阻兵盗土,未伏厥诛。昔共工乱象而高辛行师,三苗干度而虞舜征焉。

> 今日灭叡,禽其徒党,非汉与吴,将复谁任?夫讨恶翦暴,必声其罪,宜先分裂,夺其土地,使士民之心,各知所归。是以《春秋》晋侯伐卫,先分其田以畀宋人,斯其义也。且古建大事,必先盟誓,故《周礼》有司盟之官,《尚书》有告誓之文。汉之与吴,虽信由中,然分土裂境,宜有盟约。诸葛丞相德威远著,翼戴本国,典戎在外,信感阴阳,诚动天地,重复结盟,广诚约誓,使东西士民咸共闻知……

> 自今日汉、吴既盟之后,戮力一心,同讨魏贼,救危恤患,分灾共庆,好恶齐之,无或携贰。若有害汉,则吴伐之;若有害吴,则汉伐之。各守分土,无相侵犯。传之后叶,克终若始……

这篇盟约文,字面上的意思是讨贼灭曹,中分天下;实际的目的是"并尊二帝",也就是当初孙权跟邓芝所说的"二主分治"。虽然曹魏未灭,但在孙权描画的天下图景中,天下已经一分为二。天下既已一分为二,孙权所希望的"并尊二帝"也就成立。孙权为什么如此在乎"并尊二帝"呢?他既已称帝,难道就不想统一天下?

赤壁之战前,孙权的身份为讨虏将军,领会稽太守;孙权背盟袭荆州后,曹操表他为骠骑将军,领荆州牧,封南昌侯。按那个时代的政治观念,他与江东士民并无君臣名分。夷陵之战前,孙权正式投降曹魏,曹丕封他为吴王,以大将军使持节督交州,领荆州牧,并将荆州和扬州在江南的八郡全都划为荆州,[①]这基本上就是孙权实际控制的区域,也是后来孙吴的版图。这样,孙

---

① 《魏书·文帝纪》"以荆、扬、江表八郡为荆州,孙权领牧故也"。

权与江东士民开始有了君臣名分。[1]

但此时孙权的吴王却是大魏帝业下的藩王。即使他后来脱离了曹魏,也只是一个独立的王国。他不可能闭起吴境,自加帝号,便进身成了吴帝。孙氏对曹氏,两度降附,又两度背叛,他在中原再也不可能有号召力了。这样,他要像刘邦灭掉项羽那样——按他对群臣们辩护时所比拟的,刘邦也接受过项羽所封的汉王,但最终消灭了项羽,建立了大汉的帝业——灭掉曹魏,从大魏的帝业下蜕茧而出,由吴王而变成吴帝,这基本上不大可能。他曾与刘备结盟,又背盟袭荆州,这样,他在巴蜀也不可能有号召力。概言之,孙权以降曹为代价而背盟袭荆州后,他事业的极限就只能是保据江东了。而他又想称帝,以强化他与江东士民的君臣名分,巩固他在江东的统治。他的政治版图,仅限于江东一隅之地,无缘于中原,也无缘于巴蜀。想要称帝,仅靠谶纬祥瑞之类的造势,究是不够。他得有一套完整的帝业合法性论述。天命是帝业的最高依据,没有一个完整的天下图景与其帝业相洽,帝业的天命论证终是无法自洽。孙权称帝的合法性究是不够具足。

这是孙权为什么要在这个时候——在他称帝,而不是吴蜀恢复联盟之时——搞这个盟约的原因。他希望,以蜀汉对他帝号的承认来增强他帝位的合法性。他要以歃血为盟誓诸天地群神的庄严神圣,确认吴蜀对彼此帝号的承认,"并尊二帝",进而通过中分天下的约定,将自己的帝号拔升到整个天下的图景之中。这样,他帝号的合法性将因此而得到增强。

但是,孙权的这番政治操作逻辑上却自相矛盾。他希望以蜀汉对他帝号的承认来增强其合法性,但蜀汉的国号其实是汉;而根据他称帝时的告天之文中所表述的,汉历数已终。孙权在登基时昭告皇皇后帝:"汉享国二十有四世,历年四百三十有四,行气数终,禄祚运尽。"有意思的是,孙权所说的汉的历年数,比曹丕所说的多出了八年。曹丕称帝时的告天之文中说:"汉历世

---

[1]《魏书·刘晔传》注引《傅子》载,曹丕封孙权为吴王时,刘晔在谏议中说到,"权虽有雄才,故汉骠骑将军南昌侯耳,官轻势卑。士民有畏中国心,不可强迫与成所谋也。不得已受其降,可进其将军号,封十万户侯,不可即以为王也。夫王位,去天子一阶耳,其礼秩服御相乱也。彼直为侯,江南士民未有君臣之义也"。言下之意,封孙权为吴王,将使他与江东士民有了君臣名分。

二十有四，践年四百二十有六。"曹丕是从高帝元年算到汉献帝禅让，孙权则把221年到228年这八年仍算作汉的历年，而在告天之文中说这八年"皇帝位虚，郊祀无主"，这才自洽。他在告天之文中明确地讲，"天意已去于汉，汉氏已绝祀于天"①，吴是代汉而兴的新的帝业。孙权把自己的年号定为黄龙，即是根据五德终始说，表示吴以土德代汉火德。然而，他为示"并尊二帝"而正与之歃血为盟的盟友，国号其实仍然叫作汉。并尊的二帝，其实是吴帝与汉帝；而承认后主为汉帝，就等于说天意并未去于汉，汉氏并未绝祀于天；天命并未去于汉，那么孙权称帝的前提就不具备。这是孙权的政治操作中明显矛盾的地方。

蜀汉可以用一种内外有别的方式来处理这个矛盾，因为蜀汉只需要孙权作为其北伐事业的"掎角之援"；孙权却还指望蜀汉对其帝号的承认来增强其合法性。这个意图主要是出于江东内部的政治需要，因此，在政治论述上，孙权绕不开这个矛盾。

于是，盟约中对诸葛亮着力进行了一番颂扬。在盟约中，连两国的君主都不曾提及，却对一国的丞相大力颂扬，在历史上恐怕再也找不到第二例。有人将这作为诸葛亮威德被时人认可的表现，却未细究背后的原因。孙权以"天意已去于汉"作为自己称帝的前提，却又指望西边那个政权对自己帝位的承认来增强其合法性。西边的那个政权其实以汉为号。正如我们在其他场合看到的那样，只要可能，他会尽量避开那个汉字，而把它叫蜀。但是，在盟约这种双边文书中，却又不得不称它为汉。这与他称帝的政治论述明显矛盾。他绕不开这个矛盾，便尽量淡化这个矛盾。盟约将诸葛亮"威德远著"的个人光芒凸显出来，西边那个政权以汉为号的事实，便会相形淡化。借诸葛亮"威德远著"的光芒，将"并尊二帝"的格局"使东西士民咸共闻知"，实际上是要使江东士民咸共闻知。在盟坛之下，孙权可能更愿意强调诸葛亮——而不是那个以汉为号的政权——对自己帝号的承认。当然，他不知道，诸葛亮实际上说的是，"权僭之罪，未宜明也"。

---

① 《吴书·吴主传》注引《吴录》。

为达到"并尊二帝"的目的，孙权要与蜀汉相约中分天下。按那个时代的政治观念，应该是"王者无外"，天下怎么可以中分？为相约中分天下，盟约中援引了春秋之义。"是以《春秋》晋侯伐卫，先分其田以畀宋人，斯其义也。"所谓分卫人之田以畀宋人，这是城濮之战前晋国君臣为争取宋国、孤立楚国又激怒楚国而采取的一个策略。晋侯让宋人去贿赂齐秦两国，而分曹、卫之田以弥补宋人，争取了齐秦两国的支持；其实后来晋侯又许复曹、卫之田，让曹、卫两国告绝于楚。这事与吴蜀相约分割魏境以中分天下，可以说是毫无可比性。这种牵强的援引，显示出江东君臣搜寻经典，实在找不出可以援引的古义，以证明天下还可以一分为二。

更有意味的是，孙权与蜀汉相约分割魏境，但分割的并不是曹魏的行政版图，而是东汉兴平元年以前的行政版图。献帝兴平元年（194年），始置雍州，东汉遂变成十四个刺史部。建安十八年（213年），曹操并十四州为九州，裁撤了青州和司隶校尉部（司州），将并州和幽州并入冀州，凉州并入雍州。曹丕即位后，将撤并诸州全都恢复，雍州如故。在孙权的分割方案中，却不涉及雍州。孙吴已占有荆、扬、交三州，豫、青、徐、幽四州相约属吴，蜀汉已占有益州，兖、冀、并、凉四州相约属蜀，再加上司州，合起来正好是大汉帝国天下十三州。孙权分割的实际上是大汉帝国的版图。

诸州分割，犬牙交错。对于司州，孙权还特地单独作一分割。司州以函谷关为界而分割，显然是指两汉的司隶校尉部，即三辅（京兆尹、左冯翊、右扶风）加三河（河东、河内、河南）。曹魏的司州只是原两汉司隶校尉部中函谷关以东的部分，函谷关以西已属雍州。如果按曹魏的行政区划来分割，将雍州分给蜀汉，司州分给孙吴，其他州不变，双方所得地盘与孙权的分割方案实际上是一样的，所得州数也都一样，即各占五州。孙权却按两汉的行政区划来分割，不提雍州，而对原两汉的司隶校尉部单独作一分割，应该是考虑到原两汉的司隶校尉部属于京畿，东、西两京所在。而在曹魏的行政区划中，关中的三辅已不属京畿。除了中分天下，还须中分京畿。如此中分天下，才能中分天命与帝业，才与孙权"并尊二帝"的政治需要相符。

孙权分割魏境，采用汉代的版图，虽表示不承认曹魏，但也明确地表示分割的是大汉的天下。按孙权的分法，东都雒阳属吴，西京长安属蜀。诸葛亮在《出师表》中表示要"兴复汉室，还于旧都"，刘禅的北伐诏书中也说要"除患宁乱，克复旧都"，可见在蜀汉的政治论述中，汉室帝业的复兴与故都的收复是联系在一起的。但按孙权的分法，蜀汉要复兴汉室，还于旧都，就只能还于长安，而不是雒阳了。

这是一个典型的言不由衷的盟约。就算吴蜀真的消灭了曹魏，双方也不会中分天下。如同邓芝对孙权当面所说的，灭魏之后，吴蜀双方"战争方始耳"。孙权的中分天下，实际上就是为了"并尊二帝"；"并尊二帝"则是为了增强自己帝位的合法性。通过这个中分天下的盟约，孙权硬是从汉室的天下中分出了一半，以使自己单独秉承天命。

孙权以天命已去汉，"皇帝位虚，郊祀无主"而称帝，称帝后的孙权其实并不郊祀。吴嘉禾元年（232年）冬，"群臣以权未郊祀"，奏请孙权"宜修郊祀，以承天意"。孙权说："郊祀当于土中，今非其所，于何施此？"①以此为后世所讥。②大概他本人都不相信自己已得天命。

这篇盟约文，陈寿誉之为"辞义甚美"，陆云曾特意抄送此文给其兄陆机，大约都视之为文章的大手笔。将一个自相矛盾的政治意图，经由如此曲折的表述，写进一篇信誓旦旦的盟约中，胡综不愧为孙权的文胆。

诸葛亮虽以内外有别的方式处理孙权称帝的事实和"并尊二帝"的要求，但双方订盟，还是触及蜀汉的内政。盟约规定，双方"各守分土，无相侵犯"。于是，歃盟之后，蜀汉将原鲁王刘永改封甘陵王，原梁王刘理改封安平王。"皆以鲁、梁在吴分界故也。"③另外，庲降都督李恢原领交州刺史，也在这年解刺史之职，因为交州属于吴境。江东方面亦有相应的举措。如朱然原任兖州牧，至此亦解牧职，因为兖州属于"中分天下"之后的蜀境。步骘在孙

---

① 《吴书·吴主传》注引《江表传》。
② 《宋书·五行志》。不过，据《吴书·吴主传》，孙权在去世前一年，有祭南郊。
③ 《蜀书·后主传》。

权称帝时领冀州牧,"顷以冀州在蜀分,解牧职"①。这些变动影响不大,因为这些封地和职务原本就是虚封和虚领。

在双边关系中,"并尊二帝"的政治架构既已确立,两国交往中最棘手的政治难题也就搁置。那双方如何看待曾经在荆州的那场冲突呢?

《宋书》乐志中收录有孙吴韦昭所制的十二曲。韦昭利用汉代短箫铙歌之乐,改名而重新填词,"以述功德受命"。其中有两曲涉及吴蜀关系。

《关背德》者,言蜀将关羽背弃吴德,心怀不轨,大皇帝引师浮江而擒之也。汉曲有《巫山高》,此篇当之。

《通荆门》者,言大皇帝与蜀交好齐盟,中有关羽自失之愆,戎蛮乐乱,生变作患,蜀疑其眩,吴恶其诈,乃大治兵。终复初好也。汉曲有《上陵》,此篇当之。

《通荆门》一曲中有这样的歌词:"荆门限巫山,高峻与云连。蛮夷阻其险,历世怀不宾。汉王据蜀郡,崇好结和亲。乖微中情疑,谗夫乱其间。"②

韦昭制乐,在孙吴后期,所制十二曲,为孙吴建国历程的颂歌。其中涉及吴蜀关系的部分,必须体现孙吴对那段历史的官方定性。从上述乐曲的题记和歌词看,孙权的背盟袭荆州,被解释成了关羽背弃吴德、蛮夷好乱乐祸、刘备听信谗言而发生的一场误会,并非根本利益的冲突,所以,"终复初好也"。将一段背盟的历史作如此解释,才与吴蜀关系的现状相适应,而不损害联盟关系。《蜀书》叙述那场冲突的原因时,多述作刘备为报关羽被杀之仇,愤而兴师,可能也有类似的原因。

吴蜀恢复联盟之初,双方使节的头衔中多用"信"字——如吴使冯熙为立信都尉、蜀使费祎为昭信校尉、罗宪为宣信校尉、董恢为宣信中郎将——恰

---

① 《吴书·朱然传》《吴书·步骘传》。
② 《宋书》卷二十二《乐志·四》。

好反映出，曾经的那段背信的历史是一块双方都想隐去的疤痕。

双方交往，即使是在酒宴之间，也会涉及政治。《蜀书·秦宓传》记载了一段秦宓与吴使张温之间的机锋对答。

> 吴遣使张温来聘，百官皆往饯焉。众人皆集而宓未往，亮累遣使促之，温曰："彼何人也？"亮曰："益州学士也。"及至，温问曰："君学乎？"宓曰："五尺童子皆学，何必小人！"温复问曰："天有头乎？"宓曰："有之。"温曰："在何方也？"宓曰："在西方。诗曰：'乃眷西顾。'以此推之，头在西方。"温曰："天有耳乎？"宓曰："天处高而听卑，诗云：'鹤鸣于九皋，声闻于天。'若其无耳，何以听之？"温曰："天有足乎？"宓曰："有。诗云：'天步艰难，之子不犹。'若其无足，何以步之？"温曰："天有姓乎？"宓曰："有。"温曰："何姓？"宓曰："姓刘。"温曰："何以知之？"答曰："天子姓刘，故以此知之。"温曰："日生于东乎？"宓曰："虽生于东而没于西。"答问如响，应声而出，于是温大敬服。

这种机锋对答，除了展示本国文化水平外，也有政治上的折冲樽俎。秦宓句句援引经典，表达出蜀汉乃是天命眷顾的正统所在。

江东的酒宴上，这种机锋对答则要戏谑一些，但也同样包含着政治动机。《蜀书·费祎传》载：

> 亮以初从南归，以祎为昭信校尉使吴。孙权性既滑稽，嘲啁无方，诸葛恪、羊衜等才博果辩，论难锋至，祎辞顺义笃，据理以答，终不能屈。

裴松之注引《祎别传》中说到，孙权常试图将费祎灌醉，"然后问以国事，并论当世之务，辞难累至"。费祎则装醉，"退而撰次所问，事事条答，无所遗失"。①

《吴书·薛综传》载：

> 西使张奉于权前列尚书阚泽姓名以嘲泽，泽不能答。综下行酒，因劝酒曰："蜀者何也？有犬为独，无犬为蜀，横目苟身，虫入其腹。"奉曰："不当复列君吴耶？"综应声曰："无口为天，有口为吴，君临万邦，天子之都。"于是众坐嬉笑，而奉无以对。其枢机敏捷，皆此类也。

张奉之名，不见于《蜀书》；《江表传》则将此事记为诸葛恪调侃费祎。看来这个拆字的游戏在江东流传版本甚多。江东君臣平日就把西边那个政权叫作蜀，而不把它叫汉。如果它仍叫作汉，那么孙权称帝的前提——天命已去于汉——就不成立了。而现在，在双边交往中，在酒宴之上，调侃嬉戏之间，硬是当着汉使的面，把汉变成了蜀。汉帝也就成了蜀帝。如此，二帝才能并尊。这是孙权在联盟交往中最在意的一个政治意图。

蜀汉方面，通常是以"东、西"这类不具有政治意涵的字眼来称谓彼此。陈震出使江东时，在通关文书中称孙权为"东尊"，称蜀汉为"西朝"。此前，既有议者以"名体弗顺"而主张与江东断交，此类称谓攸关"名体"，陈震自不敢犯张温聘蜀时那样的政治错误，擅出己意而随便称谓。诸葛亮本人也是这么称谓的。他在给其兄诸葛瑾的信中介绍陈震时便称赞他"赞述东、西，欢乐和合，有可贵者"②。因此，这种称法应该是诸葛亮在处理孙权称帝一事时即定夺的新形势下联盟政策的一部分。用"东、西"这类不具有政治意涵的字眼来称谓彼此，与诸葛亮用内外有别的方式处理孙权称帝一事，在逻辑上是一致的。这样，既不损及蜀汉帝业的核心论述，又避免政治名分问题困扰联盟关系。直至蜀汉末年，这种称谓仍在沿用。张嶷给诸葛瞻写信，事涉受孙权遗命辅政的太傅诸葛恪，建议诸葛瞻对诸葛恪有所规劝，信中称孙权为"东

---

① 《蜀书·费祎传》注引《祎别传》。
② 《蜀书·陈震传》。

主"，称孙吴为"东家"。

随着交往的增多、互信的建立，早先敏感的政治名分问题，不再困扰双边交往。及至蜀汉灭亡，吴蜀关系一直比较稳定。孙权攻曹魏，虽说逐利而动，但因孙吴在淮南与荆襄两个方向与曹魏对峙，牵制了相当大一部分曹魏的兵力，对于蜀汉来说，已然发挥出了"掎角之援"的作用。诸葛亮可以全心致力于北伐了。

第十五章

诸葛亮北伐（政治）

北伐与蜀汉内政

建兴五年（227年）春，诸葛亮率诸军北驻汉中，临行上表后主。这就是后世广为传诵的《出师表》。

先帝创业未半而中道崩殂，今天下三分，益州疲弊，此诚危急存亡之秋也。然侍卫之臣不懈于内，忠志之士忘身于外者，盖追先帝之殊遇，欲报之于陛下也。

诚宜开张圣听，以光先帝遗德，恢弘志士之气；不宜妄自菲薄，引喻失义，以塞忠谏之路也。宫中府中俱为一体，陟罚臧否，不宜异同。若有作奸犯科及为忠善者，宜付有司论其刑赏，以昭陛下平明之理，不宜偏私，使内外异法也。侍中、侍郎郭攸之、费祎、董允等，此皆良实，志虑忠纯，是以先帝简拔以遗陛下。愚以为宫中之事，事无大小，悉以咨之，然后施行，必能裨补阙漏，有所广益。将军向宠，性行淑均，晓畅军事，试用于昔日，先帝称之曰能，是以众议举宠为督。愚以为营中之事，悉以咨之，必能使行阵和睦，优劣得所。

亲贤臣，远小人，此先汉所以兴隆也；亲小人，远贤臣，此后汉所以倾颓也。先帝在时，每与臣论此事，未尝不叹息痛恨于桓灵也。侍中、尚书、长史、参军，此悉贞良死节之臣，愿陛下亲之信之，则汉室之隆，可计日而待也。

臣本布衣，躬耕于南阳，苟全性命于乱世，不求闻达于诸侯。先帝不以臣卑鄙，猥自枉屈，三顾臣于草庐之中，谘臣以当世之事，由是感激，遂许先帝以驱驰。后值倾覆，受任于败军之际，奉命于危难之间，尔来二十有一年矣。先帝知臣谨慎，故临崩寄臣以大事也。受命以来，夙夜忧叹，恐托付不效，以伤先帝之明，故五月渡泸，深入不毛，今南方已定，兵甲已足，当奖率三军，北定中原，庶竭驽钝，攘除奸凶，兴复汉室，还于旧都。此臣所以报先帝，而忠陛下之职分也。

　　至于斟酌损益，进尽忠言，则攸之、祎、允之任也。愿陛下托臣以讨贼兴复之效，不效则治臣之罪，以告先帝之灵。若无兴德之言，则责攸之、祎、允等之慢，以彰其咎。陛下亦宜自谋，以谘诹善道，察纳雅言，深追先帝遗诏。臣不胜受恩感激，今当远离，临表涕零，不知所言。

　　诸葛亮的这篇《出师表》，后世稍稍知书者，莫不朗朗成诵。其中最感人的是诸葛亮明其素志的部分。诸葛亮兄弟飘零于乱世，躬耕于山林。刘备不以他年轻位卑，先是三顾草庐，后是遗命托孤，诸葛亮感其知遇之恩，遂许以驱驰，一个"苟全性命于乱世，不求闻达于诸侯"的士子，就此契入一个风云激荡的大时代，因缘际会，承担起继绝兴微的历史使命。在着手去完成这一使命之前，诸葛亮剖明心迹，明其素志，述其本怀。当他"临表涕零，不知所言"时，往昔的一幕幕——从当年躬耕陇亩，"每晨夜从容，常抱膝长啸"，到刘备三顾草庐，相与纵论天下大势；从当年败军之际的危难中出使江东联孙抗曹，到在刘备病榻前涕泣说下"敢竭股肱之力，效忠贞之节，继之以死"——浮现在他的脑海。而今，北望中原，深感时不我待，是以决心庶竭驽钝，去完成北伐讨贼复兴汉室的使命。那夙夜忧叹的身影，千载而下，犹能让人感受到诸葛亮矢志报效一种使命的孤忠和热忱。这一使命虽然没有完成，但他以其政治智慧和执着努力，赋予了那个时代以政治主题，最终使他自己连同那个时代，成为中国历史上一道亮色的风景。对有志于修身齐家治国平天下的历代士人们来说，这种情怀，或许可望；这种际遇，却不可即。唯其可望而不可即，所以这篇文章能唤起人同情，又让人报以寄托。这大概就是《出师表》传诵千古的魅力所在吧。

诸葛亮在历史上并不以文章著称，陈寿在上晋武帝表中所说到的有论者认为诸葛亮文章"过于丁宁周至"的评价，也适用于这篇《出师表》。但诸葛亮在表文中提到的方方面面，却自有一种内在的逻辑，体现诸葛亮主政的核心思路。

表文开篇从刘备"创业未半而中道崩殂"说起，蜀汉面临危急存亡之秋；篇中再述及刘备"临崩寄臣以大事"，托付诸葛亮领导北伐讨贼的事业；现在，诸葛亮将要执行刘备的遗命，北伐中原，攘除奸凶，还于旧都。为此，他请求后主依刘备遗命，"托臣以讨贼兴复之效"，授权他领导北伐；因为"今当远离"，所以诸葛亮临行前对后主反复叮咛，对蜀汉内政作了妥善的安排。

在永安托孤部分，我已分析北伐讨贼与蜀汉当前政治之间的关系。此时，诸葛亮上表后主，即是上承刘备永安托孤之遗意，将北伐讨贼的国策付诸行动，赋予蜀汉政治以鲜明的主题，以此充注蜀汉帝业的合法性，也以此提领起整个蜀汉的内政，并使蜀汉政治呈现出少有的清明。

诸葛亮原本受遗辅政，现在，他要亲典戎旅，远出北伐，为此，他叮咛后主，要三宜三不宜：宜开张圣听，不宜妄自菲薄；宫中府中宜为一体，不宜异同；宜赏罚分明，不宜偏私。最关键的是要"亲贤臣，远小人"，这是鉴于前汉兴隆的经验，也是鉴于后汉倾颓的教训。

诸葛亮本人将要远出，为辅佐后主，他对蜀汉内政的主要部分——宫中、营中、府中之事，作了妥善的安顿。其中，最重要的是人事的安排。

宫中之事，主要由侍中、侍郎负责。建兴五年，蜀汉的侍中是郭攸之和费祎，侍郎是董允。诸葛亮对这些人的评价是："此皆良实，志虑忠纯。"《董允传》中说郭攸之"性素和顺"；裴松之注引的《楚国先贤传》中也说："攸之，南阳人，以器业知名于时。"另外，廖立的怨言中也说道，"中郎郭演长，从人者耳"①。撇开其怨愤之意，所谓"从人者耳"倒也印证"性素和顺"的评价。费

---

① 《蜀书·廖立传》。

祎在后主即位时为黄门侍郎，使吴归来后，迁为侍中。孙权曾誉其"天下淑德，必当股肱蜀朝"。董允在后主即位时为黄门侍郎。《董允传》载："丞相亮将北征，住汉中，虑后主富于春秋，朱紫难别，以允秉心公亮，欲任以宫省之事。"诸葛亮北驻汉中后，旋即请费祎为参军，董允遂替补费祎而迁侍中。董允迁侍中后，"领虎贲中郎将，统宿卫亲兵"[①]。

营中之事，由向宠负责。向宠于建兴元年为中部督，迁中领军，典宿卫兵。"秭归之败，宠营特完。"[②]秭归之败，是指刘备在夷陵猇亭之败。夷陵、猇亭属原刘备据荆州时分立出的宜都郡，治秭归，故有此称。刘备大军在受到陆逊反攻时，普遍处于一种懈怠和混乱的状态，而向宠所领之军，完好无损。看来向宠治军严整，以约束见长。其人"性行淑均，晓畅军事"。诸葛亮任命他负责成都的守卫，而不是用于北伐前线的攻城野战。攻城野战的将领当顺应战场瞬息万变的形势，见利而动，得机而行；而成都的守卫则以确保万无一失为首务。诸葛亮赴永安省疾时，汉嘉太守黄元即以"成都单虚"而据郡反叛。诸葛亮用向宠守卫成都，应该是看重向宠严整的治军风格，可谓用得其人。

府为丞相留府。刘备称帝后，虽设丞相，但丞相并不开府。刘备在世时，应该是尚书台协助刘备处理政务。刘备称帝后即东征，尚书令刘巴随行，诸葛亮则以丞相录尚书事，处理后方政务。刘巴死后，李严被召至永安，接任尚书令。刘备死后，尚书令李严同受遗命辅政，但李严留镇永安，并未入中枢辅政，诸葛亮则开府治事。"政事无巨细，咸决于亮。"中枢权力遂移至丞相府。诸葛亮之后，蜀汉不再设丞相，中枢权力又移至尚书台。蒋琬初主蜀政，即以尚书令录尚书事。蒋琬以大司马开府驻汉中后，费祎接任尚书令；费祎驻汉中后，董允以侍中守尚书令，以后依次为吕乂、陈祗、董厥、樊建。这是蜀汉中枢机构的变迁情况。

诸葛亮开府后的首任丞相长史为王连。诸葛亮南征前，王连病卒，向朗

[①]《蜀书·董允传》。
[②]《蜀书·向朗传》附《向宠传》。

代之。建兴五年（227年），诸葛亮北驻汉中，成都的丞相府遂为留府，处理后方日常政务。向朗随诸葛亮北驻汉中，张裔为留府长史，蒋琬为留府参军。表文中提到的长史、参军，即指张裔和蒋琬。

诸葛亮北驻汉中前，曾就留府长史的人选征求杨洪的意见。杨洪说："裔天姿明察，长于治剧，才诚堪之，然性不公平，恐不可专任，不如留向朗。朗情伪差少，裔随从目下，效其器能，于事两善。"[1]杨洪建议以向朗为留府长史，张裔为丞相长史随诸葛亮驻汉中。《向朗传》载："朗少时虽涉猎文学，然不治素检，以吏能见称。"向朗"不治素检"，意谓其德行稍欠。向朗与马谡相善，马谡兵败逃亡，向朗以"知情不举"而被免职，可知杨洪所言"情伪差少"为不诬之论。杨洪说张裔"长于治剧"，许靖亦曾谓其"干理敏捷"[2]，并将其比作中州的钟繇。诸葛亮未采杨洪的建议，以"天资明察"的张裔为留府长史，以"不治素检"的向朗随军效用。针对张裔"性不公平"，诸葛亮以蒋琬为留府参军，以相辅佐。诸葛亮曾对刘备称赞，"蒋琬，社稷之器，非百里之才也。其为政以安民为本，不以修饰为先"，日后更常言，"公琰（蒋琬字）托志忠雅，当与吾共赞王业者也。"[3]张裔与蒋琬同守留府，正可相互补充。日后，张裔"与司盐校尉岑述不和，至于仇恨"，似亦印证杨洪所言之"性不公平"。诸葛亮在给张裔的信中写道："及其来还，委付大任，同奖王室，自以为与君古之石交也。石交之道，举仇以相益，割骨肉以相明，犹不相谢也。"[4]他以金石之交期勉张裔"同奖王室"。建兴八年，张裔卒后，蒋琬代为留府长史；马忠迁为留府参军，处理后方的日常政务。

表文中提到的尚书应为尚书令陈震。刘备称帝后，尚书令为刘巴；刘巴卒后，李严代之；李严于建兴四年转前将军。《陈震传》载，建兴三年，陈震入拜尚书，迁尚书令。陈震迁尚书令应在李严转为前将军之后。陈震在建兴七年以卫尉出使孙吴，则未见有人接替其尚书令，直到诸葛亮卒后蒋琬以尚

---

[1]《蜀书·杨洪传》。
[2]《蜀书·张裔传》。
[3]《蜀书·蒋琬传》。
[4]《蜀书·杨洪传》。

书令主持蜀政。关于陈震,诸葛亮在给其兄诸葛瑾的信中写道:"孝起(陈震字)忠纯之性,老而益笃。"

诸葛亮用人,驻汉中的丞相长史向朗和杨仪,均以吏能见长,而任后方宫府之事的诸人中,郭攸之"性素和顺",费祎"天下淑德",董允"秉心公亮",向宠"性行淑均",蒋琬"托志忠雅",陈震"忠纯之性",皆以德行见称。对这些人,诸葛亮责以"斟酌损益,进尽忠言"之任,并提醒后主,"若无兴德之言,则责攸之、祎、允等之慢,以彰其咎"。

在告诫后主要"亲贤臣,远小人"之后,诸葛亮在表文中列举这些人,"此悉贞良死节之臣",希望后主亲之信之,事无大小,悉以谘之。如此,"则汉室之隆,可计日而待也"。

最后,诸葛亮提醒后主,"深追先帝遗诏"。刘备在给后主的遗诏中写道,"勉之!勉之!勿以恶小而为之,勿以善小而不为。惟贤惟德,能服于人"①。诸葛亮是在提醒后主,要深体刘备遗训,修身进德。在随后以后主名义下达的诏书中还这样写道,"是以夙兴夜寐,不敢自逸,每从菲薄以益国用,劝分务穑以阜民财,授方任能以参其听,断私降意以养将士"。这既是宣明后主之德,又何尝不是让后主自我约束。

诸葛亮期勉后主修身进德,对任宫府之事者则选人以德,此为基础;贯通内外的行政原则,则为宫府一体。"宫中府中,俱为一体",意在以宫、府的协调保证蜀政的畅通。宫、府之分,可追溯到汉武帝时候的内朝与外朝之分。汉武帝常以内朝凌驾于外朝之上,丞相如同仆从。对汉武帝这样的雄猜之主来说,此制可满足其集权的需要,且武帝亦能驾驭这种体制。但到东汉后期,尤其是桓、灵之世,则表现为宫中诸中常侍操弄权柄,逾越正常的行政程序,干预政事,致使朝政混乱。桓灵二帝"亲小人,远贤臣",加诸宫府关系错乱,便导致了刘备和诸葛亮"未尝不叹息痛恨"的汉末乱政。宫、府一体,要点在于"不宜异同""不宜偏私,使内外异法",意谓在陟罚臧否、论刑论赏这类事情上,后主不要内外有别,造成宫府对立。宫中府中,各守份

---

① 《蜀书·先主传》注引《诸葛亮集》。

际，各司其事，又保持协调畅通，这才是政通人和的关键。诸葛亮行政，涉及宫、府关系时，程序上是非常清晰的。如废黜辅政大臣李严，诸葛亮既有表上后主，又有公文上尚书[1]，他本人也同时给侍中董允和留府长史蒋琬写信[2]。蜀汉后期，宫府关系发生变化。延熙七年（244年），尚书令费祎北赴汉中御敌后，董允以侍中守尚书令，至延熙九年卒。此为权宜，但有此先例，后遂有陈祗以侍中守尚书令，时间长达八年之久，后又有樊建以侍中守尚书令。这已近乎宫、府不分了。当然，这是后话。其时，蜀政已然衰败。

就这样，诸葛亮对蜀汉的内政——从后主本人，到围绕后主的宫中之事，再到处理后方日常政务的留府之事，都作了妥善的安排，蜀政因此而理顺。诚如清人何焯所言："以不懈于内任群司，以忘身于外自效，以修身正家、纳谏任人责难其主，盖此又兴复之本也。"[3]

诸葛亮对蜀政的安顿，效果应该说是比较好的。董允长期负责宫省之事，任侍中长达二十年。史言，"允处事为防制，甚尽匡救之理。后主常欲采择以充后宫，允以为古者天子后妃之数不过十二，今嫔嫱已具，不宜增益，终执不听。后主益严惮之"。"后主渐长大，爱宦人黄皓。皓便辟佞慧，欲自容入。允常上则正色匡主，下则数责于皓。皓畏允，不敢为非。终允之世，皓位不过黄门丞。"董允卒后，陈祗代之，始与黄皓勾结弄权。"蜀人无不追思允。"[4]

张裔任留府长史不过三四年的时间，常感叹说："公赏不遗远，罚不阿近，爵不可以无功取，刑不可以贵势免，此贤愚之所以佥忘其身者也。"[5]其时，诸葛亮尚健在，张裔所说的贤愚佥忘其身，应该是他统留府事的切身认识。一个典型的例子是杨洪。杨洪"忠清款亮，忧公如家"，长期任蜀郡太守。由于蜀汉实际统治的地域仅止益州，蜀郡为成都所在，实相当于京畿。《蜀书·杨洪传》载："始洪为李严功曹，严未去犍为而洪已为蜀郡。洪迎门下书佐何祗，有才策功干，举郡吏，数年为广汉太守，时洪亦尚在蜀郡。是以西土咸服诸

---

[1]《蜀书·李严传》。
[2]《蜀书·陈震传》。
[3]《义门读书记》第二十七卷《蜀志》。
[4]《蜀书·董允传》。
[5]《蜀书·张裔传》。

葛亮能尽时人之器用也。"

蒋琬先为参军,后继张裔为长史,统留府事。史言:"亮数外出,琬常足食足兵以相供给。"蒋琬担当的实际上是诸葛亮当年所担当的角色。刘备取荆州四郡后,诸葛亮督零陵、桂阳、长沙三郡,"调其赋税,以充军实。"刘备定益州后,诸葛亮"常镇守成都,足食足兵"。蒋琬统留府事,负责后方政务,保障了北伐所需的兵源和粮草补给。

《华阳国志》载:"时蜀人以诸葛亮、蒋琬、费祎及(董)允为四相,一号四英也。"[1]四英相中,诸葛亮亲自主持北伐的事业,董允主宫中之事,蒋琬统留府之事,至于费祎,入则为侍郎、侍中,出则为参军、司马,调和文武,又办外交,频繁至吴,奉使称旨。这是蜀汉政治最好的一段时间。

有论者认为诸葛亮用人,有主客新旧之见。实则诸葛亮用人,最高的原则还是认同汉室,勤于王事,致力于复兴汉室。如张裔为蜀郡成都人,诸葛亮委以统留府事,对他期以"同奖王室";蒋琬为荆州零陵人,诸葛亮让他继统留府,更密荐为接班人,对他许以"共赞王业";姜维不过是一个来自曹魏的年轻降人,与原先的所谓主客新旧都毫无关联,诸葛亮却着意加以培养,以其"心存汉室"。其他如吕乂、马忠等人,但凡勤于王事者,皆及时擢拔,处以要职。甚至像吕凯这种出身永昌不韦那样偏远地方的低级郡吏,诸葛亮嘉奖他"执忠绝域"[2],拔为云南太守。

诸葛亮在第一次北伐受挫后鼓励部下,"自今以后,诸有忠虑于国,但勤攻吾之阙,则事可定,贼可死,功可跷足而待矣"[3]。这原本就是诸葛亮一贯的作风。《董和传》载:

亮后为丞相,教与群下曰:"夫参署者,集众思广忠益也。若远小嫌,难相违覆,旷阙损矣。违覆而得中,犹弃弊跷而获珠玉。然人心苦

---

[1]《蜀书·董允传》注引《华阳国志》。
[2]《蜀书·吕凯传》。
[3]《蜀书·诸葛亮传》注引《汉晋春秋》。

不能尽,惟徐元直处兹不惑,又董幼宰参署七年,事有不至,至于十反,来相启告。苟能慕元直之十一,幼宰之殷勤,有忠于国,则亮可少过矣。"又曰:"昔初交州平,屡闻得失,后交元直,勤见启诲,前参事于幼宰,每言则尽,后从事于伟度,数有谏止;虽姿性鄙暗,不能悉纳,然与此四子终始好合,亦足以明其不疑于直言也。"①

他举崔州平、徐庶(字元直)、董和(字幼宰)和胡济(字伟度)为例,鼓励部下对直言忠谏不要有所顾虑。董厥,"丞相亮时为府令史,亮称之曰:'董令史,良士也。吾每与之言,思慎宜适。'徙为主簿"②。又曾举姚伷为例,勉励僚属广进文武之士。亮称曰:"忠益者莫大于进人,进人者各务其所尚;今姚掾并存刚柔,以广文武之用,可谓博雅矣。愿诸掾各希此事,以属其望。"迁为参军。又如杨颙,为诸葛亮主簿。诸葛亮尝自校簿书,杨颙排闼直入而谏,诸葛亮改容谢之,迁为东曹掾典选举。杨颙死后,"(诸葛)亮垂泣三日",并在给张裔、蒋琬的信中写到:"令史失赖厷,掾属丧杨颙,为朝中损益多矣。"③

至于李严,与诸葛亮同受遗命辅政,诸葛亮原本期待与他"戮力以奖汉室",但在建兴九年(231年),诸葛亮却与群臣联名废黜了他。李严被废一事,既涉及大政是非,又涉及新旧人事,因此,不妨稍费篇章,厘清此事的渊源和性质,以见诸葛亮主政与用人的原则。

李严原是荆州南阳人,少时入职郡吏,"以才干称"。刘表曾让他遍历诸郡县,干吏之才得以充分磨炼。建安十三年(208年)曹操下荆州时,李严未随刘琮集团降曹,而投奔了益州的刘璋,可见他对曹操并不认同。刘璋任命他为成都令,"复有能名"。刘备取益州时,李严属于较早投降刘备的原刘璋部属,可见他对刘备还是比较认同的。刘备取汉中和伐吴期间,后方发生叛

---

① 《蜀书·董和传》。
② 《蜀书·诸葛亮传》。
③ 《蜀书·杨戏传·季汉辅臣赞》注引资料。

乱，李严都利落地将其平定。日后诸葛亮在给孟达的信中说，"部分如流，趋舍罔滞，正方性也。"意谓其指挥调度、取舍决策，果断利落，对李严吏能干练的特性把握得还是很准确的。刘备称汉中王时，列名于上汉帝表上的十一人中，李严排名第十一，在法正之后，与庞羲、射援一并代表刘璋旧属。刘巴卒后，刘备拔用李严为尚书令，临终更遗命辅政。

《先主传》载，"先主病笃，托孤于丞相亮，尚书令李严为副。"《李严传》载，"严与诸葛亮并受遗诏辅少主，以严为中都护，统内外军事，留镇永安。"① 可知李严在建兴初年留镇永安，应该是出于刘备遗意。其时，孙刘关系虽有缓和的迹象，但并未恢复联盟关系；孟达降魏后，曹魏派兵攻取了东三郡（房陵、上庸、西城）。李严留镇永安，可以监护二境，稳定东部诸郡。

建兴四年（226年），诸葛亮已然平定南中，着手准备北伐。"以诸葛亮欲出军汉中，严当知后事，移屯江州"——李严从永安移屯江州。按说，蜀汉北伐期间，刘备遗命托孤的两位辅政大臣，一个主内，一个主外，内外配合，合情合理。但诸葛亮北屯汉中，宁愿以丞相留府处理后方日常政务，也没让李严还镇成都。《出师表》中，对后方宫中、府中、营中的人事，丁宁周至，而对于同受遗命辅政的李严，却只字未提。

为什么诸葛亮会这样安排呢？废黜李严时，诸葛亮在上后主表中说，"自先帝崩后，平所在治家（时李严已改名为李平），尚为小惠，安身求名，无忧国之事。"这是在说李严自受刘备托孤以后的表现。以诸葛亮安排后方人事时选人以德的标准看，李严的表现显然并不符合诸葛亮的期望。诸葛亮在上尚书令的公文中还说到，李严"论狱弃科，导人为奸"，意谓李严在处理狱事时背弃律令。其实，蜀汉的律令体系《蜀科》还是诸葛亮、法正、刘巴、伊籍与李严五人共同制定的。李严"论狱弃科，导人为奸"，这与诸葛亮"科教严明，赏罚必信，无恶不惩，无善不显"的为政风格也完全相悖。况且，蜀汉当前突出的任务是北伐，诸葛亮屯汉中，李严屯江州，两位辅政大臣分别镇守蜀汉通往外部的两个门户，也说得过去。同时期的曹魏，魏文帝曹丕遗命辅佐魏

---

① 《蜀书·李严传》

明帝的几位大臣中，曹休督扬州，曹真督关中，司马懿督荆州，只有陈群留在中枢辅政。

随着吴蜀联盟关系的恢复与稳固，南中平定，诸葛亮筹备北伐，将李严进位为前将军，希望将李严在江州的部分军队抽调至汉中，投入北伐。但李严以种种借口推托，拒绝将其军队北调，还提出分益州东部五郡设立巴州，让他领巴州刺史。①大概在李严看来，同为辅政大臣，诸葛亮领益州，李严领巴州，二人才成"分陕"之势。这一要求被诸葛亮拒绝，李严也留屯江州，未赴汉中。建兴八年（230年），曹魏三路来攻，汉中形势严峻，"亮命严将二万人赴汉中"，李严却援引曹魏辅政大臣司马懿等人为例，要求开府及相应的人事权，②诸葛亮拒绝了他开府的要求，但作为妥协，表李严之子李丰主督江州。李严至汉中后，诸葛亮迁李严为骠骑将军，让他以中都护署理丞相府事。

李严要求分领巴州、开府治事，并推诿将江州的军队调至汉中，这已不只是"安身求名"之类的待遇问题，而涉及北伐大政。即以待遇而论，诸葛亮筹备北伐时，已将李严进位为前将军，李严至汉中后，又进位为骠骑将军，名位都只在诸葛亮一人之下。这与刘备"托孤于丞相亮，尚书令李严为副"的安排也是相符的。

李严不得不带两万人马赴汉中后，其子李丰被表为江州都督督军，则江州还应留有相当的军队。以蜀降时"带甲将士十万二千"为参照，可知李严在江州时拥有一支实力非常可观的军队。随着吴蜀联盟关系的稳固，蜀汉东部安全环境改善，在江州保留实力如此雄厚的一支军队，已无必要。李严一再推诿将江州的军队调至汉中，只能理解为他拥兵自重。《华阳国志》还载："刘先主时，都护李严大城江州，周回十六里。"③李严为都护是在受遗托孤之后，因此，大筑江州城应该不是在刘先主时，而是李严移屯江州之后的事。

---

①《蜀书·李严传》载诸葛亮上后主表："臣当北出，欲得平兵以镇汉中，平穷难纵横，无有来意，而求以五郡为巴州刺史。"
②《蜀书·李严传》载诸葛亮上后主表："去年臣欲西征，欲令平主督汉中，平说司马懿等开府辟召。"曹丕为明帝安排的辅政大臣曹休、曹真、司马懿、陈群等人均开府，事见《魏书·陈群传》。
③《华阳国志》卷一《巴志》，巴蜀书社1984年7月第1版。

李严拥兵自重于江州，还要求从益州分立巴州，并与诸葛亮一样开府。前面我已经分析过，诸葛亮恢复益州并自领州牧，只具政治象征意义，益州实际上被虚级化处理，并不参与实际治理。李严要求分立巴州，势必不会虚级化。① 如果李严也开府治事，则李严势必不会亲至汉中。这样，蜀汉俨然出现两个核心。即令李严并无异图，这与蜀汉当前的政治需要并不相符，与蜀汉当前的国策并不相符，也与刘备永安托孤的遗意并不相符。前面我已分析过，永安托孤除了安排二人辅政外，更重要的是作了重大政治路线的交代，即北伐讨贼，复兴汉室。蜀汉政权只有在一种光大之势中才能保存。而按李严的要求，蜀汉政权只能在一种保据的态势中萎缩下去。

刘备去世前，蜀汉内外危机重重，所以刘备让李严与诸葛亮共同辅政，意在借李严安定刘璋旧属。现在，蜀汉内政安定，当前的国策是北伐，受遗托孤的李严却成了这一事业的阻碍。废黜李严后，诸葛亮在给留府长史蒋琬、侍中董允的信中说到，"孝起（陈震字）前临至吴，为吾说正方腹中有鳞甲，乡党以为不可近"②。陈震与李严同为南阳人，他所说的"乡党以为不可近"，应该是指在益州的南阳故旧对李严的印象。陈寿在给杨戏《季汉辅臣赞》的补充材料中说，"都护李严性自矜高，护军辅匡等年位与严相次，而严不与亲亵"③。可印证陈震对李严"腹中有鳞甲"的看法。陈震说李严腹中有鳞甲，"乡党以为不可近"，可知李严用以安定旧人的角色也已成为过去。

陈震使吴在建兴七年（229年），也就是在李严被调至汉中之前。诸葛亮与陈震谈到李严，表明他已在考虑如何处置李严。他在给后主的表中说，"正以大事未定，汉室倾危，伐平之短，莫若褒之。然谓平情在于荣利而已，不意平心颠倒乃尔"④。在给蒋琬、董允的信中也说，"吾以为鳞甲者但不当犯之耳，不图复有苏、张之事出于不意"⑤。诸葛亮的意思是，从北伐的大局出发，对李严"情在荣利"的小节和"腹中有鳞甲"的个性予以包容、安抚，让他在

---

① 详见第十三章。
②《蜀书·陈震传》。
③《蜀书·杨戏传》。
④《蜀书·李严传》。
⑤《蜀书·陈震传》。

北伐事业中发挥作用；于是，诸葛亮利用曹魏即将入侵的时机，让李严带着两万人马北赴汉中。

李严的"苏、张之事"恰好就发生在汉中。建兴九年（231年），诸葛亮出兵祁山，李严负责督运粮草。诸葛亮与司马懿、张郃的大军周旋于陇上，通过运动战捕捉战机，取得斩首三千级的战果。但到夏秋之际，李严运粮不继，就派参军狐忠（即马忠）、督军成藩赴前线，以后主旨意，要诸葛亮退兵；当诸葛亮退还汉中，李严却称"军粮饶足，何以便归？"而给后主的表文中却又说大军只是伪退，"欲以诱敌与战"。两位辅政大臣之间的矛盾遂公开化。诸葛亮出具李严的手笔书疏，前后矛盾，李严理拙词穷，承认其罪责。陈寿说李严这些做法的意图是"欲以解己不办之责，显亮不进之愆也"①。意谓李严既想开脱自己督粮不力的罪责，又要突显诸葛亮统兵不进的过失。陈寿的解释应包含了他从其师谯周那里了解的当时朝野对此事的看法。

诸葛亮在上尚书的公文中还说到，李严"自度奸露，嫌心遂生，闻军临至，西向托疾还沮、漳，军临至沮，复还江阳，平参军狐忠劝谏乃止"②。这段话疑有误讹。"漳"字当为衍字或他字之讹，沮为沮口，江阳当为江州。③原文如何，虽难确知，但不影响对基本意思的理解。就是李严自知事情败露，在诸葛亮退军还汉中前，打算径自离开汉中，回到江州，只因狐忠（即马忠）的劝谏才没成行。

李严督粮过程中的表现已然干扰了战争的进程，径离汉中重回江州，则会影响诸葛亮北伐的大局。所以，诸葛亮在上后主表中说，"若事稽留，将致祸败"。在给尚书的公文中说，"不可苞含，以危大业"。

秦汉以来，辅政大臣之间发生矛盾时，无不以酷烈的杀戮告终。西汉时

---

① 《蜀书·李严传》。
② 《蜀书·李严传》裴注"亮公文上尚书"。
③ 若以沮、漳并称，则指沮水、漳水，二水在荆州南郡境内，当时属吴，亦与李严故里南阳郡无关；"军临至沮"的沮，应为沮口，在汉中；《合校水经注》卷二十七 沔水："沔水一名沮水。……东南流入沮县会于沔。沔水又东南径沮水戍而东南流注汉曰沮口。"谭其骧《中国历史地图集》第三册三国西晋卷标注为阳安口。江阳当为江州，作江阳亦通，该郡在江州与李严曾任郡守的犍为郡之间。

期，汉武帝以霍光、金日磾、上官桀辅政，后霍光诛上官桀，夷三族。三国时代，魏明帝遗命曹爽、司马懿辅政，后司马懿发动政变，杀曹爽，夷三族；孙权遗命诸葛恪、孙峻等人辅政，后孙峻发动政变，杀诸葛恪，夷三族。诸葛亮处理李严，只是将其废为平民，徙梓潼郡。其子李丰被调离江州，以中郎任留府参军。

有人从阴谋论的角度将李严案解读为不同利益集团之间的政治斗争。放在上述背景里看，同样是废黜辅政大臣，诸葛亮对李严，既未罪及其家属，更未有夷三族的酷烈杀戮，甚至未见波及李严部属，谈何利益集团之间的政治斗争！换句话说，诸葛亮处置李严，只是要消除李严对北伐大政的消极作用。诸葛亮病逝后，李严也激愤发病而卒。他知道，唯一可能再起用他的人只有诸葛亮。习凿齿评论说，"诸葛亮于是可谓能用刑矣，自秦汉以来未之有也"。

时人论史，过于看重蜀汉人事中的主客新旧之别。蜀汉建政之初，主客新旧人事的存在或为这个政权所要面对的事实，也是其制度设计与政策制定的基础；但作为主政者，将不同的利益集团整合成同一个政治集团，难道不是其职责所在吗？能完成这种整合而又不自伤元气，难道不是其政治智慧的体现吗？

诸葛亮用人，在认同汉室、勤于王事这一原则下，随才录用，所以，向朗、杨仪那样以吏能见长而德行稍逊的人，用于北伐前线，以趋进取；而董允、向宠、蒋琬这样德才兼备的人，则委以宫府之事，以其为政治的根本，也是复兴汉室大业的根本。

概言之，在当时蜀汉，北伐讨贼、复兴汉室乃是最大的政治。它是高扬蜀汉政权合法性的旗帜，也是统摄蜀汉内政的主题，还是整合内部力量的大局。唯其如此，当诸葛亮以先帝遗命而要求后主修身进德、克己节俭、任人纳谏时，后主不敢不从；当董允节制后主采充后宫嫔妃人数，后主不敢违拗，抑制黄皓那样"便辟佞慧"的宦人，黄皓不敢为非。唯其如此，当吕乂那样的郡守募兵增补北伐前线时，"无逃窜者"。唯其如此，诸葛亮废黜李严那样的辅政重臣，却未如霍光废黜上官桀那样引起政局的震荡。也唯其如此，蜀汉有限的人力物力资源才能够有效地动员和组织起来，形成北伐的进取力量，使蜀汉在危急存亡之秋的困局中站稳脚跟。这是北伐讨贼复兴汉室的主题与蜀汉内政的关系。

北伐是信念之战

《出师表》最突出的主旨还是北伐讨贼。

诸葛亮上表后,后主旋即下诏,授权诸葛亮率军北伐。陈寿所编《诸葛亮集》中,收录了这篇诏书的原文。后世往往将它视为诸葛亮的文章。清人张澍所编《诸葛忠武侯文集》收录此文时,名为"为后帝伐魏诏"。后世说此文出自诸葛亮的手笔,可能是出于对诸葛亮的景仰,所以尽可能地归美于诸葛亮。刘备称汉中王时的上汉帝表,清人何焯明明知道《华阳国志》中载明为广汉李朝所作,却还说"疑诸葛公润色也"。实则刘备称王的种种筹备是在汉中,而诸葛亮当时镇守成都,一篇表文,如此繁复润色,殊属不必。这篇伐魏诏,文章未必是诸葛亮所拟,但蜀汉既然是"政事无巨细,咸决于亮",而北伐又是诸葛亮生死以之的大事,这篇诏书攸关北伐的政治定性和政治宣传,而非普通文章,应该是经过诸葛亮的审视,其主旨应该是由诸葛亮定夺,因而可以视为反映了诸葛亮的思想。

这篇诏书是蜀汉政治史上的又一篇重要政治文献,原文如下:

> 朕闻天地之道,福仁而祸淫;善积者昌,恶积者丧,古今常数也。是以汤、武修德而王,桀、纣极暴而亡。
>
> 曩者汉祚中微,网漏凶慝,董卓造难,震荡京畿。曹操阶祸,窃

执天衡，残剥海内，怀无君之心。子丕孤竖，敢寻乱阶，盗据神器，更姓改物，世济其凶。当此之时，皇极幽昧，天下无主，则我帝命，陨越于下。

昭烈皇帝体明睿之德，光演文武，应乾坤之运，出身平难，经营四方，人鬼同谋，百姓与能。兆民欣戴，奉顺符谶，建位易号，丕承天序，补弊兴衰，存复祖业，诞膺皇纲，不坠于地。万国未定，早世遐殂。

朕以幼冲，继统鸿基，未习保傅之训，而婴祖宗之重。六合壅否，社稷不建，永惟所以，念在匡救，光载前绪，未有攸济，朕甚惧焉。是以夙兴夜寐，不敢自逸，每从菲薄以益国用，劝分务穑以阜民财，授方任能以参其听，断私降意以养将士。欲奋剑长驱，指讨凶逆，朱旗未举，而丕复陨丧，斯所谓不燃我薪而自焚也。残类余丑，又支天祸，恣睢河、洛，阻兵未弭。

诸葛丞相弘毅忠壮，忘身忧国，先帝托以天下，以勖朕躬。今授之以旄钺之重，付之以专命之权，统领步骑二十万众，董督元戎，龚（恭）行天罚，除患宁乱，克复旧都，在此行也。

昔项籍总一强众，跨州兼土，所务者大，然卒败垓下，死于东城，宗族焚如，为笑千载，皆不以义，陵上虐下故也。今贼效尤，天人所怨，奉时宜速，庶凭炎精、祖宗威灵相助之福，所向必克。

吴王孙权同恤灾患，潜军合谋，掎角其后。凉州诸国王各遣月支、康居胡侯支富、康植等二十余人诣受节度。大军北出，便欲率将兵马，奋戈先驱。天命既集，人事又至，师贞势并，必无敌矣。

夫王者之兵，有征无战，尊而且义，莫敢抗也，故鸣条之役，军不血刃，牧野之师，商人倒戈。今旍麾首路，其所经至，亦不欲穷兵极武。有能弃邪从正，箪食壶浆以迎王师者，国有常典，封宠大小，各有品限。及魏之宗族、支叶、中外，有能规利害、审顺逆之数，来诣降者，皆原除之。昔辅果绝亲于智氏，而蒙全宗之福；微子去殷，项伯归汉，皆受茅土之庆。此前世之明验也。若其迷沈不返，将助乱人，不式王命，戮及妻孥，罔有攸赦。广宣恩威，贷其元帅，吊其残民。他如诏书律令，丞相其露布天下，使称朕意焉。①

这是一篇武王伐纣式的诏书。它实际上相当于是一篇檄文。篇末也确实表明，它将"露布天下"。这篇文献，旨在给北伐以政治定性，也为北伐作政治宣传。

诏书以"汤、武修德而王，桀、纣极暴而亡"的三代兴衰轨迹，验证"福仁而祸淫"的天地之道和"善积者昌，恶积者丧"的古今常数。以此为基准，对汉末以来的历史进行了一番阐释。从董卓之乱开始，到曹操"窃执天衡"，曹丕"盗据神器"，再到曹叡这样的"残类余丑"，"恣睢河洛"，以至汉祚中微，帝命陨越。刘备应天顺民，建位易号，继承汉室，不幸中道崩殂；刘禅继统鸿基，光载前绪。现在，诸葛亮由刘备遗命相托，由后主明确授权，将率大军北伐，"除患宁乱，克复旧都"。经过这番论述，曹氏在北方的统治，定性为凶为逆，为篡为盗。诸葛亮的北伐便如武王伐纣一般，属于"恭行天罚"。

自秦汉以来，德与暴、善与恶、福与祸、兴与亡，便成为中国政治史上用以总结盛衰兴亡的最核心的概念。这组概念的对称性也基本上揭示了兴亡转换的轨迹。诏书中将这一轨迹拔到天地之道和古今常数的高度，意谓德暴、善恶与福祸、兴亡的对应关系乃是亘古不变的规律。

诏书中再次引用了刘项之争的历史作例证。刘邦开创大汉基业的经验，其实也验证了"善积者昌，恶积者丧"的古今常数。而且，这一规律就运用和贯彻在刘邦取天下的战略指导中。刘邦还定三秦后，东向以争天下。到洛阳后，有三老董公建议刘邦说："臣闻'顺德者昌，逆德者亡'；'师出无名，事故不成'。故曰'明其为贼，敌乃可服'。项羽为无道，放杀其主，天下之贼也。夫仁不以勇，义不以力，大王宜率三军之众为之素服，以告诸侯而伐之，则四海之内莫不仰德，此三王之举也。"②

---

① 《蜀志·后主传》注引《诸葛亮集》。
② 《资治通鉴》卷九，汉纪一，高帝二年。

"顺德者昌，逆德者亡"与"善积者昌，恶积者丧"，意旨完全一致。要让这一规律成为战略指导，要点在于判明彼此的善恶归属。"明其为贼"，才师出有名；师出有名，才能争取到广泛的支持者。刘邦采纳了董公的建议，为义帝发丧，并发使遍告诸侯，指明项羽放杀义帝，大逆无道，自己"愿从诸侯王击楚之杀义帝者！"此举堪称政治大手笔。后来刘邦又布项羽十大罪，也是这一思路的延伸。在短短的时间内，项羽就由天下诸侯尊奉的霸主变成了天下人的"共敌"，刘项之争因此而成了善恶之争，刘邦东向以争天下的行为也因此而成了为天下人除残去暴的义举。刘邦能获得诸侯的拥护，以弱为强，在那么短的时间内消灭项羽统一天下，实得益于此。

汉兴的历史，是诸葛亮一再借鉴的经验。诸葛亮在《正议》篇中也曾以刘邦灭项羽的例子来表明，王者之兴，在德不在力。"据道讨淫，不在众寡。"这篇北伐诏的主旨，与诸葛亮的《正议》篇、与刘备称帝时的告天之文，一脉相承。刘备在称帝时的告天之文中以"汉有天下，历数无疆"来表明，刘氏仍享有天命，他是刘邦和刘秀事业的继承者，他将"恭行天罚"，完成汉室的再次复兴；诸葛亮作《正议》篇，则是在蜀汉内有帝业合法性危机、外有曹魏"欲使举国称藩"的和平统一攻势的内外危机中，坚定对复兴汉室事业的信念；现在，诸葛亮北伐，正是在秉承刘备的遗命，践行他复兴汉室的信念。

一如他在《正议》篇中表明过的，复兴汉室的事业是"据正道而临有罪"，此时，他定性蜀汉的北伐是"恭行天罚"，是"指讨凶逆"，是"除患宁乱"，是伐罪。如此定性北伐的政治性质，北伐才是善对恶、正义对不正义的战争；如此定性北伐，它才不是穷兵黩武，也不是争地逐利；如此定性北伐，它在蜀汉内部才能获得认同和支持，才能够产生凝聚力；如此定性北伐，它在北方才能产生号召力，以争取响应。

更重要的是，如此定性北伐，致力于北伐的这个政权的政治定位才足够清晰：北伐的旌旗所指，曹氏为凶为逆为盗为篡，被攘夺的天下才仍是汉室的天下，而这个政权正代表汉室。正是在这种意义上，北伐在撑起汉室；也是在这种意义上，北伐在支撑蜀汉政权的合法性。

对诸葛亮来说，北伐讨贼，并非一纸虚文。在那个时代，以善恶与顺逆来为自己正名，稍有政治头脑者，都应该知道。曹操会把自己对群雄的征讨说成是"奉辞伐罪"，审配也把袁绍对曹操的战争比作"武王伐纣"，陆逊也把对刘备的战争说成是"以顺讨逆"，日后魏明帝也会把诸葛亮说成是"淫昏之党"，把诸葛亮的北伐说成是"驱略吏民，盗利祁山"。似乎谁都可以拿善恶来为自己脸上贴金。善恶之争也就变成了口水之争，结果只能说是成王败寇，由最后的胜利者来分贴善恶的标签。以此之故，人们也就把政治军事斗争中的道义主张和价值诉求视为虚文，视之蔑如。战略思维的水平也就愈趋低下。

在一个具体的历史过程里，道义之争——善恶与顺逆的判明——对于政治斗争的意义，是经由人心的认同而显明出来的。政治斗争中的策略，在于争取这种认同，更在于塑造这种认同。在具体的历史环境里，形势往往错综复杂，矛盾关系也错综复杂，问题往往具有多面性。纷乱世局中的人们，却渴望看到安身立命的希望。唯有从错综复杂的形势中提炼出简明的主线，历史才会形成起伏浮沉的汹涌力量，而不是涓涓散流。将天下分判为简明的善恶阵营，肯定有一个简化的过程。连子贡都说商纣王可能并不如传说中的那么恶，只是居天下之下流，所以众恶归之。言与行违，固然不能赢得认同；但若不能将一种行动的道义与价值意义简明地凸显出来，它也难以赢得认同。檄文之类的文宣之争，旨在突出一个鲜明的视角，引导人们去认识当前的形势，从而知所取舍，知所趋归。一种政治势力的兴起，往往是顺应一种潮流，更推动这种潮流，直到把自己推到历史的浪尖。顺应潮流又推动潮流，即是争取认同更塑造认同的过程。但顺应潮流与推动潮流，往往交融在一个难以分厘的浑厚流程里；同样，高明的战略家往往将争取认同与塑造认同彼此内置到浑圆不着痕迹。

高明的策略是在议题和行动中显明彼此的善恶归属，而不只是一纸虚文。就拿刘邦来说，他是以为义帝发丧这一具体的议题来移转天下人看待刘项之争的视角，让自己站在讨逆的立场上；即使是在战况最艰难时，他也以荥阳和成皋的坚守，来坚守这一立场。日后诸侯们推戴他称帝时，便把"诛暴逆"——暴指秦，逆指项——作为他帝业的功德基础，显示出在大家的认同中，刘项之战就是刘邦讨逆之战。而塑就这一认同的，正是为义帝发丧这样的政治大手笔和他在艰苦卓绝中的坚守。

诸葛亮的北伐也是如此。他北屯汉中后，就再也没有回过成都，没有回过巴蜀，即使是处理废黜李严这样重大的政治事件，也没有回过成都。虽然有过挫折，却并不颓唐。他锲而不舍，屡挫屡战，愈挫愈奋。他最后死在北伐的前线。他遗命葬在汉中——他长年经营的北伐基地。他以他生前的努力和身后的安排，立起一个努力北伐的坚定身影，即使是在身没之后，依然魂魄依依，期勉他的后继者们，致力于他未竟的事业——北伐讨贼，复兴汉室。

对诸葛亮来说，北伐是信念之战。他努力北伐的身影有多坚定，北伐的旌旗有多高扬，对汉室的信念才会有多坚定。

刘备遗命后主兄弟，对诸葛亮事之如父。诸葛亮对后主反复叮咛、谆谆教导时，他确实表现出父执辈的尊严和慈爱；而在念及自己就要远出北伐时，竟然"临表涕零"。回顾生平明其素志的部分，辞情感人。那一刻，似有一种知其不可为而为之的悲壮，充盈在诸葛亮的胸怀。知其不可为而毅然为之，唯有生死以之。

在中国古代，继绝兴微被赋予一种德的光芒，正在于它是在风雨如晦的逆势境遇里，毅然扶持孤弱的正义与良善所焕发出的崇高感。继绝兴微，复兴汉室，诸葛亮将其当成自己生死以之的使命，也将其变成蜀汉上下贤愚"舍忘其身"的使命，因此，蜀汉虽据巴蜀一隅之地，但在诸葛亮主政时期，蜀汉内政表现出少有的清明，蜀汉处于最弱的一方却最具进取性。蜀汉政治整体上表现出一种上扬感，而无割据偏安的萎缩感。

这是诸葛亮北伐所焕发出的理想性的一面。正是由于这一理想性，他复兴汉室的事业虽然最终没有成功，却赢得了后世的同情和敬重，赢得了后世的景仰。

诸葛亮北伐，是为汉室的信念而战，为继绝兴微的使命而战。这一信念，融贯在这篇感撼千古的表文里，融贯在百折不回的北伐行动中。

第十六章 诸葛亮北伐(军事)

北伐的时机选择

诸葛亮北伐的军事成败，攸关复兴汉室事业的成败。诸葛亮六次出兵北伐，最后死于关中前线。"出师未捷身先死，长使英雄泪满襟。"北伐事业未竟，汉室未能复兴，令人扼腕不已。后人吟味蜀史，对诸葛亮多充满遗憾与同情。我们或许能通过对诸葛亮北伐战略层次诸问题的检讨，将人事的努力置于天命、大势之间，寻味得失。

诸葛亮于建兴五年（227年）三月北屯汉中，着手北伐。其时，距刘备之死不到四年；其间，还有将近一年的时间用于抚平南中。诸葛亮北伐，表现出了一种时不我待的紧迫感。

早在隆中对策的时代，诸葛亮对于北伐曾描画过一个大体的规划；待到他主持蜀政，形势已发生很大的变化。永安托孤既已确立北伐讨贼的国策，那么，主政后的诸葛亮对于北伐的军事行动，有无一个调整的规划呢？

建兴二年（224年），诸葛亮在以手书与杜微交流时说到：

今因丕多务，且以闭境劝农，育养民物，并治甲兵，以待其挫，然后伐之，可使兵不战民不劳而天下定也。[1]

[1]《蜀书·杜微传》。

诸葛亮在手书中还提到,曹丕"大兴劳役,以向吴楚",此事在该年七月至九月,可知诸葛亮与杜微的这番交流应该是在该年秋天。也就是说,及至建兴二年秋,诸葛亮对北伐的基本考虑仍然是,一面闭境劝农,蓄养国力,一面整军经武,等待时机。"以待其挫,然后伐之。"选择北伐的时机是要"以待其挫",即等待曹魏——无论是在对孙吴的战争中,还是在一场内乱中——遭受重挫,再出兵伐之。但是,时仅两年多点的时间——这意味着,诸葛亮用于治理内政,恢复夷陵之战后元气大伤的国力,时间其实很短——诸葛亮即着手北伐。

日后谯周作《仇国论》,虚构高贤卿这个人物以代表主张北伐者的观点,其中说到,"曩者项强汉弱,相与战争,无日宁息,然项羽与汉约分鸿沟为界,各欲归息民;张良以为民志既定,则难动也,寻帅追羽,终毙项氏"[①]。在蜀汉后期仍主张北伐者,必定援引诸葛亮的观点为北伐作辩护,而刘项之争又为诸葛亮一再借鉴的历史经验,可知"民志既定,则难动也",应为当年诸葛亮主张及时北伐的一个基本论点。这一论点里包含着对治乱兴衰节奏的把握。

在治乱兴衰的节奏里,人心动则难静,静则难动。楚汉之际,"民志既定,则难动也"作为决策依据,不只是在鸿沟分界之后,更可追溯到还定三秦之时。当年,刘邦被项羽徙封汉中,萧何建议他接受现实,就封汉中,然后,"养其民以致贤人,收用巴蜀,还定三秦,天下可图也"[②]。以当时形势,刘邦势单力薄,兵逃将亡,一般人都会像萧何那样认为应该先积累力量,再出争天下。但刘邦拜韩信为大将后,并没有像萧何当初所建议的那样,而是迅速决策还定三秦。韩信对刘邦说,"军吏士卒皆山东之人也,日夜跂而望归,及其锋而用之,可以有大功。天下已定,民皆自宁,不可复用。不如决策东向,争权天下"[③]。韩信建议刘邦及时还定三秦,除了看到东方人因思乡而逃亡,不如将这种思乡的渴望变成打回去的动力外,更看到"天下已定,民皆自宁,不

---

① 《蜀书·谯周传》。
② 《汉书》卷三十九《萧何传》。
③ 《史记》卷八《高祖本纪》。

可复用"。后来的形势发展证明这一决策是正确的。设使项羽咸阳罢兵之后，天下能有数年之安，则数年之后，诸侯各安其地，百姓各安其业，刘邦再想撼动，势必很难。再过几年，冒顿统一下的匈奴南下，局势为之一变，时代的主题亦为之一变。攘夷将成为新的时代主题。有资格领导中原诸侯反击冒顿者唯有项羽。那时，政治资源将再一次朝着项羽汇集。如此，刘邦很难将项羽树为天下人的"共敌"，灭一项羽而天下顿成席卷之势。楚汉相约鸿沟为界，原是在双方对峙最胶着之时，谁也无法突破僵局。鸿沟为界之后，项羽的撤军几乎变成了一种崩溃。汉军追击，楚军迅速溃败，刘邦统一天下的进程大大缩短。韩信主张及时还定三秦，张良主张及时追击项羽，正基于对"民志"的把握。

诸葛亮北伐时机的选择，亦有这种对"民志"的判断。上一年（曹魏黄初七年，蜀汉建兴四年，226 年），曹丕病死，曹叡继位。此事虽未尽符合诸葛亮在隆中对策时所说的"天下有变"的"变"，也未尽符合他对杜微所说的"以待其挫"的"挫"；但曹氏在北方的统治至此已经到了第三代。若诸葛亮以蜀汉国小力弱，继续选择闭关息民，蓄精养锐，积累力量，则曹氏在北方的统治势必愈趋稳固，天下人对于汉室的记忆也将愈渐淡远。民习于安，或许也就真的接受了政权更迭的天命前提——天命已去于汉。那时，诸葛亮要想以复兴汉室为号召，其号召力势必更加微弱。日后，谯周确实把魏蜀"皆传国易世"作为反对北伐的一个理由。

事实上，在北方，这种人心的移转已然是一个正在发生的过程。曹叡继位，较之曹丕继位——先是继曹操而袭魏王之位，后是继汉献帝而即魏帝之位——更为平顺。唯一的暗流是曹丕遗命安排的辅政格局中所暗含的对曹氏自家兄弟的防范。这未必是诸葛亮在当时即能见到的。他所能见到的只是，曹丕对孙吴的几次征伐，虽未达成战争目的，却也谈不上遭受重挫。曹叡袭位，中州政局风平浪静。随着时间的流逝，对汉室的认同只会愈渐流失。

诸葛亮对北伐时机的选择，优先考虑的是政治因素。虽然在那个时代，用兵常常是观衅而动，但他已没有时间再等待。他已没有时间去等"天下有变"，也没有时间"以待其挫"。诸葛亮既然是以北伐讨贼来坚定对汉室的信念，以充注蜀汉政权的合法性，时机上就只能是愈快愈好。在那个时代，因为"天听自我民听，天视自我民视"，天命与民意常常交互表述——民意可以被解释为反映了天命，天命可以被塑造为民意。经由交互表述后的天命却是一个政权合法性的最高依据。

诸葛亮的北伐，首先是旨在挽回正在移转的天命——挽回正在流失的对汉室的认同，其次才是收复被攘夺的汉室疆土。所以，距夷陵之败和刘备之死不过四年左右的时间，诸葛亮便迈上了北伐的征程。

北伐大战略

隆中对策时，诸葛亮所构想的北伐方略是，在"跨有荆益"之后，以一军出宛洛，一军出秦川；但现在荆州已然丢失，蜀汉如断右臂，以一军出宛洛已成泡影。在东部方向，只有通过盟友孙权"掎角其后"作部分的弥补。蜀汉的北伐方向只有秦川一途了。蜀汉北伐的目标是中州洛阳——这里是曹魏的政治重心，也是汉室的旧都。诸葛亮要从巴蜀"还于旧都"，必须先取关陇作为阶段性的目标；要实现这个阶段性目标，又可以有不同的选择。一种是循当年刘邦之旧辙，直接越秦岭而攻关中，一种是先取陇西，再取关中。

此处便涉及一段公案，即魏延提出的建议——自己率偏师出子午谷，径袭长安；诸葛亮率大军出斜谷，以定关中。诸葛亮未采纳这个建议，第一次北伐选择了出兵陇西。后世在评论诸葛亮用兵时，常拿这个公案来作为诸葛亮用兵不擅长出奇制胜的例证，也作为坐实陈寿所论诸葛亮"治戎为长，奇谋为短""应变将略，非其所长"的例证。后人更以"蜀相不敢走子午，魏将偏敢袭阴平"这样的诗句以讽诸葛用兵过于谨慎。

我们先将这段公案辨明。魏延的这个建议，见诸鱼豢的《魏略》。唐初修《隋书·经籍志》，录有此书；刘知几在《史通》外篇《古今正史》中说，"魏时，京兆鱼豢私撰《魏略》。"刘知几曾供职史馆，当是见其全书。此书后世亡佚，我们所能见到的只有裴注中保留的内容。裴松之注引《魏略》，最晚的一笔为魏高贵乡公甘露二年（257年）车驾过项城祭祀贾逵，见《贾逵传》。刘知几说《魏略》"事止明帝",当是指其纪的部分。曹魏三少帝中,齐王曹芳被废,高贵乡公曹髦被杀后,司马昭亦以皇太后名义将其废为庶人,鱼豢当时著史,恐难为二人作纪;陈留王曹奂逊位禅让给司马氏,这已是鱼豢著《魏略》以后的事。裴松之注引《魏略》对高平陵事件及齐王之废补充资料甚多,而对高贵乡公曹髦被杀一事则无只言片语。可知鱼豢在魏时私撰《魏略》,时间大体应在高贵乡公曹髦在位期间。此时,蜀尚未亡。也就是说,鱼豢叙述蜀汉之事,并不是根据灭蜀之后所获取的资料。《魏略》关于魏延与杨仪之争的记载,裴松之已辨明"此盖敌国传闻之言,不得与本传争审"[①];蜀汉内部关于出兵方向的决策讨论乃属高度机密的军国大事,曹魏方面如何可能得知?鱼豢又如何可能得知?《魏略》为曹魏的历史补充了不少有价值的资料,而叙述蜀汉之事,裴松之不是辩其为"妄说",就是指其为"乖背"[②],其原因即在于资料来源的局限。

裴松之为《魏延传》所补注的两则资料竟都出自《魏略》,显示曹魏方面在当时即密切地关注过蜀汉的政情。在继丞相亡故之后,蜀汉又有魏延之死和杨仪之废,这些究属政局波动。《蒋琬传》中叙述此间形势时说,"时新丧元帅,远近危悚"。在蜀汉内部,民间可能有过一些传言,这些传言有实有虚。鱼豢有关魏延建议以偏师出子午谷的说法,应该是曹魏方面为关注蜀汉政情而打探到的传言。魏延或许对自己的属下说过此类方案,以纾解"叹恨己才用之不尽"的怨望。

单就鱼豢叙述的这个方案而言,该方案对于曹魏作出军事反应的速度也是判断有误。诸葛亮出兵陇西,三郡叛魏而响应,但诸葛亮尚未来得及收取三郡,阻断魏军上陇之路尚未守固,张郃之军已抵街亭。长安为曹魏五都之制中的西京,该方案拟以一万人径袭长安(精兵五千,负粮五千),既要指望夏侯楙弃城逃走,还要指望诸葛亮大军能在曹魏大军入援关中前赶到长安,殊不现实;魏延预估自己率军"直从褒中出,循秦岭而东,当子午而北,不过

[①] 《蜀书·魏延传》裴松之注。
[②] 见《蜀书》所注引的《魏略》中的资料。前者如叙述后主身世;后者如将刘备三顾茅庐叙述为诸葛亮先见刘备。

十日可到长安",而预判曹魏方面集结军队入援长安"尚二十许日"①,更是严重地低估了魏军的反应速度,而高估了自己的进军速度。

诸葛亮第一次北伐,选择了出兵陇西,乃是出于其胸中成算。这一成算是基于对政治形势的判断。唯其基于政治形势而制定军事战略,所以,出兵陇西的方向选择,乃是其北伐大战略的一部分。诸葛亮几次出兵,其实都有一个一以贯之的大方向。我们可以从诸葛亮北伐的军事行动中勾勒出诸葛亮北伐的大战略。

诸葛亮北伐,共计出兵六次。第一次是在建兴六年(228年)春,出兵陇西,以街亭之败而退兵;第二次是在该年冬天,因曹魏败于东部战场诸军东下而临时发起,出兵散关,以攻陈仓不下粮尽退兵,斩魏将王双;第三次是在建兴七年(229年)春,诸葛亮遣陈式攻武都、阴平二郡,自率大军出建威(今甘肃和县西)为声援,此役以略取二郡而收功;第四次是在建兴八年(230年),曹魏三路攻蜀,诸葛亮自率大军待敌,而遣魏延、吴懿率偏师入羌中,败魏将郭淮,市戎马而归;第五次是在建兴九年(231年),出兵陇西,以李严谎称无粮而退兵,射杀魏将张郃;第六次是在建兴十二年(234年),出斜谷而屯渭南,以诸葛亮病逝而退兵。

六次出兵中,大举为三次,分别在建兴六年、建兴九年和建兴十二年;其余几次,或为临时发起,或为偏师出击。前两次大举均出陇西,最后一次虽出关中,但意图仍在陇西。两次偏师出击,亦在陇西。可见占领陇西为诸葛亮一以贯之的阶段性目标。

诸葛亮北驻汉中之前,就密切关注陇西的政治形势。曹魏在北方的统治虽然渐趋稳定,却也并非铁板一块,最脆弱的部分即为凉州。从东汉中后期的羌人叛乱,到汉末凉州诸军阀的跋扈割据,凉州扰攘百余年。曹操统一北方,凉州最晚纳入其控制。曹操甚至取消了凉州建制,自三辅至西域,统属雍州。建安末年,"武威颜俊、张掖和鸾、酒泉黄华、西平麴演等

---

① 《蜀书·魏延传》裴松之注引《魏略》。

并举郡反,自号将军,更相攻击"。曹丕代汉后,初置凉州,以安定太守邹岐为刺史。凉州再次发生叛乱。"张掖张进执郡守举兵拒岐,黄华、麴演各逐故太守,举兵以应之。"[①]另据《魏书·苏则传》,"时雍、凉诸豪皆驱略羌胡以从进等,郡人咸以为进不可当。"又有"凉州庐水胡伊健妓妾、治元多等反,河西大扰"。其后,又有"酒泉苏衡反,与羌豪邻戴及丁令胡万余骑攻边县"[②]。黄初年间(220年至226年),曹真、张既、苏则、阎温、郭淮、费曜等人,均以参与凉州的平叛而立功。及至魏明帝太和元年(227年),也就是诸葛亮北屯汉中的那年,还有"西平麴英反,杀临羌令、西都长"[③]。概言之,由于氐羌等诸胡杂处,加之汉末军阀割据之余绪,曹魏在凉州的统治最为脆弱。

早在刘备决策取汉中之时,法正便对刘备说过,"克之日,广农积谷,观衅伺隙,上可以倾覆寇敌,尊奖王室,中可以蚕食雍凉,广拓境土,下可以固守要害,为持久之计"[④]。"观衅伺隙"及"蚕食"云云,表明刘备集团认识到了,鉴于敌强我弱,灭魏必须分阶段、分步骤地完成。以巴蜀、汉中与曹魏雍、凉二州的位置关系而论,"蚕食雍凉",当然应该是先凉后雍,即先陇西后关中。若先争关中,则必须务求一战而断潼关以西,这已是近乎鲸吞,而非蚕食了。

诸葛亮在隆中对策时即有"西和诸戎"之说,显示他早就关注过凉州近世的历史。凉州诸将反曹操失败后,马超辗转入蜀。刘备称帝后,拜马超为凉州牧,即有意利用其在凉州的号召力。曹魏的凉州与东汉的凉州辖区稍异。诸葛亮北伐时涉及的安定、北地、南安、天水、陇西、武都等郡在东汉时属凉州,在曹魏则属雍州。诸葛亮所用的当为汉代的行政区划。

诸葛亮将凉州的政治形势纳入其北伐大业,见之于蜀汉的北伐诏书。诏书将凉州的形势与吴王孙权"潜军合谋,掎角其后"一并列为"天命既集,人

[①]《魏书·张既传》。
[②]《魏书·张既传》。
[③]《魏书·明帝纪》。
[④]《蜀书·法正传》。

事又至"的政治大势。诏书中说：

> 凉州诸国王各遣月支、康居胡侯支富、康植等二十余人诣受节度。大军北出，便欲率将兵马，奋戈先驱。

"凉州诸国王"是指散布在凉州境内的少数民族原有的首领。《魏略·西戎传》中说到陇上的氐人，"今虽都统于郡国，然故自有王侯在其虚落间"[①]。月支、康居当然不是指西域的月支国和康居国，而是指其内迁的部落。《后汉书·西羌传》中即说到有月氏胡迁于湟中。月氏即月支，湟中即湟水河谷。诏书所言康居，应与此同。上引《魏略·西戎传》还说到，"建安中，兴国氐王阿贵、白项氐王千万各有部落万余，至十六年，从马超为乱。超破之后，阿贵为夏侯渊所攻灭，千万西南入蜀，其部落不能去，皆降"。这些投降的氐人中，"前后两端"者被迁置扶风美阳，"其本守善"者，分留天水、南安界。"又故武都地阴平街左右，亦有万余落。"天水、南安、武都阴平，都是日后诸葛亮北伐作战的区域。

在凉州，氐羌诸胡变乱频仍，加诸蜀汉的招诱，他们与侧近的蜀汉有所联系应该是很自然的事情。如白项氐王千万在兵败后即"西南入蜀"，另据《张既传》注引《典略》，韩遂在湟中，亦曾有"从羌中西南诣蜀"的动议。汉献帝在册封曹操为魏王的诏书中说到，"韩遂、宋建，南结巴蜀，群逆合纵，图危社稷"[②]。可作印证。

蜀汉西北边境地接凉州羌区，蜀境内如汶山亦有羌人生活。蜀汉的军队中就有羌胡等少数民族。《诸葛亮与李严书》中说道，"（陈）到所督，则先帝帐下白毦，西方上兵也"[③]。白毦与下文的青羌一样，都是根据服饰来称呼当时

[①]《魏书·乌丸鲜卑东夷传》注引《魏略·西戎传》。
[②]《魏书·武帝纪》注引《献帝传》。
[③]《诸葛亮集》辑自《太平御览》卷三百四十一，原题为《与兄瑾论白帝兵书》，田余庆先生已辨明为《诸葛亮与李严书》。

的少数民族。①《后出师表》中亦有"賨叟、青羌散骑、武骑一千余人"。此表被疑为伪作，但魏明帝在讨伐诸葛亮的诏书中也说道，"是以利狼、宕渠、高定、青羌莫不瓦解"，也提到青羌，可印证诸葛亮确曾在羌区作过招诱和动员，也曾征用青羌为军。

《魏书·曹真传》载：诸葛亮第一次北伐时，"安定民杨條等略吏民保月支城"。月支城也应与内迁的月支部落有关。安定民杨條保月支城，是三郡叛魏响应诸葛亮的一部分。可知北伐诏书中所言"凉州诸国王各遣月支……诣受节度"应该是确有其事。另外，《魏书·郭淮传》说到，曹魏反攻时，郭淮破高详于列柳城，"又破陇西名羌唐蹏于枹罕"。枹罕在今甘肃省临夏县西。可知凉州河湟一带的羌人也曾响应诸葛亮的北伐，出兵攻魏。当然，也不排除诸葛亮在事前派人到凉州诸胡中作过招诱和鼓动，而且也得到了积极的回应。

诸葛亮将凉州诸国王遣使"诣受节度"——此事反映出曹魏在凉州统治的脆弱，以及诸胡反魏的政治倾向——与盟友孙权"掎角其后"一并列为北伐的政治大势，显示他对凉州政治形势的重视。军事是政治的延续，军事战略的制定应该基于政治形势。诸葛亮在北驻汉中前，即已如此着意于陇西的形势及与诸胡的联络，无待正式出兵前再来临时讨论是出陇西还是出关中。因此，诸葛亮第一次北伐，选择出兵陇西，应该是在后主下达北伐诏诸葛亮北屯汉中时便有雏形的胸中成算。

第一次北伐受挫后，除该年冬天临时发起而出兵散关外，是后两年，先后两次以偏师出陇西。建兴九年大举时，又出陇西。此次大举，诸葛亮以新发明的木牛运输粮草。此事显示出，经过几次出兵，粮草运输方面的困难给蜀汉北伐造成的制约，日显突出，所以诸葛亮亟于改进其运输方式。因为这层因素，优先占领陇西的必要性进一步增加。

陇西与汉中、关中的位置关系，以及陇山左右的山河形势，决定了陇西在诸葛亮北伐战略中的突出地位。陇西地势明显高于关中、汉中与蜀地。渭

---

① 《魏略·西戎传》说到陇上的青氐、白氐和蚺氐这些称谓时，就解释说这是当时之人"即其服色而名之也"。

水、白龙江、西汉水等河流均发源于陇西。渭水东流下陇山,穿越关中腹地,旁经长安,汇入黄河。白龙江南流,汇入嘉陵江,穿越蜀汉腹地。西汉水东流汉中。据考,西汉水原为汉水上游,后世河流改道才转而南流,汇入嘉陵江。① 这些河流穿切山地而形成的河谷低地提供了陇西与关中、汉中及蜀地之间的往来通道。这些河道本身可资水运。东汉时,虞诩就开凿过从沮县至下辨的漕运。《后汉书·虞诩传》载,"先是运道艰险,舟车不通,驴马负载,僦五致一。诩乃自将吏士,案行川谷,自沮至下辨数十里中,皆烧石翦木,开漕船道,以人僦直雇借佣者,于是水运通利"②。这条漕运路线大大提高了运输效率。洮西之战(255年)后,邓艾以五个方面的因素预判姜维必定再出军,其中第三点是"彼以船行,我以陆军,劳逸不同"③。可知蜀汉确曾利用河道开展水路运输。

蜀汉占领陇西,可以变换战争策源地。以陇西为根据地,东下关中,继而东出潼关以趋中原,均成高屋建瓴之势;从渭水到黄河一线的水运,亦为便利。所以,鱼豢在《魏略》中的那段叙述——诸葛亮认为出子午谷道太冒险,不如出陇西,"安从坦途,可以平取陇右,十全必克而无虞"——不妨视为曹魏方面基于打探到的一些信息而对诸葛亮决策意图所作的推测。这一叙述倒是反映出曹魏方面认识到了陇西在魏蜀战争中的地位。

诸葛亮第三次大举,选择了出关中,但其意图仍在陇西。诸葛亮出斜谷而抵渭南,与司马懿相拒。司马懿预计诸葛亮会直接东进以求决战,魏将郭淮却认为,诸葛亮西上五丈原,是意在陇西,因而建议抢在蜀军之前占据北原。郭淮说:"若亮跨渭登原,连兵北山,隔断陇道,摇荡民夷,此非国家之利也。"④郭淮率军连夜占据北原。蜀军数争北原而未得,东阻于司马懿,北阻于郭淮,才转而屯田,直至诸葛亮病逝。郭淮准确地预见到诸葛亮此次出兵,先上五丈原,再争北原,其意图在于先行阻断陇西与关中之间的联系,再割

①《华阳国志》卷二《汉中志》注四。
②《后汉书》卷五十八《虞诩传》。
③《魏书·邓艾传》
④《魏书·郭淮传》。

占陇西。

诸葛亮几次出兵,均以占领陇西为目标。这还只是其北伐大战略的一部分。《汉晋春秋》载:

> 亮围祁山,招鲜卑轲比能,比能等至故北地石城以应亮。

史书简略,诸葛亮联络鲜卑轲比能一事几乎不被史家所注意;《魏书·牵招传》的记载印证了此事及对曹魏构成的威胁。《牵招传》载:

> (牵)招以蜀虏诸葛亮数出,而比能狡猾,能相交通,表为防备。议者以为悬远,未之信也。会亮时在祁山,果遣使连结比能。比能至故北地石城,与相首尾。

自曹操斩蹋顿单于而重挫乌丸(亦作乌桓),鲜卑在塞外崛起。魏初,鲜卑大人步度根、泄归泥与轲比能内争,率三万余家内附,轲比能则雄长塞外,频频袭扰曹魏北境。《魏书·乌丸鲜卑东夷传》载:"轲比能本小种鲜卑,以勇健,断法平端,不贪财物,众推以为大人。部落近塞,自袁绍据河北,中国人多亡叛归之,教作兵器铠楯,颇学文字。故其勒御部众,拟则中国,出入弋猎,建立旌麾,以鼓节为进退。"轲比能强盛时,"控弦十余万骑"。轲比能遂成为继匈奴冒顿、乌丸蹋顿、鲜卑檀石槐之后的又一代塞外名王,且其部落有相当程度的汉化,故能纵横塞外,成为曹魏北境安全的一大威胁。太和二年(228年),轲比能率三万骑兵,围曹魏护乌丸校尉田豫于故马邑城。这年,诸葛亮第一次出兵北伐。

《牵招传》中既言"诸葛亮数出",又言"亮时在祁山",可知诸葛亮遣使联结轲比能,时间是在建兴九年(231年)第二次大举出陇西之时。传中又言轲比能曾率大众"至故北地石城,与相首尾"。此言故北地,是指汉代的北地郡。曹魏雍州有北地郡,与陇上的安定郡、关中的新平郡和冯翊郡相接。但曹魏的北地、安定二郡都较逼仄,其原因在于,经过汉末的衰乱,北方人口锐减，农耕区与游牧区的分界线大幅南移。曹操在汉末即裁撤、合并了北部的许多郡县。较诸东汉，曹魏的北境已大大地向内收缩。山西雁门关以北，关中北部及宁夏等地，均弃为胡羌杂居之区。北地、安定以北，即为胡羌杂居之地。

轲比能率大众至故北地石城，与诸葛亮遥相呼应。《牵招传》载，"（魏明）帝乃诏招，使从便宜讨之。"显然，曹魏决策层认识到了，轲比能若与蜀汉相接，整个西北两面的形势将会非常不利。轲比能后来退还漠南。青龙元年（233 年），轲比能又诱使内附的步度根叛魏，并州刺史毕轨派将军苏尚、董弼击之。魏明帝曾下敕告诫毕轨，"以出军者慎勿越塞过句注也"[①]。句注亦称勾注，即雁门关所扼守的山地险要，也是曹魏在并州的北部边境。魏明帝告诫毕轨不要出境作战，但敕书下达时，毕轨已经出境。双方战于楼烦，魏军大败，二将被杀。可见轲比能对曹魏北境构成的威胁。青龙三年（235 年），幽州刺史王雄派刺客刺杀了轲比能。

史书简略，不知轲比能退还漠南与诸葛亮在那年夏秋之际的仓促撤军有无关联。但可以想见，诸葛亮在祁山遣使联结轲比能之时，他面前的北伐形势图上，豁然展开这样一种前景：曹魏与吴蜀对抗，以合肥、襄阳、祁山三城所支撑的战略防御体系，[②]屏护五都——洛阳、谯、许昌、长安、邺城——所支撑的中原腹地。蜀汉若割断陇西，打通单薄的北地、安定二郡，即能与轲比能的鲜卑势力相接。以轲比能"控弦十余万骑"的实力，加诸游牧民族在作战机动性上的优势，足以袭扰曹魏的整个北境。南面自三峡以下则有盟友孙权"掎角其后"。这样，北、西、南三面形成一种连贯的态势，从外围压缩曹魏的空间。蜀汉在占领陇西之后，可以沿渭河—黄河这条轴线，从陇西向关中、中原一步步推进。

运思于这幅图景之上的即为诸葛亮北伐的大战略。概言之，诸葛亮的北伐大战略：在政治上，以北伐讨贼、复兴汉室的旗帜，提领蜀汉内政，也资

[①]《魏书·明帝纪》。
[②] 魏明帝曾言："先帝东置合肥，南守襄阳，西固祁山，贼来辄破于三城之下。"《资治通鉴》卷七十二，魏纪四，明帝青龙二年。

号召天下；在军事上，鉴于蜀汉国小力弱而时不我待，灭魏分出阶段与步骤；在现阶段，南面结孙权为"掎角之援"，西面则以"西和诸戎"的政策策略，联络动员陇西诸胡，后更延伸到塞北的鲜卑轲比能，以期对曹魏形成合围之势；蜀汉的北伐大军，则从陇西向关中、中原挺进，以期最终"还于旧都"。

首次北伐的战略检讨

诸葛亮北伐，以第一次的形势为最好，却以第一次的受挫为最重。因此，以对第一次北伐的检讨价值为最大。诸葛亮本人对首次北伐的检讨影响了他此后的用兵方略。

建兴六年（228年）春，诸葛亮扬声由斜谷道取郿，派赵云、邓芝为疑军，据箕谷；自率大军出陇西，攻祁山。南安、天水、安定三郡叛魏响应，关中响震。

鱼豢的《魏略》载："始，国家以蜀中惟有刘备。备既死，数岁寂然无声，是以略无备预；而卒闻亮出，朝野恐惧，陇右、祁山尤甚，故三郡同时应亮。"①魏明帝在随后讨伐诸葛亮的诏书中亦说到："自朕即位，三边无事，犹哀怜天下数遭兵革，且欲养四海之耆老，长后生之孤幼，先移风于礼乐，次讲武于农隙，置亮画外，未以为虞。"②无论是以为刘备死而蜀中无人因而"略无备预"，还是采取偃武修文的政策因而"未以为虞"，可以肯定的是，曹魏对诸葛亮北伐并无战略预警。这是诸葛亮北伐开局顺利的大背景。

三郡响应的具体情况，《魏略·游楚传》载："太和中，诸葛亮出陇右，吏民骚动。天水、南安太守各弃郡东下。楚独据陇西。"③天水太守弃郡东下一

---

① 《蜀书·诸葛亮传》注引《魏略》。
② 《魏书·明帝纪》注引《魏略》。
③ 《魏书·张既传》注引《魏略·游楚传》。

事,可与《蜀书·姜维传》中所述相印证。时天水太守马遵出行,闻蜀军突至,吏民响应,怀疑姜维等随行属官有异心,遂弃其郡中主要属官,连夜亡保上邽。姜维等人奔上邽不纳,回天水郡治冀城亦不纳,乃降诸葛亮。《姜维传》注引《魏略》则说,冀城人推姜维诣亮,只是,"未及遣迎冀中人,会亮前锋为张郃、费曜等所破,遂将维等却缩"。不管是哪种情形,可以推定,蜀军并未接收天水郡治冀城。南安郡的情形,上引《魏略·游楚传》中说到,南安太守弃郡东下后,"南安果将蜀兵,就攻陇西"。未详蜀军是否占领南安郡治临渭,但推测蜀军应该大体控制南安局势,故能分兵转攻三郡西面的陇西郡(治襄武)。《魏略·游楚传》中还说到,魏军收复三郡后,天水、南安二郡太守各获重刑。安定太守不在重刑之列,可以推测蜀军兵锋应该未及安定郡治临泾。安定郡叛魏应蜀的情形,可能主要是指杨條保月支城之类的吏民响应。安定郡大部在陇山以东,对于此间的大局影响不大。

对于诸葛亮意在占领陇西的出兵目标来说,这一形势非常有利。以陇西变乱频仍的脆弱根基,诸葛亮兵出祁山即有三郡响应,天水、南安二郡太守弃郡逃亡,天水郡的主要属官亦已降蜀,二郡群龙无首。若能牢固控制二郡,即已割断陇西。

形势却迅速发生逆转,蜀军不但未能占据陇西,反而遭遇大溃败。形势逆转的关键似乎是马谡在街亭的兵败。若将军事检讨的目光局限于此,往往很方便地将蜀军此次北伐失利的原因归结为马谡的指挥不当,进而归结到诸葛亮选将用人的不当。但这样的认识只会遮蔽战略层次的检讨。

诸葛亮本人对此战的检讨见之于他请求自贬的上疏:

> 臣以弱才,叨窃非据,亲秉旄钺以厉三军,不能训章明法,临事而惧,至有街亭违命之阙,箕谷不戒之失,咎皆在臣授任无方。臣明不知人,恤事多闇。《春秋》责帅,臣职是当。请自贬三等,以督其咎。[①]

---

① 《蜀书·诸葛亮传》。

诸葛亮的疏文中确实说到街亭、箕谷的失利对战局的影响，以及自己"明不知人""授任无方"，以致不当地任用马谡，造成街亭这一关键性战场的失利。

诚然，马谡应对街亭的兵败负直接的责任。《蜀书·王平传》载，"谡舍水上山，举措烦扰，平连规谏谡，谡不能用，大败于街亭"。《魏书·张郃传》载，"谡依阻南山，不下据城。郃绝其汲道，击，大破之"。两种不同背景的资料相与印证，基本可以确定马谡在街亭兵败的战术原因。

但是，仅以诸葛亮错误地任用了马谡、马谡错误的指挥导致了街亭的兵败，来解释蜀汉此次北伐的失败是不够的。街亭失守，未能阻挡魏军上陇，固然对战局有影响，但未必会导致蜀军的全面败退。诸葛亮第二次出陇西时，司马懿、张郃的大军也顺利上陇，诸葛亮与魏军周旋于陇上，尚且取得斩首三千级的战果，退军时还射杀曹魏名将张郃。

蜀军显然还发生了更严重的事情。《马谡传》载，马谡为张郃所破后，"士卒离散。亮进无所据，退军还汉中"。《王平传》载，马谡败后，"众尽星散"。王平所领千人，鸣鼓自持，张郃疑有伏兵，才未敢进逼。王平后来还"徐徐收合诸营遗迸，率将士而还"。另据《赵云传》注引《云别传》，诸葛亮在询问何以箕谷不至大败时也说道"街亭军退，兵将不复相录"。上述史料，在在显示，魏军反攻时，蜀军发生了崩溃的效应。魏明帝在随后的一份"露布天下并班告益州"的诏书中说，"王师方振，胆破气夺，马谡、高祥，望旗奔败。虎臣逐北，蹈尸涉血，亮也小子，震惊朕师"①。语虽不免渲染，但显然很得意于魏军反攻对蜀军造成的崩溃效果。

蜀军出师时，"戎阵整齐，赏罚肃而号令明"，遭到反攻时，为什么竟会发生崩溃呢？

寻常读史，多将注意力放在街亭与马谡身上，以至于忽略了诸葛亮疏文中在战略层次反思的信息。疏中所言"临事而惧"《春秋》责帅"，都是援引儒家经典。"临事而惧"，典出《论语》。孔子对子路论将曰："暴虎冯河，死而

---

① 《魏书·明帝纪》注引《魏略》。

无悔者，吾不与也；必也，临事而惧，好谋而成者也。"①孔子之意，是说为将者应该"临事而惧"，不可逞匹夫之勇。兵者，国之大事，关乎国家的存亡，关乎千万人的生死，所以，统兵者应该戒慎恐惧，谋定而动。诸葛亮引《论语》中的话，应该是取孔子之意。诸葛亮是在反思自己未能做到"临事而怯"。有意思的是，后世多批评诸葛亮用兵过于谨慎，诸葛亮却是在反思自己用兵不够谨慎。

厘清诸葛亮反思的两个层次，他是把未能做到"训章明法"和"临事而怯"作为"至有街亭违命之阙，箕谷不戒之失"的根本原因。有人将诸葛亮这段话的意思理解为，不能训章明法，以至于临事而怯，所以招致失败。是其不能贯通经史，不知此语所据，因而所作理解与诸葛亮的本意南辕北辙。如此理解，当然也就不能从诸葛亮的反思里去推知此前的战略失误。

鉴于前面所梳理的，蜀军在遭遇反攻时发生"离散""星散""诸营遗迸""兵将不复相录"诸情形，诸葛亮反思自己未能"训章明法"，还好理解；他为什么把未能做到"临事而怯"也作为兵败的一个重要原因呢？

在曹魏毫无战略预警的情况下，在事前联络凉州诸胡得到积极响应的情况下，诸葛亮兵出祁山，即有三郡叛魏响应，蜀汉北伐，开局大好。消息传来，不惟关中响震，洛阳也一时"朝臣未知计所出"②。魏明帝派曹真督诸军驻郿，派张郃统诸军上陇反击蜀军，魏明帝本人随后亲至长安为后镇。此前，曹真受曹丕遗命辅政，张郃在荆州参与对孙吴的作战。魏明帝此次召用张郃，并未如该年冬再召张郃时那样用驿马——此举意在通过驿传系统以最快的速度将张郃召至前线，军队则就近集结。张郃从荆州战区启程，率步骑五万驰抵陇山西口的街亭，蜀军却既未拿下陇上的重要城池如冀城、上邽，也未堵塞魏军越陇之口，这无论如何说不过去；而蜀军的兵锋竟然远及三郡西面的陇西郡。

诸葛亮反思自己未能"临事而怯"，对应的情形是过于乐观。一支军队在

---

① 《论语注疏》卷七《述而》。
② 《魏书·明帝纪》注引王沈《魏书》。

出师时"戎阵整齐,赏罚肃而号令明",在遭遇反攻时竟会"众尽星散",当与这种过于乐观的心理有关。蜀军上下包括诸葛亮本人,可能因开局顺利而滋生出过于乐观的心理,对魏军作出反应的速度未做充分的估计,因而未能明确下一步作战的要点:应该迅速堵塞陇山隘口,阻挡曹魏东部大军入援;至少应该迅速攻取陇上诸城,作为与魏军持久周旋的据点。

蜀军攻陇西郡时,曹魏陇西太守游楚激励吏民坚守陇西郡城襄武。《魏略·游楚传》:

> 南安果将蜀兵,就攻陇西。楚闻贼到,乃遣长史马颙出门设阵,而自于城上晓谓蜀帅,言:"卿能断陇,使东兵不上,一月之中,则陇西吏人不攻自服;卿若不能,虚自疲弊耳。"使颙鸣鼓击之,蜀人乃去。后十余日,诸军上陇,诸葛亮破走。①

游楚都能认识到陇右攻守的要点:蜀军能不能占领陇右,最终取决于能不能阻断陇山隘口;若不能阻断陇口,纵然略地,能不能保有,最终仍须决战而定。

根据《魏略·游楚传》所提供的材料,我们可对蜀军出祁山后的行动节奏作一个大致的推估。蜀军出祁山后,略地至南安,再转攻陇西郡;曹魏方面,"后十余日,诸军上陇",始有街亭之战。如果诸葛亮在上陇之后即优先选择阻断陇山隘口,自当有充裕的时间,从容经营,作固守之备。那时,即令仍用马谡为先锋,即令马谡仍会"举动失宜",其实都来得及纠正。看来,马谡统兵去守街亭,并不是诸葛亮上陇之后即作出的部署,而是一个仓促的行动,应该是在魏军反攻的态势明朗后仓促作出的部署。马谡去守街亭,出现"舍水上山""举动失宜"之类的失误,也可能与时间仓促有关。

魏军的反应速度却是异乎寻常的快。《蜀书·后主传》和《蜀书·诸葛亮传》均将诸葛亮出兵一事系于建兴六年(228年)春;《魏书·明帝纪》将此事

---

① 《魏书·张既传》注引《魏略·游楚传》。

系于太和二年（228年）春正月。《明帝纪》还载，"丁未，行幸长安"。丁未日为该年二月十七。[①] 此时，魏明帝本人的车驾都已亲临长安，则曹真、张郃西援的时间必定更早，速度必定更快。

虽然派出了马谡去守街亭，诸葛亮似乎仍未认识到陇口的攻守将会是下一步作战的重点。诸葛亮虽然"违众拔谡"为先锋，而没有选用"宿将魏延、吴懿等"，然则"宿将魏延、吴懿等"时在何处？如果陇口的拒守已成为蜀军作战的重点，宿将魏延、吴懿等岂不仍应率军继进？大军岂不仍应朝街亭趋近？陈寿在《马谡传》中说他"统大众在前"，然则马谡所统究竟有多少人马？魏明帝的诏书中只说"马谡、高祥，望旗奔败"，以其一人守街亭，一人守街亭附近的列柳城，分别为张郃和郭淮所破。王平为马谡副将，所领不过千人。

日后诸葛亮反思说，"大军在祁山、箕谷，皆多于贼，而不能破贼为贼所破者，则此病不在兵少也，在一人耳"[②]。诸葛亮所言兵"多于贼"，应该是指蜀军在陇西的总兵力多于张郃所率的五万步骑。从蜀军兵锋远及三郡西面的襄武看，蜀军分兵略地，比较分散。一旦街亭兵败，诸葛亮即感"进无所据"，甚至放弃了作野战的周旋。可能是因为前线"众尽星散"的乱流，冲击到蜀军整体的军情，蜀军发生崩溃的效应，以至于诸葛亮觉得这场仗无法再打下去，所以全线退兵。

战后，诸葛亮除了斩马谡外，还诛将军张休、李盛，夺将军黄袭等兵，可知"兵将不复相录"的溃败现象不只出现在街亭一处。这也可以反证，从派马谡去守街亭到兵败，整个过程仓促到蜀军连作后续反应的余地都没有。

蜀军首次北伐在陇西作战的失利，根本原因不在于马谡，而在于没有清晰的作战要点。马谡在街亭的指挥不当，只是让蜀军战略失误的危害最大限度地发挥出来了。当然，如果马谡是一个有经验的统兵宿将，少一些"举动失宜"之类的失误，则多少能迟滞魏军上陇，为诸葛亮调整部署赢得时间。

---

① 据陈垣《二十史朔闰表》，中华书局1962年7月新1版。
② 《蜀书·诸葛亮传》注引《汉晋春秋》。

诸葛亮既然选择陇西作为北伐的阶段性目标,当不至于暗昧到不知陇西在魏蜀战争中的地位和攻守的要点。诸葛亮将未能"临事而怯"作为兵败的原因之一,合理的解释是,在开局顺利的大好形势下,蜀军从上到下滋生一种过于乐观的情绪,以为可以从容略定陇西,再转身堵塞陇坻,面向关中;对魏军的反攻——尤其是魏军作出反应的速度——未做充分的估计,未能优先选择阻断陇山隘口,以至于让大好的北伐形势转瞬即逝。

这是对蜀军在陇西作战部分的战略检讨。在东线,诸葛亮派赵云、邓芝出斜谷,扬声取郿。赵云据守箕谷,以疑魏军。箕谷与斜谷相距不远,一为箕水河谷,一为斜水河谷,谷口皆在秦岭北麓。赵云所统偏师的进军路线为褒斜道,所出应为斜谷。可能是在相持的过程中,因地取势,转据箕谷。赵云率军出斜谷,示形于关中,牵引曹真屯驻于郿。郿城正对斜口。

蜀军在陇西兵败时,箕谷之师亦遭失败,只是损失不如陇西那么大。《赵云传》载:"云、芝兵弱敌强,失利于箕谷,然敛众固守,不至大败。"赵云在战后被贬为镇军将军。

对蜀军箕谷失利的战略检讨则涉及诸葛亮用奇的问题。诸葛亮用兵,并非没有用奇。第一次北伐,即以大军出陇西,偏师出斜谷,此即奇正之用;但自此以后,诸葛亮确实放弃了用奇。

诸葛亮第二次出兵陇西之时,张郃曾提议分兵驻雍、郿。《汉晋春秋》载:

> 郃欲分兵驻雍、郿,宣王曰:"料前军能独当之者,将军言是也;若不能当而分为前后,此楚之三军所以为黥布擒也。"遂进。[1]

这段话作为司马懿兵略而载诸史册,张郃的分析意见却看不到。若只顺着司马懿的话意理解张郃的提议,会觉得张郃简直是不知兵略。司马懿的这段话是将张郃建议的兵力配置,看成是以雍、郿的魏军与陇上的魏军形成东

---

[1]《蜀书·诸葛亮传》注引《汉晋春秋》。

西向的纵深配置,所以他说:"若不能当而分为前后,此楚之三军所以为黥布擒也。"若张郃果是此意,则他实在应该惭于名将的令名。盖以跨越陇山上下而谋纵深配置,虽庸才亦不出此。在曹魏的诸名将中,张郃"识变数,善处营陈,料战势地形,无不如计",陈寿评价他"以巧变为称"[1]。他提议分兵驻雍、郿,不是意在构成东西向的纵深配置,而是防备蜀军再从南侧翼出击。雍城可以监控陈仓道的出口,郿城可以监控褒斜谷的出口。张郃可能是考虑到诸葛亮上次出陇西时,曾以偏师出斜谷,所以觉得有必要防备蜀军再出斜谷或骆谷。换言之,张郃的提议意在预防诸葛亮用奇。

但诸葛亮这次并没有用奇,以后也没有用奇。关于诸葛亮是否用奇,以及是否擅长用奇的讨论,可能跟他与魏延的分歧有关。

后世关于诸葛亮用兵是否擅长用奇的评价,受鱼豢《魏略》中的那段叙述影响很大。鱼豢在《魏略》中所叙述的诸葛亮拒绝了魏延建议以偏师出子午、大军出斜谷的方案,前面我已辨明,大抵不出敌国传闻之言。但魏延与诸葛亮对北伐的军事见解有分歧则是事实。陈寿在《魏延传》中写道:"延每随亮出,辄欲请兵万人,与亮异道会于潼关,如韩信故事,亮制而不许。延常谓亮为怯,叹恨己才用之不尽。"魏延所欲仿效的"韩信故事",就是韩信被刘邦拜为大将后,其主要的作战经历并不是随刘邦在正面战场指挥,而是自率一军,从山西开始,灭魏、平代、破赵、降燕、下齐,从北面完成对项羽的战略包围。魏延与韩信一样,都是从低级将校被破格擢拔,都是在汉中这个地方,且都造成"一军尽惊"的效果。魏延可能因此而认为自己应该像韩信那样,自率一军,独当一面。

魏延原被刘备擢拔以守汉中,诸葛亮北驻汉中后,以魏延为丞相司马,将其置于直接指挥之下。诸葛亮第一次用奇,用了赵云统兵,而非魏延。建兴八年,诸葛亮派魏延率军入羌中,也是与吴懿一起,魏延以功迁征西大将军,吴懿以功迁左将军。看来诸葛亮并不认为魏延是独当一面的将才。纵观魏延行事,他虽然作战骁勇,但确实不是韩信那样兼具政治头脑、战略眼光

---

[1]《魏书·张郃传》。

和战术才能的大将之才。在丞相死后他还认为这场仗能继续打下去,显见他没有政治头脑;于座中动辄"举刀拟仪",与杨仪发生矛盾时蜀汉高层文武全都支持杨仪,显见他不能辑和上下。杨戏在《季汉辅臣赞》中评论魏延"不协不和,忘节言乱,疾终惜始,实惟厥性"[1]。将这一切归结于魏延的本性。因此,诸葛亮与魏延的分歧,与其说是对北伐的战略见解有不同,不如说是对魏延本人的才能与地位的评价有差距。

即令如此,诸葛亮对魏延其实表现出了足够的倚重。诸葛亮主政期间,除同为辅政的李严在后主即位后被授以假节外,北伐前线的将领中,新授以假节者,魏延一人而已。宿将吴懿是在诸葛亮卒后以车骑将军督汉中时才被授以假节。建兴八年,魏延入羌中作战,击破郭淮后,被授以假节。次年,在表废李严的公文中,魏延的头衔更进位为使持节。按汉魏之际的惯例,使持节为上,持节次之,假节为下。[2]到诸葛亮去世前,魏延兵权之重,只在诸葛亮一人之下。

我们来检讨诸葛亮用奇的问题,不应该受鱼豢《魏略》中那段叙述的影响,也不应该受魏延与诸葛亮分歧的影响,而应该从诸葛亮本人对他第一次用奇失利的检讨中,去分析他何以在此后的北伐中不再用奇。

赵云、邓芝率军出斜谷,曹真率军驻郿以拒之。看来赵云初出时,确实起到了吸引魏军注意力的作用。诸葛亮是后又说过,"大军在祁山、箕谷,皆多于贼",看来赵云牵制的魏军兵力比较有限。魏军可能在弄清赵云所部的意图后,只留少部兵马驻郿以监视蜀军行动。至于箕谷的失利,《赵云传》中说是由于"兵弱敌强",则似魏军反攻时,兵力又多于箕谷的蜀军。可能是魏军在陇西的大局已定之后,得以腾出手来,以优势兵力对付箕谷的蜀军。

诸葛亮在上疏中将箕谷的失利称之为"箕谷不戒之失",显然是在兵力强弱的因素之外,还有另外的认识。赵云作战勇猛,陈寿将他与黄忠比作西汉初的"灌、滕之徒"。赵云"敛众固守,不至大败",是其统兵又有持重的一

---

[1] 《蜀书·杨戏传·季汉辅臣赞》。
[2] 《宋书》卷三十九《百官上》。

面。那么，何谓"不戒之失"呢？要点在于箕谷的蜀军从"皆多于贼"到"兵弱敌强"的转换环节。所谓不戒，是指没有及时察见这一变化，而这一变化又与陇西的战况息息相关。诸葛亮率大军出陇西，以赵云率偏师出斜谷，原是要以两支军队互为奇正之用。箕谷的蜀军应该配合陇西的蜀军作战。但箕谷的蜀军在"皆多于贼"时，未能发挥更积极的作用，牵制更多的魏军，以利陇西的蜀军作战；在曹魏东部的大军经关中驰援陇西时，也未能迟滞魏军的行动，为陇西的蜀军赢得时间去阻断陇口；而在陇西的蜀军兵败后，又未能及时地察见魏军作战重点的转移。最低限度，关中的蜀军应该为陇西的蜀军提供曹魏反攻的预警。但是，只要蜀军未能迟滞魏军行动，只恐蜀军尚未将相关信息传递陇西，魏军早已驰抵陇口。概言之，此次北伐，诸葛亮以赵云率偏师出斜谷，配合大军出陇西，并没有达到互为奇正之用的目的。

那么，何以会有"不戒之失"呢？统兵而有"不戒之失"，为将者当然有责，这从赵云被贬可以确认；但赵云只是被贬为镇军将军，而未如马谡、张休、李盛那样被斩首，也未如黄袭那样被剥夺兵权，亦显示这不全然为赵云之咎。当然，也不能简单地说成是诸葛亮用奇之失，而是关陇基本的地理形势制约使然。蜀军要想在陇西与箕谷之间联络，既要翻越陇山上下，又要穿越数百里秦岭谷道，要根据瞬息万变的战场形势而及时地传递作战信息，以当时的通讯手段，谈何容易！

《水经注》载有诸葛亮与兄诸葛瑾书，"倾大水暴出，赤崖以南，桥阁悉坏。时赵子龙与邓伯苗，一戍赤崖屯田，一戍赤崖口，但得缘崖与伯苗相闻而已。"[①]赵云与邓芝（字伯苗）俱出斜谷，只是具体屯兵之点不同，二人要保持联络呼应，尚且不便，何况是与相隔崇山峻岭的陇西大军协同配合呢。

用兵以奇正，时间上的密切配合至关重要；而要做到密切的协同与配合，信息的快速传递又至关重要。否则，兵分奇正，就只能是徒然分散兵力，而授敌以各个击破之机。

诸葛亮虽将蜀军在箕谷的失利归纳为"箕谷不戒之失"，但基本情势的不

---

① 《合校水经注》卷二十七《沔水》。

利在兵败之前即已存在。箕谷的失利,只是将陇山和秦岭的地理形势对蜀军用奇的制约显现出来了。诸葛亮日后出兵,不再用奇,当与他本人对第一次用奇失利的反思性认识有关。随着诸葛亮军旅屡出,秦陇地形对蜀军粮草运输造成的制约日显突出。若不能因粮于敌,则偏师出奇,与大军正出,面临同样的困难,而分兵只会给粮草转运的统筹组织增加困难。

若单就战略思维而言,奇正之用,可以说是诸葛亮军事思想中比较突出的一个特点。诸葛亮在隆中对策之时,即曾规划在"跨有荆益"之后,以一军出宛洛,一军出秦川;第一次北伐,即以偏师出斜谷,大军出陇西。这些都是典型的奇正之用。只是在第一次用奇失利之后,认识到陇山与秦岭对蜀军行动的制约,所以在他此后的北伐中,未再分兵用奇。

但这也只是战略层次。建兴九年(231年),诸葛亮第二次出陇西时,自率主力围攻祁山,另以王平统领蜀军中作战最骁勇的无当营,"别守南围"。在那年五月与魏军的交战中,王平的无当营吸引、牵制住魏将张郃所部,诸葛亮则督魏延、高翔、吴班诸将迎战司马懿主力,取得"获甲首三千级,玄铠五千领,角弩三千一百张"的战绩,这何尝不是奇正之用!

蜀汉的战略软肋

建兴九年（231年），诸葛亮第二次大举北伐。蜀汉为这次北伐倾其全力。李严已于上年率两万人马从江州调赴汉中，留府参军马忠也从成都召至汉中，经营戎事。诸葛亮与司马懿、张郃的大军周旋于陇上，到夏秋之际的时候，却因李严谎称无粮而退兵。

诸葛亮被"授之以旄钺之重，付之以专命之权"，完全可以根据战场的情况而自己决定是否退兵。无论是后主还是李严，都不能令其退兵。战场之外的因素中，唯一能令其退兵的就是粮草供给的问题。建兴六年冬，蜀军围攻陈仓时，用尽了种种攻城手段，均未能破城。在那个时代，城池很少是被攻破的，一般是通过围困令其粮尽援绝而投降。但围城战也意味着消耗战。以陈仓那样的小城，稍事经营，蜀军即无法与之相耗。这暴露出蜀军的战略软肋。

蜀军出陇西必须翻越陇山，出关中则必须穿越秦岭数百里谷道，都会面临粮草补给方面的困难。诸葛亮第二次出兵祁山，《蜀书·后主传》记于建兴九年二月，《魏书·明帝纪》则记于该年三月；诸葛亮最后一次出斜谷，《蜀书·后主传》记于建兴十二年二月，《魏书·明帝纪》则记于该年四月。《蜀书》记的是出兵的时间，《魏书》记的是受攻的时间。二者的时间差，即是蜀军花费在路上的时间。《水经注》载诸葛亮笺："朝发南郑，暮宿黑水，四五十里。"此为蜀军指挥中枢的行军速度，且这一路段尚未入谷，相对较为平易。按

《水经注》注引的资料，诸葛亮笺中所言这一天的行程是走水路，若走陆路则有上百里。"指谓是水也，道则百里也。"[①]褒斜谷道全长达四百七十里。曹操本人在放弃汉中后多次感叹"南郑直为天狱，中斜谷道为五百里石穴耳"[②]。蜀汉十万大军要携带粮草、辎重穿越数百里秦岭谷道，困难可想而知。秦陇地理形势对蜀军交通的制约，构成蜀汉在战略上最致命的一大软肋。

曹魏对抗蜀汉的战略，正是基于蜀汉的战略软肋。诸葛亮第二次大举出陇西时，司马懿代替曹真成为曹魏西线关陇战场的统帅。诸葛亮攻祁山，司马懿督张郃、费曜、郭淮诸将驰援。司马懿留费曜等人守上邽，自率大军西救祁山。诸葛亮分兵留攻祁山，自率大军迎击司马懿。郭淮试图拦击，被蜀军击破。诸葛亮与司马懿相遇于上邽之东。司马懿"敛兵依险，军不得交"。诸葛亮求战不得，引兵而还。司马懿率军尾随至卤城。"既至，又登山掘营，不肯战。"魏军诸将都以司马懿为怯战，司马懿不得已而出战，让张郃攻王平于南围，自率大军攻诸葛亮。诸葛亮派魏延、高翔、吴班迎战。蜀军大破魏军，获甲首三千级，玄铠五千领，角弩三千一百张。司马懿遂又坚守不战，直至诸葛亮退兵。[③]

关于此次北伐的战略，《华阳国志》载，"亮虑粮运不继，设三策，告都护李平曰：'上计断其后道，中计与之持久，下计还住黄土。'"[④]因为李严（时李严已改名李平）负责督运粮草，所以，诸葛亮告诉他自己设想的上中下三策，均以己方粮草供应情况为前提。上策是反客为主，切断魏军后路，包括其粮草运输，再创造战机歼敌。其次是与魏军周旋，打持久战，这也意味着双方的消耗战。上中二策的前提是己方的粮草供应充足。若粮草供应不济，则退还黄土盆地。祁山以南的徽成盆地为黄土盆地，属武都郡，建兴七年（229年），诸葛亮已派陈式占领武都、阴平二郡，作为蜀汉出兵陇西的前进基地。下策"还住黄土"意味着靠近己方的补给线，而不是撤还汉中。从战争过程

---

① 《合校水经注》卷二十七《沔水》，中华书局2009年2月第1版。
② 《资治通鉴》卷七十，魏纪二，明帝太和元年。
③ 《蜀书·诸葛亮传》注引《汉晋春秋》。
④ 任乃强《华阳国志校补图注》卷七《刘后主志》，上海古籍出版社1987年7月第1版。

看，诸葛亮应该是在勉力执行上策，当司马懿坚守不战时，就通过运动来调动魏军，且尽量诱其深入，远离自己的补给线，寻机歼敌，或断其后路。

司马懿当然也明白这一情势，他对付诸葛亮的战略，与罗马统帅费边对付迦太基名将汉尼拔的战略，有异曲同工之处。第二次布匿战争初期，罗马在野战中数次失利。费边为执政官时，遂改变战略，不再与汉尼拔作正面的会战，却率大军一直尾随汉尼拔，就近监控，保持压力，但坚决避战。汉尼拔求战不得，派小股部队抄略，则有被歼灭的危险。费边采取这一战略，便是看准了汉尼拔跨海作战，孤军客悬，后勤补给是其致命的软肋。待到法罗代替费边，放弃了费边的战略，与汉尼拔会战，始有坎尼一战毁灭性的惨败。司马懿的战略如同费边，他率领魏军在陇西的高原上一直尾随诸葛亮大军，保持压力，但尽量避战。

在卤城时，张郃曾提议："彼远来逆我，请战不得，谓我利在不战，欲以长计制之也。且祁山知大军已在近，人情自固，可止屯于此，分为奇兵，示出其后，不宜进前而不偪（逼），坐失民望也。今亮悬军食少，亦行去矣。"[①] 张郃提议的这个战略更具弹性一些。同样是避免大军决战，但分出奇兵，袭扰蜀军后路，威胁蜀军原本就脆弱的补给线。司马懿未从。司马懿实际采取的战略则要僵硬一些。他率大军尾随诸葛亮，而一旦靠近蜀军，不是"敛兵依险"，就是"登山掘营"，以致诸将皆以他为怯，影响到他作为统帅的威信，不得已而出战，却是大败，再转而坚守不战。

蜀军在陇西似乎并不容易因粮于敌。上引《汉晋春秋》中说，蜀军在上邽附近击破郭淮所部后，"因大芟刈其麦"。但《魏书》明帝纪注引王沈的《魏书》却载："初，亮出，议者以为亮军无辎重，粮必不继，不击自破，无为劳兵；或欲自芟上邽左右生麦以夺贼食，帝皆不从。前后遣兵增宣王军，又敕使护麦。宣王与亮相持，赖得此麦以为军粮。"看来蜀军应该并不曾"因大芟刈其麦"。后来蜀军在渭南屯田，耕者杂于当地居民之间，"而百姓安堵，军无私焉"，推测蜀军在陇西应该不会强行收割老百姓的麦子；否则，蜀军在渭南与

[①]《蜀书·诸葛亮传》注引《汉晋春秋》。

当地百姓安然相处便毫无意义；况且，蜀军若真"因大芟刈其麦"，当不至于在"秋夏之际"因粮运不继而退兵。

　　为改善粮草运输，诸葛亮研制了木牛、流马。木牛在建兴九年出陇西时首次投入使用，流马在建兴十二年出斜谷时首次投入使用。战史专家多推定木牛为一种小推车，流马为一种狭长的快船。此处作一点补充。《诸葛亮集》载有木牛和流马的规制。按其描述，流马多孔，且孔径较大，而木牛则并未如此详细描述其孔径与间距，推测流马多孔的设计应该还有木制器械接榫之外的功能。考虑到它适用的环境，推测流马应该是一种方便于临时拆卸和重新组装的快船。蜀军从褒斜道进军，所资水道为褒水和斜水，二水之间，须翻越秦岭的分水岭；以秦岭河谷之曲折，兼以海拔落差，二水必不能全程运输，部分段落须由人力搬抬。汉武帝时，曾有人上书建议开通褒斜漕运，御史大夫张汤受理其事。《史记·河渠书》载："汤问其事，因言：'抵蜀从故道，故道多阪，回远。今穿褒斜道，少阪，近四百里；而褒水通沔，斜水通渭，皆可以行船漕。漕从南阳上沔入褒，褒之绝水至斜，间百余里，以车转，从斜下下渭。如此，汉中之谷可致，山东从沔无限，便于砥柱之漕。且褒斜材木竹箭之饶，拟于巴蜀。'天子以为然，拜汤子卬为汉中守，发数万人作褒斜道五百余里。道果便近，而水湍石，不可漕。"[①] 按张汤调查的情况，褒水与斜水之间尚有百余里的陆路；最后的结果却是"水湍石，不可漕"。蜀军此次确实运用了流马转运，显示"水湍石，不可漕"应该是部分河段有难以克服的困难。蜀军以流马运，是欲通过改进运输工具以克服之。流马设计为方便拆卸和重新组装，应该是为适应这一情况。流马的脚较为短小，应该是用于牵挽时系绳或搬抬时抓握。流马以方囊两枚盛米，是其载货的部分有相当的密闭性，以适应在激湍的河谷间行驶，不至于因溅湿而损坏米粮。

　　若遇雨季，秦陇一带的交通状况就更差。诸葛亮三次大举出兵，第一次是在正月，后两次均在二月，即可能考虑到秦陇交通与季节性气候的关系。在雨季，无论是秦陇山地的路况还是河谷的水文，均不利于蜀汉进军。诸葛

---
① 《史记·河渠书》。

亮建兴九年出陇西时，以木牛运粮。但"秋夏之际，值天霖雨，运粮不继"①，始有李严要诸葛亮退兵之事。从事后李严伪称"军粮饶足，何以便归"来看，蜀军应该不是粮食筹集不足，而是运输上的困难。为准备建兴十二年的大举进军，诸葛亮在建兴十年便开始大规模制作流马木牛，建兴十一年冬，便"使诸军运米，集于斜谷口，治斜谷邸阁"②。也就是在战前便将粮食运至靠近前线的地方屯集。关于治斜谷邸阁的情况，诸葛亮在给其兄诸葛瑾的信中写道："前赵子龙退军，烧坏赤崖以北阁道。缘谷百余里，其阁梁一头入山腹，其一头立柱于水中。今水大而急，不得安柱，此其穷极，不可强也。"在另一封信中，他又写道："倾大水暴出，赤崖以南，桥阁悉坏。时赵子龙与邓伯苗，一戍赤崖屯田，一戍赤崖口，但得缘崖与伯苗相闻而已。"③赤崖以北的阁道被赵云退兵时烧坏，赤崖以南的阁道被大水冲坏，所以，诸葛亮要于进军的前一年便开始修治阁道。

当然，曹魏要进攻蜀汉，也会面临同样的困难。魏太和四年（蜀汉建兴八年，230年），曹真攻蜀，也因"大雨道绝"半途而废。魏正始五年（蜀汉延熙七年，244年），曹爽攻蜀时，"关中及氐、羌转输不能供，牛马骡驴多死，民夷号泣道路"④。这是秦岭的地理形势决定的。

诸葛亮第二次出兵陇西，单就军事上的角逐而言，蜀军打得相对顺遂。司马懿虽坚守不战，诸葛亮却能通过运动以调动魏军。在卤城，蜀军打败魏军，获甲首三千级，玄铠五千领，角弩三千一百张，战果颇丰，显示出蜀军在野战中尚能占据上风。退兵时，还射杀曹魏名将张郃。

随着双方相持日久，军事上的角逐遂转变为粮草补给上的较量。蜀军的战略被迫转入诸葛亮所说的中策。那一年冬春，北方大旱。《魏书》明帝纪太和五年三月条下记："自去冬十月至此月不雨。"如此旱情，冬麦势必受到影响。魏军在陇西也一度面临粮食供给的困难；但曹魏在本土作战，还是能够

---

① 《蜀书·李严传》。
② 《蜀书·后主传》。
③ 《合校水经注》卷二十七《沔水》。
④ 《魏书·曹爽传》。

就地筹粮以济一时之急。《魏书·郭淮传》载："（太和）五年，蜀出卤城。是时，陇右无谷，议欲关中大运，淮以威恩抚循羌、胡，家使出谷，平其输调，军食用足，转扬武将军。"郭淮在三年前即以在列柳城击破高翔之功而"加建威将军"，此时"转扬武将军"，应该是以筹粮之功与上邽兵败之过大体相抵，足见郭淮就地筹粮是有相当的成效。

蜀军却必须从汉中转运至陇西。"秋夏之际，值天霖雨，运粮不继"，气候的因素加剧了秦陇地形对蜀军粮草补给的制约。随着雨季的到来，木牛也无济于事，兼以李严诡称无粮而要诸葛亮退兵，蜀汉的此次北伐又只得半途而废。

最后的奋斗

建兴十二年（234年），诸葛亮第三次大举北伐。从建兴六年到建兴九年，诸葛亮年年出师；此后，则有三年未再轻举。诸葛亮在汉中，一面休士劝农，一面教兵讲武；同时，制作木牛流马，筹运粮食。

这年春二月，诸葛亮"悉大众由斜谷出"，同时遣使约孙权东西齐举。蜀军此次北伐的兵力应在十万以上。司马懿在给其弟司马孚的信中说到诸葛亮"虽提卒十万，已堕吾画中"云云，司马懿所言"提卒十万"，应该是基于侦谍情报而作的判断。这个判断与蜀军兵力的实际情况应该大体不差。诸葛亮去世后，蒋琬主政时蜀汉采取战略收缩，姜维当国时谯周等人的反战舆论盛行，蜀军中出现"士伍亡命，更相重冒，奸巧非一"[1]诸弊端，至蜀亡时，带甲将士犹有十万二千。诸葛亮北伐时，蜀汉总兵力应该多于此数。建兴十二年，诸葛亮已罢黜李严，其子李丰原本留督江州，也被调离，则原江州的驻军应能抽调至北伐前线。诸葛亮去世后，蜀汉始增戍江州、永安。为此次北伐，诸葛亮筹备经年，至此倾力而出。在东线，孙权也三路齐举，出兵攻魏。从出兵规模看，吴蜀双方对此次出兵寄予了很高期望。

曹魏首先在西线面对蜀军的进攻。《魏书·明帝纪》载：

---

[1]《蜀书·吕乂传》。

是月，诸葛亮出斜谷，屯渭南，司马宣王率诸军拒之。诏宣王："但坚壁拒守以挫其锋，彼进不得志，退无与战，久停则粮尽，虏略无所获，则必走矣。走而追之，以逸待劳，全胜之道也。"

可知司马懿以坚壁拒守抵御诸葛亮的战略，乃是既定于曹魏庙算之时。从诏书中告诫司马懿"退无与战"诸语看，曹魏吸取了上次在陇西作战的教训，因而此次的御敌战略，从一开始便清晰而明确，即决意与蜀军打消耗战。日后，司马懿奋而请战，辛毗杖节节制，不过是一种统驭之术，以稳定曹魏军情。

《晋书·宣帝纪》载，诸葛亮初抵渭南时，曹魏诸将有屯渭北以避其锋之议。司马懿坚持移屯渭南。《晋书》采录的这则资料实属刻意标榜司马懿武功。诸葛亮率十万大军出关中，魏军断无空出渭南任诸葛亮东进之理。

魏军移屯渭南，但对诸葛亮下一步的作战意图，司马懿还是判断失误。司马懿说，"亮若勇者，当出武功，依山而东；若西上五丈原，则诸军无事矣"[1]。他是预计诸葛亮会直接东进以趋长安。诸葛亮却西上五丈原。魏将郭淮判断，诸葛亮西上五丈原，是意在陇西，因而建议抢在蜀军之前占据北原（在今陕西湄县北渭河北岸）。《魏书·郭淮传》载：

青龙二年，诸葛亮出斜谷，并田于兰坑。是时司马宣王屯渭南；淮策亮必争北原，宜先据之，议者多谓不然。淮曰："若亮跨渭登原，连兵北山，隔断陇道，摇荡民夷，此非国家之利也。"宣王善之，淮遂屯北原。

郭淮是看到诸葛亮屯五丈原与蜀军在兰坑屯田之间的联系。据《水经注》，兰坑在建威附近。建兴七年，诸葛亮遣陈式攻武都、阴平，郭淮欲击陈式，诸葛亮自出至建威，郭淮退走，蜀军遂取二郡。蜀军在兰坑屯田，显然

---

[1]《晋书·宣帝纪》。

是为下一步在陇西的行动预作准备。

北原为渭河北岸的积石原,为关陇相争的要冲。史称积石原为北原,五丈原为南原①,二原相去二十五里,夹渭水而相对。诸葛亮若占据北原,打通单薄的安定、北地二郡,仍能与鲜卑轲比能相接,如此,曹魏西部形势大坏;而且,诸葛亮若控扼住夹峙渭河两岸的南北原,将曹魏大军阻挡在陇山以东,亦利于蜀汉略定陇西。

司马懿接受了郭淮的建议。郭淮率军连夜占据北原,急筑堑垒,堑垒未成而蜀军果然大至。魏军奋力拒战,击退蜀军。后数日,蜀军盛兵西行,曹魏诸将以为蜀军欲攻北原的西围,郭淮判断蜀军这是示形于西而实欲攻北原东面的阳遂,因而加强阳遂的防守。蜀军果然来攻阳遂,因魏军有备而不得上。蜀军遂不得争渭河以北。

陈寿在《蜀书·诸葛亮传》中记述此次北伐,不过寥寥数十字。所幸《水经注》保留了一些诸葛亮的书疏或信函,史料价值很高,可以补充一二,让我们对诸葛亮在渭南作战的情况获得一些了解。

《水经注·渭水》载有诸葛亮上后主的表:

> 臣遣虎步监孟琰据武功水东,司马懿因水长(涨),攻琰营,臣作竹桥,越水射之,桥成,驰去。②

武功水出秦岭北麓,注入渭水。五丈原即在武功水与渭水交汇处西南的三角地带。蜀军屯武功水西的五丈原,司马懿统率的曹魏大军则屯武功水以东。诸葛亮的表文显示,双方曾就武功水的控制作过争夺。武功水发源于秦岭,水流的季节性变化较大。孟琰率蜀军虎步营在武功水东岸扎营,在诸葛亮作竹桥之前,可能是趁河水潦缩之时,无须舟桥即可渡涉,所以时间应该较早;后来可能因秦岭融雪或降雨,河水上涨。司马懿率步骑来攻,显然是

---

① 《合校水经注》卷十八《渭水》。
② 《合校水经注》卷十八《渭水》。

想趁武功水上涨之机，歼灭孤处东岸的孟琰所部，以期将蜀军悉数阻挡在武功水以西。蜀军作竹桥渡河，用以挫败司马懿步骑冲击的是连弩士。

《水经注》还载有诸葛亮与吴将步骘的书信：

> 仆前军在五丈原。原在武功西十里余。马冢在武功东十余里，有高势，攻之不便，是以留耳。[①]

马冢为一处突起的高地，其形如冢，堵塞在秦岭以北、渭水以南狭窄的低地走廊上。未详蜀军是尝试攻过马冢，因而觉得"攻之不便"，还是从一开始就判断难攻。总之，在诸葛亮本人的叙述中，蜀军留屯五丈原，与马冢"有高势，攻之不便"，有一种逻辑关系。

诸葛亮数度挑战而不得，又不能径越武功而东，显示魏军依托武功城和马冢"高势"，坚壁拒守，足以抵挡蜀军从渭南东进之路。

这样，魏军郭淮所部坚守北原，将蜀军挡在渭水以南；司马懿大军则扼守武功城与马冢，将蜀军挡在武功以西。任诸葛亮以各种方式求战，司马懿均谨持坚壁拒守的战略，不为所动。《魏书·辛毗传》载："先是，大将军司马宣王数请与亮战，明帝终不听。是岁恐不能禁，乃以毗为大将军军师，使持节；六军皆肃，准毗节度，莫敢犯违。"《魏略》亦载："宣王数数欲进攻，毗禁不听。宣王虽能行意，而每屈于毗。"[②]

诸葛亮本人却深知曹魏这套戏码的本意。《汉晋春秋》载：

> 亮自至，数挑战。宣王亦表固请战。使卫尉辛毗持节以制之。姜维谓亮曰："辛佐治仗节而到，贼不复出矣。"亮曰："彼本无战情，所以固请战者，以示武于其众耳。将在军，君命有所不受。苟能制吾，岂千里而请战耶！"[③]

[①]《合校水经注》卷十八《渭水》。
[②]《魏书·辛毗传》注引《魏略》。
[③]《蜀书·诸葛亮传》注引《汉晋春秋》。

曹魏方面何以需要这套戏码呢？魏军在自己境内作战，无论是兵力还是粮草给养，均占优势。司马懿采取守势战略，原是看准蜀军粮草补给方面的弱点，但曹魏将士很难接受。上次在陇西，司马懿即迫于诸将的压力，不得不与诸葛亮决战。此次，曹魏的御敌战略更加清晰而明确，为使这一战略的执行不受干扰，司马懿与魏明帝、辛毗共演了这曲双簧戏。在诸将请战，尤其是在诸葛亮遗妇人服饰以激将司马懿时，司马懿奋而上表请战，一方面是为了在部下面前显示自己并不怯战，以维护其统帅的威信，也维护其军中士气不至于因持久拒战而低落，另一方面却以等待魏明帝批示而拖延时间，还是达到了不战的目的。

在陇西时，司马懿也采取坚壁拒战的战略，但陇西空间广阔，蜀军还能够通过运动来调动魏军，制造战机。现在，蜀汉十万大军大体上被限制在渭水以南、武功水以西的三角地带，空间非常有限。双方遂又转入僵持。

东部战场上，吴嘉禾三年（234年）五月，孙权遣陆逊、诸葛瑾等屯江夏、沔口，孙韶、张承等向广陵、淮阳，孙权自率大众围合肥新城。由于吴用乾象历，所以孙权出兵的时间，实相当于蜀汉建兴十二年（234年）四月，其时诸葛亮已率军进至关中。孙权"入居巢湖口，向合肥新城"，在《魏书》中被系于魏青龙二年（234年）五月。也就是说，曹魏在东线受敌，较诸西线，要晚大约一个月左右的时间。

所谓合肥新城，是曹魏征东将军满宠于青龙元年（233年）在原合肥城西三十里的地方新筑的城池。满宠鉴于多年在淮南与孙权作战的经验，想诱孙权远离江水而至平地，寻机歼之，所以将合肥城内移，依险而筑新城。孙权率军北上后，满宠原想再弃合肥新城，将吴军诱至寿春而歼之。魏明帝不允，责令满宠守合肥新城，自率水军东征。孙权弃船登陆，欲攻新城。满宠募壮士数十人，因风纵火，烧毁吴军攻城器械，射杀孙权侄子孙泰。孙权又闻魏帝亲征，遂引兵还。孙权退兵后，广陵方向的孙韶、襄阳方向的陆逊等人亦引兵退还。

魏明帝亲自东征，未至寿春而孙权退兵，此事对曹魏士气鼓舞甚大。群臣建议魏明帝西幸长安。魏明帝说："权走，亮胆破，大将军以制之，吾无忧矣。"① 魏明帝在淮南大举曜兵，犒赏诸军。

孙权退兵，在青龙二年（234年）七月。此时，诸葛亮与司马懿在渭南相持已久。吴蜀既是联兵而出，则孙权退兵对西线战场多少会有些影响。杜佑《通典》载：

> 宣王使二千余人就军营东南角，大声称万岁。亮使问之，答曰："吴朝有使至，请降。"亮曰："计吴朝必无降法，卿是六十老翁，何烦诡诈如此！"懿与亮相持百余日，亮卒于军。②

离间吴蜀联盟关系，原是曹魏一贯的策略。《魏书·刘放传》载，魏军捕获吴使，辄改其书信内容，企图使吴蜀相疑。所以，曹魏在东线战场获胜，不光是鼓舞了西线的士气，司马懿让军士们在营中高呼，是想以此打击蜀军士气。诸葛亮悉心经营联盟关系，对联盟充满信心，当然不为所动。

但从此事看，魏蜀在渭南相持日久，蜀军不能打破僵局，魏军亦不能击退蜀军。双方方格势禁，不能作军事上的角逐，遂以心理战作意志的比拼。诸葛亮遣人送司马懿以妇人服饰，司马懿诈称孙吴投降而让军士们高呼万岁，均出此意。

---

① 《魏书·明帝纪》。
② 《通典》卷一百五十《兵·三》。

北伐的挫折

诸葛亮以北伐坚定对复兴汉室事业的信念，力挽正在移转的天命。一场军事行动被赋予政治意义，它的结果自然也能阐发出政治意义。因此，与北伐军事行动相伴随的是政治战场上的折冲。

诸葛亮第一次北伐，声势浩大，却铩羽而归。军事战场上的烽烟刚刚平息，政治战场上的号角旋即吹响。战后，魏明帝发布了一份"露布天下并班告益州"的檄文。[①] 檄文将攻击的矛头集中指向诸葛亮，蜀汉从刘禅兄弟到公卿以下的将吏士民，不过是受到诸葛亮等一小撮人的胁迫。檄文指责诸葛亮"外慕立孤之名，而内贪专擅之实"，"侮易益土，虐用其民"，将蜀汉复兴汉室的事业譬之为"刖趾适屦"，将蜀汉北伐诏书中的那套论述斥之为"反更称说，自以为能"，将蜀汉的北伐视之为"驱略吏民，盗利祁山"。

---

① 原文见《魏书·明帝纪》注引《魏略》。此文开篇数句，疑有窜乱，文气明显不顺，所以，根据文义而作了调整。原文可查原书，调整后的内容如下：

刘备背恩，自窜巴蜀，神人被毒，恶积身灭。诸葛亮弃父母之国，阿残贼之党，外慕立孤之名，而内贪专擅之实。刘升之兄弟守空城而已。亮又侮易益土，虐用其民，是以利狼、宕渠、高定、青羌莫不瓦解，为亮仇敌。而亮反裘负薪，里尽毛殚，刖趾适屦，刻肌伤骨，反更称说，自以为能。行兵于井底，游步于牛蹄。

自朕即位，三边无事，犹哀怜天下数遭兵革，且欲养四海之耆老，长后生之孤幼，先移风于礼乐，次讲武于农隙，置亮画外，未以为虞。而亮怀李熊愚勇之志，不思荆邯度德之戒，驱略吏民，盗利祁山。王师方振，胆破气夺，马谡、高祥，望旗奔败。虎臣逐北，蹈尸涉血，亮也小子，震惊朕师。猛锐踊跃，咸思长驱。

朕惟率土莫非王臣，师之所处，荆棘生焉，不欲使千室之邑忠信贞良，与夫淫昏之党，共受涂炭。故先开示，以昭国诚，勉思变化，无滞乱邦。巴蜀将吏士民诸为亮所劫迫，公卿已下皆听束手。

曹魏发布这篇檄文，意在将军事上的胜利转换成政治上的打击。其策略是将诸葛亮与巴蜀的士民区分开，以瓦解诸葛亮所坚持的复兴汉室的信念在巴蜀地区的号召力，拔去蜀汉集团的灵魂。如果说诸葛亮是试图以北伐的行动高扬复兴汉室的信念，那么曹魏则是试图以军事上的结果来表明：巴蜀的士民不过是受诸葛亮胁迫，在追求一种错误的事业。

曹魏战后采取的政治策略在它重新恢复控制的地区可能更容易产生影响，而在巴蜀则会受到限制。但曹魏这种政治策略的致命之处在于，它针对着蜀汉政治的脆弱环节。刘备创业未半而中道崩殂，已然引发蜀汉帝业的合法性危机；诸葛亮苦心孤诣勉力重建复兴汉室的信念，但首次北伐即受挫而归，难免再次引发蜀人对复兴汉室事业的疑虑。

如果军事挫折所引发的政治疑虑在蜀境内漫延开来，那么首次北伐受挫对蜀汉政治上的打击将有过于军事失败本身。这是诸葛亮在战后必须要面对的问题。

挫折中的诸葛亮表现出了一代政治家的风范。《汉晋春秋》载：

> 或劝亮更发兵者，亮曰："大军在祁山、箕谷，皆多于贼，而不能破贼为贼所破者，则此病不在兵少也，在一人耳。今欲减兵省将，明罚思过，校变通之道于将来；若不能然者，虽兵多何益！自今以后，诸有忠虑于国，但勤攻吾之阙，则事可定，贼可死，功可蹻足而待矣。"于是考微劳，甄烈壮，引咎责躬，布所失于天下，厉兵讲武，以为后图，戎士简练，民忘其败矣。

在上后主疏中，诸葛亮将兵败的原因归结为"不能训章明法，临事而惧"，最大的责任则归结为自己，"咎皆在臣授任无方"，为此，他请求自贬三等，降为右将军行丞相事。这也是在履行《出师表》中所言"不效则治臣之罪"。针对自己责任的部分，诸葛亮开诚心，布公道，"引咎责躬，布所失于天下"，意谓兵败乃一人之责，而非北伐事业的错误。他鼓励部下，"诸有忠虑于国，但勤攻吾之阙"。这原本就是诸葛亮一贯的作风。诸葛亮就任丞相后,即曾举徐庶、董和为例,向群下宣明"不疑于直言"[①]。

作为"训章明法",诸葛亮戮马谡以谢众,斩将军张休、李盛,夺将军黄袭等兵;免向朗丞相长史之职,贬赵云为镇军将军。通过"减兵省将,明罚思过",蜀军"厉兵讲武","戎士简练"。日后蜀军作战,再未出现崩溃的情形。虽然屡以粮尽退兵,但都能作有序的撤退,还以伏击挫败追兵。从陈仓撤军时,射杀魏将王双;从上邽撤军时,射杀魏将张郃;就算是诸葛亮本人病逝于疆场,蜀军也未因危疑而慌乱,尚能上演一幕"死诸葛走生仲达"。蜀汉退军后,司马懿案行其营垒,见其规矩法度,感叹"天下奇才也!"

诸葛亮治下的蜀军,堪称前人之所谓节制之师。司马昭灭蜀后,特地派陈勰去学蜀汉的兵法和兵制,"令勰受诸葛亮围阵用兵倚伏之法,又甲乙校标帜之制,勰悉暗练之"[②]。太康末,晋武帝司马炎曾率百官出游射雉,至天黑始还,却迟迟难以整队。时陈勰以都水使者随行,晋武帝遂诏陈勰来整队。陈勰持白兽幡指挥,三下五去二便完成了整队。此事可为诸葛亮治兵作一注脚。后世如南宋陈亮称诸葛亮的军队为"节制之师"[③],殆无溢美之处。

作为"考微劳,甄烈壮",最典型的例子是王平。王平原不过为裨将,所领不过千人,在马谡兵败诸军溃散时,王平鸣鼓自持,坚巍不动,退兵时还沿途收合诸营溃兵,安然退回汉中。诸葛亮对他"特见崇显,加拜参军,统五部兼当营事,进位讨寇将军,封亭侯"。王平从低级将校被诸葛亮擢拔为无当军的统领。延熙年间,王平北守汉中,与镇守东部的邓芝、镇守南部的马忠,成为蜀汉倚重的三面支柱之一。

其实,这一年,死于秦岭谷道的还有诸葛亮的侄子诸葛乔。诸葛亮早年无子,所以将诸葛瑾的次子诸葛乔过继为子。《蜀书·诸葛亮传》载,诸葛乔于建兴六年卒,年仅二十五岁。诸葛亮在给其兄的信中写到:"乔本当还成都,今诸将子弟皆得传运,思惟宜同荣辱。今使乔督五六百兵,与诸子弟传于谷

[①]《蜀书·董和传》。
[②]《晋书》卷二十四《职官》。
[③]《陈亮集》卷六《酌古论》。

中。"①诸葛乔与其他诸将的子弟一样，督军转运粮草，应该是死于秦岭谷道。

只半年多点的时间，蜀汉北伐的旌旗便再次指向了关中。可知习凿齿所言"民忘其败"并非虚文。"民忘其败"的突出意义，不只在于让将士和吏民们从军事挫折中走出来，更在于它防止了由军事失败滋生政治疑虑。

建兴六年冬，诸葛亮又引兵出散关围陈仓，粮尽而退兵时，射杀魏将王双。建兴七年春，诸葛亮遣陈式率军攻武都、阴平，克定二郡。此役之后，诸葛亮复任丞相。建兴八年，诸葛亮遣吴懿、魏延率军入羌中，败魏将郭淮于阳谿。建兴九年，诸葛亮第二次大举出陇西。四年之内，诸葛亮出兵五次。诸葛亮表现出了一种愈挫愈奋的斗志。

诸葛亮第二次大举出陇西时，蜀魏两军在陇上的对峙，最终演变成粮草的比拼。蜀军以运粮不继而退兵。是后，诸葛亮沉潜三年，作充分的准备。三年之后，诸葛亮再次大举北伐，没想到在渭南陷入僵持。此为蜀魏两军对峙时间最长的一次。截至退兵为止，蜀军的粮草供给尚未成为问题。双方"相持百余日"，军事上的对峙遂演变成意志的比拼。

巍巍秦岭都没能阻挡诸葛亮北伐的意志，司马懿自然不能使诸葛亮的意志屈服。但若是苍天的意志呢？

那年秋风起时，诸葛亮病倒了。

一天夜里，有人看到，一颗耀眼的流星划过长空，从东北飞向西南，坠落在诸葛亮的大营里，落下又腾起，腾起又落下，落下再腾起，腾起再落下。一次比一次微弱，第三次落下后，再也没有腾起。②

三年前初冬的一天，有人看到，从江阳至江州，有鸟群从江南飞往江北，却怎么也飞不过长江，无数的鸟儿堕水而死。③

这两件事作为不祥的征兆，被录入《宋书》天文志和五行志。裴松之注

---

① 《蜀书·诸葛亮传》注引《诸葛亮集》。
② 《蜀书·诸葛亮传》注引《晋阳秋》曰：有星赤而芒角，自东北西南流，投于亮营，三投再还，往大还小。俄而亮卒。
③ 《蜀书·后主传》注引《汉晋春秋》曰：冬十月，江阳至江州有鸟从江南飞渡江北，不能达，堕水死者以千数。

《三国志》，第一件事注自孙盛的《晋阳秋》，第二件事注自习凿齿的《汉晋春秋》。《宋书》的修撰则是裴松之以后的事。这两件事的最早记述可能都来自有关蜀汉的口述历史。孙盛于东晋永和二年（346年）随桓温征蜀，在蜀期间，多就蜀汉旧事，访寻蜀中故老。[1]裴松之对孙盛关于蜀汉历史的评论多有商榷，而对孙盛所记述的诸如流星投营之类的事则都原文照录。另外，同样被录入《宋书》五行志的姜维报母以"但有远志，不在当归"[2]，出自孙盛的《杂记》。诸葛亮送司马懿妇人服饰的事，则出自孙盛的《魏氏春秋》。[3]孙盛记述的这些近乎逸闻的蜀汉旧事，应该是来自他访寻蜀中故老而作的口述历史。后世刘知几论"蜀老犹存，知葛亮之多枉"[4]，应该是本于孙盛所保留下的口述历史。

飞鸟堕江一事，出自习凿齿的《汉晋春秋》。习凿齿与孙盛均曾为桓温幕僚，习凿齿并未曾入蜀，但他与桓温所召蜀中知天文者有过交往，此事很有可能是他从蜀中知天文者那里听到的；另外，习凿齿与孙盛同为桓温幕僚，二人都很关注蜀汉旧史，习氏很可能就此事询问过孙盛。

孙盛入蜀，距蜀汉灭亡已有八十多年，距诸葛亮病故则有一百一十多年，孙盛所能访寻的蜀中故老，不大可能亲眼见过流星投营之类的异象。这些事应该是来自蜀汉遗民的口耳相传。飞鸟堕江发生在建兴九年，那年诸葛亮第二次大举北伐而失利，辅政大臣李严被废。流星投营一事则明显有夸张成分。如果真有流星堕入蜀营，反复腾起又落下，必定引起蜀军极大的惊恐，乃至灾难。孙盛记述的这个版本，应该是在蜀民口耳相传的过程中形成的。它被逐渐放大，愈说愈神。最后形成的这个版本更像是在暗示诸葛亮三次大举北伐而不利的事实。及至孙盛入蜀，这些事犹在蜀汉遗民中间口耳相传，显示

---

[1]《蜀书·姜维传》注引孙盛《晋阳秋》曰：盛以永和初年从安西将军平蜀，见诸故老，及姜维既降之后密与刘禅表疏，说欲伪服事钟会，因杀之以复蜀土，会事不捷，遂至泯灭，蜀人于今伤之。《蜀书·诸葛亮传》附诸葛瞻传注引孙盛《异同记》曰：晋永和三年，蜀史常璩说蜀长老云："陈寿尝为瞻吏，为瞻所辱，故因此事归恶黄皓，而云瞻不能匡矫也。"

[2]《蜀书·姜维传》注引孙盛《杂记》曰：初姜维诣亮，与母相失，复得母书，令求当归。维曰："良田百顷，不在一亩，但有远志，不在当归也。"

[3]《魏书·明帝纪》注引《魏氏春秋》。司马氏在曹魏后期即开始修撰国史，美化司马氏集团。所以，这事绝不可能出自曹魏背景的资料，而应该是孙盛从蜀中故老那里听到的说法。

[4] 刘知几《史通·内篇·曲笔》。

出蜀民的认知里，这些异象暗示了天意与国运。

《宋书·天文志》在录入流星投营一事后评道："占曰，两军相当，有大流星来走军上及堕军中者，皆破败之征也。"[①]

《宋书·五行志》在录入飞鸟堕江一事后评道："是时诸葛亮连年动众，志吞中夏，而终死渭南，所图不遂；又诸将分争，颇丧徒旅。鸟北飞不能达，堕水死者，皆有其象也。亮竟不能过渭，又其应乎！"[②]

若异象暗示了天意，天意又决定国运，那么，最初，当这些暗示着天意与国运的异象在蜀民中间口耳相传时，一种怎样的疑虑开始在蜀民中间蔓延？莫非，那个叫杜琼的老人整日闭目少言却真的窥见了天意？莫非，他们的丞相真的是在追求一项注定不能完成的事业？

病困中的诸葛亮如何看待北伐的前途呢？

他率领十万大军进至关中，却被限制在渭南狭窄的空间里。他分出部分军士屯田，为久驻之基。前人论史，见诸葛亮屯田为久驻之基，多感叹若诸葛亮不死，则前景未可限量。实则诸葛亮屯田的空间非常有限。蜀军控制的地域，北限于渭水，东限于武功水，西南两面则为陇坻和秦岭所限。这片区域用于驻扎十万大军，已嫌局促，遑论屯田。

"耕者杂于渭滨居民之间，而百姓安堵，军无私焉。"[③]这可以视为蜀军军纪严明，不扰略当地百姓。但是，"箪食壶浆以迎王师"的情景显然并没有出现。那是诸葛亮在隆中对策之时便想象过的情景，也是他在首次北伐之时便展望过的情景。这一情景并没有出现。

关中是汉家陵阙所在的地方。两百多年前的那次汉室复兴，邓禹之师甫至关中，即着手修葺汉家陵阙。而今，诸葛亮的眼前，却只有茫茫渭水。汉家陵阙犹自隐在烟尘之中。当年王莽败亡后，三辅吏士东迎汉军，见到刘秀

[①]《宋书》卷二十三《天文·一》。
[②]《宋书》卷三十二《五行·三》。
[③]《蜀书·诸葛亮传》。

的军队,唏嘘感叹:"不图今日复见汉官威仪。"[1] 而今,关中的百姓最后一次见到汉家的天子与公卿被挟持于凉州军人之手,那已是四十年前的事了。关中故老,可还识得汉家旗鼓?

田间耕作的百姓,四望都是飘扬的旌旗,东面的旌旗上大书着"魏"字,西面的旌旗上大书着"汉"字。他们可以与蜀军杂耕于渭滨,彼此安然相处;蜀军退走时,他们会奔走以告司马懿;司马懿被蜀军吓退时,他们也会编出"死诸葛走生仲达"的谚语,聊资谈笑。在这片饱经丧乱的土地上,天命究竟是属汉还是属魏,与他们隔得太遥远。

诸葛亮以愈挫愈奋的斗志,力挽汉室天命,他的身体却没有抗过天命。他病倒了,渐至不起。消息传到成都,后主派尚书仆射李福至前线省疾,问以后事,可知蜀汉高层对诸葛亮的病况作了最悲观的估计。

诸葛亮在病榻上交代蒋琬、费祎可继任大事,当李福再问费祎之后谁可为继时,诸葛亮闭目不言。那一刻,他对汉室的前途又作了怎样的预想?

五丈原的秋风里,病困中的诸葛亮,可曾仰望苍穹,吁问天命……

---

[1]《后汉书》卷一《光武本纪》。

第十七章

蜀政的衰落

蜀汉国策的调整

诸葛亮病故后，蜀汉的大政落到了蒋琬的肩上。自永安托孤以来，诸葛亮主政十二年，北伐讨贼、复兴汉室已成为一种鲜明的政治主题，提领蜀汉的内外政策，推动北伐的军事行动。蒋琬主政后，如何继承诸葛亮的遗志呢？

蒋琬是诸葛亮密荐的接班人。早在刘备之世，诸葛亮便称蒋琬为"社稷之器"。诸葛亮对刘备称赞蒋琬的政治才能，"其为政以安民为本，不以修饰为先"。这个评价对日后诸葛亮选中他为接班人有很大的关系。诸葛亮北伐，蒋琬先后担任留府参军、留府长史，处理后方日常政务。"亮数外出，琬常足食足兵以相供给。"其时，诸葛亮委以蒋琬的是自己在刘备之世所担任的角色。诸葛亮常对人言："公琰托志忠雅，当与吾共赞王业者也。"这亦有助于培养蒋琬的威信。

诸葛亮去世后，蒋琬先是担任尚书令，旋即加行都护，假节，领益州刺史；次年四月，又迁大将军，录尚书事。就这样，在很短的时间内，蒋琬便完成全面接班。蒋琬开始面对后诸葛亮时代的蜀汉政治。

《蒋琬传》载：

> 时新丧元帅，远近危悚。琬出类拔萃，处群僚之右，既无戚容，又无喜色，神守举止，有如平日，由是众望渐服。

诸葛亮主政时，"事无巨细，咸决于亮"，一朝弃世，"远近危悚"，蒋琬由留府长史跃居主政大臣之位，迅速安定蜀政，可知诸葛亮以"为政以安民为本"而选择蒋琬，既是看准了蒋琬的政治才能，也看准了自己身后的政治需要。

三年之后，蜀汉改元延熙。延熙元年（238年）冬十一月，蒋琬出屯汉中。后主下诏：

> 寇难未弭，曹叡骄凶，辽东三郡，苦其暴虐，遂相纠结，与之离隔。叡大兴众役，还相攻伐。囊秦之亡，胜广首难。今有此变，斯乃天时。君其治严，总帅诸军，屯驻汉中，须吴举动，东西掎角，以乘其衅。

蒋琬出屯汉中的契机是上一年辽东的公孙渊反魏。曹魏景初元年（237年）七月，公孙渊反魏，自称燕王。曹魏诏青兖幽冀四州大作海船，准备讨公孙渊。"叡大兴众役"即指此事。魏景初二年（238年）正月，司马懿奉诏讨公孙渊。由于曹魏改太和历为景初历，所以司马懿讨公孙渊的时间，相当于蜀汉建兴十五年十二月。

诏书仍指曹氏为骄凶、暴虐，一如当年的暴秦；公孙渊起兵反魏，便一如当年的陈胜、吴广首义。因有陈胜、吴广的首义，才有汉高祖刘邦的兴起。所以，诏书称"今有此变，斯乃天时"。公孙渊据辽东起兵，被视为汉室复兴的一个契机。

不过，司马懿只用了十个月的时间，便讨平了公孙渊。曹魏景初二年（238年），"冬十一月，录讨渊功，太尉宣王以下增邑封爵各有差"①。其时，相当于蜀汉延熙元年十月。也就是说，在蒋琬出屯汉中的前一个月，辽东的叛乱就已被平定，曹魏已经在论功行赏。

因此，蒋琬以曹魏辽东的反叛为契机出屯汉中，实际上只是一种政治姿态。"今有此变"并不曾成为《隆中对》里所说的作为北伐契机的"天下有

---

① 《魏书·明帝纪》。

变"。况且，诏书中明确地说，"须吴举动，东西掎角，以乘其衅"。蒋琬出屯汉中，也只是待机出兵，而且特别强调了联盟协同作战的重要性和有衅可乘的前提条件。当年诸葛亮北驻汉中时，蜀汉所颁北伐诏书，理直气壮，气势如虹，充盈着复兴汉室的信念和北伐讨贼的意志，这种信念和意志同样贯彻在诸葛亮愈挫愈奋的北伐行动中。相比之下，这篇诏书的主旨和气脉弱多了。

蒋琬北屯汉中后，并没有出兵。魏景初三年正月，为蜀汉延熙元年十二月，也就是蒋琬屯汉中后的第二个月，魏明帝病死。当年诸葛亮北驻汉中的契机是魏文帝之死，如今魏明帝病死，蒋琬仍然没有出兵。

蒋琬开府汉中，次年三月，加大司马。在汉中，蒋琬酝酿过一个新的伐魏方略。《蒋琬传》载：

> 琬以为昔诸葛亮数窥秦川，道险运艰，竟不能克，不若乘水东下。乃多作舟船，欲由汉、沔袭魏兴、上庸。

曹魏的魏兴郡，为原东三郡中的西城郡。曹魏在占领东三郡后，将其改为魏兴郡和新城郡。蒋琬的这个构思，是想循当年刘封与孟达取东三郡之旧辙，沿汉水东下，规取东三郡。

这个构思却遭到大家的质疑。"众论咸谓如不克捷，还路甚难，非长策也。"当年刘备争东三郡，旋得旋失；诸葛亮屡次北伐，却从未尝试过从汉水东下的线路。蜀建兴八年（魏太和四年，230年），曹魏三路攻蜀，司马懿所领一路即从西城逆汉水而上，也是半途而废。看来，在那个时代这条线路确实险要。

这个方案实际上并未执行过。《蒋琬传》中说是"会旧疾连动，未时得行"。但这可能只是一个说法。蒋琬身为主政大臣，如果真的打算在军事上采取行动，当不至于轻率到随意提出一个未取得大家认同的军事方案。

毋宁说，延熙年间，蜀汉面临了一种国策调整的需要。蜀汉需要确定一个合适的军事路线，这个军事路线应该既与诸葛亮的遗志相符合，又与蜀汉当前的政治现实相适应。

延熙四、五年间，蜀汉在酝酿国策的调整。《蒋琬传》载："于是遣尚书令费祎、中监军姜维等喻指。"费祎、姜维奉旨赴汉中喻指，似乎是因蒋琬的那个方案而起，实际上不仅止于此。《蜀书·后主传》载："（延熙）四年冬十月，尚书令费祎至汉中，与蒋琬谘论事计，岁尽还。"蒋琬北屯汉中后，费祎即接替其尚书令的职务，主持后方日常政务。费祎专程赴汉中与蒋琬"谘论事计"，至年底乃还，二人讨论的应该是国政层次的问题。

另外，《蜀书·马忠传》载："（马忠）延熙五年还朝，因至汉中，见大司马蒋琬，宣传诏旨。"马忠于建兴十一年（233年）代张翼为庲降都督，平定南中的叛乱，并一直镇守南中。延熙六年，蒋琬还屯涪城后，加拜马忠为镇南大将军，留守汉中的王平则加拜镇北大将军，留督江州的邓芝则迁车骑将军，三人被倚为三方砥柱的态势很明显。也就是说，此时马忠仍被倚为南方砥柱。延熙七年，因大将军费祎北赴汉中御敌，马忠留守成都。费祎返还成都后，马忠仍回南中坐镇，一直到延熙十二年病卒。可知马忠延熙五年还朝并北上汉中见蒋琬，并非调任职守，而应该是临时还朝，会商国策。

国策讨论的详细过程已无从得知，最后的结果却清晰可见。延熙六年（243年），蒋琬从汉中还驻涪城。临行前上疏：

> 芟秽弭难，臣职是掌。自臣奉辞汉中，已经六年。臣既闇弱，加婴疾疢，规方无成，夙夜忧惨。今魏跨带九州，根蒂滋蔓，平除未易。若东西并力，首尾掎角，虽未能速得如志，且当分裂蚕食，先摧其支党。然吴期二三，连不克果。俯仰惟艰，实忘寝食。辄与费祎等议，以凉州胡塞之要，进退有资，贼之所惜；且羌、胡乃心思汉如渴，又昔偏军入羌，郭淮破走；算其长短，以为事首，宜以姜维为凉州刺史。若维征行，衔持河右，臣当率军为维镇继。今涪水陆四通，惟急是应，若东北有虞，赴之不难。

疏中所言"辄与费祎等议"一语，证实此次国策的调整确实是蒋琬与费祎、姜维、马忠等人商议的结果。参与国策讨论的诸人中，费祎是诸葛亮亲点的下一代接班人，姜维是诸葛亮赞为"心存汉室"又"敏于军事"的年轻将领，马忠在永安即受到刘备赏识又为诸葛亮所擢拔的巴蜀本土宿将。

蒋琬的疏文先是对延熙元年的诏书作了交代。此时，魏明帝已死，齐王曹芳继位，曹氏在北方的统治已经到了第四代。司马懿二度受遗命辅政，他与曹爽的矛盾爆发还是几年以后的事。曹魏的统治看不出有衰亡的迹象。蒋琬对曹魏的认识是"今魏跨带九州，根蒂滋蔓，平除未易"。

疏文对此前期待的联盟协同作战的效果作了评估。从诸葛亮北屯汉中时希望孙权"潜军合谋，掎角其后"，到蒋琬北屯汉中时"须吴举动，东西掎角"，蜀汉一直期望联盟能在军事上发挥出"东西并力，首尾掎角"的作用，以改变敌强己弱的不利态势。曹魏虽然强大到基本能应付两线作战，但从张郃在东西两线战场上来回调用看，吴蜀如能以"首尾掎角"之势同时进攻，还是能给曹魏以相当的压力。但是，"吴期二三，连不克果"。即令孙权协同出兵，在时间的配合上也存在问题。诸葛亮第一次北伐，已然兵败退回汉中，孙权还没有出兵。倒是蜀汉将曹魏精锐吸引至西线——如张郃从对孙吴作战的荆州战区被调至陇西——为孙权创造了有利条件，取得击败曹休的不俗战绩。诸葛亮几次大举北伐，出兵时间多在一二月；孙权北进，出兵时间多在四五月，甚至更晚。在一定程度上，这是基本形势制约使然。孙吴倚重水军，必待春水上涨，才能发挥水军优势，所以，孙权多在四五月出兵；而对蜀汉在秦陇的作战来说，雨季的到来则意味着交通上的灾难。因此，吴蜀虽然多次联兵北出，但很难在时间上做到密切配合；如不能做到时间上密切配合，就很难形成"首尾掎角"之势。当然，孙权逐利而动的心态也是一个重要因素。蜀汉建兴十二年那次北伐，孙权虽然也三路出兵，却是浅尝辄止。他不肯冒险远离水路作战，未曾经历决战即全线退兵。①蜀军已在渭南与魏军对峙，孙权才出兵；孙权已经退兵，蜀军犹在对峙。"吴期二三，连不克果"。蒋琬

---

① 《吴书·朱然传》中说是"会吏士疾病，故未攻而退"。吴军三路战线东起广陵，西至荆襄，若以疾病因素而全线退兵，则必有大规模的流行病暴发。这会远比建安十三年曹操在荆州所遭遇的灾情严重。这很有可能只是孙权退兵的一个托词。

的这个结论，其实是对诸葛亮北伐以来联盟协同作战效果的一个总体评估。他本人并不曾出兵北伐。

鉴于曹魏并不容易消灭，鉴于联盟协同作战效果不佳，因此，他与费祎等人商议的结果是，让姜维出任凉州刺史，蚕食曹魏河右之地，自己率大军还驻涪城，一方面可以接应姜维在河右的行动，一方面可以照应汉中的防守。

蒋琬还屯涪城，意味着蜀汉不再大举北伐，而只以有限的军事行动作为北伐的象征。偏师蚕食的方向选择了凉州。不过，也不必将蒋琬前年提的那个沿汉沔东下的方案视为轻率。在核心思路上，它与后来形成的方案其实是一致的：在一个次要的方向，采取有限的军事行动。从蜀魏对峙的态势看，次要方向不外左右两侧，不是河右就是汉沔。面对军事形势图，蒋琬的眼里，没有祁山或者斜谷。那里曾留下已故丞相的身影。

因此，蒋琬还屯涪城，突出的意义不在军事方面，而在政治方面。它标志着蜀汉国策的大调整。蜀汉国策调整的另一个迹象是军政高层人事的变迁。前面已经提到，守南中的马忠加镇南大将军、统汉中的王平加镇北大将军、督江州的邓芝迁车骑将军，此外，姜维迁镇西大将军，领凉州刺史；费祎迁大将军，录尚书事；侍中董允亦加辅国将军。上述人事变迁均在延熙六年。国策调整后的蜀汉，不再大举北伐，总体上向内收缩，加强四境的防御，而仅以姜维率偏师伺机北出，作为北伐的象征。

从字面上看，在蒋琬的新方案中，姜维将担任重要的角色。当年深受诸葛亮赏识的姜维倒是真的跃跃欲试。《姜维传》载：

> 维自以练西方风俗，兼负其才武，欲诱诸羌、胡以为羽翼，谓自陇以西可断而有也。每欲兴军大举，费祎常裁制不从，与其兵不过万人。

《汉晋春秋》中载有费祎裁制姜维的理由：

> 费祎谓维曰："吾等不如丞相亦已远矣，丞相犹不能定中夏，况吾等乎！且不如保国治民，敬守社稷；如其功业，以俟能者。无以为希冀徼

幸而决成败于一举。若不如志，悔之无及。"①

姜维认为"自陇以西可断而有"，在一定程度上，姜维仍在延续诸葛亮的北伐战略。但这跟调整后的国策已不相符，所以费祎常控制姜维使用的兵力。从费祎的话里，可以看出蜀汉作此国策调整的部分原因。以诸葛亮的威望和才能，尚且不能北定中原，还于旧都，诸葛亮亡故后，蜀汉不再指望通过北伐消灭曹魏。调整之后，蜀汉国策的基本目标是"保国治民，敬守社稷"。

概言之，经过此次国策大调整，蜀汉集团在政治上继承诸葛亮遗志，继续高举复兴汉室的旗帜；但是，在军事上，不再以矢志不移的北伐行动来支撑这面旗帜，而只以有限的军事行动作为北伐的象征。涪城在汉中与成都之间的位置关系，标示出其间的分寸。蒋琬虽不再像诸葛亮那样长驻汉中，却也不还居成都，以此显示并不曾完全放弃诸葛亮的国策，而只有部分的调整。

这一国策一直延续到费祎遇刺身亡。

蜀汉国策调整的影响很快传到蜀境之外。吴赤乌七年（蜀延熙七年，244年），江东诸将注意到蜀汉军政的变化，怀疑蜀汉要背盟附魏。《吴书·吴主传》载：

> 是岁，步骘、朱然等各上疏云："自蜀还者，咸言欲背盟与魏交通，多作舟船，缮治城郭。又蒋琬守汉中，闻司马懿南向，不出兵乘虚以掎角之，反委汉中，还近成都。事已彰灼，无所复疑，宜为之备。"权揆其不然，曰："吾待蜀不薄，聘享盟誓，无所负之，何以致此？……昔魏欲入汉川，此间始严，亦未举动，会闻魏还而止，蜀宁可复以此有疑邪？又，人家治国，舟船城郭，何得不护？今此间治军，宁复欲以御蜀邪？人言苦不可信，朕为诸君破家保之。"蜀竟自无谋，如权所筹。②

---
① 《蜀书·姜维传》注引《汉晋春秋》。
② 《吴书·吴主传》。

江东诸将之所以萌生疑虑，除注意到蜀汉多作舟船、缮治城郭等细节外，蒋琬从汉中还驻涪城尤其被视为一个异常的举动。从建兴初年到延熙初年，蜀汉自丞相至大司马长驻汉中，这已成为一种常态。这一常态展示的是北伐讨贼的坚定姿态，这一姿态展示的是复兴汉室的坚定信念，而复兴汉室的坚定信念又是蜀汉政权的合法性基础。因此，蜀汉自丞相至大司马长驻汉中，俨然已成为蜀汉的立国规模，也是蜀汉国祚延续的政治基础。

孙权担保蜀汉不会背盟。他是从双边关系来看待此事。但蒋琬从汉中还驻涪城确实是一个异常的举动。蒋琬还涪不过数月，曹魏即兴师伐蜀。

魏明帝死后，曹芳继位，曹爽与司马懿辅政。曹爽幕僚邓飏等"欲令爽立威名于天下，劝使伐蜀，爽从其言"①。曹魏正始五年（244年）春二月，魏主"诏大将军曹爽率众征蜀"②。正始元年曹魏又改行夏正，故月份复与蜀历相同。此时，距上年冬十月蒋琬还涪，不过四个月的时间。曹爽集团研判蜀情，筹划此事，必定在此之前。

曹爽率步骑十余万由骆谷进军。《王平传》载：

> 时汉中守兵不满三万，诸将大惊。或曰："今力不足以拒敌，听当固守汉、乐二城，遇贼令入，比尔间，涪军足得救关。"平曰："不然。汉中去涪垂千里。贼若得关，便为祸也。今宜先遣刘护军、杜参军据兴势，平为后拒；若贼分向黄金，平率千人下自临之，比尔间，涪军行至，此计之上也。"惟护军刘敏与平意同，即便施行。涪诸军及大将军费祎自成都相继而至，魏军退还，如平本策。

蒋琬率大军还驻涪城后，汉中的守兵不满三万。"诸将大惊"，显示汉中方面确实承受了相当大的压力。成都方面的气氛也一度非常紧张。《费祎传》载，"于时羽檄交驰，人马擐甲"，以至于光禄大夫来敏以八十多岁的高龄专

---

① 《魏书·曹爽传》。
② 《魏书·三少帝纪》。

程前来以围棋对弈观察费祎应对危机的心理素质。这场危机的解决却得益于王平的主张。"或曰"固守汉、乐二城以待涪城援军的意见，显然更符合蒋琬率大军还屯涪城的本意。王平则主张据守兴势，以扼骆谷出口，将魏军堵塞在谷道间。刘敏也认为，"若听敌入，则大事去矣"①，因而赞同王平的意见。汉中的御敌方略，遂依王平的主张而行。《魏书·曹爽传》载，"贼因山为固，兵不得进"，亦印证魏军之不能得手，确实是如王平本策。

蒋琬还涪与曹魏伐蜀，这两件事在时间上相距如此之近，显示出国势的盈虚伸缩与军事进退的互动关系之密切。诸葛亮之世，除建兴八年曹真曾有一次半途而废的伐蜀行动外，其余均为蜀汉主动进攻。蒋琬刚从汉中还涪，曹魏即主动进攻。曹爽兴师伐蜀，动机虽是欲立威名于天下，契机却是蜀汉的战略收缩。

此次汉中危机的过程表明，蒋琬率大军还驻涪城，在军事上并不是如蒋琬疏中所言，可以方便接应两面。换言之，这个方案，并不是基于军事上的审慎评估。大军还驻涪城，只是一种与新国策相符的军事态势。只是，这一态势却暴露出安全上的隐患。

是后，蜀汉稍有调整。费祎于延熙七年九月还成都。延熙八年十二月，费祎又至汉中，巡视诸围守，次年六月还成都。延熙十一年五月，费祎出屯汉中，至延熙十四年夏还成都。汉中的防御应该是有所加强，俾使新国策与北境安全之间保持一种平衡。

蒋琬还驻涪城，直到延熙九年去世。从延熙初年到蒋琬去世，蜀汉实际上形成了一种三英共治的局面。延熙元年，蒋琬北驻汉中后，费祎即接替其尚书令的职务，负责处理后方日常政务；延熙六年，蒋琬还驻涪城，费祎则接替其大将军之位，并录尚书事；延熙七年，费祎从汉中御敌归来，又接替其益州刺史的职务。董允长期负责宫省之事。"尚书令蒋琬领益州刺史，上疏以让费祎及允"，显示蒋琬对费祎和董允同样尊重。董允固辞不受。延熙七

---

① 《蜀书·蒋琬传》附《刘敏传》。

年，费祎北赴汉中时，董允则以侍中守尚书令。

当年蜀人称誉诸葛亮、蒋琬、费祎和董允为"四相"，又称"四英"。[①]四英相中，诸葛亮已不在人世。三英共治，倒也维持了诸葛亮的政治路线。

蒋琬和董允都在延熙九年（246年）病故。按陈寿《益部耆旧杂记》的记载，诸葛亮临终前指定费祎为蒋琬之后的接班人。诸葛亮主政时，费祎的历练最为完整。从在宫中任侍郎、侍中，到在汉中任丞相参军、司马，又"以奉使称旨，频繁至吴"。其仕宦遍历政治、军事、外交诸领域。费祎在蒋琬生前便已陆续接过其重要职务，蜀汉当前的国策亦为蒋琬与费祎等人所商定，所以，费祎接任主政大臣实属水到渠成，蜀汉的大政方针亦无重大变化。董允病故后，陈祗接任侍中，吕乂接任尚书令。宫中之事才开始发生变化。

费祎接任主政大臣，两年之后，出屯汉中；延熙十四年（251年）夏，还成都。该年冬天，费祎北屯汉寿。次年，开府汉寿；延熙十六年春正月，"大将军费祎为魏降人郭修所杀于汉寿"[②]。时值岁首大会，即元旦庆典。

费祎北屯汉寿，《费祎传》中说是"成都望气者云都邑无宰相位"。以中国古代五行与政治的关系来说，观望星象云气的眼光既已政治化，则政治的思维其实已内置到五行的思维中。毋宁说，自诸葛亮以来，蜀汉主政大臣的出处已形成这样的惯例：宰相不驻都邑。

三代主政大臣，除主政初年为安定政局而有过短暂的时间居成都外，均驻外地。诸葛亮主政四年后——其间还有一年用于抚平南中——即北驻汉中，死后葬于汉中。蒋琬主政三年后即北屯汉中，六年后还驻涪城，最后死于涪城，也葬于涪城。[③]费祎主政两年后北屯汉中，三年后还成都，旋即北驻汉寿。费祎遇刺身亡，显属意外。他既开府汉寿，如无意外，当会长驻汉寿。费祎死后也葬在了汉寿。[④]

汉寿在涪城与汉中之间，但在剑门险要之外。汉寿原名葭萌，也就是当

[①]《蜀书·董允传》注引《华阳国志》。
[②]《蜀书·后主传》。
[③]《蜀书·蒋琬传》附载其子蒋斌《答钟会书》中说，"亡考昔遭疾疢，亡于涪县，卜云其吉，遂安厝之"。
[④]《华阳国志》卷二《汉中志·梓潼郡》。

年刘备起兵攻刘璋的地方。刘备据蜀后，将其改名汉寿。日后司马氏建晋，又将其改名为晋寿。看来，此地一直被赋予政治色彩，而与国运联系在一起。费祎身为主政大臣，屯驻汉寿，死葬汉寿，蜀汉似乎又回到了刘备"翻飞梁益"的起点。

从诸葛亮到蒋琬再到费祎，驻地则从汉中到涪城再到汉寿，这一变迁脉络已隐然显现蜀政的微妙变化。诸葛亮的出处死葬是在践行他的政治信念。蒋琬和费祎虽不再长驻汉中，却也不驻成都。对他们来说，虽不能以北伐的军事行动去北定中原，以完成已故丞相未竟的志业，却还谨守着当年诸葛亮的政治训条——"王业不偏安"。

蜀政的衰敝

蒋琬还涪，旋即招致孙吴的疑虑和曹魏的进攻，显见此事确实是一个异常的举动。即令江东不再怀疑蜀汉背盟附魏，这个异常的举动还是会让人去想：蜀汉何以至此？何以需要作此重大的调整？

我们可从用赦的情况来观察蜀汉社会政治的变化。后主在位期间，蜀汉共实行大赦十三次。诸葛亮主政期间，只实行过一次大赦；诸葛亮病故后，直到蜀亡，蜀汉共实行过十二次大赦。其中，蒋琬主政时四次，费祎主政时两次，费祎之后则有六次。蜀汉愈近末年，大赦愈是密集。

诸葛亮实行大赦是在建兴元年，实亦章武三年。其时，刘备病逝，后主即位，实行大赦，合情合理。但自此之后，诸葛亮再也没有行过大赦。诸葛亮对于用赦的认识，见诸《华阳国志》：

> 丞相亮时，有言公惜赦者，亮答曰："治世以大德，不以小惠，故匡衡、吴汉不愿为赦。先帝亦言，'吾周旋陈元方、郑康成间，每见启告治乱之道备矣，曾不语赦也'。若刘景升、季玉父子，岁岁赦宥，何益于治！"故亮时军旅屡兴，赦不妄下也。[①]

[①]《华阳国志》卷七《刘后主志》。

蒋琬、费祎主政时期，频频用赦，这在当时即受到过质疑。《蜀书·孟光传》载：

> 延熙九年秋，大赦，光于众中责大将军费祎曰："夫赦者，偏枯之物，非明世所宜有也。衰敝穷极，必不得已，然后乃可权而行之耳。今主上仁贤，百僚称职，有何旦夕之危，倒悬之急，而数施非常之恩，以惠奸宄之恶乎？又鹰隼始击，而更原宥有罪，上犯天时，下违人理。老夫耄朽，不达治体，窃谓斯法难以经久，岂具瞻之高美，所望于明德哉。"祎但顾谢踧踖而已。

诸葛亮认为"治世以大德，不以小惠"，孟光也认为大赦只是"偏枯之物"，只靠用赦来治理国家，"难以经久"。但孟光也承认，如遇"衰敝穷极"，或有"旦夕之危""倒悬之急"时，可以出于权宜而用赦。孟光反对频频用赦，是因为他认为"今主上仁贤，百僚称职"，蜀汉社会并没有衰敝到需要"数施非常之恩"而频频用赦。

孟光对用赦的认识跟诸葛亮相近，但他对蜀汉社会的认识与现实却有相当的距离。《蜀书·吕乂传》载：

> 蜀郡一都之会，户口众多，又亮卒之后，士伍亡命，更相重冒，奸巧非一。乂到官，为之防禁，开喻劝导，数年之中，漏脱自出者万余口。

这则史料显示，诸葛亮去世后，蜀汉社会确实发生了一些变化。民间隐匿人口，逃避赋税、兵役，军队中士伍逃亡，虚名顶冒，"奸巧非一"。吕乂一方面为之防禁，一方面开喻劝导，仅蜀郡一地，"漏脱自出者万余口"。"蜀郡一都之会"，如同京畿，尚有如此弊端，那么，整个蜀境之内，此类情况之严重可想而知。吕乂担任蜀郡太守，是在延熙九年接替董允为尚书令之前。也就是说，上述诸端，正是蒋琬主政时的蜀情。

频繁用赦，显示蜀汉社会矛盾的加剧。蒋琬和费祎"咸承诸葛之成规，因循而不革",在制度上沿袭诸葛成规。为何便有如此差异呢?

史料中频见诸葛亮用法峻严的记述,除《蜀书·诸葛亮传》及其注引的资料中屡有提及外,另如《益部耆旧传杂记》中亦载,"时诸葛亮用法峻密"[①];诸葛亮时,"军旅屡兴而赦不妄下"。在他身后,蜀人却对他充满怀念。陈寿本人就曾耳濡目染巴蜀遗民对诸葛亮的追思。他在给晋武帝的上书中写道,"黎庶追思,以为口实。至今梁、益之民,咨述亮者,言犹在耳"。他评价诸葛亮"科教严明,赏罚必信,无恶不惩,无善不显,至于吏不容奸,人怀自厉,道不拾遗,强不侵弱,风化肃然"。所以,"终于邦域之内,咸畏而爱之,刑政虽峻而无怨者,以其用心平而劝戒明也"[②]。他还引孟子之语称赞诸葛亮行政:"以逸道使民,虽劳不怨;以生道杀人,虽死不怨。"[③]

诸葛亮"用法峻密""赦不妄下",蜀人却如此追思他;蒋琬和费祎在制度上沿袭诸葛成规,社会矛盾却愈演愈剧。其间的差异,当缘于信念认同上的变化。诸葛亮主政的灵魂是复兴汉室的信念。他以开诚布公、用心平允、科教严明、赏罚必信的为政风格,鼓励吏民"尽忠益时",将复兴汉室的信念变成蜀汉吏民的一种政治认同。正是由于对他信念的认同,所以,他虽然"用法峻密""赦不妄下",蜀人却"畏而爱之""人怀自厉"。他军旅屡兴,频频北伐——这意味着对蜀汉的人力、物力资源的大量动员和征用,蜀人却劳而不怨。当认同感渐渐疏离,即使不再大举出兵,各种"奸巧非一"触犯网禁的问题还是出现了;只能频繁用赦,缓解社会矛盾。

概言之,诸葛亮是以复兴汉室的信念,提领蜀汉的内政,又以公忠平允的为政风格推行他的政策,他的信念和政策能获得蜀人的认同,所以,他虽然"军旅屡兴而赦不妄下",社会矛盾却相对较少。诸葛亮之后,复兴汉室的信念渐渐弱化,政治认同也就愈渐疏离。蒋琬和费祎虽然"咸承诸葛之成规,因循而不革",社会矛盾却愈演愈剧。所以,在用赦这点上,蒋、费二人也不得不一改诸葛成规,频频用赦。孟光指责费祎妄用大赦,费祎"但顾谢踧踖而

---

① 《蜀书·杨洪传》附何祗事注引《益部耆旧传杂记》。
② 《蜀书·诸葛亮传》。
③ 《蜀书·诸葛亮传》附《陈寿上晋武帝书》。

已",仍然实行大赦。他必须面对政治现实。

与蜀汉社会的变化相伴随的是后主本人和蜀汉中枢政情的变化。陈寿评价后主说,"任贤相则为循理之君,惑阉竖则为昏暗之后"。陈寿的青少年时期在诸葛亮身后的蜀汉度过,他生命的前三十年得称后主为"今上",他目睹了蜀汉从衰敝到灭亡的整个过程。所以,他对后主的评价当来自他对自己曾置身其中的那个时代的切身认识。

鱼豢的《魏略》称:"琬卒,禅乃自摄国事。"① 鱼豢所言后主自摄国事的时间大抵不差,但个中缘由却还不是蒋琬一人之死。蜀汉自诸葛亮后不再设丞相,丞相留府也就取消,政事重归尚书台,故蒋琬初主蜀政,即以尚书令主持政务,后则以大将军录尚书事。蒋琬虽以大司马开府,但先驻汉中,后驻涪城,他已不再能如诸葛亮那样以留府主持后方日常政务。成都的日常政务由尚书令主持,故蒋琬北驻汉中,费祎即接任尚书令;费祎北赴汉中,董允即以侍中守尚书令。蒋琬之后,蜀汉不再设大司马,费祎以大将军录尚书事。费祎直到遇刺前一年才以大将军开府汉寿。费祎从延熙十一年即不驻成都,则成都的日常政务当由尚书令主持。《费祎传》载:"自琬至祎,虽自身在外,庆赏刑威,皆遥先谘断,然后乃行。"蒋琬和费祎身为主政大臣而常年驻外,只是在重大的事情上拥有优先表达其意见的权力。基于这一情势,蒋琬病故前,蜀政中最关键的角色实为董允。董允在病故前,以侍中兼守尚书令。他与蒋琬、费祎一样,遵循诸葛亮遗志,在位时,常能正色匡主,也能弹压黄皓,所以,黄皓虽然便辟佞慧,却也不敢为非,后主对董允也"益严惮之"。董允与蒋、费二人内外维持,尚能保持蜀汉政治的基本气象。董允与蒋琬同年病逝,侍中和尚书令这两个中枢要职均易他人。

蒋琬之后的蜀汉,与其说后主自摄国事,不如说陈祗和黄皓弄权擅政。

董允病故后,陈祗接任侍中,吕乂接任尚书令。陈祗"多技艺,挟数术",深得后主宠信。《董允传》附《陈祗传》载:"自祗之有宠,后主追怨允日深,谓为自轻。由祗媚兹一人,皓构间浸润故耳。"

---

① 《蜀书·后主传》注引《魏略》。

后主之追怨董允，显见他在董允主掌宫中之事时，便深感压抑。其实早在建兴十二年，蜀汉即发生过一件近乎宫廷丑闻的案子。此前惯例，每年正月，大臣妻母入宫朝贺太后。刘琰的妻子胡氏入宫朝贺后，为太后所特留，一个多月才出宫。胡氏甚有姿色，刘琰怀疑她与后主有染，招呼士卒暴打胡氏，弃遣归家。胡氏上告，刘琰下狱弃市。是后，董允规定，大臣妻母不再入宫朝庆，显见这事在当时即已闹得影响不好。难怪后主追怨董允，"谓为自轻"。

陈祗任侍中达十二年之久；吕乂卒后，陈祗又以侍中守尚书令达八年之久。景耀元年（258年），陈祗卒后，"后主痛惜，发言流涕"，下诏谥陈祗为忠侯。

陈祗任侍中后，黄皓也从弹压状态下解脱出来，"始预政事"。陈祗"上承主指，下接阉竖"[1]，与黄皓相互勾结，既影响了后主，也影响了蜀政。

《谯周传》载："时后主颇出游观，增广声乐。"谯周上疏极谏。谯周在疏文中还提及当年后主即位之初，"丧踊三年，言及陨涕，虽曾闵不过也。敬贤任才，使之尽力，有踰成康。故国内和一，大小戮力"。而今，"四时之祀，或有不临，池苑之观，或有仍出"。谯周希望后主，"愿省减乐官、后宫所增造"。后主沉湎于声色，沉湎于亭台楼榭的营造和游观，以致重大的祭祀活动都被荒废。

当后主沉湎于声色和游观时，当年在北伐诏书中自诩的圣德——"夙兴夜寐，不敢自逸，每从菲薄以益国用，劝分务稽以阜民财，授方任能以参其听，断私降意以养将士"，已然忘诸脑后；先帝临终前留下的"勿以恶小而为之，勿以善小而不为。惟贤惟德，能服于人"的遗训，也已忘诸脑后；丞相当年"谘诹善道，察纳雅言，深追先帝遗诏"的期勉，也都忘诸脑后。

史书中频见陈祗与黄皓弄权擅政的记载。

---

[1]《蜀书·董允传》附《陈祗传》。

《董允传》附《陈祗传》载:

　　大将军姜维虽班在祗上,常率众在外,希亲朝政。祗上承主指,下接阉竖,深见信爱,权重于维。

《庞统传》附其子庞宏事,亦载:

　　刚简有臧否,轻傲尚书令陈祗,为祗所抑,卒于涪陵太守。

《董允传》附《陈祗传》载:

　　祗死后,皓从黄门令为中常侍、奉车都尉,操弄威柄,终至覆国。

《蜀书·诸葛亮传》附《董厥樊建传》载:

　　自瞻、厥、建统事,姜维常征伐在外,宦人黄皓窃弄机柄,咸共将护,无能匡矫,然建特不与皓和好往来。

《蜀书·霍峻传》注引《襄阳记》载:

　　时黄皓预政,众多附之,(罗)宪独不与同,皓恚,左迁巴东太守。

《郤正传》载:

　　自在内职,与宦人黄皓比屋周旋,经三十年。皓从微至贵,操弄威权,正既不为皓所爱,亦不为皓所憎,是以官不过六百石,而免于忧患。

《姜维传》载:

> 维本羁旅托国，累年攻战，功绩不立，而宦官黄皓等弄权于内，右大将军阎宇与皓协比，而皓阴欲废维树宇。维亦疑之，故自危惧，不复还成都。

此外，《华阳国志》亦载：

> 维恶黄皓恣擅，启后主欲杀之。后主曰："皓趋走小臣耳，往董允切齿，吾常恨之，君何足介意！"维见皓枝附叶连，惧于失言，逊辞而出。后主敕皓诣维陈谢。维说皓求沓中种麦，以避内逼耳。

从陈祗接任侍中后"皓始预政事"，到景耀元年陈祗死后"黄皓始专政"①，黄皓对蜀汉国政的影响已然从干政发展到专政。在蜀汉的最后关头，姜维提醒后主增兵阳安关口和阴平桥头，黄皓建议后主压下此事，更成为蜀汉灭亡的直接契机。

这些史料连贯起来，会让人产生这样的印象：蜀汉从衰敝到灭亡，应归因于陈祗和黄皓的弄权擅政。不过，设非后主的原因，陈祗、黄皓何能至此？陈祗弄权十二年，后主痛惜至于流涕，死后追赠之荣，几可直追诸葛亮；黄皓操弄国柄，姜维欲除之，后主为之袒护，以至于姜维惧而求出避祸。

《蜀书》中独载诸葛亮和陈祗死后嘉奖的诏书，著史书法，不无深意。诸葛亮获谥"忠"字，陈祗也获谥"忠"字。此前，刘备之时只有尚书令法正得谥，后主之时只有诸葛亮、蒋琬和费祎三位主政大臣得谥。主政大臣之外而得谥者，陈祗为第一人。两三年后，蜀汉才陆续追谥开国功臣。其时，距蜀汉亡国，不过两三年的时间。② 诸葛亮是以继绝兴微、志存靖乱、勤于王事而谥忠字，陈祗以侍奉后主一人而谥忠字。何以为忠，已然完全不同。此亦后主，彼亦后主。两个忠字含义的变化，几可用于标识蜀汉政治的两个段落的变化。

---

① 《蜀书·后主传》。
② 可查的资料中，诸葛亮谥忠武侯；蒋琬谥恭侯；费祎谥敬侯；关羽谥壮缪侯；张飞谥桓侯；马超谥威侯；黄忠谥刚侯；赵云谥顺平侯；庞统谥靖侯；法正谥翼侯。夏侯霸得何谥，于史未载。

对于陈寿来说，蜀汉衰亡的过程是他亲身经历的当代史。他在故国沦亡之后，执笔书写那段历史，留下如此多的关于陈祇和黄皓弄权擅政的记载，即使考虑到子贡的归恶下流之论①，亦可说是反映出了当时蜀人对蜀汉衰亡原因的认识。

蜀汉已亡，黄皓竟能从覆巢之下脱身不亡。史载："邓艾至蜀，闻皓奸险，收闭，将杀之，而皓厚赂艾左右，得免。"邓艾作为征服者，黄皓身为阶下囚，邓艾于黄皓并无利害可惮，将欲杀之而不可得！可知此人之俊慧，比诸西汉末的石显之流、东汉末的诸中常侍，均有过之而无不及。然则，当初姜维欲杀之，岂可得乎！蜀人期待诸葛瞻能匡矫其弊，又岂可得乎！

景耀年间，吴使薛珝聘蜀，归去后，吴主孙休问蜀政得失。②薛珝回答说：

> 主暗而不知其过，臣下容身以求免罪，入其朝不闻正言，经其野民皆菜色。臣闻燕雀处堂，子母相乐，自以为安也；突决栋焚，而燕雀怡然不知祸之将及，其是之谓乎！

蜀政演变至此，已如江河日下，急速地冲向终点。

---

① 《论语》卷十九。"子贡曰：'纣之不善，不如是之甚也。是以君子恶居下流，天下之恶皆归焉。'"
② 《吴书·薛综传》注引《汉晋春秋》。

第十八章

蜀汉的灭亡

从《仇国论》到亡国论

在蜀汉的最后一幕,姜维作了一番绝望的奋斗。

诸葛亮初得姜维之时,这位年轻的隽彦正值自己当年出山时的年龄。他在给留府长史张裔、参军蒋琬的信中写到:"姜伯约忠勤时事,思虑精密,考其所有,永南、季常诸人不如也。其人,凉州上士也。"永南为益州广汉"李氏三龙"中的李邵,季常为荆州襄阳"马氏五常"中的马良。杨戏在《季汉辅臣赞》中称马良为"楚之兰芳",李邵为"蜀之芬香",但诸葛亮认为他们都比不上姜维。① 又曰:"姜伯约甚敏于军事,既有胆义,深解兵意。此人心存汉室,而才兼于人,毕教军事,当遣诣宫,觐见主上。"在我们所能见到的诸葛亮对人的评价中,他对姜维的综合评价之高,超过其他任何人。"忠勤时事""既有胆义""心存汉室",是赞赏其政治信念;"才兼于人""甚敏于军事""深解兵意",是欣赏其军事才能;"思虑精密",则尤合诸葛亮的治事风格。当诸葛亮写下这些赞语时,他对北伐事业的前景犹抱有乐观的期望,对姜维在这一前景中的作为也寄予很高的期许。

诸葛亮临终前,李福问谁可任大事者,诸葛亮答以蒋琬和费祎之后,便不再说话。他没有提到姜维。或许那时,诸葛亮无论是对北伐的前景还是对

---

① 永南为李邵,诸葛亮主政初年,辟为丞相西曹掾,兼领益州治中从事。早卒。季常为马良,刘备称帝后,拜为侍中。三十六岁时,死于武陵。杨戏给二人的赞词是"季常良实""永南耽思"。

自己身后蜀政的演变，都不再那么乐观。蒋琬、费祎之后，蜀汉政治会如何演变，姜维能否主持蜀政，已难逆料。这取决于政治大势的变化，而无关乎信念和才能。

但姜维还是被当成主政接班人在培养。姜维于建兴六年（228年）归蜀，建兴九年（231年），在废李严而上尚书的公文中，姜维的头衔是"行护军征南将军当阳亭侯"，诸葛亮病逝时，姜维的头衔是中监军征西将军。延熙六年（243年），蜀汉国策调整之后，姜维迁镇西大将军，领凉州刺史。蒋琬病故后，延熙十年（247年），姜维"迁卫将军，与大将军费祎共录尚书事"。

延熙十六年（253年）春，费祎遇刺身亡。此前，姜维数率偏军出陇西，但费祎常控制其兵力；至此，姜维始得以放开手脚，施展才能。但姜维作为主政大臣的威信却一直没有建立起来。姜维于延熙十七年加督中外诸军事；延熙十九年春，以上年在洮西大破魏雍州刺史王经之功而迁大将军，但旋即以该年出军受挫而自贬为后将军，行大将军事；至景耀元年（258年）始复拜大将军。此时，黄皓已专擅蜀政，不数年而姜维以危不自安，出屯沓中。及至蜀亡，姜维并不曾开府，也未依诸葛亮、蒋琬、费祎惯例，以主政大臣兼领益州刺史。蜀亡前夕，黄皓诸人已在谋削姜维兵权。

延熙末年，南北之间的战事忽又频繁起来。时值曹魏三少帝时，中州政局变故频仍，给姜维出兵提供了契机。

魏嘉平元年（249年），曹魏发生高平陵事件。太傅司马懿发动政变，诛大将军曹爽及其同党，均夷三族；中州震动。魏右将军夏侯霸来降。那一年，为蜀延熙十二年，姜维率军出攻西平，不克而还。

魏嘉平三年（251年），王凌在寿春谋起兵反司马懿，谋泄自杀。楚王曹彪被赐死；曹魏宗室诸王被收送邺城禁锢；该年七月，司马懿病故，其子司马师继主魏政。嘉平四年（252年）冬十一月，司马师为树立威信，遣淮南诸军攻吴，被诸葛恪破于东关。次年，为蜀延熙十六年，姜维呼应吴诸葛恪伐魏，率军数万出陇西，围南安；粮尽而退。

魏嘉平六年（254年）二月，司马师诛中书令李丰、皇后父光禄大夫张缉、太常夏侯玄。三月，废皇后张氏；九月，废齐王曹芳，另立高贵乡公曹髦为帝。那一年，为蜀延熙十七年，姜维加督中外诸军事，率军复出陇西，迫降魏狄道长李简，进围陇西郡城襄武，破魏将徐质所部，拔河关、狄道、临洮三县之民而还。

魏正元二年（255年）正月，曹魏镇东将军毌丘俭、扬州刺史文钦在淮南起兵反司马师。次月，毌丘俭兵败被杀，文钦奔吴。同月，司马师病卒。司马昭为大将军，录尚书事。那一年，为蜀延熙十八年，姜维与车骑将军夏侯霸等俱出狄道，大破魏雍州刺史王经于洮西。因有此功，次年，姜维就迁大将军；亦因此功，姜维更整勒戎马，与镇西大将军胡济期会上邽以伐魏。胡济失期不至，姜维为邓艾破于段谷。

魏甘露二年（257年）五月，诸葛诞在淮南起兵反司马氏。司马昭挟魏帝南征。那一年，为蜀延熙二十年，姜维率军数万出骆谷，径至沈岭，与司马望、邓艾相持于关中。次年二月，诸葛诞兵败后，姜维退还成都。

费祎卒后，姜维不再受到节制，所以，自延熙十六年至二十年，姜维年年出兵，每次均为大举。当年，诸葛亮一直未曾等到的"天下有变"，如今，因曹魏政局的频繁变故而出现了。因此，在时隔二十多年后，在上邽，在关中，在当年诸葛亮北伐的疆场，蜀汉的旌旗最后一次飘过。

只是，此时的蜀军是否还清楚他们在为何而战？他们是否还如诸葛亮北伐时那样，根据旌旗上那个大书的"汉"字，来认识这场战争的意义？

姜维积极北伐，支持他的人似乎只有新近来降的曹魏宗室夏侯霸。另外就是长期镇抚南中的张嶷。张嶷任越巂郡守达十五年，至延熙十七年还朝，拜荡寇将军。他在诸葛亮时代不曾获得杀敌疆场的机会，所以，姜维出兵狄道时，张嶷抱病慷慨请缨，却不幸在狄道城下阵亡。

诸葛亮时代遗留下来的宿将中，王平于延熙十一年卒，马忠于延熙十二年卒，邓芝"惟器异姜维"，亦于延熙十四年卒。军中宿将唯有张翼和廖化。《王平传》注引《华阳国志》载："后张翼、廖化并为大将军，时人语曰：'前有王、句，后有张、廖。'"张、廖二人在蜀汉末年并迁左右车骑大将军，故称并为大将军。但张翼和廖化二人均反对姜维北伐。

《蜀书·张翼传》载：

（延熙）十八年，与卫将军姜维俱还成都。维议复出军，惟翼廷争，以为国小民劳，不宜黩武。维不听，将翼等行，进翼位镇南大将军。维至狄道，大破魏雍州刺史王经，经众死于洮水者以万计。翼曰："可止矣，不宜复进，进或毁此大功。"维大怒，曰："为蛇画足。"维竟围经于狄道，城不能克。自翼建异论，维心与翼不善，然常牵率同行，翼亦不得已而往。

《汉晋春秋》载：

景耀五年，姜维率众出狄道，廖化曰："'兵不戢，必自焚'，伯约之谓也。智不出敌，而力少于寇，用之无厌，何以能立？诗云'不自我先，不自我后'，今日之事也。"[①]

张翼和廖化均反对姜维北伐。军中宿将对北伐的态度如此，则属下将校和士卒对北伐的认识可想而知。张翼反对北伐的理由是，"国小民劳，不宜黩武"，廖化反对北伐的理由是，"智不出敌，而力少于寇"。二人反对北伐的理由，与谯周《仇国论》的论调如出一辙。

《仇国论》出台的背景，《谯周传》载："于时军旅屡出，百姓彫瘁，周与尚书令陈祗论其利害，退而书之，谓之《仇国论》。"陈祗任尚书令是在延熙十四年（251年）吕乂卒后，可以推定此论之出是在延熙十四年之后；此间的"军旅屡出"，正是姜维从延熙十六年开始的年年北伐。所以，张翼、廖化反对北伐的理由与谯周《仇国论》的论调如出一辙，也就不足为奇。

《仇国论》的基本观点，主导了蜀汉末年的舆论，为日后谯周一言而决投降之策奠定了基础。此处稍费篇章，存录此文。

[①]《蜀书·宗预传》附《廖化传》注引《汉晋春秋》。据《蜀书·姜维传》及《蜀书·后主传》，景耀五年，姜维出兵侯和，而非狄道；《魏书·三少帝纪》及《邓艾传》也都是说破姜维于侯和。若为出狄道，则不在景耀五年，而在延熙十八年。习凿齿的叙述要么时间有误，要么出兵方向有误。

因余之国小，而肇建之国大，并争于世而为仇敌。因余之国有高贤卿者，问于伏愚子曰："今国事未定，上下劳心，往古之事，能以弱胜强者，其术如何？"

　　伏愚子曰："吾闻之，处大无患者恒多慢，处小有忧者恒思善；多慢则生乱，思善则生治，理之常也。故周文养民，以少取多，勾践恤众，以弱毙强，此其术也。"

　　贤卿曰："曩者项强汉弱，相与战争，无日宁息，然项羽与汉约分鸿沟为界，各欲归息民；张良以为民志既定，则难动也，寻帅追羽，终毙项氏，岂必由文王之事乎？肇建之国方有疾疢，我因其隙，陷其边陲，觊增其疾而毙之也。"

　　伏愚子曰："当殷、周之际，王侯世尊，君臣久固，民习所专；深根者难拔，据固者难迁。当此之时，虽汉祖安能杖剑鞭马而取天下乎？当秦罢侯置守之后，民疲秦役，天下土崩，或岁改主，或月易公，鸟惊兽骇，莫知所从，于是豪强并争，虎裂狼分，疾搏者获多，迟后者见吞。今我与肇建皆传国易世矣，既非秦末鼎沸之时，实有六国并据之势，故可为文王，难为汉祖。夫民疲劳则骚扰之兆生，上慢下暴则瓦解之形起。谚曰：'射幸数跌，不如审发。'是故智者不为小利移目，不为意似改步，时可而后动，数合而后举，故汤、武之师不再战而克，诚重民劳而度时审也。如遂极武黩征，土崩势生，不幸遇难，虽有智者将不能谋之矣。若乃奇变纵横，出入无间，冲波截辙，超谷越山，不由舟楫而济盟津者，我愚子也，实所不及。"

　　谯周在《仇国论》中将蜀汉称之为因余之国，意谓因袭两汉之余绪；将曹魏称之为肇建之国，意谓新兴的国家。文中虚构高贤卿这个人物，以代表主张北伐者，而自称伏愚子，与之辩论，反对北伐。

　　高贤卿所陈述的是自诸葛亮以来对于北伐的主要论点。秦汉之际，项羽强而刘邦弱，刘邦以弱胜强，开创大汉基业。这是诸葛亮的《正议》篇里、蜀汉的北伐诏中一再引证的历史经验。诸葛亮以此坚定对于北伐讨贼、复兴汉室事业的信念。"张良以为民志既定，则难动也"，所以，刘邦在双方相约鸿沟为界中分天下之后，接受张良建议，旋又率军追击，消灭了项羽。"民志既定，则难动也"，这是诸葛亮主张及时北伐的一个重要考虑。"肇建之国方有疾疢，我因其隙，陷其边陲，觊增其疾而毙之也。"这是蒋琬对于北伐的认识。乘曹魏内部变乱频仍，蚕食其西陲，促其衰敝，进而灭之。蒋琬、费祎主政时，蜀汉只采取过有限的军事行动；到姜维之时，把它付诸实施。姜维屡出狄道、洮西，正是在执行蒋琬时定下的蚕食凉州的方略。延熙二十年那次大举北伐，更是由骆谷而出关中。姜维的北伐，已超越蒋琬、费祎对北伐的定性而直追诸葛亮的北伐主张。谯周借高贤卿之口讲出的这些理由，应该是当时仍主张北伐者的主要观点。

伏愚子对高贤卿的观点予以了辩驳。他论述的基点是对时势的审度。汉高祖杖剑策马而取天下的功业，只有在秦末四方鼎沸、群雄逐鹿的时势下才有可能；如今，时势并非秦末鼎沸之时，而更似战国诸侯并立的局面。其时，蜀汉与曹魏，就像因余与肇建一样，均已"传国易世"，蜀汉已传至第二代，曹魏已传至第四代（三少帝均以魏明帝后嗣而立），根基已固，百姓习于现状，"深根者难拔，据固者难迁"，所以，不能指望像汉高祖刘邦那样，以小搏大，以弱胜强。立国之道，在于"养民""恤众"。若频频用兵，"极武黩征"，兵疲民劳，只恐非但不能如愿，还将有变乱萌生，而导致土崩瓦解。文章篇末还将北伐比作"不由舟楫而济盟津者"，指责主张北伐者简直违背常理。

因余与肇建相仇，高贤与伏愚对论。在谯周笔下，经由这番辩论，孰高孰伏，孰贤孰愚，已然分明。文中，反讽意味非常强烈。然则，因余与肇建，孰兴孰衰，任凭寻味。

张翼称"国小民劳，不宜黩武"，廖化称"智不出敌，而力少于寇，用之无厌"，观点几乎直接取自《仇国论》。《仇国论》是谯周"与尚书令陈祗论其利害"后退而书写成文，可知陈祗对北伐的认识与谯周相同；以陈祗对后主的影响力，则后主对北伐的认识可想而知。

《谯周传》中写到，"后生好事者亦咨问所疑焉"。咨问的后生中，便有二十来岁的陈寿。《晋书·陈寿传》载,陈寿"少好学,师事同郡谯周"。陈寿师事谯周,观念上亦必受到谯周影响。日后,他著《蜀书》,在《蒋琬费祎姜维列传》中评论道:

> (蒋琬、费祎)然犹未尽治小之宜、居静之理也。姜维粗有文武,志立功名,而玩众黩旅,明断不周,终致陨毙。老子有云:"治大国者犹烹小鲜。"况于区区蕞尔,而可屡扰乎哉?

陈寿评论他们三人的观点,本于谯周的《仇国论》。谯周认为治理小邦在于"养民"和"恤众";陈寿则批评蒋琬、费祎治理蜀汉"未尽治小之宜、居静之理";谯周指姜维为"极武黩征",陈寿则指姜维为"玩众黩旅"。

蜀汉从陈祗那样的中枢大臣,到张翼、廖化那样的军中宿将,从谯周那样的通学硕儒,到陈寿那样的后生,对于北伐的认识,均持《仇国论》的基本观点。可知该论的主张,在延熙末年已成为蜀汉上下的一种普遍的认识。

北伐作为一种军事行动,在出兵时机、战守方略上容可商略;但对蜀汉来说,北伐还具有支撑蜀汉政权合法性的政治意义。北伐在于讨贼,唯其为贼,天下才仍是汉室的天下,蜀汉作为汉室的继承者,它的统治才具有合法性。

谯周的《仇国论》,从理论上否定了自诸葛亮以来蜀汉关于北伐的整套论述。他视蜀汉与曹魏如同因余与肇建,两国"并争于世",裂解了"汉贼不两立"的天下前提,也就消解了蜀汉帝业与汉室天下之间的逻辑联结;消解了北伐讨贼的政治意义,也就消解了蜀汉政权的天命依据。概言之,谯周此论消解了蜀汉政权的合法性。

随着时势变迁,姜维北伐本身的意义也在迷失。诸葛亮北伐曹魏,乃是讨汉室之贼;唯其讨汉室之贼,北伐才具有支撑蜀汉政权合法性的意义。姜维北伐,契机为中州政局的变故。从高平陵事件开始,司马懿父子屡屡诛杀重臣、废帝乃至弑君,由此引发的淮南三叛则为反司马氏。这些变故均成为姜维北伐的契机。夏侯霸的来降,又似乎增加了北伐的一个动力。但中州发生这一系列变故，实为司马氏父子欲效曹氏父子故智，步其后尘，正谋攘夺曹魏政权，手段之酷烈有过于当年曹氏父子。中州政治的主题已是司马氏代魏；曹氏篡汉，已成隔代往事。

姜维北伐，两次大举是为因应淮南起兵反司马氏。延熙十八年，姜维为因应毌丘俭、文钦在淮南起兵反司马师，与夏侯霸等俱出狄道。当姜维与夏侯霸——当年汉贼的子孙——并肩作战，蜀人该如何认识他们在为何而战？

若说北伐的意义仍是讨贼，那么，谁为该讨之贼？又为谁人之贼？在蜀人看来，姜维和夏侯霸这两个从曹魏来降的外来者，极力将巴蜀与中州政治牵连在一起。然则，司马氏攘夺曹氏，与汉室何干？与蜀人何干？当蜀人在"为何而战"的问题上愈渐迷失，谯周将姜维北伐指为穷兵黩武，也就愈易赢得广泛的共识。

蜀汉景耀元年（258年），姜维从关中回成都后，便不再出兵。魏甘露五年（蜀汉景耀三年，260年）五月，曹魏发生弑君之事，高贵乡公曹髦攻司马昭，被杀身亡。此事震动天下，姜维没有出兵。他已不再能如延熙十八年那样，压制张翼等人的意见，强行出兵。《仇国论》已成为蜀汉的主流舆论。

概言之，在内外两重意义上，北伐的意义均被消解。当北伐的意义被消解，巴蜀与汉室的关系也就悄悄消解。

《仇国论》中"养民""恤众"的观点，原也符合儒家以德取天下的观念。但谯周在《仇国论》背后的持论，则为从周舒、杜琼到他一脉相承的否定蜀汉政权合法性的天命解读。

早在刘备称帝前，周舒就将那个时代广为流传的"代汉者当涂高"这一谶语解读为曹氏代汉，"乡党学者私传其语"[①]，表明这一解读在蜀境内早就在悄悄传播。杜琼则对时为后进通儒的谯周解释过何以作此解读，并以汉代官制中的"属曹""侍曹"诸称语暗示天下归曹，来佐证这个结论。这个结论否定了蜀汉政权的天命前提，也就否定了这个政权的合法性基础，当然也就否定

---

① 《蜀书·周群传》。

了北伐的正当性。

在这套论述的传承中，杜琼是承上启下的人物。在刘备、诸葛亮之世，他基于自己的政治立场，"静默少言，阖门自守，不与世事"，实则对蜀汉政权、对诸葛亮北伐采取消极的态度。

具有讽刺意味的是，诸葛亮病逝于北伐疆场之后，竟是杜琼奉命去汉中宣读后主嘉奖诸葛亮的诏书。当杜琼在诸葛亮的葬礼上如是宣读——

> 惟君体资文武，明睿笃诚，受遗托孤，匡辅朕躬，继绝兴微，志存靖乱，爰整六师，无岁不征，神武赫然，威镇八荒，将建殊功于季汉，参伊周之巨勋。如何不吊，事临垂克，遘疾陨丧！朕用伤悼，肝心若裂。夫崇德序功，纪行命谥，所以光昭将来，刊载不朽。……[①]

——不知道，他如何让自己的表情和语气符合诏书中所表达的对逝者的敬意、对诸葛亮勉力北伐的肯定？抑或是在心底想：一段错误的历史终于成为过去？

诸葛亮去世后，杜琼又活了十六年，官位则从左中郎将升至大鸿胪、太常，位列九卿。杜琼于延熙十三年始卒。他没有亲眼看到自己的结论被证实。传承这套论述的人物则为谯周。谯周受杜琼启发，从刘备、刘禅父子的名字中琢磨出了刘氏祚尽、该禅让他姓的结论。他说："先主讳备，其训具也，后主讳禅，其训授也，如言刘已具矣，当授予人也。"[②]刘备名字中的"备"字，可解释为"具"，即完、尽的意思；刘禅名字中的"禅"字，可解释为"授"，即授予、禅让的意思。刘备父子俩的名字连贯起来，等于是在说：刘氏的历数已到尽头，应该禅让给他姓了。[③]这位体貌素朴的老人，已在琢磨这个政权的未来。

景耀五年（262年），也就是蜀亡的前一年，宫中大树无故自折，谯周在

---
① 《蜀书·诸葛亮传》。
② 《蜀书·杜琼传》。
③ 《蜀书·杜琼传》；详见刘备称帝一章。

壁柱上写下:"众而大,期之会;具而授,若何复?"师事谯周的陈寿解释说:"言曹者,众也;魏者,大也。众而大,天下其当会也;具而授,如何复有立者乎?"①曹有众之意,魏有大之意。谯周那几句话意思是说,"众而大"的曹魏,终将统一天下,"具而授"的刘氏父子声称复兴汉室,如何可能?谯周竟然在宫中的壁柱上公然写下这样的话。这位体貌素朴的老人,已不避讳宣扬他窥见的天命。

在继《仇国论》成为蜀汉的主流舆论后,谯周对蜀汉国运的天命解读,也在蜀境悄悄传播。《襄阳记》载:

> 魏咸熙元年六月,镇西将军卫瓘至于成都,得璧玉印各一枚,文似"成信"字,魏人宣示百官,藏于相国府。充闻之,曰:"吾闻谯周之言,先帝讳备,其训具也,后主讳禅,其训授也,如言刘已具矣,当授予人也。今中抚军名炎,而汉年极于炎兴,瑞出成都,而藏之于相国府,此殆天意也。"是岁,拜充梓潼太守,明年十二月而晋武帝即尊位,炎兴于是乎征焉。②

援引谯周言论的是向朗的兄子、向宠的弟弟向充,蜀亡前曾任射声校尉、尚书。咸熙元年(264年)为蜀亡的第二年,向充在洛阳,参与了司马炎代魏的舆论造势。谯周被诏至洛阳,则是在晋泰始三年(267年)。可知向充闻谯周之言,不是在洛阳,而应该是在巴蜀,在蜀亡之前。向充的说法表明,谯周对蜀汉国运的天命解读,早就在蜀境内传播。

谯周的天命解读,是当年受杜琼"取类而言"的启发,"触类而长之"琢磨出来的。但是,从周舒、杜琼到谯周,都是在讲曹氏代汉;及至蜀亡的前一年,谯周在宫中壁柱上写下的话,仍是在讲曹魏代汉;而中州政治已经在酝酿司马氏代魏,灭蜀之战只不过在成就司马氏帝业的功德基础。

---

① 《蜀书·杜琼传》。
② 《蜀书·向朗传》附《向宠传》注引《襄阳记》。

于是，向充在谯周这个解读的基础上，再一次"触类而长之"。他将蜀汉的最后一个年号"炎兴"，解读为司马炎的兴起。

蜀汉国运的终结遂与中州政治的演变联系在了一起，成为对天意的最新解读。

在蜀汉灭亡的前一年，姜维最后一次出征。他轻军出侯和。再也没有人跟他并肩作战。他再一次失败。他再也不敢回成都。成都方面，黄皓等人正谋以阎宇取代姜维，剥夺姜维兵权。

> 维本羁旅托国，累年攻战，功绩不立，而宦官黄皓等弄权于内，右大将军阎宇与皓协比，而皓阴欲废维树宇。维亦疑之，故自危惧，不复还成都。①

阎宇为右大将军，万斯同的《汉将相大臣年表》系之于景耀五年。②《蜀书·霍峻传》注引《襄阳记》载："时右大将军阎宇都督巴东。"阎宇以右大将军都督巴东，俨然已为姜维之副。二人权位，俨然已如当初李严之与诸葛亮。

诸葛瞻于景耀四年（261年）为行都护、卫将军，与辅国大将军南乡侯董厥并平尚书事。樊建以侍中守尚书令。当年，董允为侍中，曾加辅国将军，陈祗为侍中守尚书令，曾加镇军将军；这年，后主迁董厥为辅国大将军，宗预为镇军大将军。③诸葛亮主政，惜于名器；蒋琬、费祎主政，也还算慎用名器；蜀汉末年，军事上更形萎缩，却骤迁如此多的大将军，只能说是削弱大将军姜维在军中的地位。

景耀四、五年间，姜维在蜀汉决策层的地位其实已经大大地削弱。"自瞻、厥、建统事，姜维常征伐在外，宦人黄皓窃弄机柄，咸共将护，无能匡

---

① 《蜀书·姜维传》。
② 《二十五史补编》第二册《汉将相大臣年表》。
③ 宗预为镇军大将军，万斯同系之于景耀二年，但《蜀书·宗预传》叙述他迁镇军大将军时说道，"时都护诸葛瞻初统朝政"，可知此事应在景耀四年。

矫。"① 诸葛瞻、董厥、樊建等人对黄皓弄权"无能匡矫",对黄皓谋废姜维也只能随波逐流。八十多年后,孙盛还从蜀中长老那里听说此事。他在《异同记》中写到:

> 瞻、厥等以维好战无功,国内疲弊,宜表后主,召还为益州刺史,夺其兵权;蜀长老犹有瞻表以阎宇代维故事。②

诸葛瞻和董厥,一人为诸葛亮之子,一人为诸葛亮在世时叹为"良士"的丞相令史、主簿。二人也以姜维"好战无功,国内疲弊"而欲以阎宇取代姜维,表明二人是不是"无能匡矫"黄皓弄权,已在其次,更重要的是,他们也"无能匡矫"谯周《仇国论》的论调,该论颠覆了诸葛亮的北伐主张。就算蜀汉不是马上面临灭亡,姜维地位的旁落也是无可避免的事。

孤军奋战的姜维,在兵败之后只得屯田沓中。此时,蜀人陈寿眼里的姜维,已然感到"羁旅托国"。在大汉的天下,何为羁旅?何为托国?

当年,姜维初归蜀汉,母亲遗落在魏。魏人让他母亲手书姜维,招其来归。姜维答以"良田百顷,不在一亩;但有远志,不在当归也"③。母子均以药名为喻。母亲喻以当归,暗示他重归故国;姜维答以远志,那是他从诸葛亮那里秉承的复兴汉室的理想。他为这一理想奋斗了大半生。他的父亲曾为本郡的功曹,在他很小的时候,父亲便为大汉而战死沙场。如今,在这个以汉为名的国度,"心存汉室"的大将军姜维,竟然感到"羁旅托国"!

东望依依,丞相的坟茔久未扫洒了吧。丞相当年的期勉,言犹在耳。北伐的旌旗可还能再次扬起?北望陇上,母亲的坟茔墓木已拱了吧。桑梓在望,然而,何处是故国?他羁旅托国,又托于何国?

他心存汉室,身在大汉,却恍如羁旅托国。在这个国度,复兴汉室的理

---

① 《蜀书·诸葛亮传》附《董厥传》《樊建传》。
② 《蜀书·诸葛亮传》附《诸葛瞻传》注引孙盛《异同记》。
③ 《蜀书·姜维传》注引孙盛《杂记》。

想已然泯没,旗帜已然褪色。当复兴汉室的旗帜不再扬起,汉室就只能隐进历史。

在巴蜀的这个政权灭亡之前,它与汉室的关系已经消解殆尽。

蜀汉的败亡

宋人郭允蹈编《蜀鉴》，认为"姜维亡蜀"。郭氏此论是基于姜维调整汉中防守部署而发。《蜀书·姜维传》载：

> 初，先主留魏延镇汉中，皆实兵诸围以御外敌，敌若来攻，使不得入。及兴势之役，王平捍拒曹爽，皆承此制。维建议，以为错守诸围，虽合周易"重门"之义，然适可御敌，不获大利。不若使闻敌至，诸围皆敛兵聚谷，退就汉、乐二城，使敌不得入平，且重关镇守以捍之。有事之日，令游军并进以伺其虚。敌攻关不克，野无散谷，千里悬粮，自然疲乏。引退之日，然后诸城并出，与游军并力搏之，此殄敌之术也。于是令督汉中胡济却住汉寿，监军王含守乐城，护军蒋斌守汉城，又于西安、建威、武卫、石门、武城、建昌、临远皆立围守。

这无疑是蜀汉国防部署上的又一次重大调整。在经历了蒋琬时代的战略收缩和延熙七年的那次汉中危机之后，姜维何以还会作此调整呢？

延熙六年（243年），蒋琬率大军还驻涪城，汉中守兵不满三万，次年而有曹爽伐蜀，汉中形势一度危急。此后，蜀汉稍作调整，增强汉中的防御。延熙八年（245年）十二月，"大将军费祎至汉中，行围守"①,可知汉中的防御仍采取"皆实兵诸围以御外敌"。此制在延熙十六年费祎遇刺前应无变化。从延熙十六年至二十年,姜维年年出军,动辄数万。司马昭伐蜀前对蜀汉兵力的判断是,"计蜀战士九万,居守成都及备他境不下四万,然则余众不过五万"②。蜀亡时,士民簿上"带甲将士十万二千"③。考虑到《吕乂传》中所说的蜀军中"士伍亡命,更相重冒,奸巧非一"诸弊端,蜀军的实际兵力可能并没有士民簿上登记的那么多。诸葛亮卒后,蜀汉增永安之守,先有邓芝督江州,后有宗预督永安;景耀年间,则为阎宇都督巴东,罗宪守永安。蜀汉后期,南中时有骚动,故先有马忠,后有霍弋镇守南中。此即司马昭所谓"备他境"的兵力,连同成都的守军,不下四万。"余众不过五万",即汉中、武都、阴平等郡与魏对峙前沿地带的守军,也是姜维北伐所能动用的军队。姜维放弃剑阁南撤后,钟会在给魏廷的上表中说到,"维等所统步骑四五万人"④,这四五万人包括姜维从沓中撤回的军队和廖化、张翼等人的援军。看来,司马昭对蜀军兵力及其使用情况的判断与实际情况基本相符。

  姜维出军,动辄数万,看来他将汉中方面能动用的军队基本上都抽调了。这意味着,在姜维主动进攻的这几年,汉中方面并不曾"实兵诸围"。延熙二十年(257年),姜维最后一次大举北伐,"复率数万人出骆谷"。次年,姜维率军从关中回到成都,对汉中的防御作了这番安排,等于是将早先从汉中诸围守抽调出的军队保留下来,未再部署回诸围守,而将其集中为机动兵力,即所谓"游军"。姜维此举,说是为防备魏军进攻而采取的"殄敌之术",但考虑到过去十年的时间里,蜀军一直采取主动进攻,曹魏内部变故频仍,无遑出击,所以,姜维此举的重点应不在防备魏军进攻,而是将他能动用的有限的军队,集中成一支机动兵力,以便伺机再出。姜维认为原先的部署"适可御敌,不获大利",可知他调整部署是旨在进取;"有事之日,令游军并进以伺其虚",才是姜维调整部署的重点。

---

① 《蜀书·后主传》。
② 《资治通鉴》卷七十八,魏纪十,景元三年。
③ 《蜀书·后主传》注引《蜀记》。
④ 《魏书·钟会传》。

按姜维的部署，王含守乐城，蒋斌守汉城，作为汉中的主要支撑点；武都、阴平二郡则有西安、建威、武卫、石门、武城、建昌、临远诸围作为前沿警戒。[1]汉寿为费祎生前选定的驻地，位于剑门险要之外，西汉水边上（今嘉陵江）。邓艾在洮西之败后，论姜维必定再出时说道："彼以船行，吾以陆军，劳逸不同。"[2]可知蜀军出陇西，常常借助江河水道。从汉寿沿西汉水可趋汉中、武都；沿西汉水支流白水可趋阴平。汉寿前有阳平关，后有剑阁，即姜维所谓"重关镇守"。调整之后，汉中督胡济不驻汉中而驻汉寿，则汉寿应为调整后蜀军兵力的一个主要集结地。姜维既然是将诸围守兵集中为机动兵力，以便伺机再出，汉寿又方便于向几个方向出击，可以推知，姜维初作调整时集中起来的机动兵力——即所谓"游军"——应该集中在汉寿。

司马昭伐蜀时，蜀军的部署已然不是如此。蜀汉获悉魏军进攻后，派右车骑将军廖化率军赴沓中增援姜维，左车骑将军张翼、辅国大将军董厥等率军增援阳安关口，为汉中声援。廖化率军进至阴平，获悉魏将诸葛绪从建威进攻，为防后路被断，遂在阴平停住。"月余，维为邓艾所摧，还住阴平。"[3]姜维与廖化在阴平会合。汉中方面，"蜀令诸围皆不得战，退还汉、乐二城守"。王含守乐城，蒋斌守汉城，"兵各五千"[4]。汉、乐二城的守军兵力，不见于《蜀书》，而见于《魏书·钟会传》，当来自魏军受降后的资料。钟会留军围攻汉、乐二城，自率大军继续前进，攻阳安口，即阳平关。因蒋舒出城投降，魏军趁机攻破阳平关，遂"长驱而前"。此时，"翼、厥甫至汉寿"[5]，也就是刚刚到达汉寿。姜维、廖化引兵东还，欲增援阳平关，正好与张翼、董厥的军队会合，听说关城已破，乃合军退保剑阁。

从战争的进程中，可以获知几个方面的信息。廖化与张翼、董厥率军增援两个方向，魏军已破阳平关，"翼、厥甫至汉寿"，可知此时蜀军主力收缩在剑门险要以内。汉中诸围退守汉、乐二城，也只不过"兵各五千"。延熙

---

[1] 诸围位置，参见《华阳国志校注》卷七《刘后主志》。
[2] 《魏书·邓艾传》。
[3] 《蜀书·姜维传》。
[4] 《魏书·钟会传》。
[5] 《蜀书·姜维传》。

七年魏军攻蜀时,"汉中守兵不满三万",尚且吃紧,此时,汉中的守军才大约一万。傅佥和蒋舒守阳平关,因蒋舒"开城出降",魏将胡烈"乘虚袭城",傅佥"格斗而死",关城即被魏军攻破,看来阳平关的守军也比较有限。汉中督胡济原驻汉寿,此时可能已经病故。据裴松之补注胡济的资料,"亮卒,为中典军,统诸军,封成阳亭侯;迁中监军、前将军,督汉中,假节领兖州刺史,至右骠骑将军"[1]。胡济在任汉中督时兼领兖州刺史,而在景耀四年宗预拜镇军大将军时,也兼领兖州刺史。据此可推知原领兖州刺史的胡济可能已经亡故。万斯同《汉将相大臣年表》列胡济为右骠骑将军,也是止于景耀三年。[2] 看来,曹魏伐蜀时,汉寿并无重兵镇御,否则增援阳平关,无待张翼、董厥发自剑门以内。卫将军诸葛瞻率军抵御邓艾,也是发自成都。此前,诸葛瞻与董厥并平尚书事。蜀亡前夕,除姜维屯沓中、霍弋守南中、阎宇和罗宪守巴东外,蜀汉诸统兵大将基本上都在成都,蜀军主力则收缩在剑门险要以内。

蜀军主力收缩在剑门险要以内,这并不是姜维的本意。姜维将诸围守的守军集中为机动兵力,原是想伺机再出,以规进取。延熙末年,中州每有变故,姜维必定出军。景耀元年,姜维作此调整,以便"有事之日,令游军并进以伺其虚"。但是,景耀三年(260年),曹魏发生弑君之事,高贵乡公曹髦被杀。此事震动天下,姜维却没有出军。看来,景耀初年,蜀政的迅速衰败已使姜维的意图落空。从诸围守中抽调而保留下来的"游军"既未用于北伐,也未部署回诸围守,而是收缩到了剑门以内。

随着《仇国论》成为蜀汉的主流舆论,姜维的北伐主张已经得不到支持。景耀四、五年间,姜维的兵权其实已被削弱。黄皓想以阎宇取代姜维,诸葛瞻和董厥也以姜维"好战无功,国内疲弊"而欲将姜维召还为益州刺史,夺其兵权。景耀五年,姜维轻军出侯和,兵败后以"危惧"而不敢还成都。景耀六年(263年),姜维侦悉钟会治兵关中,建议后主派张翼、廖化增戍阳安关口

---

[1]《蜀书·董和传》,裴松之注。
[2]《二十五史补编》第二册《汉将相大臣年表》。

和阴平桥头两处入蜀要隘，也因黄皓"谓敌终不自致"而让后主压下此事。如此攸关存亡的事，也能因黄皓一言而废，可见景耀元年"宦人黄皓始专政"一语，并非史官归恶之辞。

郭允蹈认为"姜维亡蜀"，主要针对姜维撤汉中诸围守，从而导致汉中门户大开。诚然，汉中的守备力量单薄，以至于蜀汉的北方门户轻易被撞开，这是蜀汉灭亡在军事上的主要原因。阳安关的失守最具决定性意义。汉中与蜀地的主要通道为西汉水河谷，阳安关扼险而守，控扼这条通道；武都、阴平与蜀地之间较为平易的通道为白水河谷。白水在剑阁外汇入西汉水。阳安关失守后，蜀军只得阻剑门而守，阴平孤悬于剑门之外，不得不弃。邓艾据阴平，这才得以从德阳亭经左担道趋绵竹，绕出剑阁之后。

但是，汉中守备力量单薄，却不能归咎姜维。诚然，抽调汉中诸围守的兵力始自姜维。姜维起初抽调这些军队是为了北伐，后来保留这些军队作为机动兵力则是为了伺机再出。为此，姜维从汉中诸围守抽调出的军队作为"游军"，应该会部署在靠近前沿的地带，而不会收缩在剑门关以内。

如果成都的诸执政认为姜维北伐劳民伤财，大可将蜀汉的国策调整回蒋琬、费祎时期的"保国治民，敬守社稷"。蒋、费二人主政时期，蜀汉虽然在战略上向内收缩，不再如诸葛亮主政时那样孜孜于北伐，但四境仍派宿将镇御，如王平、刘敏守汉中，邓芝守巴东，马忠守南中，另外，张翼为建威督，守武都郡，廖化为广武督，守阴平郡。蜀汉的诸执政反对姜维的军事冒险，大可改取守势，将姜维从诸围守抽调出的军队部署回诸围守中。景耀末年，姜维本人都危惧不安，屯田边地以避祸。姜维在钟会伐蜀前，建议增成阳安关口和阴平桥头，都不被采纳。可知此时蜀汉的兵力如何部署，早已不是姜维所能决定。

蜀军主力收缩在剑门关内，这已不是战略收缩，而是政治的衰败而导致的国势的向内塌缩。从后主、黄皓到当轴诸执政，恃蜀境山川之险，"谓敌终不自致"，"不知祸之将及"而"自以为安"。

不过，对于蜀汉之亡，姜维仍不能辞其责。他身为大将军，却屯田沓中，远戍边地，致使蜀汉的防御战略严重失衡。曹魏在决策伐蜀的诏书中就说道，

"蜀所恃赖,惟维而已,因其远离巢窟,用力为易"①。可知司马昭的伐蜀战略即针对着姜维远戍边地而造成的战略破绽。他屯田沓中,固然有政治的原因,但他既已侦知钟会治兵关中,纵然后主不增戍前沿要隘,他本人也应该迅速回军。此为姜维的战略失误之一。

按照司马昭的部署,邓艾率军趋沓中,以牵制姜维;诸葛绪率军趋武都,以截其归路;钟会率大军穿越秦岭诸谷道至汉中后,迅速越阳平关而趋剑阁。这时,姜维倒是表现出了杰出的战术才能,摆脱牵绊,迅速回军,退守剑阁。

不久,邓艾由阴平从景谷道入,破诸葛瞻于绵竹。此时姜维的反应却让人觉得奇怪。姜维在获知诸葛瞻败于绵竹后,弃守剑阁,率军南撤。但他并不是从涪城、绵竹、雒城这条线向成都靠近,而是在其东侧沿着与这条线大致平行的路线,南撤到了成都东面的郪县。当时姜维率领的仍是一支相当可观的军队,据钟会在给魏廷的表文中描述,"维等所统步骑四五万人,擐甲厉兵,塞川填谷,数百里中首尾相继,凭恃其众,方轨而西"②。这支军队守剑阁时,钟会十万大军不能克。为什么姜维要这样行动呢?

八十多年后,孙盛随桓温入蜀,从蜀中故老那里听到了姜维在蜀亡前后的一些事。在此期间,他还见过常璩,以其稔熟于蜀中旧史,誉之为"蜀史"。常璩在《华阳国志》中写道:"姜维未知后主降,且谓固城;素与执政者不平,欲使其知卫敌之难,而后逞志;乃回由巴西,出郪、五城。"③按常璩的意思,姜维是想让成都的诸执政感受一下压力,再解除危险,以便自己在蜀汉决策层重新取得主导地位。常璩的叙述是对姜维意图的推测,亲身经历了蜀汉败亡过程的陈寿则写到:"维等初闻瞻破,或闻后主欲固守成都,或闻欲东入吴,或闻欲南入建宁,于是引军由广汉、郪道以审虚实。"④邓艾破诸葛瞻于绵竹,绵竹阻在剑阁与成都之间,姜维与成都之间的联络遂被阻断,所以姜维并不知晓后主的决策为何。陈寿的叙述应较常璩的说法更贴近

---

① 《魏书·三少帝纪》。
② 《魏书·钟会传》。
③ 《华阳国志》卷七《刘后主志》。
④ 《蜀书·姜维传》。

事实。

　　姜维大军南撤至郪——该地与剑阁之间跟成都与剑阁之间基本等距——才收到后主要他投降的敕令。可知从绵竹初败到后主投降这段时间里，姜维仍有机会作出反应。此时，姜维为何不以部分军队守剑阁、以部分军队迫邓艾之后？以邓艾之孤军客悬，姜维仍有可能在坚守剑阁的前提下，歼灭邓艾所部。在他打探到的几种传闻中，无论后主采取哪种方案，他都应该将钟会大军阻挡在剑门之外。巴蜀在失去汉中的外围屏障之后，再弃剑门险要，任敌涌入巴蜀腹地，则无论哪种方案实施起来都要困难得多。弃守剑阁，为姜维的战略失误之二。弃剑门之险，任曹魏大军涌入平地，纵然后主愿意坚守成都，蜀汉也是大势已去。

　　后主投降、钟会入成都后，姜维还想杀钟会以图复国。不过，此事不见于陈寿的《三国志》。《蜀书·姜维传》和《魏书·钟会传》都只说到钟会想利用姜维，起兵以讨司马昭。姜维复国之谋，见于习凿齿的《汉晋春秋》、常璩的《华阳国志》和孙盛的《晋阳秋》。《汉晋春秋》载，"会阴怀异图，维见而知其心，谓可构成扰乱以图克复也。"[1]姜维在获知钟会阴怀异志后，有意促成他叛乱，以便寻机复国。《华阳国志》还说到姜维具体的谋划："维既失策，又知会志广，教会诛北来诸将，既死，徐欲杀会，尽坑魏兵，还复蜀祚，密书通后主曰：'愿陛下忍数日之辱，臣欲使社稷危而复安，日月幽而复明。'"[2]姜维建议钟会诛杀北来的曹魏诸将，再伺机杀掉钟会，坑杀魏兵，恢复蜀汉社稷。《魏书·钟会传》所载成都兵乱发生的缘起与经过，似可印证《华阳国志》所载姜维之谋。但《华阳国志》所记载的说法也可能是人们从成都兵乱的实际情况来逆推姜维在那期间的意图与谋划。就算姜维真有此谋，也应该是在一个极小的圈子里谋划。此事可能涉及的几个当事人，要么已内迁为官，要么已死于成都的兵乱。死者已矣，对于活着的人，此事攸关身家性命，因此不可能从他们嘴里说出。

---

[1]《蜀书·姜维传》裴松之注引《汉晋春秋》。
[2]《华阳国志》卷七《刘后主志》。

孙盛在其所著《晋阳秋》中现身说法，透露出此类说法的来源。"盛以永和初从安西将军平蜀，见诸故老，及姜维既降之后密与刘禅表疏，说欲伪服事钟会，因杀之以复蜀土，会事不捷，遂至泯灭，蜀人于今伤之。"①孙盛于东晋永和二年（346年）随安西将军桓温征蜀，平定割据巴蜀的李势。其间，访寻蜀中故老，了解蜀汉旧事。故老们的说法与《华阳国志》所载庶几相同，包括也说到姜维密与后主的表疏。

因此，姜维复国之谋，应该是孙盛以及比他略早的常璩从蜀中故老那里听到的传闻。不管姜维具体的谋划为何，蜀汉的灭亡最终以钟会谋泄所引发的一场意外的兵乱而落幕。姜维与钟会都死于兵乱之中。

"心存汉室"的大将军姜维，纵然有心救国，终于无力回天。八十多年后，孙盛还能听到蜀中故老栩栩如生地讲述姜维复国的图谋和最后的遗憾。"蜀人于今伤之"——对于姜维，蜀人怜其心志，哀其际遇。他们愿意相信，蜀汉倾覆之际，姜维如许身影，无负丞相当年的期许。

从常璩到孙盛，都能从蜀中长老那里听到一些关于蜀汉历史的传闻，直到蜀亡约一个半世纪之后，毛修之仍在说"昔在蜀中，闻长老言"②。这是蜀汉历史的一个很有意思的现象。在历代兴亡的一幕幕剧本里，洛阳的铜驼荆棘，金陵的王谢旧宅，吴宫的高台麋鹿，都是诗家吟咏兴亡的好题材。蜀汉的历史却在那么长的时间里，流传在蜀老的口耳相传中。仿佛，那段历史——其兴、其衰、其亡——是他们记忆里最堪咀嚼的一段往事。

不过，上述战略检讨实已无关于这个政权的终局。成都的那班君臣们在讨论这个政权的未来时，根本不是基于军事形势。在成都，"群臣会议，计无所出"。有人提到奔东吴，有人提到奔南中，谯周力主投降。为促成后主下决心，谯周又上疏后主，除了重述在朝堂上分析的奔东吴与南中之不可行外，尤以邳彤之言暗示人心已不足恃，又以尧舜之事暗示"天命有授"。天命、人

---

① 《蜀书·姜维传》裴松之注引孙盛《晋阳秋》。
② 魏收《魏书·毛修之传》。

心皆去,后主惟有投降,还"可获爵土"。

谯周说"天命有授",其实他从来都不相信刘备、刘禅父子获得过天命。蜀汉在经历了这些年的恃险偏安之后,人心已去,倒是实情。朝堂之上,群臣们关心的问题只是,"恐不受降,如之何?"①《谯周传》载:"蜀本谓敌不便至,不作城守调度,及闻艾已入阴平,百姓扰扰,皆迸山野,不可禁制。"②罗宪守永安,"寻闻成都败,城中扰动,江边长吏皆弃城走"③。百姓皆迸山野,长吏皆弃城走,可知亡国的前夕,蜀汉的民心士气均已瓦解。

五十年前,以刘璋之暗弱,雒城还坚守了一年多,及至刘璋投降,成都城中"吏民咸欲死战"。如今,成都的府库里,"米四十余万斛,金银各二千斤,锦绮彩绢各二十万匹,余物称此"。邓艾不过率万余人偷袭阴平,兵锋根本未及成都,刘禅的降表已迎送到了雒城。

刘禅的降表中写道:

> 限分江汉,遇值深远,阶缘蜀土,斗绝一隅,干运犯冒,渐苒历载,遂与京畿攸隔万里。每惟黄初中,文皇帝命虎牙将军鲜于辅,宣温密之诏,申三好之恩,开示门户,大义炳然;而否德暗弱,窃贪遗绪,俛仰累纪,未率大教。天威既震,人鬼归能之数,怖骇王师,神武所次,敢不革面,顺以从命!辄敕群帅投戈释甲,官府帑藏一无所毁。百姓布野,余粮栖畝,以俟后来之惠,全元元之命。伏惟大魏布德施化,宰辅伊周,含覆藏疾。谨遣私署侍中张绍、光禄大夫谯周、驸马都尉邓良奉赍印绶,请命告诚,敬输忠款,存亡敕赐,惟所裁之。舆榇在近,不复缕陈。

降表回应了黄初年间魏文帝曹丕欲使刘禅举国称藩的大义,也回应了钟会的伐蜀檄文中对天命大势的论述。钟会的伐蜀檄文,从"汉祚衰微,率土分崩",说到大魏"应天顺民,受命践阼",这其实是曹丕代汉时由许芝等人阐

---

① 《蜀书·谯周传》。
② 《蜀书·谯周传》。
③ 《蜀书·霍峻传》注引《襄阳记》。

发的那套论述。有意味的是,檄文还回顾了建安初年曹操与刘备合作的那段友好的时光。刘备在徐州困于吕布之手,"太祖拯而济之,与隆大好"。只是"中更违盟,弃同即异"①,才造成现在的局面。刘禅的降表将那段历史解释为"窃贪遗绪",所以"未率大教"。如今,曹魏"龚行天罚""天威既震",所以,"敢不革面,顺以从命"。降表使用了曹魏的年号,而自称遣送降表的官员为"私署",这等于是承认巴蜀的这个政权是伪政权。这份降表正式确认了这个政权的终结。

次年三月,刘禅率其子孙东迁洛阳,曹魏封他为安乐公。策命从大魏的立场对汉末以来的历史作了阐释。三国时代的政治论述大都从汉末的皇纲解纽说起,以历史的论述来佐证天命的论述。只不过,曹丕代汉时,汉末的皇纲解纽只是佐证了"有汉数终""魏家受命"的天意;刘备则从中领悟出领导汉室再一次复兴的历史使命。而今,由刘禅亲口确认"大魏布德施化",从刘备、诸葛亮到姜维致力于复兴汉室的那段历史,只不过是"窃贪遗绪"。策命嘉奖刘禅"恢崇德度,深秉大正,不惮屈身委质,以爱民全国为贵",顺应天命,归降大魏,所以授以茅土,"永为魏藩辅"。

至此,历史的论述遂与天命的论述合而为一。巴蜀的归顺只不过是历史遗留问题的解决。

此时,逊位的汉献帝去世已经三十年了。他做了十四年的山阳公,卒于魏青龙二年(234年),而不是刘备编的那个传闻所说的建安二十五年。由于嗣子早逝,他的孙子刘康袭爵山阳公。新封的安乐公刘禅与袭爵的山阳公刘康,终于相会于魏廷。历史在四十三年前分出的那条线,绕了一圈后,又转回了原点。

越明年,司马炎代魏建晋。安乐公刘禅与山阳公刘康,又一道列于晋廷,永为晋藩辅。

随刘禅投降而内迁的前蜀汉官员亦多受封。迎送降表的前蜀官员中,张飞的次子侍中张绍和光禄大夫谯周皆封列侯,邓芝之子驸马都尉邓良日后仕

---

① 《魏书·钟会传》。

晋官拜广汉太守。尚书令樊建、秘书令郤正、殿中督张通亦并封列侯。向宠的弟弟向充因参与司马炎代魏的舆论造势，官拜梓橦太守。镇守巴东的霍弋和罗宪在投降后被委以本任。

秘书令郤正因为草拟降表而获封列侯。七十五年前，正是郤正的祖父郤俭担任刺史时，益州扰攘，才让刘焉以"益州分野有天子气"而注目巴蜀，从而引出这段从刘焉、刘璋二牧，到刘备、刘禅二主的故事。而今，郤正执笔写下，巴蜀这片土地上并无天子气。郤氏祖孙给这段历史标注成一个闭环。

叩头谢恩的人群中，没有诸葛亮子孙的身影。诸葛瞻及其长子诸葛尚在绵竹阵亡。蜀人印象里的诸葛瞻，主政不能矫弊，统兵不能御敌。父子在绵竹城下陷阵而死的孤勇，不过是聊以殉先人之志。诸葛瞻的次子诸葛京和诸葛攀的儿子诸葛显被内迁到河东郡。随诸葛瞻战死的还有黄权的儿子黄崇、李恢的侄子李球和张飞的孙子张遵。赵云之子赵广已在沓中战死。另如张翼、蒋琬的两个儿子蒋斌和蒋显以及姜维的家小，都死于成都的兵乱之中。关羽的后裔则被庞德之子庞会所灭。

叩头谢恩的人群中，也没有北地王刘谌的身影。刘禅的子孙亦多受封。刘禅的太子刘璿在成都的兵乱中为乱兵所杀。刘谌则在刘禅投降的那天自杀身亡。随后自杀的还有刘禅的后宫李昭仪。魏人打算将刘禅宫人赐给无妻的诸将，李昭仪说，"我不能二三屈辱！"于是自杀。最令人动容的是刘谌之死。《汉晋春秋》载：

> 后主将从谯周之策，北地王谌怒曰："若理穷力屈，祸败必及，便当父子君臣背城一战，同死社稷，以见先帝可也！"后主不纳，遂送玺绶。是日，谌哭于昭烈之庙，先杀妻子，而后自杀，左右无不为涕泣者。[1]

---

[1]《蜀书·后主传》裴松之注引《汉晋春秋》。

刘谌希望父子君臣同死社稷，但是，成都那班君臣的心里早已没有了汉室社稷。社稷不再，谁与同死？刘谌只有自己一死以殉社稷。

昭庙里的哭声，成了汉室最后的回响。

余 论

一

　　子曰："我欲载之空言，不如见之于行事之深切著明也。"

　　写作这本小册子，是想通过对蜀汉政权兴衰过程的考察，探讨中国古代政治中的合法性问题。

　　"大汉帝国在巴蜀"，意谓在巴蜀建立的那个仍把自己叫作大汉帝国的政权。"蜀汉"是后世对那个政权的一种方便的称谓，它的国号其实是"汉"；它的盟友孙权——只要可能——把它叫"蜀"，而讳言"汉"；它的敌人曹魏把它叫"巴蜀"——一个地理名词，而不是一个政治名称。

　　自秦汉大一统帝国建立以来，蜀汉乃是第一个这样的政权：偏霸一隅、却声称自己是一个大一统帝国的继承者，仍然代表整个天下。那么，如何让自己的臣民相信？如何在政治论述上宣明？如何在政策策略上体现？如何跟另一个同样偏霸却称帝而治的政权处理好盟友关系？它的政治论述与政策变化跟它的国势盛衰之间有何关系？此类问题的讨论，实已探及政治合法性问题。

　　大义名分与政治制高点，是自己跟朋友论史时的一个习惯说法。大致的意思是，一种体现道义主张和价值诉求的政治定位，有助于一个集团赢得政治制高点。

一个政治集团，在其发展过程中，总会对自己的事业作一种政治定位。成熟的政治定位体现为一套政治论述。政治论述的宗旨在于宣明其政治地位与政治主张的合法性。政治定位和政治论述可能随时势的变化而调整，但其指归则为合法性的具足。

政治论述既要体现当时政治文化，又要切合时势，因此，从政治论述中勾勒中国古代政治哲学及政治思想，较诸单纯从思想史的角度，当更"深切著明"。

在具体的历史过程里，一个政治集团又往往会基于现实的需要而采取一些具体的政策和策略。这种具体的政策策略与其政治论述之间，有时相合，有时存在张力，甚至相悖。所有政策策略的成败得失，最终会应验在它事业的兴衰脉络中。

在历史的考察中，"见之于行事"的是它的政治论述、它在现实政治中所采取的政策策略和事业兴衰的脉络。三者均显现在历史的过程中。这使得三者的比照成为可能。这种比照使得本书核心问题的探讨成为可能。

本书内在的骨架是一种回环式的梳理：从蜀汉集团的政治论述中厘清其政治定位，以政治定位为基准检点其政策策略的取舍，以蜀汉集团的兴衰脉络衡量其主要政策策略的得失，再以这种取舍、得失与兴衰的比照回溯其政治定位。最后归结到：政治定位如何影响一个政治集团的兴衰。

本书即以此视角，考察蜀汉政权的兴亡轨迹。在一部断代史的著述里，照应太史公"通古今之变"的史学追求。

二

司马迁在总结项羽失败的原因时，说他"自矜功伐，奋其私智而不师古，谓霸王之业，欲以力征经营天下，五年卒亡其国"[①]。这一总结，是以一个项羽

[①]《史记》卷七《项羽本纪》。

不懂得效法的古道作为参照。这个参照,就是司马迁基于他"通古今之变"的历史视野而总结出的王者兴起的轨迹。

> 昔虞、夏之兴,积善累功数十年,德洽百姓,摄行政事,考之于天,然后在位。汤、武之王,乃由契、后稷修仁行义十余世,不期而会孟津八百诸侯,犹以为未可,其后乃放弑。秦起襄公,章于文、缪,献、孝之后,稍以蚕食六国,百有余载,至始皇乃能并冠带之伦。以德若彼,用力如此,盖一统若斯之难也。①

这段论述总结了汉之前王者兴起的轨迹。舜和禹的兴起,都是积善累功数十年,德行洽于百姓,然后受命摄行政事,再荐之于天,最后才接受禅让而行天下之政。商和周的兴起,也都缘于他们的先人修仁行义十余世。武王伐纣前,观兵于孟津,诸侯不期而会者有八百之多,武王仍以为未可,两年之后才兴师伐纣。概而言之,王者之兴,一是要以修仁行义的德行,一是要以安定天下的事功。

"虞夏之兴"和"汤武之王",像政治神话一样闪耀于中国历史的源头,为中国古代政治游戏规则的形成提供了重要的思想资源。

中国古代频繁上演的改朝换代的政治游戏通常以两种方式完成。一为和平方式,名曰"禅让";一为暴力方式,名曰"革命"。这两种模式,其源头可以追溯到"虞夏之兴"和"汤武之王",追溯到传说中的"五帝"和"三王"的时代。

传说中"五帝"的时代被描述为"大道之行,天下为公"②。"五帝"的传说提供了中国古代帝王政治合法性的来源。帝的地位的合法性来自天。如果一个人能够像苍天大公无私地化育大地上的万物一样,兴利除害,济养万民,

---

① 《史记》卷十六《秦楚之际月表》。
② 《礼记正义·礼运》。

那么他便具备苍天一样的大德。其德同天，乃能称帝。①

"五帝"传说中最光辉的典范是尧舜禅让。尧没有将天下授予自己不肖的儿子丹朱而授予了舜。尧认为，"授舜，则天下得其利而丹朱病；授丹朱，则天下病而丹朱得其利"。他说："终不以天下之病而利一人。"②

"终不以天下之病而利一人"，可以说是"天下为公"这一政治信条的最好注释。这一信条在现代中国革命的先行者孙中山的政治思想里仍能听到强有力的回声。

其德同天，乃能称帝。我们若剥去这一表述的神学色彩，不难发现，帝的合法性内核，就是天下为公。这是帝王政治合法性的源头。后世围绕它而衍生出的种种阐释，最终建立起一套完整的政治话语体系。这套话语体系成为后世历代帝王们进行帝业合法性论述、争取政治认同的话语平台。

尧舜禅让的传说为汉魏嬗代开启的中古式禅让提供了依据。曹丕代汉，在论述上援引尧舜禅让，代汉后对汉献帝的安排也完全比照舜禹故事。后世我们还将不断地看到，尧舜禅让的传说一再地出现在逊位君王的退位诏书中，出现在新朝登基的告天之文中。

传说中"三王"的时代被描述为"大道既隐，天下为家"③。"三王"传说中最光辉的典范是汤武革命。汤武革命为后世以武力诛伐取天下这一模式提供了正当性依据。商汤伐夏桀，先正"有夏多罪，天命殛之"④；武王伐纣，先正"商罪贯盈，天命诛之"⑤。桀、纣获罪于天，所以，汤、武以武力诛伐他们，只是在"恭行天罚"。"恭行天罚"可以说是汤武革命的内核。这一表述中包含了两层重要的含义。

首先是天命的观念。在"大道既隐，天下为家"的时代，再也没有人能

---

① 《尚书·尧典》，孔颖达疏：言"帝"者，天之一名，所以名"帝"。帝者，谛也。言天荡然无心，忘于物我，言公平通远，举事审谛，故谓之"帝"也。五帝道同于此，亦能审谛，故取其名。又云：然天之与帝，义为一也。人主可得称帝，不可得称天者，以天随体而立名，人主不可同天之体也。无由称天者，以天德立号，王者可以同其德焉，所以可称为帝。
② 《史记》卷一《五帝本纪》。
③ 《礼记正义·礼运》。
④ 《尚书》卷八《汤誓》。
⑤ 《尚书正义·泰誓上》。

"其德同天"，但可以获得天命的垂青。"革命"的正当性来自天命；得天下的合法性也来自天命。所以，汤武革命，或以"誓"告喻军旅，或以"诰"告喻士众，对手已获罪于天，自己的武力诛伐只是在恭敬地执行上天的意志。

可是，"天意从来高难问"，上天的意志如何确定呢？从《尚书》所载有关汤武革命的文献中可以看到，天意与民意之间有一种微妙的衔接。因为"天视自我民视，天听自我民听"[①]，因为"天聪明，自我民聪明。天明畏，自我民明威"[②]，天意是从民意中反映出来的，所以，得民心可被解释为得天命。

不过，这种微妙的衔接究是缺乏充分的实证，于是，谶纬和符命之说应运而生。谶纬之学是假设圣人能够窥见天意，因而能够预言未来。圣人的预言如同秘传真理，暗藏在纬书中，需要能洞见天意的人来解读。如东汉末广为流传的"代汉者当涂高"，便引起过很多人的想象与猜度。符命则是把一些独特的自然现象视为祥瑞或者灾异，解释为天意的显现。西汉后期，谶纬和符命之说始行。三国时代，曹、刘、孙三家酝酿帝业时，都曾以谶纬和符命来表明自己得天命。天命是帝王权力合法性的最高来源。

其次是伐罪的观念。武力的诛伐终归是一种暴力的行使，如何确定这种暴力行使的正当性呢？武王伐纣，就有伯夷叔齐叩马而谏，质问："以臣伐君，可谓仁乎？"武王伐纣成功，天下已经宗周，这兄弟俩却"义不食周粟"，饿死于首阳山，死前还作歌感叹，"以暴易暴兮，不知其非矣"。他们认为，商纣王的恶政固然是暴，周武王以臣伐君同样也是暴，因而，武王伐纣只能算是"以暴易暴"，无从判断孰是孰非，也就无从确定其正当性。后来，孟子回答了这个问题。齐宣王问孟子，商汤放逐夏桀，武王伐商纣王，都是以臣弑君的行为，这样做正当吗？孟子回答说："贼仁者谓之贼，贼义者谓之残。残贼之人，谓之一夫。闻诛一夫纣矣，未闻弑君也。"[③]以臣杀君曰弑，有罪而杀曰诛。孟子先从价值的层面解构了夏桀和商纣王的君主地位，因为

[①]《尚书正义·泰誓中》。
[②]《尚书正义·皋陶谟》。
[③]《孟子注疏·梁惠王下》。

他们贼害仁义，这样的人叫一夫，诛杀一个这样的恶人，不叫弑君，而是伐罪。

"恭行天罚"式的诛伐，就是以伐罪作为行使武力的正当性基础。汤武革命，武力诛伐之前，先正对手之罪。武王伐纣的途中，几度大誓师众，声讨纣王受的罪恶。孟子所说的"一夫"即是独夫。武王伐纣，就曾指商纣王为独夫。"独夫受，洪惟作威，乃汝世仇。"[①] 将对方指为"独夫"或"一夫"，是要表明，对方已经站在天下人的对立面去了。独夫后来成为攻击对手的一个政治术语，即从此意而来。正对手之罪，凸显对手的恶，彰显自己的善，那么，自己的诛伐之举便属于以善伐恶，以有道伐无道，当然具备正当性。

"恭行天罚"式的伐罪，虽指对手获罪于天，意谓天是对手获罪的最终依据，但从《尚书》所载誓词中指责的具体内容看，桀、纣之获罪，实际上还是因为他们违反了最基本的价值准则。获罪于天，实际上是获罪于民。"恭行天罚"也就是吊民伐罪。

伐罪的观念，是中国古代兵学思想中确定战争正当性的一个重要支点。周官的设置中，代表国家行使武力的官职是大司马。《周礼》规定大司马的职能是掌"九伐之法"[②]。九伐之法，一言以蔽之，伐罪。后世流传的兵法《司马法》中，开篇《仁本》论述战争的正当性，即延续了司马"九伐之法"所表达出来的伐罪的观念："杀人安人，杀之可也；攻其国，爱其民，攻之可也；以战止战，虽战可也。"[③]

在汤武革命中，"恭行天罚"的行动所体现的更高意志为天命；而在诸侯这一层级的武力征讨中，这种更高的意志则为王命。王命是天命的延伸。《文心雕龙·檄移》中概括说，"夫兵以定乱，莫敢自专，天子亲戎，则称恭行天罚；诸侯御师，则云肃将王诛"。诸侯的征伐称之为"肃将王诛"，意谓自己是在恭敬地执行天子的王命，诛伐罪人。

---

① 《尚书正义·泰誓下》。
② 《周礼注疏》卷二十九，大司马：冯弱犯寡则眚之，贼贤害民则伐之，暴内陵外则坛之，野荒民散则削之，负固不服则侵之，贼杀其亲则正之，放弑其君则残之，犯令陵政则杜之，外内乱鸟兽行则灭之。
③ 《武经七书》之《司马法·仁本》。

诸侯层级的征伐，往往自称"奉辞伐罪"。禹受舜之命伐有苗氏，誓众时便称此举为"奉辞伐罪"[1]。这是"奉辞伐罪"之说的最早出处。夏之世，胤征羲和，昭告大众自己的行动是"钦承天子威命"，"奉将天罚"。[2] 在春秋霸政的时代，周室虽衰，礼乐征伐自诸侯出，但那些霸主们无论是征伐还是会盟诸侯，都"挟王室之义"[3]。召陵之盟前，管仲为迫使楚国就范，率诸侯之师逼近楚境，先搬出王命，"昔召康公命我先君大公曰：'五侯九伯，女（汝）实征之，以夹辅周室。'"继而责以"尔贡包茅不入，王祭不共，无以缩酒，寡人是征；昭王南征而不复，寡人是问"[4]，这是典型的问罪之师的架势。

在后世，以"奉辞伐罪"来表明自己武力征讨的正当性，最典型的莫过于曹操的"挟天子以令诸侯"。

汤武革命成为后世以武力取天下这一模式的典范。"武王伐纣""恭行天罚"这样的表述频繁地出现在后世的征讨檄文中，以与当前的政治军事斗争相比照，借此表明自己行动的正当性。袁曹之争中，双方阵营在决策讨论时，都把跟对手的战争比作"武王伐纣"；诸葛亮北伐时，后主的那篇洋洋洒洒的诏书中也将蜀汉的北伐称作"恭行天罚"。

从"虞夏之兴"和"汤武之王"中所阐发出的观念，铸就了中国古代政治游戏的基本规则。虞夏之兴，以"其德同天"作为帝王地位的正当性基础；汤武之王，以"恭行天罚"作为武力诛伐的正当性基础。在谶纬和符命之说兴起以前，其德同天也好，恭行天罚也好，表达的实际上是一种朴素的政治观念。其德同天，就是天下为公；恭行天罚，就是吊民伐罪。

因此，天下为公的道义主张和判明善恶的价值诉求，如灵魂般内置在中国古代政治游戏的基本规则之中。

---

[1]《尚书正义·大禹谟》。
[2]《尚书正义·胤征》。
[3]《史记》卷十四《十二诸侯年表》。
[4]《春秋左传正义·僖公四年》。

三

或许有人会说,在一切成败兴亡的背后,起决定作用的是实力。但什么是实力呢?实力从何而来?楚汉相争之初,项羽强而刘邦弱;袁曹相争之初,袁绍强而曹操弱。何以最初的强者没能消灭弱者,而弱者则转弱为强并最终战胜了对手?

受拥护的事业才会不断壮大,得人心的事业才会受到拥护。孟子曾留下这样的警句——"得天下有道,得其民斯得天下矣。得其民有道,得其心斯得民矣。得其心有道,所欲与之聚之,所恶勿施尔也"①——表达出中国古代政治文化中一个简单而又朴素的道理:得人心者得天下。但是,民心之"所欲"与"所恶",又如何确定呢?

或许有人会说,不过利益二字耳。但什么是利益呢?如果对利益不作深入的认识,很容易由一种肤浅的利益观而走入一种庸俗的实力论。《资治通鉴》中录入了子思与孟子的一段讨论:

> 初,孟子师子思,尝问牧民之道何先。子思曰:"先利之。"孟子曰:"君子所以教民者,亦仁义而已矣,何必利!"子思曰:"仁义固所以利之也。上不仁则下不得其所,上不义则下乐为诈也,此为不利大矣。故《易》曰:'利者,义之和也。'又曰:'利用安身,以崇德也。'此皆利之大者也。"②

在子思看来,仁义与利益不但不矛盾,还能帮助更好地实现利益。只不过,它实现的是大利。子思援引《周易》中的观点说,"利者,义之和也"。那义是什么呢?义者,宜也。直白地讲,就是在分配利益时该怎么样就怎么样,

---

① 《孟子注疏·离娄上》。
② 《资治通鉴》卷二,周纪二,周显王三十三年。原文见《孔丛子》:孟轲问牧民何先,子思曰:"先利之。"曰:"君子之所以教民,亦仁义,固所以利之乎?"子思曰:"上不仁则下不得其所,上不义则下乐为乱也,此为不利大矣。故《易》曰:'利者,义之和也。'又曰:'利用安身,以崇德也。'此皆利之大者也。"(《孔丛子校释》)

也就是规则。那么，所谓"利者，义之和也"，就是如果关于利益的各种规则恰当而和谐，一种整体的大利就能更好地实现。

子思与孟子讨论的是政治家治国理民如何正确地看待义、利关系；兵家最讲究"以利动"，那兵家又如何看待利呢？《六韬》开篇《文师》中即有这样的宏论：

> 同天下之利者则得天下，擅天下之利者则失天下。
> 天有时，地有财，能与人共之者，仁也。仁之所在，天下归之。
> 免人之死，解人之难，救人之患，济人之急者，德也。德之所在，天下归之。
> 与人同忧同乐，同好同恶者，义也。义之所在，天下赴之。
> 凡人恶死而乐生，好德而归利，能生利者，道也。道之所在，天下归之。

在《六韬》的兵学思想中，"仁""义""道""德"这些中国古代政治文化中最核心的概念，都是在"利"上体现出来的，而不是空泛的说教之辞。能与人共享天下之财，是仁的表现；能解救人的危难，是德的表现；能与人同忧乐同好恶，是义的表现；能生利，是道的表现。这样的仁、德、义、道之所在，天下人都愿意归向他。"同天下之利者则得天下"式的大利，与仁、德、义、道所表达的大义是相通的。

真正的利益是一种有规则的利益，而价值是规则的内化。所以，利益与仁义这类概念里所包含的价值并不矛盾。无论是对一个政治集团还是对一个企业，只要其事业植根于社会大众，就不能无视公义，违离价值。"天下熙熙，皆为利来，天下攘攘，皆为利往"，固然是人的本性，但是，将熙熙攘攘的众生联结成社会、让社会成为所有人实现利益的平台，却有赖于规则。一个社会最基本的规则，往往内化为价值，提升为公义。一个社会的解体，往往是价值的沦丧，公义的崩解。

因此，价值与利益、道义与现实，从来不是分离的。理解了利益的内涵，才能理解实力的内涵,才能理解一切成败兴亡的底层逻辑。

楚汉之争中,刘邦在消灭项羽后问大家,为什么他能得天下而项羽失天下,高起和王陵回答说,刘邦能"与天下同利"①,即本诸《六韬》的思想看待刘项的兴亡。这一总结,比诸刘邦本人所说的——他能用张良、萧何、韩信这三位人杰,项羽有一范增而不能用——更具思想高度。"与天下同利"——与天下英雄同利,与天下苍生同利——这才是刘邦事业迅速壮大的根本原因。

袁曹之争中,曹操从"各微而众寡"到迅速汇集起一种大势,最关键的一步莫过于迎汉献帝至许昌。荀彧在促成曹操做出这一决策时说,"奉主上以从民望,大顺也;秉至公以服雄杰,大略也;扶弘义以至英俊,大德也"②。成就曹操"挟天子以令诸侯"这一政治大利的指导思想是"大顺""大略"与"大德"。可惜曹操只是将其工具化,他与荀彧后来也分道扬镳。所以,他能战胜袁绍之辈的枭雄,但自己最终也只成就霸业,而未能统一天下。

司马迁批评项羽"奋其私智而不师古",实际上,不光是项羽如此,从战国七雄相争到秦兼并六国统一天下,都不师古。

春秋时期,齐桓、晋文那样的霸主,还会讲"以德绥诸侯",还会"退避三舍";到了战国时期,"天下方务于合纵连横,以攻伐为贤"。③风光的是像苏秦、张仪那样的纵横家,像孙膑那样的兵家。但苏秦、张仪那样的人,既无固定的政治信念,更不相信政治中应该有道义和价值的位置。苏秦先到秦国游说连横不成,才东走六国策划合纵;张仪在东方诸侯中没有找到机会,才西入秦国推销连横。苏秦曾对赵王说,一个人就算是孝如曾参,廉如伯夷,信如尾生,但有什么用呢?孙膑用兵,先是以围魏救赵而有桂陵之役,后又以围魏救韩而有马陵之役。后世常称道其用兵艺术之高,却不细究,围魏并不曾救赵,也不让韩人感德。战国初期,齐国还是试图在政治上有所作为。

---

① 《史记》卷八《高祖本纪》。
② 《魏书·荀彧传》;《后汉书·荀彧传》文辞稍异:"奉主上以从人望,大顺也;秉至公以服天下,大略也;扶弘义以致英俊,大德也。"
③ 《史记》卷七十四《孟子列传》。

但孙膑在齐，并不曾辅佐齐国的政治向上提升。

在战国中期，孟子还坚持仲尼门人不道齐桓、晋文之事，他的学说跟孔子一样无人问津。至战国末期，荀子开始讲"用兵攻战之本"。他说："故齐之技击不可以遇魏之武卒，魏之武卒不可以遇秦之锐士，秦之锐士不可以当桓文之节制，桓文之节制不可以当汤武之仁义。有遇之者，若焦熬投石焉。"①概言之，技术性的力量不如制度性的力量，制度性的力量不如价值性的力量。但这样的话，同样没有人听得进去。

六国相互攻伐，除纵横家们讲的利害二字外，既无恒定的政治目标，也无恒定的战略目标。其实他们并不清楚国家的利益到底何在。此间的秦国，经由商鞅变法，改造成了一个注定扩张的战争机器，秦开始了持续六代的兼并六国的进程。六国逐渐削弱，秦国日益强大。

战国末年，孔子的六世孙子顺曾无可奈何地说，不出二十年，天下将为秦所吞并，但"秦为不义，义所不入"②。齐人鲁仲连也说，"彼秦者，弃礼义而上首功之国也"③，如果秦称帝，他宁愿蹈东海而死，也不愿做秦民。

子顺、鲁仲连义不帝秦，缘于秦以不义取天下。秦在孝公时主要以攻魏国而在左侧翼打开局面。此间，商鞅佐之。商鞅在率军与魏国作战时，诈魏军统帅公子卬赴宴约盟，而于酒宴间袭擒公子卬，趁机攻破魏军。秦惠王时主要是以攻楚国而在右侧翼打开局面。此间，张仪佐之。张仪一再诳诈楚国，张仪的诈术——如将早先约好的六百里地诈称六里——虽市井小商小贩犹且耻之。秦昭王时，又骗楚怀王入秦约盟，然后闭武关，控制怀王，要挟楚国，致使怀王客死异乡。"诸侯由是不直秦。"④日后东方六国反秦的种子由此种下。

秦始皇统一后，试图把秦灭六国塑造成"讨伐乱逆""义诛信行"的正义之举，也试图宣扬统一的最大好处是天下和平，百姓安宁。如他在东方的刻石铭文所说的，"壹家天下，兵不复起""黔首安宁，不用兵革"。但秦的统治

---

① 《资治通鉴》卷六，秦纪一，昭襄王五十二年。
② 《资治通鉴》卷五，周纪五，周赧王五十六年。
③ 《资治通鉴》卷五，周纪五，周赧王五十七年。
④ 《资治通鉴》卷四，周纪四，周赧王十九年。

很短，帝国的政教形态远未定型。①陈胜吴广揭竿而起，东方反秦风起云涌。秦很快灭亡。贾谊在分析秦速亡的原因时所总结的名言"仁义不施，攻守之势异也"②，影响了后世对秦的认识。

如果说从战国到秦是一个价值迷失的时代，那么西汉可以说是价值的回归。刘邦在反秦战争中崛起。他有幸得到了韩信那样的兼具政治眼光与军事才能的名将。刘邦取天下的战略成形于韩信拜大将时的问对，有人称之为"汉中对"，那是一个完整的大战略构想。其中，既有针对"东向以争天下"的远景目标分析，又有针对"还定三秦"的近期目标分析；对于"还定三秦"的近期目标，韩信重点地分析了"三秦可传檄而定"的政治因素，即刘邦入关后"约法三章"所赢得的关中民心。③作为一个军事将领，韩信在对策时，政治因素的分析竟然远远多于军事因素的分析。

赋予这套战略以灵魂的则是三老董公所建议的为义帝发丧。此举堪称政治大手笔。这一大手笔的灵魂却是道义的原则："顺德者昌，逆德者亡。"通过为义帝发丧，刘邦把自己东向以争天下的行动变成了为天下人除残去暴的义举。借此，刘邦占据了道义的制高点，从而占据了政治上的制高点。

日后，诸侯推戴刘邦称帝时，将他的功劳概括为两大块，一为诛暴，一为讨逆。暴指秦，逆指项。诛暴逆，成了高祖之业的功德基础。高祖之业，成了后世经营天下者的典范。

四

隆中对策之时，当刘备听诸葛亮分析益州"高祖因之以成帝业"，不知他是否理解高祖之业的全部内涵。

早年的刘备，"有仁义之名，能救人之急"，从而迅速成就英雄之名。英雄之名成了他最大的政治凭资。他闯荡半生奔走南北，却一直形同寄人篱下，

---

① 详见拙著《秦始皇的帝国想象》
②《新书校注》卷一《过秦论上》。
③《资治通鉴》卷九，汉纪一，高帝元年。

直到他占据益州才拥有了一块自己的地盘。但他取益州的方式，损害了他的政治基础。他与刘璋同为汉朝宗室，他应刘璋之邀引兵入蜀，但转身便举兵相袭。此举损害了巴蜀本土士民对他的信任，也损害了与盟友孙权之间的信任，从而铸就了他政权的局限。

主政后的诸葛亮，在这种局限中作了卓绝的努力。诸葛亮初主蜀政之时，由刘备铸就其局限的那个政权正处于危急存亡之秋，内有帝业的合法性危机，外有曹魏的和平统一攻势，半数以上的版图发生反叛。诸葛亮首要的任务是重建复兴汉室的信念，充注这个政权的合法性基础。他苦口婆心地争取巴蜀本土士民的认同；他义正词严地驳斥曹魏"欲使举国称藩"的和平统一攻势；一俟蜀政稍稍理顺，诸葛亮便致力于北伐，北屯汉中，从此再也没有回过成都。对诸葛亮来说，北伐是信念之战。它是高扬蜀汉政权合法性的旗帜，也是统摄蜀汉内政的主题。诸葛亮主政期间，蜀汉作为三国中最弱的一方却最具进取性，在历代据蜀的政权中也最具进取性。

诸葛亮去世后，蜀汉进行了一次国策大调整，蜀汉集团在政治上继承诸葛亮遗志，继续高举复兴汉室的旗帜；但在军事上，不再以矢志不移的北伐行动来支撑这面旗帜，而只以有限的军事行动作为北伐的象征。此举虽曰保境安民，但复兴汉室的信念却渐渐弱化，政治认同也就愈渐疏离。蜀汉末年，谯周的《仇国论》成了蜀汉的主流舆论。此论为谯周一言而决投降之策奠定了基础。蜀汉灭亡前夕，这个政权与汉室的关系已经消解殆尽。

通过对蜀汉兴亡过程的领略——刘备的崛起及其局限、诸葛亮在局限中的努力、蜀汉国策的调整及蜀政的衰败，我们或许能对政治变迁的内在逻辑有所体悟。

五

从学生时代卧谈时讨论《隆中对》的得失到萌念写作本书，认识与评价诸葛亮一直是一个极具魅力而又富于挑战的话题。譬诸高山仰止，如要窥其全貌，终须自身境界提升。当日鼓足心气，着手写作本书，深心冀望能给《隆中对》作出一个迄今最有分量的评论，以致意于一千八百年前的那场风云际会与因缘际遇，亦以致敬于读史问学路上给过我启迪的前贤。

　　对于一个读史者来说，袪除诸葛亮身上的神化色彩并非难事，难的是如何在中国古代政治文化的总体背景里认识他所作所为的意义。

　　时至今日，我对《隆中对》的评价依然不高，认为它在政治层面存在缺失。当然，栖隐山林之时，诸葛亮只是一个静观天下风云的局外者，未许一家一姓以驱驰。刘备三顾茅庐，始得相见。他与刘备初见之下，回应刘备咨以当世之事而纵论天下大势，也是在他"由是感激，遂许先帝以驱驰"之前。这跟荀彧之于曹操、周瑜之于孙权——先有委身输诚，后则在具体的情境里进献宏猷——是有区别的。他对形势的透彻分析，缘于他的冷静观察；而政治定位的阙如，则可能缘于他此时尚在局外。一个集团的政治定位，当基于对历史的大势进程、对自身的主客观条件、对现实的政治环境等因素的真切把握和精准拿捏。而要做到这点，又只有身在局中，身在一个具体的现实政治进程里。任何一个政治家的成长，都需要经历现实政治风云的淬炼。

　　写完本书，我越发感到，袪除神化色彩后的诸葛亮才更见其作为一个伟大的政治家而当之无愧。在政治所关涉的几个层面，诸葛亮都堪称后世从政者的楷模。首先是政治合法性的层面，这也是政治中最核心的部分。这一点，上节已然论及，后面还会再作阐发。其次是行政的层面。诸葛亮能够将蜀汉内政理顺，将不同类型的人才放在合适的位置上。他处理宫府关系，可谓力矫汉末桓灵乱政之弊；处理中央政府与益州地方政府的关系，则兼顾政治意义与行政管理效率。虽然他主政后的大部分时间都不在成都，蜀政却非常畅通，内政清明，蜀汉有限的人力物力资源得以有效地动员和组织起来，形成北伐的进取力量，也使蜀汉在困局中站稳脚跟。再次是诸葛亮的为政风格。他开诚布公，用心平允，科教严明，赏罚必信，所以，他虽然"军旅屡兴而赦不妄下"，蜀人却"畏而爱之"，"人怀自厉"。身殁之后，蜀人讴歌追思不已。至若他要求自己身殁之后，"不使内有余帛，外有赢财"，这是他《诫子书》中所言"淡泊以明志，宁静以致远"的人生修养的践行，也是他追求自己政治理想的人格基础。

他身体而力行，赋予了一个政权以政治主题，也赋予了一个时代以政治主题。这大概就是前人之所谓"命世之才"。

诸葛亮生死以之地致力于北伐的身影，卓然屹立千古，其意涵已然超越了政治哲学的层面。我愿在此三致意焉。

在汉家的天子亲手将天下禅让给他姓之后，汉——天命中的汉、历史观念中的汉、作为一个王朝的汉——到底亡了没有？在后世，汉的名号一再地响起。既然王朝的合法性来自天命，这种现象等于在表明，后世相信，汉的天命，尽管时隐时显，但一直存在。历史上没有哪个朝代的名号像汉一样频繁地被采用，这缘于汉在陶铸中国古代大一统帝国的模型方面的独特地位，也缘于汉室确曾实现过中兴，并且差点再次复兴。

汉代，中国古代大一统帝国的统治内涵臻于完善。汉儒改造儒学，以天命为皇权加持，赋予皇权以神圣性，将一种统治秩序的合法性拔升到天经地义的高度；但同时也以上天的名义垂示对统治者的要求，即统治之德。一姓之兴，起必由德；失德即失天命。故天命的观念实可提摄中国古代政治中完美统治的全部内涵。伴随着大一统帝国的定型，汉德与汉治成为一个典范。

当前汉衰敝之时，天命似乎在"一姓不得再受命"[①]与"汉家逢天地之大终，当更受命"[②]之间有过摇摆。王莽的失败似已证明了后者，更始败亡却又激活了前者。刘秀百战艰辛，才延续了汉室近二百年的天命。

当后汉衰敝之时，汉室天命似乎又在动摇。士人们在琢磨"代汉者当涂高"的含义，底层百姓则在耳语"苍天已死，黄天当立"的预言。刘备拿光武中兴的历史，论证"汉有天下，历数无疆"的天意，试图完成汉室的再一次复兴。如果刘备真的再次复兴汉室，古代中国没准儿会形成万世一系的皇权观念，即汉室永久性地享有天命。但他称帝后的首次出征便铩羽而归，旋即崩殂，即使是在巴蜀本土，汉室是否仍然享有天命，都受到质疑。

---

① 《后汉书》卷十三《公孙述传》。
② 《汉书》卷七十五《李寻传》。

在此背景下，诸葛亮生死以之地致力于北伐，实际上是在力挽汉室天命。唯有锐意北伐，才能宣明曹氏是盗是篡；曹氏是盗是篡，也就无德仰承天命；天命未改，被攘夺的天下才仍然是刘氏的天下。可以说，勉力撑起汉室天命的，不是刘备登基时的那一纸告天之文，而是诸葛亮矢志北伐的卓绝身姿。

诸葛亮北伐，是以一种矢志不移的行动，践行一种信念。那信念，融贯天命与历史观念，支撑一个政权的合法性。诸葛亮北伐，可以说是在演绎中国古代政治哲学中最核心的内容。

刘备声称是刘邦和刘秀事业的继承者，第四个以汉为号的政权的建立者刘渊则声称自己是刘邦、刘秀和刘备事业的继承者。他把蜀汉列进汉室系列，作为一种历史论述，去仰企天命。东晋习凿齿作《汉晋春秋》，以晋承汉，而撇开了曹魏。他认为汉不是终结于220年的那场禅让，而是263年的司马昭灭蜀。在习凿齿的史观中，蜀汉仍然延续了汉室的天命。沈约作《宋书》，也把刘裕与汉室联系起来，宣称人心其实从未忘记刘氏，尽管刘裕建立的那个政权叫宋而不是汉。沈约甚至暗示魏和晋并未真正得到天命。南宋朱熹编《通鉴纲目》，沿用习凿齿的史观，以晋继汉。论者以为习凿齿和朱熹均以蜀汉为三国中的正统，是因为东晋和南宋都偏处江南，就像蜀汉偏处巴蜀一样。这种史观会让人拿东晋、南宋去与蜀汉相比拟，从而暗示出：尽管偏处一隅，但并不妨碍它们是正统。但从另一个角度看，这种比拟也会给人以消极的暗示。毕竟蜀汉并未实现中兴而为人所灭。毋宁说，他们在题外真正关心的问题是：一个受挫的政权能否实现复兴？如此，我们才好理解，何以习凿齿和朱熹都盛赞诸葛亮。习凿齿对诸葛亮的推崇在裴松之注引的《汉晋春秋》和《襄阳记》中时时可见。朱熹虽然本诸理学观念认为诸葛亮学术驳杂而不够纯正，但还是评价说，"三代而下，以义为之，只有一个诸葛孔明"[①]。可以说，蜀汉之令后世怀念，不是因为刘备，而是因为诸葛亮。王夫之就认为，就算刘备在汉室谱系中的世数能够弄清，也不配称汉高祖的子孙；但对于诸葛亮，

[①]《朱子语类》卷一百三十六《历代三》。

则盛赞其心存汉室、矢志灭曹的孤忠，议论间往往情不自禁。①

可以这样说，后世之所以尊蜀汉而赞诸葛亮，是把一种身处逆势而冀图复兴的希望投注在了诸葛亮身上；之所以作如是投注，还是因为诸葛亮在逆势里生死以之地致力于北伐讨贼复兴汉室的卓绝身姿！历代之尊崇诸葛亮，若仅归结为他的忠君，实在是太过简单。

蜀汉并没有实现中兴，但由于诸葛亮，所以在历史观念中，它还是被认为延续了汉室的天命。汉室可以一而再地复活，就可以再而三地复活。刘渊建汉，声称自己是汉室的外甥，且约为兄弟；在兄亡之后，由弟来继承，乃属理所当然；刘渊还以"大禹出于西戎，文王生于东夷"②来辩护自己的蛮夷身份并不妨碍继承的合法性。刘渊这样做当然是出于一种策略，但似乎并不成功。刘渊晚年不得不设单于台，实行胡汉分治。尽管刘渊被目为"五胡乱华"的始作俑者，但后世修史，笔下对刘渊尚属客气，仅称其为"并仁义而盗之者"，这等于是间接地承认他受汉文化浸染而表现出的文明水平，包括他借用汉室的政治策略；而叙述他的继任者刘聪时事，则堪比明人小说叙述金海陵王故事。似乎那个政权，除了种种荒淫无道的行径和不可思议的灾异外，就再也没有什么别的大事值得一叙。刘聪的继任者刘曜的载记也好不到哪儿去。大概是因为这两个人，一个攻破洛阳而俘晋怀帝，一个攻破长安而俘晋愍帝。刘聪在位九年，但其载记通篇没有历法上的时间。有的故事——譬如有个故事说，一只猪戴着进贤冠，登上了刘聪的宝座，一只狗佩戴着武冠和绶带，与猪并坐，后来它们相斗而死在了殿上——明显是编来蔑视刘聪他们的蛮夷身份。《晋书·刘聪载记》所采录的材料里充满了羞辱、仇恨和蔑视，显示中原的汉族士人根本不接受这个灭掉了晋朝的胡人政权为汉室的继承者。唐初史臣显然也不打算辨析这种观念，哪怕采录这些材料连缀成的刘聪载记以传统的史书标准衡量也可谓一塌糊涂。

当汉的名号再次响起，汉的意义与刘渊的初衷完全相反。五代十国时，

---

① 《读通鉴论》卷十《三国》。
② 《晋书》卷一百一《刘元海载记》。

有四个政权建号为汉;[①]元末,陈友谅也建国称汉。由于史料缺乏,我们无从得见其政治论述;但是,很明显地,这些时代都是中国传统意义上的华夷矛盾尖锐之时。五代时,中原政权一再地黜于契丹;元末,南方的汉人在经受蒙古人近百年的凌辱之后驱除鞑虏的呼声正如火燎原。陈友谅称汉时,甚至不在乎自己是否姓刘。汉,俨然已超出了刘氏这一家一姓,而成了整个中原文化和正统统治的代名词。汉室时隐时显的天命,俨然成了中国古代道统延绵的一条暗线。从历史上的一次次胡人南下到近代以来的外侮频仍,每当中国遭受挫折或凌逼之时,汉这个字眼便愈现光亮,以至于它最终成了一个民族和一种文化的称谓。

放在——诸葛亮之于蜀汉、蜀汉之于汉室、汉室之于整个汉民族和汉文化——这样一个愈渐深长的历史视镜里,看诸葛亮北伐,我们看到:诸葛亮生死以之地致力于北伐,力挽汉室天命;而在对汉室跨越千年的频频回望里,他勉力北伐的身影,最终投映成了对政治道统和文化命脉坚贞守护的形象。

六

一段兴亡,在蜀中故老那里咀嚼了百年,在江渚渔樵那里笑谈了千年。我在夤夜讲完这个故事,觉得似乎应该总结一下历史兴亡的轨迹,投笔却不禁失笑:"还是空言!还是落入'载之空言'!"那段兴亡,不过是白发渔樵醉眼里一个浪头的起落。

如血的残阳里,长河悠悠,奔流而来,奔流而去。

子曰:"逝者如斯夫。"

---

① 除后汉、南汉和北汉外,前蜀曾于916年改国号为汉,改元天汉。一年之后,又改回为蜀。

壬辰初版后记

写作本书，也是为了展示一种读史的方式，包括考察历史的视角和表述历史的方式。

本人读史的视角，余论部分已然论及。在历史学的著述方面，已故历史学家白寿彝先生曾以"圆而神"与"方以智"期勉后学。本书的写作算是一次尝试。书中凡涉及史实的部分，力求考证精赅。有关三国的史料，出自不同的背景，有着不同的立场或偏见，使用的时候必须审慎地辨明。是为"方以智"。书中凡不涉及考证的部分，则尽可能使用一种能激发读者关于历史想象的表达方式，给读者一幅完整的历史图景。唯有在读者头脑里激活历史，历史才是一个生动的流程，汇入当下，浸润你脚下的土地，而不是一堆知识的碎片。是为"圆而神"。章学诚曰："智以藏往，神以知来。"在一段老生常谈的历史里，领略全然不同的风景，在一场愉悦的阅读体验之余，获得清明的启迪——这是本书最殷切的期许。

本书在联系出版的过程中，常被问到是学术著作还是大众读物。其实我一直试图打通这二者之间的分界，用流畅的笔触写出有思想和学术质地的内容，通过一种文学性的努力去追求通俗，增强可读性。在勾勒大势脉络的时候，力求展现格局；在叙述大事进程的时候，力求表现出张力；在描画关键性节点的时候，力求针线细密。这些年，我所向往的历史著述有如铸剑，经过反复锤锻和打磨之后，既有致密的质地，又有精致的外形。这本书于2006

年初夏动笔，未敢说十年磨一剑，迄今也有六七年的时间，倾注在表述上的心力不亚于历史研究本身。对于一个复杂的综合性话题来说，表述与研究，原不是可以分开的两件事。就像雕塑，艺术家的工作是将他心里看见的那个困在石材里的形象解放出来。

这样的写作，进展虽然缓慢，但过程充满愉悦。在改稿或通读时，读到不同的章节，脑海里总会不由自主地浮现出最初思考和写作该章节时所置身的那种带有时令性的情景。初夏山林里的清气、布谷鸟的啼声，秋夜中天的皓月，冬晨曙色里的山影、寒风殷勤擦拭的山峦和晴空、总在悄然间涌满斗室的暮色……一幕幕清爽的风景，衬染着一段段文字，铭映于记忆之中。那记忆竟由重读那些文字而唤起，让我觉得，这个过程已然非常美好。此处近山，惠我良多。它们给了我一种闲逸和从容。今夜，又在飘雪。明日，北辰下的群山，必是另一番惊艳。

今当付梓，仍觉不够满意。有时只得感叹：完美是一种绝望的诱惑。留下的缺失，只能说是自己力有不逮。但经此尝试，也算是知道今后努力的方向。

写作过程中，一直期望本书，既能跟当世一流的学人"对掌"（风清扬谓令狐冲语），又能经受广大的读者"拍砖"。本书是否具备这样的质地，惟读者检验之。

饶胜文

壬辰岁暮雪夜于军都山下

己亥繁体版后记

壬辰初冬，本书刚刚完稿，我从杭州转道广州，与俊峰兄在越秀山下把酒畅谈，即谈起过本书。戊戌仲秋，俊峰兄擘画出版时，考虑"成熟和高素质读者群的定位"，决定推出本书的繁体版。眼下将近收官，俊峰兄请我对港台的读者写几句话。本书的写作缘起、我的史观及著述风格等方面的想法，在《余论》和《后记》中都已交待。初版面世后，得到了一些读者反馈，故再版时，作了些许修订，增补了地图和若干注释。值兹繁体版即将出版之际，还是想就书中的核心观念稍作申述。

世人皆信，历史具有借鉴的意义，则它必然会影响当代政治文化的塑造。但历史的意义不会自动呈现，需要"我"——每一位读史者——把它读出来。这就存在正读与误读两种可能。三国是中国人最熟悉的一段历史，却也最易被误读。世异时移，无论是正史还是演义中的那种正统论，早已不合时宜。中国古代史学中的正统论，已是王朝政治合法性论述的组成部分。当它意识形态化，也就难免泛道德化。然则，政治纵有古今之辨，历史却仍有它遵循的底层逻辑。吾人读史，去正统论并不意味着可以否定历史的底层逻辑，避免泛道德化也并不意味着可以去道德化。时人讲史，却每每表现出这两种倾向。这当然也会影响当代大众政治文化。

本书无意跟人就纯观念问题而辩论。作为一个历史学者，我的职责是尽可能清晰地呈现这段兴亡，让它的意义显明出来。

回到本书的题材，我先简单地勾勒一下蜀汉历史中三个显目的现象。第一个现象，在历代据蜀者中，没有人花的代价有刘备那么高。刘备在受邀入蜀的前提下——这意味着他直接跳过了历来被视为畏途的巴蜀外围险要——居然花了近两年的时间才夺取巴蜀。第二个现象，在历代据蜀者中，没有哪个政权撑持的时间有蜀汉那么长久。从刘备称汉中王建立政权，到其子刘禅投降，蜀汉政权存在了四十四年，在历代据蜀者中，历时最长。第三个现象，在历代据蜀者中，没有哪个政权的收场有蜀汉那么轻而易举。邓艾以区区一旅偏师，前锋还未及成都，刘禅的降表已经迎送到了雒城。这个政权在走向覆亡时，都没有打一场像样的仗。

这三个看似矛盾的现象居然呈现在同一个政权的兴亡过程中。当我们把这个政权的兴亡脉络理清，不难发现：第一个现象，缘于刘备背信弃义，袭击同为汉朝宗室的刘璋，从而自陷于道义困境。第二个现象，缘于诸葛亮在困境中的卓绝努力，勉力撑持汉室天命。第三个现象，缘于蜀汉国策调整后在合法性上的自我消解。

当一段兴亡清晰呈现，相信任何一位读史者都会感叹：国之盛衰，岂曰无凭！这样的感叹，还是会遥遥指向这样的索问：政治的道德律与历史的底层逻辑是何关系？

在读者读完本书之前，我不必给出答案；读完之后，相信每个读者都会有自己的答案。

本书写作，历时较长。除了本人不够勤奋这个最主要的因素外，还有两个原因。

一是在写作的过程中，对于书中主要论点的拿捏，慎之又慎，但凡有不安稳处，就会搁下，重理史料，从容斟酌。这样的写作，状态固然优游，时日却就此迁延。初版以来，一直期盼读者与同行有以教正：书中是否存在知识性硬伤？史料运用及解读是否存在严重缺陷？恭求教正的期盼，亦殷切寄付港台的读者和历史学同行。

二是在写作本书期间，我的孩子出生。看着一个柔弱的新生命，自会邂想他的未来。相信每一位初为人父者都会有这样的体验，都会从深心里祈愿孩子未来能生活在一个更好的社会大环境里。孩子成长的最初两三年里，花了大量的时间陪伴他，见证他投向周围世界的第一眼。看着孩子的眼神，总会情不自禁地想："愿这世界配得上如此纯真清澈的眼神！"这一想法，或许有理想主义的成分，但我愿意为此而努力。

作为一个历史学者，我所当做的是：让历史的学习，教会我们更好地生活。我所能做的是：用细致的工作，让历史的意义明白地显现。那几年，书稿进展虽然缓慢，但秉此初衷而写作的愿力，却与日俱增。

于我而言，正是在这种意义上，历史学作为学术，才是一种志业。

区区微忱，言不尽意，谨呈港台读者。

饶胜文

己亥早春初雨之夕于军都山下

壬寅修订本后记

拜赐于这段特殊的日子，工作和生活转入"静态"，本书的修订遂得以完成。午夜把酒独坐，耳畔布谷声声，恍如检点初心。

就像曾经历过的那种远行，滚滚向前的车轮节奏，早已内化成了梦寐之际的心理节奏。清晨醒来，突然发现列车临时停在了某处不知名的山谷。窗外，满目青翠。这段日子，反倒成全了我的以"宅"为安。心知这不过是正轨之外的临时停车，便不禁想起一百多年前马克斯·韦伯的那场《学术作为一种志业》的演讲[①]。

与其说韦伯是在给年轻学人开示学术之路，不如说他想要揭示学术作为志业所面对的时代宿命。现代学术被置入在一个"进步"的过程里，"学术的进步是人类理智化过程的一部分。"但是，理智化与合理化的增加，并不意味着人对其自身生存境遇有更多一般性的了解。对于这种学术的意义，韦伯援引托尔斯泰的结论说，"学问没有意义，因为对于我们所关心的唯一重要问题——我们该做什么、我们该如何生活？——它没有提供答案。"现代学术能有效地解决技术性问题，尤其是，给了人类这样的信心："原则上，通过计算，我们可以支配万物。"但是，学术与生命、与世界之间已然解除了意义和价值的关联。

---

① 马克斯·韦伯《学术与政治》第一章《学术作为一种志业》，广西师范大学出版社，2004年5月第1版。

韦伯不时切入的托翁的质问与论断，实可视为他思考现代学术的哲学背景。学问没有意义，就像死亡没有意义。托翁说，古代的人可以"年高而享尽了生命"，因为他是站在生命的有机循环过程中；而文明人——其实应该说是现代人——永远无法抵达生命的巅峰，因为现代人的生命是置放在无限的"进步"当中，那更高、更好的巅峰，永远处在无限的未来之中。

大概，只有在那种可以"年高而享尽了生命"的时代，才可能生发"横渠四句"式的学术抱负。在我看来，三百多年前的船山史论——见识之卓拔，论述之精严——鲜有出其右者，船山却在仰望千年前的张载。船山自题墓石云，"希张横渠之正学而力不能企"。他仰望的张横渠却在以"为往圣继绝学"的自我期许，向两千五百多年前的先圣致敬。

韦伯说，学术工作要求被超越，要求过时。"我们所成就的，在十、二十、五十年内就会过时。"当然，在那个"进步"的流程里看学术工作，每个人的工作都只是"进步"齿轮中的一环。毋宁说，韦伯所揭示的现代学术的特性，其实是现代性的一部分；学术的宿命其实是现代性的宿命。韦伯若看到当今学术日益趋于项目化、课题化，学术价值体现在指标与绩效的表格中，大概也不会有违和之感。

尝读《养一斋诗话》，作者潘德舆在其批点的诗集封面上题记，训示儿辈，"此集既评之后，不许出养一斋一步。"[①]这是典型的孔子所说的为己之学。子曰："古之学者为己，今之学者为人。"之所以说到潘德舆，是因为世人大多并不知道他。对于他，学术的价值既无关乎稻粱，也无关乎社会地位，而在其带给自身的精神满足和思辨乐趣。

潘德舆的诗话两百年后才得以面世；船山遗书也是近两百年后才流传于世。他们在俯视时间之河，而无关乎那个"进步"的流程。

然而，回望来时路，不正是他们耸立成我们身后群山延绵里一座座如脊如背的山峦？

[①]《养一斋诗话》。

"我们的时代，是一个理性化、理智化，尤其是将世界之迷魅加以祛除的时代；我们这个时代的宿命，便是一切终极而最崇高的价值，已自社会生活隐没，或者遁入神秘生活的一个超越世界，或者流于个人之间直接关系上的一种博爱。"韦伯既已断言这是时代的宿命，那么，置身其中，又当何为？年轻的时候，遇到类似的问题，可能会带着那个年龄才有的无知之勇，脱口而出庄子的那句话——"外化而内不化"。及今想来，当内与外明显存在张力，要想不让这种张力影响自己的内心，如何在内外、得失之间取舍，会是毕生勘验的一场修炼。

从我北阳台的东窗，可以遥望一座不那么知名的山，山形颇似保罗·塞尚的圣维克多山。年年岁岁，四季轮转，它都与我朝夕晤对。冬日的白雪装点过它的容颜，北方的春天就算姗姗来迟，披挂一新后，满山的绿意与生机，也总令人怦然心动。秋日的落晖里，它最显妩媚。最摄人心魂的却是拂晓时分。它坐隐于沉沉夜霭之中，破晓之际，岩浆般的暗红色从凝重的黑暗里慢慢渗出，像是刚从荒野走来。当光明挣破黑暗，飒然亮起，拉开东方清亮而纯净的天幕，衬托它年年如斯的身影，凛然而圣洁。塞尚一生无数次画过圣维克多山。在他毕生的攀登里，一次次拿自己的境界与技艺受其校阅，以期用画笔探触世界的本原和艺术的真谛。对于塞尚，圣维克多不啻是一座圣山。

在韦伯所说的这个祛魅的时代，每个人都可以有一座心中的圣山。当你以自己的志业与之朝夕晤对，它就是你凝望相守的圣山。

初版面世，迄今十载。修订时，还是感到存在诸多不足。心里明白，那向往中的"唯一的表达"，仍是未完成时。

青山遥对，清容如昔。杯酒相酬：我，再努力！

饶胜文

壬寅仲夏布谷声里于军都山下

图书在版编目（CIP）数据

大汉帝国在巴蜀/饶胜文著.— 修订本.— 北京：
北京联合出版公司，2022.12（2023.3 重印）
　ISBN 978-7-5596-6525-6

Ⅰ.①大… Ⅱ.①饶… Ⅲ.①蜀汉－历史－研究
Ⅳ.① K236.207

中国版本图书馆 CIP 数据核字 (2022) 第 202432 号

Chinese edition ©2022 Ginkgo (Beijing) Book Co., Ltd.
All rights reserved.
本书中文版版权归属银杏树下（北京）图书有限责任公司

审图号：GS（2022）4213 号

大汉帝国在巴蜀（修订本）

著　　者：饶胜文
出 品 人：赵红仕
选题策划：后浪出版公司
出版统筹：吴兴元
特约编辑：方　宇　林立扬
责任编辑：李　伟
营销推广：ONEBOOK
封面设计：尬　木

北京联合出版公司出版
（北京市西城区德外大街83号楼9层　100088）
天津中印联印务有限公司印刷　新华书店经销
字数：407千　690毫米×960毫米　1/16　27.5印张　插页20
2022年12月第1版　2023年3月第3次印刷
ISBN 978-7-5596-6525-6
定价：96.00元

后浪出版咨询(北京)有限责任公司版权所有，侵权必究
投诉信箱：copyright@hinabook.com　fawu@hinabook.com
未经许可，不得以任何方式复制或者抄袭本书部分或全部内容
本书若有印、装质量问题，请与本公司联系调换，电话 010-64072833